교육학의 이해

교육학의 이해

Introduction to Education

팽영일 · 강인숙 · 서영준 · 이경철 공저

동문사

머리말

교육의 중요성은 아무리 강조해도 지나치지 않을 정도로 한국 사회에서 크나큰 비중을 차지하고 있다. 특히 종교의 수준을 넘을 정도로 자녀의 교육을 위해서라면 무엇이든 하려고 하는 사회 풍토는 많은 문제를 야기하고 있다. 이러한 우리나라의 특성상 입시 위주의 교육이 만연하여 많은 문제들을 안고 있는 게 교육의 현실이다. 하지만 이로 인해 가장 큰 피해를 보는 것은 학생들이며, 이들에 대한 근본적인 문제를 해결하기 위해선 교육이 무엇인지에 대한 근원적인 질문을 하게 된다.

교육학은 교육에 대해서 탐구하는 학문분야이다. 이는 과학과 철학을 비롯한 다양한 여러 학문을 종합적으로 응용하여 교육에 대한 이해를 심화하고, 지식을 체계화하는 학문이다.

교육학은 '바람직한 인간의 육성과 바람직한 사회의 조성'을 실현할 수 있는 길을 찾는 데 기여하려는 학문이다. 따라서 교육학 공부를 통하여 교육의 방향과 방법을 찾고자 하는 것은 무엇보다 중요하다.

이 책은 교육학과 관련된 이론들을 깊이 있게 소개하고 있다. 교육학 전반에 관한 이해를 돕기 위해 장래에 교사를 꿈꾸는 학생들이 교직을 이수하는 데 도움을 주도록 내용을 정리하였다. 교육학은 학문적 특성상 이론과 실제가 밀접한 관련성이 있기 때문에 함께 논의되어야 하고, 이론과 교육 현장의 문제점을 함께 제시하는 것이 중요하다.

그동안 필자들이 오랜 시간 강의를 해오면서 담은 내용들을 간략하게 정리하여 예비교사들에게 필요한 교육의 개념, 교직과 교사, 교육의 역사적 변천, 교육과정, 교육공학, 교육행정 등을 포함하는 이론들을 소개하고 있다.

이 책은 총 12장으로 구성되었다. 1장은 교육의 어의와 개념, 2장에서는 교직과 교사, 3장에서는 교육의 역사적 변천, 4장에서는 학습자 발달의 이해, 5장에서는 교육과정과 교과서를 소개하고 있나. 6장은 수업이론과 방법, 7장은 교육평가 및 측정, 8장은 교육공학, 9장은 생활지도와 상담, 10장은 학교폭력, 11장은 교육과 사회, 마지막으로 12장은 교육행정에 대해서 다루고 있다.

이 책은 교육학개론 수업에서 다루어야 되는 내용들을 학생들이 이해하기 쉽도록 저술하였다. 또한 한 학기 강의에 맞도록 저술하여 학생들을 가르치는 교수자들이 강의에 사용하기에 유용하도록 저술하였다.

끝으로 이 책을 출판하는 데 도움을 주신 도서출판 동문사 관계자분들에게 감사의 마음을 전한다.

2019년 2월

저자 일동

차례

제 1 장

교육의 어의와 개념

1. 교육의 어의

1) 교육의 어의

오늘날 우리들은 일상적으로 교육의 문제들에 부딪히며 살아가고 있다. 각종 신문이나 잡지, 라디오, 텔레비전 등에서는 매일같이 교육의 장에서 일어나고 있는 사건이나 입시문제, 진로문제, 학교폭력 등 다양한 교육문제들에 관해 보도하고 있다. 또한 학부모들도 두세 사람이 모이기만 하면 자녀교육에 관한 문제나 학교에서 일어나고 있는 일들을 화제에 올리기도 한다. 아래에서 우선 '교육'이라는 단어의 어원부터 살펴보자.

(1) 教育(education)의 어원

오늘날 우리들이 사용하는 교육하는 일을 가리키는 단어로는 教, 育, 教化, 教導 등의 말이 사용되고 있었다. 교육이란 단어가 생기기 전에는 원래 교(教)자와 육(育)자가 각각 따로 사용되었다. 중국에서 '教育'이란 단어가 최초로 사용된 것은 기원전 3세기경의 『맹자(孟子)』의 진심장(盡心章) 상편의 소위 '군자유삼락장(君子有三樂章)'에서이다.

즉, 맹자는 "군자에게는 세 가지 즐거움이 있는데, 천하의 왕 노릇하는 것은 여기에 들어있지 않다. 부모 모두가 살아 계시고 형제들에게 아무 탈이 없는 것이 그 첫째 즐거움이요, 우러러 하늘을 보아 한 점 부끄럼이 없고 굽어 사람을 대하여도 부끄럼이 없는 것이 둘째 즐거움이요, 천하의 영재를 얻어 이들을 교육하는 것이 세 번째 즐거움이다(君子有三樂 而王天下不與存焉 父母俱存 兄弟無故 一樂也, 仰不愧於天 俯不怍於人 二樂也 得天下英才而教育之 三樂也)"라고 하였다.

오늘날 교육에 해당하는 말로서 『맹자』에 나오는 이 기록 이전에는 교(教), 육(育), 교화(教化), 교도(教導) 등의 단어가 사용되었으며, 부모가 자식을 키우는 일 이외에는 교(教), 교도(教導)라는 단어를 많이 사용하였다. 그런데 『맹자』에서 교육이라는 단어를 사용할 때가 되면, 이미 지금까지 생활과 함께 이루어지고 있던 교육활동이 비로소 의도적인 활동으로서의 '教育'이라는 말이 정착되고 있음을 알 수 있다. 교육이라는 단어에 관해서 일본에서는 막부 말에서 명치 초기에 'education'의 번역어로서 '교육'이라는 말이 처음으로 사용되었고, 1878년에 가서야 확정적으로 사용되기 시작하였다고 한다.

영국의 Chambers 백과사전에는 교육(education) 항목에서 체육-덕육-지육의 순서로 서술하고 있고, 유아학교-초등학교-중등학교-가정교육-평생교육의 순서로 설명하고 있음을 볼 때, 교육(education)한다는 말의 주된 이미지가 학교에서 하는 일을 말하고 있다고 할 수 있다.

또한 『에밀』에서는 산파(obstetrix)는 인출(educit)을 하고, 유모(nutrix)는 양육(educat)을 하고, 스승(poedagogue)은 예의범절을 교수하고(instituit), 교사(docet)는 가르친다(magister)고 하고 있음을 볼 때, 양육과 교수와 가르치는 일은 서로 다른 활동을 지칭하고 있음을 알 수 있다.

그러면 이러한 활동 중 어떤 활동이 교육이라는 활동으로 발전되어 왔을까? 이에 대해 테라사키 히로아키(寺崎弘昭, 2000)는 산파가 하는 인출(educit)과 유모가 하는 양육(educat)이 교육(education)이란 단어로 발전하고 있다고 하였다. 이러한 관점에서 볼 때 아이를 낳아(産), 기르고(育), 예의범절을 가르치고(訓), 지식을 전달하는(教) 일은 각각 서로 다른 일이며, 이러한 활동을 각각 산(産), 육(育), 훈(訓), 교(教) 등으로 지칭하였음을 알 수 있다.

그리고 우리들이 말하는 교육(education)에 해당하는 단어는 원래 산(産)과 육(育)에 가까운 말이었음을 알 수 있고, 훈(訓), 교(教)는 학교교육이 발달한 오늘날의 교육현장에서는 교수(instruction)의 의미로 사용되고 있음을 알 수 있다. 이러한 점은 로마시대만 해도 학예를 가르치는 일은 institutio이었고, 가족의 전통과 가정의 일을 가르치는 일은 educatio이었음에서도 알 수 있다.

그러면 한자어로서의 '教育'이란 단어의 어원을 살펴보면 다음과 같다.

- 教: '上所施 下所效也'(『설문해자』)
- 育: '養子使作善也'(『설문해자』)

먼저 教[1]자에 대해서는 다양한 해석이 있다. 학교 지붕 아래에서 아이가 있

1) 일본어의 教(おしえ)는 '어린아이를 불쌍히 여겨서'의 의미이고, 育(そだてる)은 '이를 도와 키워 나간다'는 의미를 지닌 것으로 볼 때 역시 비슷한 뜻을 지니고 있음을 알 수 있다.

는 모습을 상형하고 있다는 해석이 있는가 하면, 효행을 본받고 모방하고 있는 아이의 곁에 성인이 지도 편달하고 있다는 해석, 점을 치는 모습을 그린 상형문자라는 해석, 군사훈련의 집단을 지칭하는 말이라는 해석 등이 그 예이다. 그러나 가장 일반적으로는 다음과 같이 해석하고 있다. 즉, '敎'자는 위에서 베풀어 준 바를 아래에서 본받는다는 뜻으로, 바람직한 행동을 가르치고(訓), 본받고(倣), 닦고(修), 깨우쳐(悟)나간다는 뜻이다.

그러므로 '敎'자는 성인이 위에서 지도편달하는 바람직한 규범이나 행동을 미성인이 아래에서 이를 동경·모방하고 깨우치고 닦아나간다는 의미를 지니고 있다고 한다. 이는 『禮記』학기(學記)편에 '敎也者 長善而救失者也'라 하고 있는데, 즉 가르친다는 것은 선한 행동을 조장하고 도리에 벗어난 행동을 올바르게 인도한다는 것을 말한다고 하는 데서도 알 수 있다.

또한 '敎'자는 학(學)자의 뜻을 지닌 효(孝)자의 부분과 채찍으로 가볍게 두들긴다는 뜻을 지닌 복(攴)자가 합쳐서 이루어진 것이고, 의미상으로 볼 때 학습자가 스스로 성인을 모방하여 학습해 나간다는 의미와 교사(성인)가 바람직한 방향으로 이끌어간다는 의미가 합쳐서 이루어진 글자이다. 이에 대해 테라사키 히로아키(寺崎弘昭, 2000)는 교(敎)는 성인 주도의 교도(敎導)의 의미가 강한 단어라고 주장하였다.

그러면 '育'자는 어떤 의미를 지니고 있는가? '育'자는 자궁 속에 있는 태아의 모습 또는 아이를 분만하는 모습을 나타내고 있는 상형문자로 보고 있다. 이것은 곧 위의 설문해자에서도 이 글자를 운(云)자와 육(肉)자의 합성어라 하였으니, 곧 자식(子)을 잘 키운다(養)는 뜻으로서 자식을 길러 선한 행동을 하게 한다는 것이다. 그러므로 이 말은 곧 '不良不善'한 자식을 살(肉)을 붙여 성장시킨다는 뜻으로서, 이를 정신화하여 보면 장선(長善)또는 작선(作善)의 뜻을 지니고 있음을 알 수 있다고 한다. 그러므로 '育'자는 어머니가 자식을 사랑의 품에 안아서 선한 행동을 조장해 나간다는 뜻을 지니고 있으며, 아동 주도의 육성(育成)의 의미가 강한 단어이다.

따라서 '敎育'의 자의(字義)는 성인이 미성인에게 인간이 지닌 천부적인 자질을 계발시킬 수 있도록 바람직한 규범이나 행동을 지도하고 격려해 줌으로써, 그들을 바람직한 인간으로 변화시켜 나가는 활동이라는 뜻을 지니고 있음을 알 수 있다.

서양어로서의 '교육'을 지칭하는 단어로는 education(미), padagogy(영), education(프), Erziehung(독) 등이 있다. 'padagogy'는 그리이스어 paidagogos에서 온 것으로 paidos(어린이)와 agogos(이끈다)의 합성어이다(Liddell & Scott, 1975). 또한 그리스어 'paideia'는 어린이를 양육·교육한다는 말로 오늘날의 교육, 훈련, 도야 등을 의미한다(오인탁, 2001; 신득렬, 2003).

그리고 'education', 'éducation'의 어원은 라틴어 educo, educatio 등에서 유래된 것으로 이것은 도출, 인출, 유도 또는 양육, 교수, 훈련 등의 다양한 의미를 갖고 있다. 초기에 educare는 아동은 물론 동·식물을 기르는 활동을 가리켰으며, educere는 신체적인 발달이나 양육을 의미하였다. 그러나 그 후 educere는 내재적인 발달을 강조하는 안으로부터의 교육을 가리키고, educare는 외재적인 형성을 강조하는 밖으로부터의 교육을 의미하게 되었다. 따라서 교육의 어원을 educare에서 왔다고 보느냐, educere에서 왔다고 보느냐 하는 것은 각각 교육에 대한 서로 다른 관점을 보여주게 된다.

그리고 'Erziehung'는 동사 Erziehen에서 명사화한 단어로서, er와 ziehen의 합성어에서 유래하였다. er는 aus(밖으로) 또는 auf(위로)의 뜻이고, ziehen은 끌어내다, 산출하다, 분만하다의 뜻이다. 따라서 aufziehen이 되면 끌어올린다, 향상시킨다는 뜻이 된다. 여기에서 '이끌다'라는 말은 어떤 것에 영향을 미쳐 그것을 어떤 위치 혹은 상태로 가져감을 뜻한다. 따라서 독일어에서도 '교육(Erziehung)'이라는 단어의 어원은 내재적인 능력을 신장·발전시킨다는 의미와 외재적인 지도작용을 동시에 가리키고 있음을 알 수 있다.

교육의 어원

敎: 敎導(訓, 倣, 修, 悟) 育: 育成(養育, 長善)
유모: 양육하다 스승: 교수하다 교사: 가르친다
educare: 외적 형성 educere: 내적 발달

이상에서 볼 때 '교육'이라는 말은 어원상으로 성인이 주도적인 역할을 하면서 밖으로부터 적극적으로 지도하는 활동과 학습자의 가능성을 존중하면서 안으로부터 계발해 갈 수 있도록 도와주는 활동의 두 가지 측면을 동시에 지칭하고 있음을 알 수 있다. 그런데 이 두 가지 의미가 통합된 교육활동을 전통적인 입장에서 볼 때는 성인 위주의 지도 활동을 강조해 온 반면에, 오늘날은 동서양 모두 학습자가 지니고 있는 천부적인 가능성을 이끌어내는 활동이며, 이를 성인 또는 교사가 지도하고 격려하고, 적극적으로 조성하는 활동으로 보고 있다.

따라서 교육은 모든 사람들이 가지고 태어나는 천부적인 소질과 능력을 적절한 자극과 지도와 조성 활동에 통해 실현하여, 선하고 바람직한 인간으로 변화시켜 나가는 활동이라고 할 수 있을 것이다.

2. 교육의 구성요소

교육활동은 교육을 하는 측과 받는 측이 교육내용을 매개로 하여 서로 상호작용을 하는 과정이다. 그러므로 교육활동을 직접 실천하는 주체와 대상 및 내용이 있게 마련이다. 그런데 이 실천의 주체는 지금까지는 주로 교육자 또는 성인으로 보았고, 그 대상을 학습자 또는 아동으로 보았다. 그리고 교육자와 학습자를 서로 연결시켜 주는 교육의 재료를 교육의 매개체라 하여, 이 세 가지 요소를 교육성립의 3요소라 일컬어 왔다.

1) 교육의 주체와 객체

그러면 여기에서는 교육의 3요소를 중심으로 교육활동의 특성을 살펴보자. 먼저 교육의 어원에서 살펴 본 것처럼 교육은 원래 '아동을 이끈다'는 활동에서 유래하고 있다. 이끈다, 인도한다는 말은 이끄는 활동의 목표와 내용과 방법을 전제로 하고 있다. 이 점은 가르친다는 말이 누가, 누구에게, 무엇을 가르친다는 것을 전제로 하고 있음과 마찬가지이다. 교육활동은 먼저 '아동', 즉 미래의 무한한 가능성을 지닌 존재가 없이는 성립하지 않는다. 모든 교육활동은 아동을 위한 것이다. 교육은 결코 부모의 허영심이나 학교의 명예를 위해 존재하는 것은 아니다. 그럼에도 불구하고 오늘날의 우리의 현실은 결코 그렇지가 못하다. 이 점을 모든 교육자는 특히 명심해야 할 것이다. 교사는 스스로 아동 존재의 독자적인 가치를 인식하고, 각 아동의 자기실현을 도와줄 수 있는 지도자, 조언자, 충고자가 되어야 할 것이다.

여기에서 '누가'는 특정한 어떤 사람(부모 또는 교사 등)일 경우도 있고 또 불특정한 사람인 경우도 있으며, 나아가서는 아동 주변의 환경이나 개인적인 처지인 경우도 있을 것이다. 따라서 우리들은 "생활이 교육한다"라고도 하는 것이다. 일반적으로 우리들이 살아가고 있는 역사적·사회적인 현실 그 자체가 하나의 교육적인 기능을 수행하고 있음을 말해 주고 있다.

또한 '누구'가 의도적 계획적으로 교육을 실시하는 경우도 있지만, 무의도적으로 교육적인 영향을 미치는 경우도 있다. 따라서 일찍이 크리크(E. Krieck)는 이에 관하여 교육을 의도적인 교육과 무의도적인 교육으로 구분하였다. 그는 교육은 무의도적인 교육으로부터 의도적·계획적인 교육으로 발전되어 왔다고 했다. 무의도적인 교육은 저변에 그리고 의도적·계획적인 교육은 상층부에라는 관계로 파악하였다. 그러나 실제적인 교육현장에서는 의도적·계획적인 교육이 이루어지고 있는 곳에서도 무의도적인 교육이 이루어지고 있다. 그러므로 이 양자 간의 관계는 서로 분리될 수 있는 것이 아니라, 무의도적인 교육을 바탕을 바탕으로 의식적·계획적인 교육이 이를 한 차원 더 높이 완성해 가는 관계를 지닌다고 할 수 있을 것이다.

2) 교육의 매개체: 문화유산·교육내용

교육활동은 필연적으로 무엇을 가르치며 어떤 것을 배울 것인가라는 문제가 제기된다. 이것이 곧 교육의 매개체로서의 학습내용인 것이며, 교육내용은 곧 인류의 문화유산 가운데 가치 있는 것을 가려 뽑은 것들로 구성된다. 참된 교육활동은 교육내용(교재)을 매개로 하여 교사와 학생이 하나가 되는 상호작용의 과정으로, 여기에서는 상호 인격적인 대등한 관계에서의 대화적인 학습이 이루어진다. 따라서 엄밀한 의미에서는 누가 누구를 '지도한다'는 표현마저 없어져야 할지도 모른다.

교육은 원칙적으로 교육자가 학습자에게 교육내용을 전달함으로써 성립한다고 인식되어 왔다. 즉, 'T(교육자)→M(교육내용)→S(학습자)'라는 공식이 일반화되어 왔다. 그러나 교육은 이러한 일방적인 관계로 이해해야 할 것이 아니라, 교육자와 학습자가 교육내용에 관해 적극적인 관심을 가지고 참여하여 교사와 학생이 혼연일체가 되어 진리를 탐구해 나가는 역동적인 과정으로 이해해야 할 것이다.

3) 교육의 장: 가정 · 학교 · 사회

교육의 재료를 매개로 하여 가르치는 사람과 배우는 사람이 서로 마주쳐 상호작용을 하는 장면을 '교육의 장'(the field of education)이라 한다. 교육의 장은 교육적 가치를 실현하는 데 있어 중요한 역할을 한다. 그러므로 교육의 장은 교육의 3요소 못지않게 교육상 중요한 위치를 차지한다. 그러면 교육의 장이란 무엇인가? 교육의 장이란 하나의 유목적적 활동으로서의 교육적 행동이 이루어지는 장소를 뜻한다고 할 수 있다. 다시 말하면, 교육의 3요소가 교육적 교섭관계를 이루는 장소라고 할 수 있다.

우리는 흔히 교육의 장으로서 학교 현장만을 생각하기 쉽다. 그러나 참다운 의미의 교육의 장은 교육의 주체와 객체가 교호작용(transaction)을 하는 삶의 과정 전체가 교육의 장이다. 아동은 가정, 사회, 학교 등 자연적 · 인위적 환경 속에서 그 무엇인가를 발견 및 탐색하면서 새로운 지식을 습득하며 성장 · 발달해 간다. 따라서 가정, 사회, 학교는 아동의 학습의 장이면서 동시에 생활의 장이 된다. 그러면 학습의 장으로서의 가정, 학교, 사회가 지닌 의도적 또는 무의도적인 인간형성 작용과 그 상호관계를 살펴보자.

먼저 학습의 장으로서의 가정은 다음과 같은 특징을 지니고 있다. 가정은 부모 · 자녀 관계를 중심으로 하는 소집단으로 가족구성원의 공동복지를 목적으로 하는 곳이다. 그리고 가족 간의 인간관계를 중심으로 ① 자손 유지, ② 애정의 기능, ③ 휴식과 오락, ④ 보호 · 양육 · 교육의 기능을 수행하고 있는 곳이다. 따라서 가정에서 이루어지는 교육은 아동의 기초적인 능력을 형성하면서 인격을 형성하는 데 지대한 영향을 미치는 것이다. 그러므로 학교가 지적 교육을 중심으로 집단생활을 하는 곳임에 반해, 가정은 사회에서 필요로 하는 기초적인 능력이나 습관을 형성하면서 동시에 전인격적인 형성을 도모하는 학습의 장으로서의 특징을 지닌다.

학교는 가정이나 사회와는 날리 교육을 위한 형식적인 전문기관이다. 그러므로 학교에서는 아동의 성장과 발달을 고려하여 가능한 한 이상적인 교육환경을 제공하려고 하고 있다. 학교에서는 교육목적에 따른 교육내용의 선정과 조직, 합리적인 교수계획과 아동의 건강과 발달을 고려한 건물, 공간 위생조건을 갖추려고 노력하고 있다.

이에 반해 가정과 사회는 비형식적, 비계획적인 교육의 장이다. 가정과 사회환경은 생활의 필요에 따라 다종다양한 환경을 제공하고 있으며, 물론 교육목적에 따라 교육내용이나 교육적 환경이 선정되는 것도 아니다. 사회는 정치, 경제, 문화 등 다양한 기구를 가진 인간생활의 장이다. 아동은 사회라는 생활의 장 속에서 성장·발달하면서 의도적이든 무의도적이든 여러 가지 것들을 보고, 듣고, 배우며 성장해 간다. 따라서 사회는 좋든 싫든 학습의 장으로서 영향을 미치고 있는 것이다.

학습의 장으로서의 가정, 학교, 사회가 같은 목적과 같은 가치를 추구하면서 아동에게 영향을 미친다면 좋겠지만, 현실은 결코 그렇지가 못하다. 따라서 아동이 여러 가지 가치 갈등을 느끼면서 생활해 가고 있음을 알아야 한다. 또한 해당 기관들은 각각의 학습의 장으로서의 바람직한 환경을 제공하도록 일층 노력을 해야 할 것이다.

3. 교육관의 유형

교육활동이 이루어지고 있는 곳에는 가르치는 사람과 배우는 사람이 있고, 이 양자는 교육내용을 매개로 하여 서로 연결되어 있다. 그런데 가르치는 자와 배우는 자는 그들이 처해 있는 역사적·사회적 상황과 인간관의 유형에 따라 서로 다는 교육적 관계를 지니게 된다.

즉, 아동을 어떠한 존재로 보는가? 교육의 과정을 어떻게 보는가? 교사-학생관계를 어떻게 보는가? 교육의 장을 어떻게 보는가? 등에 따라 서로 다른 교육관을 지니게 된다. 그런데 교육관을 형성하는 교육의 이러한 요소들의 관계를 설명하기 위해 역사적으로 여러 가지 비유들이 사용되어 왔다. 교육에 관한 많은 비유들은 당시의 시대와 유행을 따라 나타났으며, 그중에는 수세기 동안이나 계속 사용되어 오는 것도 있다.

이러한 비유들은 다소간 비약이나 초월이 있으나, 교육에 관한 전체적인 조망이나 상상력을 사극해 줄 수 있다. 교육에 관한 이러한 비유는 사실의 입증이 아니라 교육자와 학습자의 관계나 교육의 과정에 관한 특징을 잘 제시해 줄 수 있다. 그러므로 여기에서는 역사상 나타난 수많은 비유 가운데 교육을 이해하기에 좋은 사고의 틀을 제공해 줄 수 있다고 여겨지는 몇 가지 비유를 중심으로 교육관의 유형을 살펴보자.

1) 공작 모델

공작 모델은 전통적인 성인 중심의 교육관에서 잘 나타난다. 이 모델에서 아동은 가공되어 나가야 할 소재이며, 교육은 성인의 훌륭한 기술에 의해 아동을 일정한 형태로 만들어가는 작용인 것이다. 따라서 성인은 성숙한 존재·완성된 존재임에 반해, 아동은 미성숙하고 불완전한 존재로 보게 된다. 즉, 이 관점은 가르치는 사람이 배우는 사람에게 일정한 내용을 주입하거나 어떤 형으로 만들어 나가는 작용을 교육이라고 보게 된다. 물론 이때 전달되는 내용 또는 형성되는 인간형은 성인세대가 그들이 설정한 기준에 따라 선정한 가치있고 바람직한 것이다. 그러므로 피교육자는 성숙한 존재로서의 성인이 전달해주는 것을 수용함으로써, 또 교육자는 가치있는 것을 가장 효율적으로 전달 또는 주입함으로써 어떤 형의 인간으로 만들어 나가는 작용이 곧 교육이라는 것이다. 그러므로 우리들은 흔히 이러한 모형을 주입 또는 주형으로서의 교육 또는 만드는 교육관이라고 한다.

이러한 관점에서 교육은 미리 정해진 일정한 창고에 쌀이나 곡식을 차곡차곡 저장해 가는 것으로 비유되거나, 주물을 어떤 모양의 틀에 부어서 일정한 모형으로 만들어가는 활동에 비유되어, 학습자의 머리 속에 사회적 규범이나 지식을 쌓아가거나 일정한 모형을 만들어가는 작용으로 이해하게 된다.

교육에 관한 이러한 관점은 매우 소박하고 원시적인 견해이면서도, 아직까지도 뿌리 깊이 남아 있는 입장이기도 하다. 이러한 교육관은 아동을 가공되어야 할 소재로 보기 때문에, 아동의 주체성을 고려할 여지가 없게 된다. 이 모델의 대표적인 교육관은 아동의 교육을 점토세공으로 보았던 몽테뉴, 인간의 두뇌를 (사고의 공장이라고 해야 할) 밀랍에 비유하여 학교를 장인이 학생들을 다듬어 내는 공장으로 비유하고, 아동에게 지식을 확실하게 주입하는 방법을 공작기술에 의한 생산공정과 같이 생각했던 코메니우스(橫山利弘, 1990) 등의 교육관이 있다.

2) 유기체 모델

유기체 모델은 공작 모델과는 대조적으로 아동을 유기체, 특히 하나의 식물로 보고, 교육을 식물의 성장과 발육의 과정에 비유한다. 이 관점은 인간이 유아에서 성인으로 성장·발달하는 과정을 한 유기체가 내적인 성장법칙에 따라 성장하듯이 교육자의 역할을 돌봄과 양육에서 찾고 있다. 교육을 식물의 성장과정으로서 보는 이 관점은 교육은 아동이 타고난 천부적인 자질을 실현시켜 나가는 과정이라고 본다. 따라서, 아동 본성의 자연스런 발달과정에 관심을 둔다. 즉, 교육자는 정원사와 같이 씨앗이 성장하려면 햇빛과 수분과 영양과 정성스런 보살핌이 필요한 것처럼, 아동의 교육에서도 성인에 의한 간섭이나 강요를 배제하고, 아동의 자연스런 성장과 발달을 방해하는 인위적인 장애물을 제거하며, 내적인 법칙에 따라 주어진 소질이 무럭무럭 자라기를 바라게 된다. 우리는 흔히 이러한 교육관을 기르는 교육관이라고 부른다.

이러한 교육관은 인간은 내부로부터 자기 자신의 고유한 법칙에 따라 자신이 설정한 목표를 향해 발전한다(橫山利弘, 1990)는 인간관이 전제되어 있다. 이는 전형적인 성선설적인 관점으로 아동 존재 및 그 성장에 대한 신뢰를 바탕으로 하고 있다.

루소(J. J. Rousseau)의 소극적 자연주의나 페스탈로치의 인간성의 조화로운 발전 또는 프뢰벨(F. Fröbel)의 수동적·추수적 교육이라는 관점은 모두 서로 표현은 달라도 인간의 성장과정을 식물의 성장과정에 비유한 유기체 모델이다. 이러한 교육관은 이후 엘렌 케이, 몬테소리 등에게로 이어져 내려오고 있다.

유기체 모델은 아동 존재의 독자적인 가치를 인정함으로써 새로운 교육관을 탄생시켰으나, 아동은 고유한 인격을 지닌 주체적인 존재로서의 적극적·능동적인 인간임을 충분히 인식하지 못했다고 하겠다. 이는 교육활동의 중심을 성인중심에서부터 아동중심으로의 전환을 가져다주었다는 점에서 교육관의 코페르니쿠스적인 전회를 초래하였다고 할 수 있다. 그러나 교육을 다분히 식물의 성장과정으로 이해하게 되면, 학습자가 소속해 있는 사회·문화의 영향을 간과하거나 과소평가하게 된다. 듀이(J. Dewey)는 이러한 점을 고려하여 교육을 개인과 환경과의 상호작용의 결과로서의 성장의 과정이라고 보았다. 그는 사람은 연속적으로 성장하고 발전하는 존재이므로 그 과정이 곧 교육의 과정이며, 교육의 과정을 통해서 아동은 성장하는 것이라고 보았다. 그런데 그는 성장의 가능성을 아동의 미성숙성에서 찾고 있다. 그는 아동의 미성숙성을 소극적인 결핍상태가 아니라, 적극적인 성장 가능성으로서 이해하였다. 그리하여 그는 교육을 피교육자의 성장 가능성 또는 무한한 성장력을 올바른 방향으로 성장하도록 돕고, 지도하며, 격려하는 것이라고 하였다.

3) 문화전달 모델

문화전달 모델은 교육을 어떤 인간집단이 지니고 있는 생활양식의 총체, 즉 제도·습속·기술·지식·신념·가치·규범 등의 전달 및 계승 활동이라고 이해한다. 즉, 교육은 문화전달 및 계승의 과정이며, 한 사회의 문화는 이를 통해 유지·존속·발전된다고 본다. 파울젠(Paulsen)은 문화전달 모델의 전형적인 교육관을 보여주고 있다. 그에 의하면, 교육은 앞선 세대가 뒷 세대에게 이념적인 문화재를 전달하는 것이다. 각 세대는 물실적인 문화재, 예긴대, 도구·기구·집·전답 등 모든 것을 후진 세대에게 전하는 것이지만, 한편으로는 문화재 자체를 전달하는 힘이라고 할 수 있는 언어·종교·과학·예술·농공업의 기술·국가·법률·교통·군사·학교·교회 등의 모든 생활활동의 형식을 다음 세대에 전달하려고 한다. 이런 활동을 파울젠은 '교육(erziehung)'이라고 부른다. 그에 의하면, 인간은 교육에 의하여 개인적으로는 단순한 동물성에서 인간성으로 인도되어 새로운 고도의 생활로의 향상이 가능하게 되며, 자유와 자기결단으로의 발달을 성취해 나가게 되고, 사회적으로는 자기의 역사적 생명성을 유지해 나갈 수 있게 되는 것이다.

파울젠의 이러한 교육관은 문화교육학의 선구가 되었고, 그 후 그의 제자 슈프랑거(E. Spranger)에 의해 심화되고 확충되었다. 슈프랑거는 교육의 세 측면을 ① 발달의 원조, ② 문화재의 전달, ③ 양심의 각성이라는 면에서 설명하고 있다. 그는 교육의 가장 아래층에는 생물학적인 양육을 필요로 하는 것이므로, 우선 교육은 발달을 충실하게 해야 한다는 것이다. 그러나 그가 말하는 발달이란 생물체의 단순한 시간적 변화가 아니라, 개인이 객관적인 문화와의 접촉 속에서 성취해 나가는 자기발전의 과정이다.

따라서 교육은 다른 한편으로는 문화재의 전달과정이 된다. 그러나 문화의 전달은 단순히 일방적으로 전달되는 것이 아니라, 개인의 자유로운 내면의 각성에 의해 창조적으로 창출되어 나가는 것이다. 따라서 교육은 정신적 내면성의 각성적 원조이기도 한 것이다. 그리하여 객관적인 문화는 성인세대에서 젊은 세대에게 전달되고, 젊은 세대는 이것을 계승함에 의해서 그 세대의 문화내용을 만나게 되며, 그 문화적·사회적 과제를 실현해 나가기 위한 능력을 획득해 나가는 것이다. 이렇게 하여 객관적인 문화는 끊임없이 새로운 생명이 되어 창조·발전되는 것이다.

4) 각성 모델

각성 모델은 지금까지의 관점들이 아동을 성인과 동일한 가치를 지닌 고유한 인격체로서 독립적이고 주체적·능동적인 존재임을 간과하고 있다고 보고 있다. 즉, 각성 모델에서는 교육은 인간의 내면적 세계에서의 각성적 원조라고 보고 있다.

원래는 종교적인 개념인 '각성'을 교육학적인 개념으로서 처음으로 사용한 사람은 슈프랑거(Spranger)이다. 슈프랑거는 교육은 인간의 정신을 각성시켜 양심을 순화시키는 것과 연결되어야 한다고 보았다. 그러나 그에 의하면, 교사는 학생에게 양심을 만들어줄 수는 없다. 다만 일깨워 줄 수 있을 뿐이다. 또한 제아무리 뛰어난 교육이라도 성장하는 인간에게 양심을 만들어 줄 수는 없다. 교육은 단지 양심의 소리를 강화시켜 줄 수 있을 뿐이다(정영근, 1995).

각성, 즉 인간의 주체적인 자각을 교육작용의 중핵으로 삼으려는 시도는 이미 고대 그리스의 소크라테스(Socrates)에게서부터 시작되었다. 소크라테스의 산파술은 곧 소피스트들의 맹목적인 주입식 교육에 반대하고, 문답법에 의해 상대방의 무지를 각성시켜 보편적인 이데아를 깨우치려고 한 각성의 교육이었다. 이를 플라톤(Platon)은 『공화국』에서 "영혼의 전향"이라고 하였다.

이러한 각성적인 측면을 하나의 교육적인 모형으로 발전시킨 사람은 볼르노(Bollonow)이다. 볼르노는 인간의 실존적 관점에서 종래의 교육관은 인간의 발달과정을 연속적인 과정으로 보고 있다고 지적하였다. 볼르노에 의하면, 인간의 성장과 발달과정에서는 필연적으로 단절과 위기와 고립이 일어나고 있다. 즉, 비연속적·비항상적인 면이 끊임없이 일어나고 있다. 그런데 인간에게는 이 단절과 위기와 고립으로부터 초월과 비약, 전향적인 변화가 이루어지고 있다. 그러므로 교육자는 이 계기를 가져다 줄 수 있어야 한다고 보았다. 그리하여 그는 교사와 학생간의 만남과 대화를 교육학적 개념으로 고찰해 주고 있다.

만남의 교육학자로 알려진 부버(Buber)도 인간이 세계에 대하여 가질 수 있는 두 관계를 '나-그것'의 관계인 '나-너'의 관계로 대별하고, '나-너'의 관계를 교육적인 만남의 관계로 설명하였다. 그는 참된 인격적인 만남의 관계에서만 진정한 깨우침과 성장이 가능하며, 이러한 만남의 세계는 진정한 대화적 관계에서 가능하다고 하여, 만남과 대화를 중요한 교육적인 계기로 다루었다.

교육적인 참된 만남의 세계는 학습자로 하여금 자아 각성의 계기를 주어 이상적인 자기 모습을 깨닫고 스스로 책임질 수 있는 자기 삶을 영위할 수 있도록 이끌어준다(정영근, 1995).

5) 성년식 모델

이 모델은 피터스(R. S. Peters)가 『윤리학과 교육』(1966)에서 제시하고 있는 개념으로서 교육은 인간의 마음의 계발과정이며, 인간의 마음은 공적인 세계로의 입문과정을 통해 생겨나게 되는 것이라고 본다. 그는 지난날의 공작 모델과 유기체 모델은 모두 가르치는 자와 배우는 자와의 사이에 있는 성역(聖域)을 충분히 설명해주고 있지 못한다고 보았다. 그리하여 그는 교육은 공적인 검토 및 논의에 의해 확립되고 축적되어온 문화유산이나 지식 또는 삶의 형식에로의 입문 과정이라는 것이다.

이 모델은 교육을 '문명된 삶의 형식'에 사람들을 입문시킴으로써 문명사회의 성숙한 구성원으로서의 역할을 할 수 있도록 하는 '성년식'으로 본다. 즉, 교육은 공적인 문화유산에의 입문 과정이며, 교육받은 사람은 이러한 과정을 통해 모종의 정신상태나 안목을 지니게 됨으로써 사회의 훌륭한 구성원이 된다는 것이다.

그는 교육을 이렇게 이해할 때 교육적인 사태는 전수(taught)가 아니라 파악(caught)되는 것이라고 하였다. 즉, 교육의 초기 단계에서는 가르치는 사람이 배우는 사람을 자기가 알고 있는 사고형식 안으로 인도하지만, 점차 공동의 세계를 탐색하는 데 공동으로 참여해 나간다는 것이다. 또한 성년식 모델은 교육의 사회적인 성격을 잘 제시해 주고 있으며, 아울러 공통된 경험을 토대로 한 가르치는 사람과 배우는 사람 간의 사랑과 존경과 신뢰의 관계가 설명될 수 있다는 것이다.

이 모델은 가르치는 자와 배우는 자 모두에게 가치가 있으며, 자발적인 참여를 유도할 수 있는 것이 무엇이고, 이것이 어떻게 구성되는가에 달려 있다. 그런데 이 모델에서는 성년식의 구체적인 내용이 제시되어 있지 않고, 다만 '문명화된 삶의 형식', '가치 있는 삶의 형식', '공적 유산', '가치 있는 활동 또는 사고와 행동의 양식', '분화된 사고의 형식', '사회적으로 구조화된 활동의 틀' 등으로 표현하고 있다.

〈교육관의 유형〉

유 형	특 징
공 작 모 델	성인중심: 만드는 교육 강조
유기체 모델	아동중심: 기르는 교육 강조
문화전달 모델	사회문화중심: 전달 · 계승 · 발전 강조
각 성 모 델	학습자의 주체성 · 능동성 중심: 자각, 각성 강조, 비연속적 측면
성년식 모델	공적인 문화유산중심: 문명된 삶의 형식, 지식의 형식, 사회적 성격 강조

이상에서 다섯 가지 모델을 중심으로 우리들이 일상적으로 접할 수 있는 교육관의 유형과 특징을 살펴보았다. 우선 교육을 이 다섯 가지 모델로 구분한 것은 자의적이며, 이들은 모두 교육의 어느 일면을 단순화한 것에 지나지

않음을 지적해 둔다. 그리고 우리들이 어떠한 교육관을 지니는가는 전적으로 우리들의 선택에 달려 있음도 아울러 밝혀둔다. 그러나 위에서 제시된 각 모델들은 교육활동의 특징적인 변을 질 부각시켜주고 있을 뿐 아니라, 교육현실의 단면을 볼 수 있는 시각을 제공할 수 있다. 아울러 각 모델들은 현재 우리들이 안고 있는 교육적인 문제점들을 부각시켜 줄 수 있을 것이다.

예컨대, 공작 모델은 오늘날의 입시 위주의 교육에서 오는 성적위주·관리위주의 교육이 인간을 상품생산의 제조, 관리과정을 통한 규격화된 인간을 양산하고 있는 일면에 대한 교육적인 시각을 제공해 줄 수 있을 뿐 아니라, 이에 대한 경종을 줄 수 있다. 또한 나아가 인간을 단순한 소재로만 생각하는 편협한 인간관을 보여주고 있다.

유기체 모델은 인간의 교육을 식물의 성장과정에 비유함으로써 아동의 소질 계발의 필요성을 일깨워 주었으나, 인간의 소질이 식물의 씨앗과 같이 한정적인 것인가 하는 의문을 제기해 준다. 그 뿐만 아니라 현재 우리들은 과연 아동의 소질을 올바로 파악하여 지도하고 있는가 하는 반성의 여지를 제공해 주기도 한다.

문화전달 모델은 교육이 단순히 문화유산의 일방적인 계승 및 전달이 아니라, 내적인 각성에 의해 학습자의 내면에 창조적인 에너지를 창출하는 창조적인 발전과정임을 깨우쳐 주고 있다.

각성 모델은 인간의 주체성과 존엄성, 그리고 교육의 비연속적·비약적인 측면을 잘 보여주고 있으나, 각성해야 할 '본래적인 자기'의 모습은 과연 무엇인가에 대한 끊임없는 탐구 없이는 교육학상의 유용한 모델이 될 수 없을 것이다.

마지막으로, 성년식 모델은 오늘날 같이 학교교육이 장기화되어 가고 학교교육을 받는 정도가 곧 사회에서의 적응이나 성공과 깊이 관련되고 있다는 면에서, 현대의 학교교육을 이해할 수 있는 한 틀을 제공해 주고 있기도 하다. 또한 가르치는 자와 배우는 자의 관계와 교육의 사회적인 성격을 잘 설명해 주고 있으나, 성년식의 구체적인 내용을 제시해 주고 있지는 못하다. 교육의 내용으로서 '문명된 삶의 형식' 또는 '공적인 유산', '지식의 형식' 등의 용어는 지나치게 추상적인 설명에 지나지 않는다.

4. 교육의 정의와 개념적 기준

1) 교육의 정의

인간에게 있어서 교육은 인간이 지구상에 생활을 하면서부터 시작된 원초적인 활동이다. 인간이 자기가 낳은 아이를 양육하고 의식주와 생존의 방법 또는 집단의 질서나 규범을 가르치는 활동이 곧 교육일진데, 이러한 활동은 인간의 생활과 함께 영위된 활동이다.

또한 교육은 시대나 사회를 초월하여 인간을 인간답게 만든다는 보편적인 특성을 띠고 있는 활동이면서도, 교육이 실시되는 시대나 사회적 배경에 따라 그들이 추구하고자 하는 다양한 인간상을 전제로 하여 실시되고 있다. 따라서 교육에 관한 정의는 시대나 사회에 따라 다양하게 정의되어 왔다.

일찍이 소크라테스(Socrates)는 교육은 "오류를 없애고 진리를 발견하는 것"이라고 하였고, 플라톤(Platon)은 교육은 "육체와 정신에 완전성을 부여해 주는 것"이라 하였으며, 아리스토텔레스(Aristoteles)는 교육은 "완전한 덕을 계발하여 궁극적인 행복에 도달하게 하는 활동"이라고 하였다. 17세기의 대교수학자인 코메니우스(Comenius)는 교육은 "전인적인 인간의 계발이며, 신과 더불어 영원한 행복을 누리도록 하는 것"이라고 하였으며, 루소(Rousseau)는 "자연에 따르는 습관의 형성", 페스탈로치(Pestalozzi)는 "인간성의 조화로운 발달의 조성작용", 헤르바르트(Herbart)는 "도덕적 품성의 도야"라고 하였다. 그리고 스펜서(Spencer)는 "완전한 생활을 위한 준비", 칸트(Kant)는 "인간을 인간답게 만드는 작용", 슈프랑거(Spranger)는 "문화적 번식작용", 듀이(Dewey)는 "경험의 재구성이요, 성장"이라고 하였다(팽영일 외, 1998 참조).

이처럼 교육은 시대나 학자에 따라 다양하게 정의되어 왔다. 여기에서 우리는 교육에 관한 정의는 정의를 내리는 사람들의 관점에 따라, 어떤 측면에 중점을 두느냐에 따라 서로 다르다는 것을 알 수 있다. 물론 이때 정의를 내리는 사람의 관점은 그 사람이 살던 당시의 시대적인 환경과 그 당시의 교육현실 등이 고려되었을 것이다.

다시 말하면 소크라테스는 자신이 살던 당시의 시대적인 환경, 즉 소피스트들이 이 세상에는 절대적인 진리가 존재하지 않으며, 설령 존재하더라도 우리는 알 수 없고, 알 수 있다 하더라도 전달할 수 없는 주장을 하며, 상대적인 진리를 주장하던 것에 반대하고, 우리들이 숙고하기만 하면 지금 우리들이 아는 것보다는 훨씬 더 분명한 진리에 다가갈 수 있을 것이라는 확신을 갖고 "교육은 참된 진리로 이끄는 활동"이라고 하였으며, 플라톤은 "육체와 정신에 완전성을 부여하는 활동"이요, 인간의 영혼을 이데아의 세계로 향하게 하는 "영혼의 전향술"이라고 하였던 것이다.

이러한 생각들이 중세에는 "인간의 영혼을 도야하는 활동"이라고 보았으며, 근대에는 "인간성의 조화로운 발달"(Pestalozzi), "완전한 생활을 위한 준비"(Spencer), "도덕적인 품성의 도야"(Herbart) 등이라고 하고 있는 것이다. 그리고 20세기에는 "경험의 재구성"(Dewey), "문화적인 번식 작용"(Spranger), "세계관과 행동에 미치는 조직적인 영향" 등으로 보기도 하였다.

마찬가지로 동양에서는 "도덕적인 실천인의 양성"(孔子), "인간의 선한 본성을 확충하는 활동"(孟子) 또는 "양지양능의 회복"(王陽明) 등을 들고 있다. 이처럼 교육에 관한 정의는 다종다양한 형태로 내려져 왔으며, 이것은 곧 교육이란 활동에 대한 사람들의 생각과 사고와 기대의 변화를 의미하기도 한다.

이러한 점을 참고로 할 때 플리트너(Flitner)가 교육에 관한 정의의 형태를 다음과 같이 네 가지로 정리하고 있는데, 이를 소개하면 다음과 같다.

〈플리트너의 교육에 관한 정의〉

구 분	내 용
생물학적인 견해	이 관점에서 보면 교육은 아동의 성장 및 성숙의 과정을 성숙자가 지켜주고 지지하는 모든 경과(經過)로 규정된다.
역사적 · 사회적인 견해	이 관점에서 보는 교육은 역사적 문화를 변혁하는 노력과 자연적으로 성장하는 개체를 정신의 세계로 끌어들이는 노력에 일어나는 행위의 총체를 말한다.
이성적인 견해	이 관점에서는 교육은 곧 정신의 각성이고, 올바른 가치관에 눈뜨게 하여 훌륭한 것에 마음이 가도록 하는 것이다.
인격적인 견해	이 견해는 바로 인간을 인간답게 하는 것으로서, 곧 교육은 인간을 그 자식에게로 인도하는 것이다.

출처: 平野智美 외(1980).

(1) 교육에 관한 정의의 종류

① 규범적 정의

이 정의는 교육을 궁극적 목적이나 추구해야 할 가치와 결부시켜 규정한다. 따라서 교육이 추구해야 할 가치나 목적이 무엇이어야 한다고 생각하느냐에 따라 여러 정의가 가능하다. 예컨대, '교육은 민주적 시민이 갖추어야 할 자질을 함양하는 과정이다', '교육은 영원한 진리나 가치에로의 접근 과정이다', '교육은 인간을 인간답게 형성하는 과정이다' 등이 대표적인 예이다(이형행, 1988).

이 유형의 정의는 대체로 개인적 차원에서 모두 인격의 완성이나 자아실현이라는 내재적 가치의 실현 또는 영원한 진리나 가치를 추구하는 것을 교육의 중요한 목표로 내세우고 있다. 이 유형의 정의는 교육이 추구해야 할 이상적인 가치는 무엇인가에 대해서는 나름대로의 지침을 제공해 주지만 실제적인 교육을 이해하는 데는 큰 도움이 되지 못할 수도 있다.

② 기능적 정의

이 정의는 교육을 무엇을 위한 수단으로 규정하는 것이다. 예컨대, "교육은 사회개선의 수단이다"(페스탈로치)이라던가 "교육작용의 본질은 문화번식에 있다"(슈프랑거)는 정의가 그것이다. 이는 교육이 봉사할 대상을 사회문화로 하느냐, 인간으로 하느냐, 국가나 종교로 하느냐에 따라 다양한 정의가 가능하다. 이 정의는 교육의 도구적 가치를 중시한다. 그러나 기능적 교육관에 치중하게 되면, 그 가능성과 당위성이 인정된다고 해도 교육 본래의 가치구현에 소홀하게 되고, 다른 분야에 비해 교육의 지체현상을 초래하게 된다. 또 교육을 개인의 출세를 위한 수단으로 봄으로써 여러 가지 교육의 부조리 현상을 초래할 가능성도 크다(이형행, 1988).

③ 조작적 정의

조작적 정의란 교육을 기술적 또는 조작적 견지에서 정의하는 것을 말한다. 예컨대, '교육은 인간행동 특성을 계획적으로 변화시키려는 과징이다'라는 정의는 조작적 정의이다.

이 정의에서는 인간행동을 심리학적 개념의 용어로서 사용하고 있고, 이 정의에서 말하는 인간행동 속에는 인간의 외현적인 행동뿐만 아니라 내면적인 행동도 포함되어 있다. 또한 교육은 행동의 변화이되, 계획적인 변화를 말한다. 따라서 성숙에 의한 변화나 경험이나 학습에 따른 변화를 제외한다. 따라서 이 정의에 의하면 무의도적인 교육은 교육이 아니며 학습에 불과한 것이 된다.

〈교육에 관한 정의〉

구 분	내 용
규범적인 정의	목적 · 가치 중심의 정의
기능적인 정의	실제적인 기능과 역할 중심의 정의
조작적인 정의	전문적 · 학술적인 정의

2) 교육의 개념

(1) 개념의 기능

일반적으로 개념이란 어떤 대상의 속성들의 집합을 말하는 것으로 예컨대, 개의 개념은 꼬리가 있다(대상의 부분). 네 발 짐승이다(전체 모습), 멍멍 짓는다(기능), 집을 지킨다(목적) 등의 속성들의 총체를 지칭한다고 할 수 있다. 그러나 이러한 속성에는 질적 및 양적인 차이가 있어서 다양한 개념들로 나누어지기도 한다. 예를 들면, 개의 개념에서도 크기나 공격성의 차원에서 셰퍼드, 진돗개, 불독, 애완견 등의 차이에 따라 그 세부적인 특징을 달리한다. 그리고 어떤 하나의 개념을 가장 잘 대표하는 것이 그 개념의 원형(prototype)이다. 즉, 셰퍼드, 진돗개, 불독으로 구분하기 보다는 우선적으로 개로 구분하는 기준이 그 개념의 원형이 되고, 이것을 곧 개념의 기본 수준이라고 한다.

개념의 기본 수준은 문화나 경험과 지식의 수준, 전문성의 정도 등에 따라 달라질 수 있다. 물고기의 개념에 대해 생물학자가 사용하는 개념과 낚시꾼이 사용하는 개념이 서로 다를 수 있다. 일반인은 그냥 새소리로 구분할 수 있으나 조류학자는 참새 소리, 까마귀 소리, 방울새 소리, 꾀꼬리 소리, 부엉이 소리 등등으로 구분하기도 한다. 그리고 미국의 도시에 사는 아이는 그냥 나무로 구분하나 멕시코의 한 부족의 아이는 단풍나무, 미루나무 등으로 구분하기도 한다(Dougherty, 1978).

우리들은 일상생활에서 보편적인 수준에서의 개념을 사용하는데, 예를 들면 배가 고플 때는 특정한 개념의 음식을 찾기보다는 그냥 먹을 것이라는 개념을 사용한다. 개념은 동일한 유목으로 묶어주는 단어의 외연을 구획지어 주며, 상위 개념과 하위개념의 위계 구조를 지니고 있다. 소파·탁자·스탠드의 상위 개념은 가구가 될 수 있고, 사과·배·복숭아·포도의 상위 개념은 과일이 될 수 있다. 마찬가지로 승용차의 하위 개념으로는 에쿠스, 그랜저, 소나타, 아반테 등이 있다.

일반적으로 상위 수준의 개념은 서로 다른 사례들의 전체 집합을 나타낼 때 자주 사용하고, 상위 수준으로 갈수록 경제성은 높아지나 정보성이 낮아진다. 반면에 하위 수준으로 갈수록 정보성이 높아지게 된다. 개념은 다음과 같은 기능을 지니고 있다.

① **범주화의 기능**: 특정한 개념의 구성 요소인지(창밖에 보이는 것이 소나무인지의 여부), 다른 개념의 부분 집합인지(소나무가 침엽수인지, 또는 식물인지의 여부)를 결정한다. 새로운 대상을 유목화하고 추론하는데 사용된다.
② **기억의 기능**: 개념과 관련된 사실을 기억하게 한다. 소나무라는 개념은 소나무 숲이 삼림욕에 좋다거나 소나무에 연이 걸렸던 일화를 기억하게 한다.
③ **설명의 기능**: 주위에서 일어나는 사건들을 설명할 수 있게 해준다. 예컨대, 가든파티에서 연못에 뛰어 들어간 사람을 보고, "술에 취해서 그랬을 것이다"라고 설명을 할 수 있게 해준다.
④ **일반화의 기능**: 어떤 개념에 속하는 다른 사례들을 경험함으로써 일반화해 나갈 수 있게 도와준다. 어떤 한 소나무는 휘어져 자라지만 또 다른 소나무는 곧게 자라기도 한다는 것을 앎으로써 소나무는 곧게 자라기도 하고 휘어지기도 한다는 사실을 안다.
⑤ **유비와 추론의 기능**: 소나무가 침엽수이고, 재질이 단단하니까 잣나무도 침엽수이므로 재질이 단단할 것이라고 추론할 수 있게 한다.
⑥ **연역과 귀납 추론의 기능**: 산에 있는 것이 소나무라면 '침엽수이고, 솔방울이 달리고 가지가 휘어 있을 것이다'는 추론을 가능하게 해준다.
⑦ **학습의 기능**: 새로운 사례에 대한 경험을 통한 학습과 기존의 개념들을 서로 결합하여 새로운 개념을 만들어 학습한다. 아름드리라는 개념과 소나무라는 개념을 결합하여 아름드리 소나무라는 개념을 새로이 학습한다.

⑧ **문제해결의 기능**: 어떤 개념의 사례에 대한 문제해결의 길을 발견할 수 있게 해 준다. 술에 취하면 어떻게 된다는 개념을 지닌 사람은 만약 술 취한 사람이 강에 뛰어 들면 어떻게 해야 할지를 알게 해준다.

출처: 신현정(2000).

(2) 피터스의 교육의 개념적 기준

피터스(R. S. Peters)는 『윤리학과 교육』(1966)에서 현재 일상적으로 사용되고 있는 교육의 개념은 교육이 곧 상급학교에의 진학이나 좋은 일자리를 얻기 위한 지식과 기술이나 학력을 얻기 과정으로 보고 있어서 참된 교육의 의미가 엉망진창인 상태에 있다고 하였다. 그는 어떤 활동을 교육이라고 할 수 있기 위해서는 다음과 같은 세 가지 기준을 충족시켜야 한다고 주장하였다.

"교육이라는 말의 핵심적 어의에 내포되어 있는 사용기준은 – 교육은 가치 있는 일을 전달함으로써 그것에 헌신하는 사람을 만든다는 뜻을 가지고 있다. 교육은 지식과 이해 그리고 모종의 지적 안목을 길러주는 일이며, 이런 것들은 무기력한 것이어서는 안 된다. 교육은 교육받는 사람의 의식과 자발성을 전제로 한다는 점에서 몇 가지 전달과정은 교육의 과정으로 용납될 수 없다."

출처: R. S. Peters, 이홍우 외 역(1997).

피터스가 제시하고 있는 교육과 교육이 아닌 것을 구분할 수 있는 개념적인 기준을 살펴보면 다음과 같다.

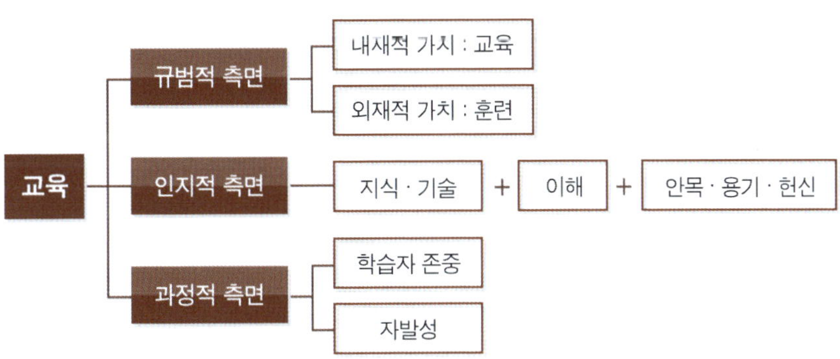

① 규범적 측면의 기준

교육이라는 개념 속에 있는 무엇인가 가치 있는 것이 추구되고 달성되어야 한다는 측면을 말한다. 다시 말하면, 교육이라는 개념은 규범적인 측면에서 가치 있는 것을 도덕적이고 온당한 방법으로 의도적으로 전달하거나 전달되었다는 뜻을 지니고 있다. 이 점에 대해 피터스(R. S. Peters)는 다음과 같이 말하고 있다.

> "교육은 가치 있는 것이 도덕적이고 온당한 방법으로 의도적으로 전달되고 있거나 전달되었다는 것을 의미한다. 따라서 어떤 사람이 교육을 받았으나 좋은 방향으로 변화되지 않았다든지, 어떤 사람이 자기 아들을 교육하면서 가치 있는 어떠한 것도 가르쳐 주지 않았다고 말하는 것은 논리적으로 모순일 것이다."

여기에서 어떤 활동이 가치 있는 것이며, 어떤 방향으로 변화하는 것이 바람직한 것인가에 대해서는 여러 가지 논란이 있겠지만, 적어도 교육하는 사람 자신이 가치 있다고 생각하는 지식, 규범, 가치관, 기술 등을 가르쳐야 할 것이다. 그런데 좀 더 구체적으로 피터스가 지적하는 교육적 가치는 내재적인 가치를 말한다. 여기에서 내재적인 가치란 교육한다는 말 속에 포함된 가치, 즉 자아실현·인격도야·잠재능력 개발 등의 활동이다. 교육은 교육이라는 말 밖의 가치, 즉 경제성장·직업 획득·사회 개선 등의 활동과는 개념적으로는 다른 활동이다. 물론 교육을 통해서 경제성장이나 사회개선을 이룩할 수는 있다. 그러나 교육을 교육 밖의 가치를 추구하기 위한 수단으로 추구하게 되면 교육은 본래의 모습을 잃게 되기 쉽다. 그렇게 되면 교육은 자연히 교육답지 못하고 다른 것을 위한 수단이 되기 쉽다. 교육이 이와 같이 다른 것을 위한 수단이 될 때, 교육이라는 말보다는 오히려 훈련이라는 말이 더 적절할 것이다.

② 인지적 측면의 기준

우리는 훌륭한 기술이나 지식을 맹목적으로 주입하는 활동을 교육이라고 하지 않는다. 또한 단순히 모종의 잡다한 나열적인 지식을 많이 외우고 있거나 특정한 기술에만 숙달해 있는 사람을 교육받은 사람이라고 보기는 어렵다. 교육이라는 말 속에는 적어도 지식이나 기술에 대한 올바른 이해와 안목을 갖추고 있을 것을 포함하고 있다.

교육받은 사람은 단지 전문화된 기술을 소유한 자는 아니다. 교육받은 사람은 특수한 기술 또는 방법적 지식을 소유하고 있을지 모르나, 그 이상의 이해력과 안목을 갖추고 있다. 교육받은 사람은 그의 신념과 행동을 정당화할 수 있는 이성의 발달을 이루고 있다(Archambault, R. D., 1972).

그러므로 피터스는 단순히 아는 것이 많은 사람(knowledgeable man)과 교육받은 사람(educated man)을 구별하고 있다. 그는 가치 있는 과학적 지식을 많이 지니고 있으나 자기가 하고 있는 일에 대한 안목이 부족하여 제한된 생각밖에 지니고 있지 않은 사람이 있다면 이 사람은 교육받은 사람으로 보기 힘들다고 하였다. 피터스에 의하면 교육받은 사람은 잡다하고 단편적인 지식을 소유하고 있는 사람이 아니라 자신이 알고 있는 지식의 올바른 근거와 인접하는 다른 분야의 지식과의 관련성을 아는 체계적이고 폭넓은 지식을 가진 사람이라고 하였다.

리치(J. H. Rich)도 교육받은 사람이란 백과사전적인 지식의 소유자가 아니라 자신의 전문분야에 대한 지식뿐만 아니라 폭넓은 안목을 지니고 있으며, 새로운 변화에 대해 개방적인 태도를 지니고 타인과 더불어 함께 살아갈 수 있으며, 비판적이고 합리적인 사고 능력을 지니고 있으며, 영적 질서에 대해 관심이 높은 사람이라고 하였다. 그러므로 교육은 지나치게 제한된 상태에서의 지식이나 기술의 습득에서 나아가 넓은 의미에서의 신념이나 안목의 변화와 관련된 개념, 즉 인지적인 전망을 가지는 것과 관련되는 개념이다.

③ 과정적 측면의 기준

앞서 교육은 가치 있는 것을 의도적으로 전달하는 활동이라는 점을 살펴보았다. 그리고 지식과 신념의 형성에 있어서 이해와 안목을 포함해야 함을 지적하였다. 이어서 피터스(R. S. Peters)는 교육의 과정에서 적어도 지켜져야 할 점을 지적해 주고 있다. 피터스는 교육의 과정에서 적어도 지켜져야 할 점을 지적해 주고 있다. 피터스에 의하면 교육의 최종적인 목표는 학생의 성취이여야 하며, 피교육자가 적어도 최소한도의 자발성을 보여야 한다고 하였다. 즉, 교육적 과정은 학습자의 자발적인 참여를 전제로 학습자에 대한 존중이 있어야 한다는 것이다. 물론 학습의 초기 단계에서는 성인·교사의 주도적인 역할이 필요하지만, 이것은 학생이 독립적으로 이해하고 판단 할 수 있도록 이끄는 과정인 것이다. 따라서 학생이 자발적으로 참여하지도 않고, 무엇을 배웠는지도 모르고, 학습자가 존중되지도 않는 과정은 교육적 과정이라고 볼 수 없다.

교육적 과정의 이러한 측면은 교육은 교화(indoctrination)와 조건화(conditioning) 또는 세뇌화(brainstorming)와 구별되는 개념이라는 점에서도 잘 나타난다. 즉, 도덕적으로 수용 불가능한 방법으로 의심스러운 교리나 신조를 일방적으로 가르치거나 주입하는 것은 교육이 아닌 것이다. 피터스는 이점을 학습자의 입장에서 최소한의 의지와 자발성이 있어야 하며, 세뇌화와 같이 용납하기 어려운 과정이나 절차는 분명히 제외시켜야 할 것이라고 주장하였다. 고통이나 강화 그리고 강제적인 훈련이 학습을 초래하기도 하지만, 그러한 강요는 인간성을 부정하는 경향이 있다. 교육적 과정에서 이러한 나쁜 절차에 대한 반대는 모든 학생들이 자진해서 수업에 참여하거나 고도의 동기를 나타내기를 기대하는 것이 아니고, 교육적인 과정에서 벗어나지 않도록 한계를 설정하고 있음을 의미한다(Lloyd, D. I., 1978).

〈피터스의 교육의 개념적 기준〉

구 분	내 용
규범적 측면	가치 있는 것(내재적 가치), 의도성
인지적 측면	이해 · 안목 · 신념(인지적 전망)
과정적 측면	학습자 존중, 자발성

5. 교육의 가능성과 한계성

1) 교육의 가능성

칸트(Kant)는 "인간은 교육을 필요로 하는 유일한 피조물"이며, 교육은 "인간을 인간답게 만드는 작용"이라고 하였다. 칸트가 여기에서 말하는 '교육'이란 양호(보육)와 훈련(훈육)과 도야 및 교수를 포함한다. 그런데 칸트가 말하는 양호란 양친으로부터 보호를 받는 것을 의미하는데, 동물은 보호를 필요로 할 뿐이나 인간은 보호만으로는 부족하다. 인간은 타고난 그대로의 동물성을 인간성으로 변화시키는 훈련(훈육)이 필요하다. 즉, 타고난 그대로의 인간은 동물적인 충동 때문에 인간성으로부터 점차 멀어져 간다. 그러므로 인간은 훈련을 통해 동물로의 일탈 가능성을 예방할 필요가 있다. 훈련은 이성의 지도 아래 복종할 수 있는 습관을 형성할 수 있게 해 준다. 나아가 인간은 훈련만으로는 인간다운 인간이 될 수 없고 도야와 교수를 필요로 하는 존재이다.

칸트의 이러한 주장이 올바르다는 것은 오늘날의 과학적인 교육학의 연구 결과에서도 잘 나타나고 있다. 듀이(Dewey)에 의하면 인간과 동물의 중요한 차이점은 의존성과 가소성에 있다. 소나 말 등의 동물은 태어나자마자 뛰어다니고, 주위 환경에 적응해 가는데 있어서 거의 어미의 도움을 필요로 하지 않는다. 그러나 인간은 동물과는 달리 매우 무력한 존재로 태어나기 때문에, 성장과정에서 매우 오랫동안 부모에게 의존하게 된다. 그러나 이러한 의존성은 인간의 무기력함을 나타내는 것이 아니라 오히려 성장 가능성을 보여주는 적극적인 힘이다(정진곤, 2010).

인간은 가장 가소성(可塑性)이 풍부한 동물이지만 태어날 때는 매우 미완성된 상태로 태어난다. 태어난 그대로의 인간은 너무나 나약하며 생존하기 위해서는 다른 어떤 동물보다도 더 많은 보호와 양육을 필요로 한다. 이 점을 스위스의 생물학자 포르트만(Portmann)은 인간은 새와 다른 포유류에 비교해 볼 때, 생리적 조산아(生理的 早産兒)라고 하였다. 즉, 인간이 다른 동물들처럼 어느 정도의 완성된 발육상태로 태어나려면 모태 속에서 약 21개월이 필요하다. 따라서 인간은 다른 동물에 비해 11개월이나 조산인 셈이다. 즉, 인간은 다른 동물들처럼 거의 완성된 상태로 태어나지 않고 일종의 조산 상태로 태어나 자궁 밖에서 유소기(幼少期)를 보내게 된다는 것이다.

듀이는 인간의 이러한 미성숙성의 특징을 의존성과 가소성에서 찾고, 이를 교육의 필요성과 연계시키고 있다. 즉, 태어난 그대로의 인간은 보호와 양육이 없이는 생명조차 유지하기가 어려울 정도로 의존성은 지니고 있다. 인간의 이러한 의존성은 무기력함으로 보일지 모르나 다른 한편으로는 적극적인 성장가능성으로 볼 수 있다는 것이다. 즉, 인간의 미성숙성은 적극적인 성장가능성을 지니고 있음을 말해준다. 그런데 인간의 이러한 성장의 가능성은 미리 어떤 형태로 고정된 것이 아니라 어떠한 형태로도 성장할 수 있는 가능성으로 주어져 있다. 따라서 인간은 미성숙한 상태로 태어나 학습과 교육을 통해 성장해 가는 존재인 것이다.

인간은 어머니로부터 이유(離乳)를 하고, 두 발로 걷고, 몇 마디의 언어로 의사소통을 할 수 있기 위해서도 최소한 2년 이상의 성장 기간을 필요로 한다. 그리고 태어난 그대로의 인간이 한 사람의 어엿한 사회적인 인간으로 자립할 수 있기 위해서는 적어도 20년 이상의 기간이 걸린다. 인간의 이러한 장기간의 성장과정은 어떤 다른 동물에게서도 찾아볼 수 없다. 코메니우스(Johann Amos Comenius)는 인간 성장의 이러한 면을 가리켜 "인간을 참된 인간으로 육성시키기 위하여 다른 아무것에도 적합하지 않지만 다만 육성시키기에 가장 적합한 연소기를 가지고 있다"고 하였다.

인간은 동물과는 달리 미완성의 상태로 태어나면서 장기간의 준비성과 풍부한 가소성을 지니고 있다. 인간은 태아기 발생의 제2의 반기(半期)를 모태 밖에서 보내기 때문에 다른 포유류가 가질 수 없는 인간 특유의 직립보행, 언어습득, 기술적인 사고와 행동의 영역에 들어설 수 있는 능력을 모방·학습·교육·전통에 의지하여 발달시켜 나갈 수 있는 좋은 기회를 얻을 수 있는 것이다. 태어난 그대로의 인간은 너무나 연약하고 보잘 것 없는 지극히 무능하고 무기력한 존재이다. 그러나 인간은 무한한 가능성을 지니고 태어난다. 즉, 인간은 동물에 비해 극소의 현실성과 극대의 가능성을 지니고 태어난다. 태어난 그대로의 인간은 아직 단순히 만물의 영장으로서의 가능성을 갖고 있을 뿐 그대로 방치해 두면 어떤 인간이 될지도 모른다.

그러나 인간은 다른 어떤 동물보다도 더 풍부한 가소성을 지니고 태어난다. 이 가소성을 현실화하는 것이 교육이다. 인간은 가소성이 풍부한 동물로 고도의 학습능력을 지니고 있다. 인간의 고도의 학습능력을 지니고 있으며 멈추지 않고 계속 성장할 수 있다는 사실은 교육의 가능성이 무한함을 말해 준다. 특히 다른 동물에 비해 갓 태어난 어린아이는 유난히 약하고 의존적이지만 성인이 되었을 때에는 다른 동물보다도 월등한 수준에 도달한다는 점을 보더라도 교육의 절실함과 그 가능성의 거대함을 알 수 있다. 인간에게 숨겨진 이러한 무한한 잠재력은 장애인들이 장애를 극복하고 자신의 삶을 개척해 나가는 경우와 각종 운동 경기의 신기록 갱신자들이 인간의 한계를 뛰어넘는 기록을 보여주는 데서도 알 수 있다.

인간이 지닌 이러한 무한한 가소성(plasticity)은 선천적인 경향성의 실현이 환경에 따라 크게 달라짐을 뜻하는 것으로서 교육의 가능성은 바로 여기에서 찾아진다. 그런데 인간의 이러한 교육 가능성은 소극적인 상태로 주어져 있는 것이 아니라 적극적인 성장력으로서 주어져 있다. 그러므로 인간에게 무한한 성장 가능성이 있다는 말은 곧 인간이 무한히 성장할 수 있는 힘을 지녔다는 말이다. 즉, 인간은 성장 가능성과 성장할 수 있는 힘(성장력)을 지녔다는 말이다. 다시 말하면 인간은 자신이 지닌 가능성을 실현하고자 하는 생득적인 욕구 또는 힘을 지닌 존재이다. 인간은 지칠 줄 모르게 세계를 탐색하고, 물건을 뜯어보고, 질문하고, 새로운 것에 호기심을 나타내며, 알고자 하는 내적 충동을 지닌 존재이다.

인간의 성장력이란 생명체의 에너지와 같아서 가능한 한 모든 방향으로 성장하고자 한다. 이러한 인간의 성장력에 대한 충분한 인식이 있을 때 우리는 교육에 관한 기존의 관념을 바꿀 수 있다. 즉, 피교육자를 단지 수동적인 존재, 도움을 받아야만 하는 무력한 존재로 보고 성인의 입장에서 일방적으로 전달하는 교육관에서 벗어날 수 있다. 아동 또는 학습자의 내재적인 성장력을 인정할 때 아동은 교육자가 제시해 주는 것 이상을 학습할 수 있게 된다. 따라서 교육자는 아동이 자기가 지닌 가능성을 실현해 나갈 수 있도록 도와주어야 한다. 이러한 교육관이야말로 아동을 능동적인 학습의 주체를 파악할 수 있게 해 준다.

2) 교육의 한계성

교육은 인간을 인간답게 만드는 작용이며, 인간은 교육에 의해서만 인간다운 인간이 될 수 있는 교육적인 존재이다. 그리고 교육은 오직 인간에게 있어서만 필요 불가결한 것이다. 아울러 인간은 무한한 교육가능성을 지니고 태어나서 죽음에 이르기까지 교육학의 영역에서 벗어날 수 없다. 그러나 인간에게 교육의 가능성이 풍부하다고 해서 무한정한 것은 아닐 것이다. 그러면 인간은 어느 정도 교육이 가능할까?

인간은 인간이 원하는 대로 어떠한 인간으로도 교육할 수 있을까? 아니면 인간의 힘으로는 어찌할 수 없는 교육의 한계를 지니고 있을까? 옛부터 많은 논란이 이루어져 왔던 문제이다. 일반적으로 교육의 가능성과 한계성을 결정하는 중요한 요인으로서 유전과 환경을 들 수 있다.

(1) 유전

유전이란 '인간의 신체적 기능 내지 정신적 기능의 잠재적 능력'을 말한다. 이 잠재력 능력은 유전에 의해서 결정되는 부분이 많으나, 환경에 따라 좌우되는 범위도 적지 않다. 그리고 유전에 의해서 결정되는 부분은 교육에 의해서 변화시킬 수는 없다. 바로 여기에서 교육의 한계성을 찾을 수 있다.

유전론자들이 말하기를 '콩 심은 데 콩 나고 팥 심은 데 팥 난다', '오이 덩쿨에 가지 열리지 않는다'는 속담과 같이 생물에게는 형상이나 성질이 후대 생물에게 전하여져 내려가는데, 유전적 소질은 어떠한 환경에 둔다 해도 변화시킬 수 없다고 한다. 즉, 인간이 장차 어떤 인간이 될 것인가는 선천적으로 어떤 유전인자를 가지고 태어나는가에 달려있다는 것이다. 즉, 열등한 인간에게 아무리 지식을 주입해도 천재가 될 수 없으며, 특이한 능력을 타고난다는 것이다.

이러한 유전론은 주로 ① 가계 연구, ② 쌍생아 연구, ③ 입양아 연구를 통해 밝혀져 왔다. 이러한 입장을 견지하는 유전론자들은 유전적인 소질이 인간의 성장과 발달을 제한한다고 주장한다. 다시 말하면, 생물의 형질은 세포 중에 있는 염색체의 유전형질 또는 유전자에 의하여 선천적으로 결정되므로 후천적인 환경의 힘으로는 변경시킬 수 없다는 것이다. 일반적으로 오늘날의 심리학자들은 인간의 신장, 체형, 피부색, 내분비계 기능, 특정한 질병(색맹, 혈우병 등)은 유전적인 요인의 영향이 강하다고 본다.

그러나 최근의 여러 연구들은 인간의 유전이라는 것도 고정된 것을 말하는 것이 아니며 앞으로 발달될 경향이나 가능성에 지나지 않는다고 본다. 또한 설사 불변의 소질을 갖고 태어난다 하더라도 우리는 그것을 완전히 파악할 수 없다고 본다. 따라서 인간의 유전적인 소질은 하나의 가능성에 지나지 않으며, 인간은 후천적으로 상당한 탄력성을 지니고 있는 존재라고 본다.

(2) 환경

인간의 성장과 발달이 유전적인 요소에 의해 결정된다는 유전론자들의 주장은 중요한 논란의 대상이 되어왔다. 그리하여 인간의 성장·발달은 개체가 출생한 후에 경험하게 되는 환경적인 요인에 의해 좌우된다는 견해가 나타나기 시작하였고, 이를 경험설, 습득설, 환경론 등으로 부른다. 이러한 견해는 '맹모삼천지교(孟母三遷之敎)'의 교훈이나 로크(J. Locke)의 '백지설(tabula rasa)', 오언(R. Owen)의 '제2의 창조설' 등에 잘 나타나 있다.

교육에 있어서 후천적인 경험 또는 환경의 영향이 중요하다는 주장은 다양한 형태로 나타나고 있다. 우리들은 모든 동물에게 있어서 유전과 함께 환경의 힘이 얼마나 큰지를 흔히 목격할 수 있다. 예를 들어, 꿀벌의 경우, 암벌이 큰 방속에 알을 슬고 충분한 영양을 공급해주면 여왕벌이 되지만 작은 방에 알을 슬고 충분한 영양을 공급받지 못하면 일벌이 되고 만다. 이 사실은 여왕벌이 되느냐? 일벌이 되느냐?는 선천적인 차이에서 기인하기보다는 후천적인 환경 조건의 차이에서 기인함을 보여준다.

이와 같이 인간도 유전적으로 타고난 선천적인 가능성을 실현하기 위해서는 환경요인에 의해 커다란 영향을 받게 된다. 똑같은 소질을 가진 사람이라도 물질문명이 고도로 발달한 도시에서 자란다면 신경질적이 되며, 순응성이 풍부하며, 언어능력, 추상능력 등이 현격히 발달하고, 보기에도 총명하고 영리한 어린이가 되는데, 산간벽촌에서 자란다면 둔하고 굼뜨게 되며, 순응성이 모자라고, 언어구사력이 졸렬하고, 추상적이기보다는 구체적인 생각에 뛰어나기 쉽다. 이와 같이 아동 양육환경의 차이는 좋은 가상조건에서 드문드문 자란 작물과 궂은 날씨에도 밀집하여 자란 식물과의 현격함과도 유사하다(稻富英次郎, 1970).

(3) 유전과 환경의 상호작용

이와 같이 인간은 한편으로는 유전적인 소질에 의해 또 다른 한편으로는 환경적인 요인에 의해 성장·발달하고 있는 것이며, 교육에 있어서 유전론과 환경론의 대립적인 주장은 계속적인 논의를 필요로 하는 문제이다. 그러나 최근 대부분의 교육학자 또는 심리학자들은 인간은 유전과 환경과의 상호작용에 의해 발달하고 있다고 본다. 최근의 많은 심리학자들의 주장에 의하면 사람이 설령 유전적으로 뛰어난 소질을 지니고 태어났다 하더라도 자신의 생득적인 잠재능력을 모두 실현한다는 것은 매우 어렵다고 한다. 그리고 유전이나 소질이라는 것도 사실은 지금부터 발원될 하나의 경향성 또는 가능성에 지나지 않는다고 한다. 즉, 유전적인 소질을 후천적인 소질에 따라 서로 다르게 발달할 수 있다는 것이다.

따라서 교육적인 견지에서 볼 때, 태어난 그대로의 어린이는 하나의 가능성을 지닌 존재에 지나지 않는다. 인간의 무한한 가능성을 어떤 방향으로 발전시키느냐는 환경적인 조건에 의해 결정되는 것이다. 따라서 선천적으로 타고난 소질은 환경에 따라 서로 다르게 실현되며, 아울러 교육의 한계도 소질과 환경에 의해 결정되는 것이다.

그러므로 유전은 인간의 성장과 발달의 기초가 되며, 환경은 유전을 실현해 나가는 장이 된다. 그러나 환경이 한 개인의 발달에 전적으로 영향을 미칠 수 없는 것은 인간은 자신의 환경을 개조하고 창조할 수 있는 능력을 가지고 있으며, 자신의 환경을 선택할 수 있는 주체적인 존재라는 점에 있다. 이러한 면을 철학적 인간학자 막스 셸러(Max Scheler)는 『우주에서 인간의 지위』에서 인간은 동물과는 달리 환경으로부터 완전히 자유로운 존재이며, 인간의 이러한 특징을 세계 공개적이라고 하였다.

환경은 유전에 의해 주어진 가능성의 실현에 영향을 미친다. 그러나 인간은 환경의 영향을 극복할 수 있는 자유의지를 가진 존재이다. 물론 현실적으로는 모든 사람이 환경에 의해 자신의 잠재능력을 모두 실현할 수는 없다. 그러나 많은 사람들은 불굴의 의지와 노력에 의해 환경으로부터 오는 영향의 상당한 부분을 극복하며 산다. 인간에게 있어서는 환경으로부터 오는 순풍과 역풍 모두가 성장의 계기가 될 수 있고, 환경의 제약을 극복하려는 자세와 노력이 더 중요함을 알 수 있다.

〈유전과 환경의 관계〉

유전론	환경론	상호작용론
성장 · 발달의 기초 성장 경향성 · 가능성을 중시	성장 · 발달의 조건, 실현의 현실적 조건과 과정을 중시	인간의 능동적 주체성을 중시

제 2 장

교직과 교사

1. 교직의 중요성

인간이 사회적으로 수행하는 직업을 지칭하는 단어로 영어에서는 'occupation'과 'vocation'이라는 단어가 있다. occupation은 사람이 보수를 받기 위해 종사하는 일을 가리키는 반면, vocation은 누군가로부터 부름을 받고 하는 일(calling for) 또는 부름을 받아 종사하는 소명의식을 바탕으로 하고 있다. 따라서 vocation이란 단어에는 타고난 천부적인 적성이나 소질이 있는 사람이 부름을 받아 종사하는 일이라는 의미를 포함하고 있다. 그러면 교직에 종사하는 사람은 교직을 occupation으로 보아야 할 것인가? 아니면 vocation으로 보아야 할 것인가? 이 문제에 대해서는 여러 가지 논의가 필요하겠지만, 여기에서는 우선 교직이 단순한 occupation은 아니라는 점을 지적해 두고자 한다.

일반적으로 모든 직업은 계속적으로 수행하는 사회적 경제적 활동으로서 육체적이나 정신적인 노동을 수반한다. 직업은 생계의 수단이나 자아실현 또는 사회적인 책무를 바탕으로 하고 있으면서 계속성과 노동 등을 특징으로 하는 다양한 속성을 지니고 있다. 직업은 이러한 다양한 속성을 지니고 있지만 직업의 종류, 사회적인 지위, 전문성의 정도 등에 따라 다양하게 분류된다. 그런데 이러한 직업 중 교직은 인간, 특히 인간의 정신을 형성하는 일을 중시하는 특성을 지니고 있다.

직업으로서의 교직이 지니고 있는, 다른 직업과는 다른 특성을 몇 가지만 살펴보면 다음과 같은 점을 들 수 있다.

① 교직은 인간을 대상으로 하고 있으며, 특히 대부분의 경우에 교직은 아직 자기 자신에게 필요한 것을 스스로의 힘으로 성취하기에는 너무 힘든 성장의 도상에 있는 사람인 경우가 많다. 그뿐만 아니라 농부는 토지와 곡물을 대상으로 하고, 기술자는 기계를 대상으로 물건을 만들지만, 교사는 사람을 대상으로 하고, 사람다운 사람을 만드는 일에 종사하는 사람이다.

② 교직은 인간의 정신생활을 형성하는 직업이다. 의사 역시 사람을 대상으로 하는 직업이기는 하지만, 의사는 인간의 신체를 대상으로 하는 반면,

교사는 미성숙한 아동을 대상으로 인격을 형성하는 정신활동을 고유한 본질로 하는 사람이다.

③ 교직은 앞에서 지적한 것처럼 미성숙한 아동을 대상으로 한다. 따라서 교사는 아직 미성숙하면서도 어떤 방향으로든지 무한하게 성장 가능성을 지니고 있는 아동을 한 사람의 유능하고 필요한 인간으로 성장하는 일을 도와주는 사람이다.

④ 교직은 교육의 대상인 아동의 성장을 도와주는 일일뿐만 아니라 다른 한편으로는 사회의 구성원으로서 제 역할과 사회발전에 기여할 수 있는 인간을 양성하는 일이다. 따라서 교사는 학습자가 한 사람의 인간으로서의 자아실현뿐만 아니라 사회적으로 필요한 유능한 역군을 기르는 사람이다.

⑤ 교직은 봉사를 특징으로 하는 직업이다. 따라서 교사는 단순한 노동직이기 이전에 미래를 짊어질 역군을 양성하는 소명 의식을 필요로 하는 직업일 뿐만 아니라 학습자의 계속적인 성장을 도와주는 헌신과 수고를 필요로 하는 사람이다.

2. 교직관의 유형

1) 성직관

일반적으로 성직은 신에 봉사하는 직업으로서 종교적인 사제나 성직자가 하는 일을 말한다. 따라서 성직자는 아무나 될 수 없고, 신으로부터 선택받은 사람들이 종할 수 있는 직업이라고 본다. 그러므로 교직을 성직으로 본다는 것은 곧 교직에 종사하는 사람은 신으로부터 선택받은 사람만이 가능하며, 교직은 하늘이 부여한 천직이라는 것이다. 교직을 이러한 직업으로 보는 관점은 교직은 교육의 대상에 대한 무한한 사랑과 봉사를 필요로 함을 강조하고 있으며, 인류 사회를 이어갈 차세대의 인격을 형성하는 중대한 역할을 수행하고 있으므로 교직에 종사하는 사람은 특별한 사명감과 사표로서의 모범 등을 지녀야 한다는 점을 강조한다. 아울러 이러한 일을 하는 교육자는 금욕적이고, 희생적이며, 청빈한 생활을 하는 것을 당연하게 여긴다.

교직을 이렇게 보는 관점은 교육자는 국가의 교육정책을 충성스럽게 수행하는 공직자로서 멸사봉공의 자세를 지녀야 하고, 일체의 정치적인 활동으로부터 중립적인 자세를 지녀야 하며, 노동자로서의 권리를 찾기 위한 활동 보다는 공무를 수행하는 자로서의 의무를 다해야 한다는 점이 강조된다. 따라서 노동조합 활동의 금지, 국가가 필요로 하는 교육을 하는 성실한 교육자, 일체의 정치적인 참여나 노동자로서의 권리 이전에 교육자로서의 모범과 희생, 봉사정신이 투철해야 한다는 점을 강조한다. 이러한 관점을 지나치게 강조하게 되면 교육자는 자신의 권익보다는 늘 희생하고 봉사하며, 청빈하게 살며 도덕적인 생활을 해야 한다는 것을 요구받게 된다. 따라서 이러한 관점에서 보는 교육자는 세상사로부터 비교적 초연하여 성스러운 일을 하는 성직자처럼 존경을 받는 듯 하면서도 자신들의 권익을 찾거나 사회적인 요구를 쟁취하는 일에 대해서는 소홀하게 되기 쉽다.

2) 노동직관

교직을 노동직으로 본다는 것은 교직에 종하는 사람은 곧 임금 노동자로서의 생활인이며, 교육자는 노동자의 일원이자 노동자로서의 노동 기본권을 지니고 교육활동에 종하는 사람이라는 것이다. 그러므로 이러한 관점에서는 교육자도 다른 노동자와 마찬가지로 경제적, 사회적, 문화적으로 풍요한 생활을 누릴 권리를 지니고 있으며, 자신들의 풍요한 생활과 지위 향상을 위해 노동 3권, 즉 단결권, 단체교섭권, 단체행동권을 지니고 있음을 강조한다. 이 관점에서 교육자는 국가와 사회에 대한 봉사자라는 것이 노동 기본권을 제약하는 구실이 될 수 없다고 본다.

교직을 이러한 관점에서 보는 것은 교원노조 운동을 통해 잘 나타나고 있으며, 교육활동이 지니고 있는 봉사적인 성격을 이유로 모든 노동자가 지니고 있는 노동 3권을 제약하는 것을 인정하지 않는다. 따라서 이러한 관점에서는 교원도 근로계약에 따라 채용된 근로자로서 노동을 대가로 임금을 받는 노동자임을 인정한다. 다만, 교육활동은 학습자의 정신세계를 담당하는 특수성이 있음을 중시한다. 이러한 면에서 이 관점은 시민운동과 결합하여 교사의 권익뿐만 아니라 학생과 학부모의 권익을 옹호하는 활동으로까지 확대되고 있다.

이 관점은 교육자를 국가나 설립자와의 근로계약에 의해 채용된 피고용인으로서, 다른 근로자와 마찬가지로 근로자로서의 권리를 지니고 있다는 점을 강조한다. 즉, 교원은 학교 설립자에 의해 고용되어 교육이라는 노동에 종사하고 있기 때문에 노사관계가 성립한다(深山正光 外, 1983)고 본다. 따라서 이러한 관점에서는 노동자로서의 일체의 권리, 예컨대 노동시간·임금·근무평가·휴가 등 근무 조건의 향상, 신분 보장, 교육활동의 자유와 교육조건의 정비, 잡무 금지 등 근로자로서의 권리를 찾는 일을 중요시하게 된다.

교직을 노동직으로 보려는 경향은 성직관의 경우와 비교할 때, 국가에 의한 국민교육제도의 확립과 학습자 중심의 교육이 강조되고 있는 현상과도 관련되고 있다고 할 수 있다. 특히 교육의 기회가 대중화되고, 법에 의해 교사의 권리와 의무가 규정되고, 교사는 학습자를 안내하고 조력하는 역할을 수행해야 한다는 학습관의 변화와 함께 전통적인 교직관에 변화가 오고 있는 것과 관련된다고 볼 수 있다.

3) 전문직관

전문직관은 교육활동의 특수성을 강조하여 교육자를 노동자로 보거나 성직으로 보는 관점에서 벗어나, 현대사회에서는 교육활동을 제대로 수행하기 위해서 교육에 관한 폭넓은 지식과 자기가 가르치는 분야에 관한 전문적 지식을 지녀야 한다는 점을 강조한다. 전문직관은 교직을 성직으로 보거나 가르치는 사람의 권위를 지나치게 강조하는 것에 반대하고 교직은 의사, 변호사 등 다른 전문직과 마찬가지로 상당한 수준의 전문적인 지식을 토대로 봉사하는 전문직으로 보아야 한다는 것이다.

따라서 교직을 전문직으로 보는 입장에서 교원은 교과내용에 관한 지식과 함께 교과를 가르치는 방법에도 정통해야 하며, 개별 학생에 대한 이해를 바탕으로 교육활동에 사명감을 갖고 노력해야 한다고 본다. 교원의 수업활동과 학생지도에 필요한 기술과 능력은 해당 분야의 최신의 연구결과에 관한 정보와 식견뿐 아니라 인격의 성장과 발달, 행동, 심리, 정신건강과 위생, 학생의 욕구에 관한 고도의 지식을 필요로 하는 정신활동이라는 것이다(이윤식 외, 2007).

교직의 전문직성은 유네스코의 국제노동기구(ILO)의 "교사의 지위에 관한 권고"(1966) 이후 발전되어 최근에는 교직을 전문직관 관점에서 이해하고자 한다. 즉, 이 관점은 교직은 전문적인 지식과 계속적인 연구, 공적인 책임, 전문직 특성과 노동직적 특성의 결합, 교사의 시민적인 사유 등을 중시한다.

다시 말해 교직은 다른 전문직이 요구하는 전문적인 기준을 거의 다 요구하고 있다는 전문직관이 주류를 차지하고 있다. 이 관점에서 교직은 고도의 전문적인 지식과 윤리를 토대로 하고 있으며, 전문적인 지식과 기술의 봉사 그리고 전문직 단체의 결성과 권익의 추구 등 전문직 기준에 합치하는 직업이라는 것이다. 그러나 다른 한편으로 교직은 다른 전문직에 비해 아직은 덜 전문화된 준전문직 또는 반전문직으로 보아야 한다는 견해도 여전히 상존하고 있다. 교직의 전문직성에 관해서는 다음 절에서 좀 더 자세하게 논의하도록 한다.

〈교직관의 유형〉

성직관	노동직관	전문직관
• 천직, 소명의식, 사명감 중시 • 봉사 · 희생정신, 모범 강조	• 직업인 – 근로자로서의 권리, 노동기본권 중시 • 단결권, 단체교섭권, 단체행동권 강조	• 전문가 – 전문적인 지식과 지도능력 중시 • 전문직성 강조

3. 교직의 전문직성

1) 전문직의 기준

교직의 전문직성에 관한 논의가가 시작된 것은 20세기 중반이다. 즉, 리버만(M. Lieberman)은 전문직으로서의 교육(Education as a Profession, 1956)에서 처음으로 교직의 전문직성을 주장하였고, 이어 유네스코의 국제노동기구(ILO)가 교원의 지위에 관한 권고(1966)에서 교직은 전문직으로 보아야 한다고 주장하였다. 교직을 전문직으로 생각하는 사람들은 교사가 보통 사람들이 수행할 수 없는 전문적인 일을 수행한다고 본다. 즉, 교직의 전문성을 다른 전문적인 직업, 예컨대 의사나 변호사와 같은 직업에서의 전문성과 동일하게 인정하여야 한다고 보는 것이다(박철홍 외, 2013). 다른 한편으로는 고도의 전문적인 법관이나 성직, 의사 등에 비해 덜 전문화된 점을 지적하여 준전문직 또는 반전문직 등으로 보기도 한다.

일반적으로 어떠한 기준에 의해 전문직과 비전문직을 구분하는가에 대해 간략히 살펴보면 다음과 같다.

리버만(Lieberman)의 전문직의 기준

① 사회적인 봉사	② 고도의 전문지식
③ 장기간의 준비교육	④ 광범위한 자율성
⑤ 자율성의 범위 안에서의 책임	⑥ 경제적 이익보다 전문적인 봉사
⑦ 광범위한 자치조직	⑧ 전문직 윤리 강령

마이어(Myers)의 전문직의 기준

① 과학적인 지식	② 사회적인 봉사
③ 일의 수준과 교육 정도에 관한 명확한 기준	④ 장기간의 사회화 과정
⑤ 면허제의 발달	⑥ 공적인 인증서
⑦ 자율성의 보장	⑧ 자체적인 규범
⑨ 전문직 단체	⑩ 생애 직업
⑪ 법적인 보장	

2) 교직의 전문직성

위에서 제시하고 있는 기준들을 참고로 할 때 교직은 전문직으로서의 기준을 충분히 갖추고 있다고 할 수 있다. 즉, 교직은 일정한 수준의 전문적인 지식을 바탕으로 하고 있으며, 이러한 전문 지식과 기술을 위해 상당한 기간의 준비와 훈련을 거쳐야 하며, 전문적인 자격제도와 전문직 단체 그리고 고도의 규범과 봉사와 윤리와 책임 등을 요구하고 있다. 따라서 교직은 다음과 같은 점에서 볼 때도 전문직으로서의 기준을 만족시키고 있다.

교직의 전문직성

① 공공성을 가진 봉사와 책임
② 전문적인 지식과 기술
③ 장기간의 교육과 자격 조건
④ 전문직 윤리와 고도의 자율성
⑤ 전문직 단체를 통한 연수와 권익 향상

이와 같이 교직을 전문직으로 볼 때 교육활동을 실천하는 교원은 다음과 같은 면에 유의하여야 할 것이다. 첫째, 교원은 자기가 가르치는 교과에 대한 지식뿐만 아니라 인류와 사회가 나아가야 할 미래의 방향과 인간 형성에 관한 전체적인 통찰과 비판적인 안목 그리고 교육의 대상에 대한 올바른 이해와 교육의 방법에 대한 전문화된 기술을 습득해야 할 것이다. 둘째, 교원은 국가나 사적인 학교에 고용된 단순한 근로자이기 이전에 미래를 이끌어갈 동량을 양성하는 시대적 사명을 지닌 사람으로서의 자각과 지식인으로서의 사회적인 책무를 수행해야 할 것이다.

4. 교사의 자질과 역할

1) 교사의 자질

교사의 자질이란 교사로서의 역할을 수행하기 위해 갖추어야 할 특성이나 교육적인 태도 등을 말한다. 일찍 슈프랑거(Spranger)는 천부적인 교사는 만들어지는 것이 아니라 타고난다고 하였지만, 현실적으로 많은 교사들은 타고나기보다는 후천적으로 만들어져 가고 있다. 따라서 훌륭한 교사는 타고난 천부적인 특성 면에서 일정한 공통점들이 있을지는 몰라도 후천적인 노력에 의해 상당한 부분을 성취할 수 있다. 그러면 아래에서는 학자들을 중심으로 훌륭한 교사 또는 좋은 교사가 갖추어야 할 자질은 무엇인가를 살펴보자.

(1) 하이에트(Gilbert Highet)의 교사의 자질

가. 좋은 교사의 자질

① 자기가 가르치는 과목에 정통함
② 자기가 가르치는 과목을 좋아함
③ 학생을 좋아함
④ 광범위한 지적 흥미를 가짐
⑤ 유머 감각을 가짐

나. 좋은 교사의 능력

① 뛰어난 기억력
② 굳건한 의지력
③ 다정다감한 친절

(2) 후크(Sidney Hook)의 교사의 자질

① 지적인 능력
② 초보자에 대한 인내심
③ 학습지도 계획과 토론 능력
④ 인간에 관한 지식
⑤ 동정심
⑥ 비전: 비전은 열정을 불러일으키고, 실패에도 좌절하지 않게 해준다. 비전이 없는 교사는 단순한 기능인이 된다.

(3) 피터스(R. S. Peters)의 교사의 자질

① 교사는 사랑이 아니라 박애심을 지녀야 함(인간 존중의 정신을 강조함)
② 진리에 대한 사랑, 정의에 대한 열정을 지녀야 함(사고와 행위 양식에 입문을 시키고자 할 때)
③ 명료한 설명, 설득력 있는 논증, 말끔한 구성, 재치 있는 진술, 정직하고 지혜로운 결정이 무엇인지 이해할 수 있는 능력이 있어야 함

이 외에도 영국의 교육과학부는 교사가 갖추어야 할 자질을 ① 정열, 근면, 상식, 강인, 지성, 적합성, 끈기, 직관력, 감수성, 우호적인 능력, 양심, 상상력, 박식함, ② 학생들로부터 존경을 받고 관계를 유지할 수 있는 능력, ③ 학급

을 통제할 수 있는 능력, ④ 학생의 흥미를 유지할 수 있는 능력, ⑤ 교수 스타일을 활용할 수 있는 능력, ⑥ 다양한 교수 전략에 접근할 수 있는 능력, ⑦ 단원의 목표를 학생들에게 전달할 수 있는 능력, ⑧ 개인적인 모범을 교실생활에 반영할 수 있는 능력, ⑨ 새로운 것을 학급 안에 가져오고 아이디어를 만들어내는 능력, ⑩ 충고를 구하고 받아들이는 능력, ⑪ 한 분야에서 깊이 있는 지식을 가지고 있는 전문가이지 넓은 분야에 걸친 전문성을 보여줄 수 있는 능력, ⑫ 학부모와 지역사회와의 좋은 관계를 정립할 수 있는 능력 등을 제시하였다.

이상에서 살펴본 것을 인성적인 특성과 교육에 대한 기본적인 태도 그리고 전문적인 자질로 구분해서 정리해 보면 다음과 같다.

〈교사의 자질〉

인성	교육관	전문성
박애심, 기억력, 의지력, 다정다감함, 근면, 인내, 끈기, 상상력, 직관력 등	사랑, 열정, 폭넓은 지식, 인간에 대한 이해, 인간존중, 동정심, 비전 등	교과 전문지식, 설명력, 설득력, 통제능력, 교수 전략, 흥미유지 능력, 유머 등

2) 교사의 역할

오늘날 교육의 현장에서는 교육활동의 주체가 누구인가?에 대한 논의가 다양하게 전개되고 있고, 점차 학습자 위주의 교육관이 주류를 차지하고 있으며, 다양한 학습방식으로 교사의 역할의 줄어들고 있는 것처럼 보이지만 교사는 교육활동을 구성하는 가장 중요한 요소 가운데 하나이다. 즉, 교육활동의 중심을 자지하는 있는 것은 교사이고, 교사의 역할은 아무리 강조해도 지나치지 않을 것이다.

(1) 리들과 와텐버그(F. Reedle & W. W. Watenberg)의 교사의 역할

① 사회 대표자로서의 역할(사회의 가치와 규범, 생활양식의 전달)

② 판단자로서의 역할(교과 성적, 행동발달 상황평가)

③ 지식의 자원으로서의 역할(지식의 전수)
④ 학습의 조력자로서의 역할(학습 과정의 조력)
⑤ 심판관으로서의 역할(갈등과 대립의 시비를 심판)
⑥ 훈육자로서의 역할(사회 적응에 필요한 습관 형성)
⑦ 동일시 대상으로서의 역할(모델과 시범)
⑧ 불안의 제거자로서의 역할(불안의 해소)
⑨ 자아의 옹호자로서의 역할(자신감을 형성)
⑩ 집단의 지도자로서의 역할(집단의 사기 향상과 응집력 상승)
⑪ 부모의 대리자로서의 역할(보호)
⑫ 친구로서의 역할(친밀한 관계 유지)
⑬ 적대 감정의 표적으로서의 역할(성인들에 대한 적대감 해소)
⑭ 애정의 대상자로서의 역할(심리적인 욕구의 충족)

(2) 퓰리아스와 영(E. V. Pullias & J. D. Young)의 교사의 역할

① 안내자
② 가르치는 자
③ 혁신자
④ 모범자
⑤ 탐색자
⑥ 상담자
⑦ 창조자
⑧ 권위자
⑨ 비전을 제시해 주는 자
⑩ 과업을 부여해 주는 자
⑪ 깨우쳐 주는 자
⑫ 설명하고 조언하는 자
⑬ 현실을 직면시켜 주는 자
⑭ 평가자

3) 교사의 역할 구분

교사는 학교에서뿐만 아니라 지역사회에서 여러 가지 역할을 수행하고 있다. 이를 학교에서의 역할과 지역사회에서의 역할로 구분하여 간략하게 제시해 보면 다음과 같다.

(1) 학교에서의 역할

교사는 학교에서 학생의 지도자로서 역할과 학교교육 경영활동의 참여자로서의 역할을 수행하고 있다. 교사는 학생의 지도자로서 교육내용의 선정과 조직 및 수업의 운영자로서의 역할뿐만 아니라 학생의 생활 전반에 관한 교육적인 지도자로서의 역할과 교육에 대한 평가자로서의 역할 등을 수행하고 있다.

이에 대해 울 포크(Woolfolk, 1995)는 교사의 역할을 ① 수업의 전문가로서의 역할, ② 동기유발자로서의 역할, ③ 학급경영자로서의 역할, ④ 집단의 지도자로서의 역할, ⑤ 상담자로서의 역할, ⑥ 반영적 전문가로서의 역할 등으로 제시하였다.

(2) 지역사회에서의 역할

교사는 학교에서 수행하는 역할뿐만 아니라 지역사회에서도 일정한 역할을 수행하고 있다. 즉, 교사는 지역사회의 구성원으로서 생활하면서 ① 모범적인 생활인으로서의 역할, ② 지역사회의 변화를 촉진하는 능동적인 구성원으로서의 역할, ③ 지역사회의 봉사자로서의 역할 등을 수행하여야 할 것이다.

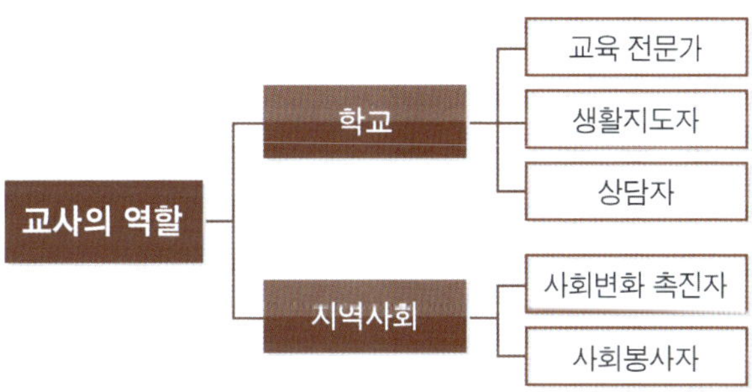

4) 교사관의 변화와 효과적인 교사상

전통적으로 교사는 인격을 형성하는 사람으로서 모범적인 삶을 살아가는 감화자로서의 역할이나 지식의 전달자로서의 역할 그리고 이러한 역할을 수행하는 과정에서 권위자로서의 역할을 강조하여 왔다.

그러나 아동의 발달이나 요구, 흥미, 사회적인 필요 등을 중시하는 교육관과 함께 점차 교사를 지식의 안내자로서의 역할, 흥미와 동기의 유발자로서의 역할, 문제해결을 위한 소력자 또는 동반자로서의 역할을 중시하는 방향으로 변화되어 왔다.

최근에는 점차 학습자에 대한 올바른 이해와 학습자의 존중자로서의 역할, 공감적인 이해자로서의 역할, 참된 애정과 진실한 교육자로서의 역할 등을 중시하고 있다. 아래와 같이 1960년대와 1980년대의 교사관의 변화를 살펴보면 이러한 관점의 변화를 엿볼 수 있을 것이다.

〈교사 역할의 변화〉

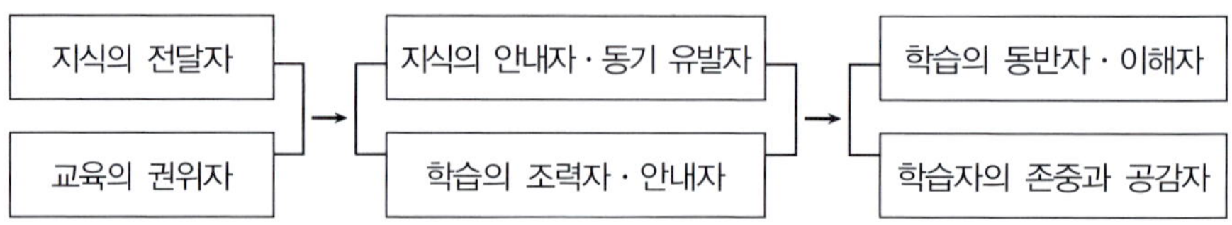

(1) 1960년대

'어떤 자질을 갖춘 교사가 훌륭한 교사인가?'를 탐구하여 라이안스(Ryans)는 친절, 이해심, 책임감, 사업가적 행동, 상상력, 열정 등을 강조하였고, 카텔(Cattell)은 인성, 의지, 지적인 능력, 재치, 개방성, 유머감각 등을 들었다.

(2) 1980년대

'어떤 교사가 효과적인 교사인가?'를 중시하며, 이에 대해 교실을 관리하는 기술, 학습동기를 유발하는 능력, 수업을 구조화할 수 있는 능력, 개별적 인지도 능력, 교사의 기대와 역할 등을 강조하고 있고, 상호작용 능력과 티칭 스타일 등을 중시한다.

앞에서도 언급한 바와 같이 광범위한 지식을 효율적으로 전달하는 교사나 엄격하게 훈육하는 교사를 훌륭한 교사로 인식하던 관점에서 점차 지적인 흥미와 동기를 유발하는 교사와 학습의 동반자로서 지적인 자극을 제공하고 학습을 안내하는 자로서의 교사상으로 변화되어 왔다.

최근에는 교사의 효과성을 학생의 학습을 증진시킬 수 있는 다양한 형태의 교사 행동(임규혁, 1996)으로 보려는 경향도 나타나고 있다. 물론 이러한 교육관은 교육의 전인격적 형성 작용으로서 보는 측면보다는 효과적인 학습으로서 보려는 경향과도 일치한다.

효과적인 교사의 특성

① 담당 과목에 대한 지식
② 명확하게 표현하고 설명할 수 있는 능력
③ 학생들에 대한 따뜻하고 친절한 애정과 가르치는 활동에 대한 열정
④ 효과적인 시간 배분 능력
⑤ 기타 수업 목표의 진술, 다양한 자료의 사용, 사전 수업 준비, 명확한 방향의 제시, 정보의 명료한 전달, 학습해야 할 이유를 제시, 주의 집중 능력, 흥미와 연계, 학업 성취 기준의 합리적인 설정

출처: Woolfolk(1995).

일반적으로 교사의 주위에 있는 사람들은 항상 교사를 중요하게 생각하지는 않는다. 그리고 교사 자신도 자기를 그렇게 중요한 존재로 생각하지 않을지도 모르나, 어떤 학생이 어떤 교사를 만나는가는 교사가 생각하는 것보다는 훨씬 더 중요한 영향력을 발휘하고 있다. 중국의 엄원장(嚴元章)은 가르치는 일은 사람을 가르치는 것이며, 사람 노릇하는 방법을 가르치는 일이라고 하여, 교육은 사람이 되고 인재가 되도록 가르치는 일이다. 그런데 오늘날의 교사는 지식과 기술을 가르치려 하고 사람됨을 소홀히 한다고 지적하였다. 그리하여 그는 가르치고 전수하는 일(教授)보다는 가르치고 배우는 일(教學), 서적이나 지식을 가르치는 일(教書)보다는 사람을 가르치는 일(教人)이 중요하다고 하였다.

이러한 관점에서 볼 때 교육활동의 본질적인 특성은 교사와 아동과의 관계 속에서 탐구하여야 할 것이다. 즉, 교육은 아동의 자립을 도와주기 위해 교육자가 함께 고통을 나누는 반려자로서의 활동이요, 교사와 학생이 서로 함께 미지의 새로운 세계를 공동 탐구해 가는 활동으로서, 가르치는 자는 곧 이러한 활동으로의 인도자·동반자라는 관점에서 이해하여야 할 것이다. 이렇게 볼 때 이상적인 교사상은 곧 소시민의 한 사람으로서 성실하고 정직하게 살

려는 노력하는 모습, 모순과 갈등을 극복하는 자세, 잘못과 실수로부터 배우는 태도 등 한 사람의 인간으로서의 삶의 모습 그 자체가 살아있는 교재가 되는 것이다. 그리고 교사는 고통의 반려자로서의 길을 동반자로서 함께 걷는다는 자세가 필요하게 된다. 이 길을 함께 걷기 위해서 교사는 자기만족과 매너리즘에 빠지지 말고, 부단히 아동에 대한 감수성을 기르고, 새로운 가치를 창출해 나간다는 자부심을 지녀야 할 것이다.

그리하여 平野智美(1979)가 『人間形成の思想』에서 지적하고 있듯이 환자가 겪고 있는 병마의 고통을 해방시켜 주기 위해 도움을 주는 것을 목표로 했던 의료 행위가 오늘날 환자의 고통은 곧 신체적인 기능의 장해로 여겨져 신체 기능 검사－진단－치료의 조작적인 의료 기술로 대체되고 있음과 같이 교육 또한 미성숙한 아동의 자립에의 바람과 고뇌에 대한 고통의 반려가 아니라 미성숙하다는 것은 곧 지적인 결핍으로 받아들여져 부족한 지식을 효과적인 전달 방법에 의해 결핍을 메꾸는 활동으로 여겨서는 안 될 것이다. 다시 말하면, 고통－반려의 관계가 지적인 결핍－효과적인 전달기술의 관계로 대체되어서는 안 될 것이다. 이러한 관계에서는 신뢰와 존경의 관계가 소홀하게 된다.

볼르노(O. F. Bollonow)는 교육에 있어서 신뢰는 모험이지만 성공적인 교육을 위해서는 불가결한 전제라고 하였고, 신뢰만이 아이를 변화시킬 수 있다고 하였다. 그는 믿음은 창조적인 힘을 지니고 있기 때문에 믿음의 내용은 실제로 나타난다고 하였다. 이러한 면에서 교육활동은 지식뿐만 아니라 인간의 전인격적 성장의 과정이요, 모험적인 신뢰와 존경의 관계를 바탕으로 인격과 인격이 만나는 과정이라는 점을 인식하여야 할 것이다.

5. 교사의 교육권

일반적으로 교육권은 광의로는 교육의 권위 및 교육을 할 권리와 받을 권리를 총칭하고 있다고 볼 수 있다. 이를 주제별로 볼 때는 적령아동과 학생의 교육을 받을 권리, 교사의 교육을 할 권리, 부모의 교육요구권과 교육시킬 의무, 국가의 교육 환경 조성 의무와 교육시설 운영권, 교육기관의 교육자치권

(박용철, 1986) 등을 포함하고 있다.

이러한 교육권을 교육주권론자들은 "학교 교육을 중심으로 하는 공교육의 조직, 편성, 운영 혹은 교육입법, 교육행정, 교육재정, 교육재판에 관한 권리"(김영식, 1982)라고 보고 있으며, 교육인권론자들은 어떠한 교육이 어떻게 이루어져야 할 것인가를 결정하는 제 주체(국민, 부모, 교사, 학생)의 발언권 또는 참여권으로 보고 교육권을 자유권적 인권으로 이해하고 있다.

이에 반해 교육권을 협의로 정의할 때는 교육을 할 권리로 한정하여 국가의 교육권, 부모의 교육권, 교사의 교육권 등으로서 이해하게 된다. 협의의 교육권은 특히 교사의 교육권을 지칭하는 경우가 많으며, 이것은 곧 실정법상 또는 교육조리 및 사회통념상 인정되는 권한으로서 일정한 자격을 갖춘 교사가 국가와 아동 또는 부모로부터 위탁받아 교육적인 배려 하에 아동의 발달에 관한 자유로운 교육활동을 할 권한과 제 집단 및 국가의 부당한 간섭을 배제할 권한을 지칭한다.

따라서 교육권의 개념을 파악하기 위해서는 교육을 받을 권리와 교육을 할 권리의 개념을 명확히 해야 할 것이다.

1) 교육을 받을 권리

교육을 받을 권리란 일반적으로 기본적 인권이요, 인간적으로 성장·발달한 자연권으로서 인식되고 있다. 교육을 받을 권리의 근거는 다음과 같은 것이 있다.

① **생존권으로서 교육권**: 문화적으로 최저한도의 생활을 유지하도록 국가가 적극적으로 배려해 줄 것을 요구할 수 있는 권리를 말한다.
② **공민권으로서 교육권**: 주권을 지닌 국민으로서 교육을 받을 권리로, 의무교육과 국민의 일정한 정치적 식견과 능력을 양성하여 민주주의를 실현할 수 있도록 국가적 배려를 요구할 수 있는 권리이다.
③ **학습권으로서의 교육권**: 모든 국민(학습자)은 교육받고 학습함으로써 인간적으로 성장하고 발달할 권리를 지닌다는 입장으로서, 생존권, 행복추구권, 참정권 등의 제 권리를 실질적으로 보장하며 그 질을 규정하는 권리이다.

2) 교육을 할 권리

교육을 할 권리란 보통 교육권리라고 할 때 통칭되는 것이며, 그 권리의 소재와 근거를 강조함으로써 국가의 교육권, 부모의 교육권, 교사의 교육권 등으로 포함된다. 교육을 할 권리의 논거로서는 다음과 같은 설이 있다.

① **소유권설**: 자녀가 소속되는 자에게 교육권이 있다는 설로서, 양친 또는 국가가 교육권을 가진다는 설이다.
② **결정설**: 자녀 또는 피교육자가 맡겨져 있다고 생각되는 사회, 즉 가족, 민족, 인류, 교회 등에 교육권이 있다는 설로서, 현재 아동이 어느 사회에 살고 있느냐가 교육권의 기초가 된다고 보는 입장이다.
③ **효과설**: 교육의 이념과 임무를 가장 잘 실현할 수 있는 제도(교육제도, 가족, 교회 등)가 교육권을 갖는다고 보는 입장이다.
④ **수권설**: 교육권은 이상적인 인격형성의 가능태로서의 피교육자 또는 학습자 자신으로부터 적당한 사람 또는 제도에 위탁되었다고 보는 입장이다.
⑤ **후견설**: 약자를 보호하고 지도하는 일은 강자의 의무이고 권리이며, 미성숙자가 성숙자가 되도록 지도하는 것은 성숙된 자의 이상적인 권리라고 보는 설로서 부모 또는 학습자의 후견인에게 교육권이 있다고 보는 견해이다.
⑥ **관리자설**: 교육권이란 관리자가 객관적 가치를 실현하는 권한으로서 객관적 가치의 관리자로 인정될 수 있는 자에게 교육권이 있다고 보는 견해이다.

출처: 이중(1974).

3) 교육권의 구조

(1) 국가의 교육권

국가 교육권설은 어린이의 생래적인 학습권을 인정하면서도 국민이 국가에게 교육을 위탁하였으므로 국가는 교육내용에 관여할 수 있으며 국가가 교육의 주체가 된다고 보는 입장이다. 국가의 교육권은 모든 국민이 필요한 교육을 받을 수 있도록 교육제도를 수립하고, 교육의 질적·양적 수준을 유지하기 위하여 필요한 기준을 마련하고(기준설정권), 그에 준해서 교육활동을 지도·감독하는 권한(지도·감독권)이다. 국가는 일정한 수준에 달하지 못하는 교육은 적절한 수준의 지도·조언과 권고를 하며(권고권), 필요한 경우에는 국가가 직접 교육을 제공(교육실시권)하기도 한다. 그리고 균등한 교육의 기회를 제공해 주기 위해 재정적인 원조를 하며(재정원조권), 교육을 둘러싼 권리의 분쟁을 판가름해 주고 상호조정을 해 주는 역할(교육재판권)을 수행하게 된다.

특히 20세기에 들어와서는 복지국가 지향이라는 과제와 함께 교육의 공적 성격이 강조되고 교육은 곧 사회적·공공적·조직적 활동으로 발전하게 되었다(김종철, 1981). 따라서 국가는 공교육제도를 실시하고 운영하는 주체로서의 국가의 교육권을 강조하기도 한다. 그러나 교육본질적 차원에서의 국가의 교육권은 국민의 교육받을 권리의 보장 또는 그 충실한 실현을 위한 후견적 권리라고 보아야 할 것이다. 일본에서도 종래의 통설은 국가교육권설이 널리 인정되었으나, 교육의 본질적인 정신적 내면성이라는 측면에서 점차 부모와 교사에게로 그리고 아동의 학습권의 보장에로 옮겨가고 있다.

(2) 부모의 교육권

자녀를 보호하고 교육하는 것은 부모의 자연법상의 권리인 동시에 실정법상의 권리이다. 피터스(Peters)는 부모가 자기 아이들을 자기 뜻대로 교육시킬 수 있다는 것은 가장 오랫동안 누려온 권리의 하나이며, 전체주의의 선구자의 한사람으로 알려져 있는 홉스(Hobbes)마저도 국민의 직업선택, 배우자선정, 자기 자신의 자녀교육의 선택에 관한 사항은 간섭하지 말아야 한다고 지적하고 있다(이홍우, 1984).

우리나라의 「헌법」 제29조 2항, 「교육법」 제96조와 「민법」 제909조 그리고 세계인권선언 제26조 3항 등은 자녀의 교육받을 권리의 대행자가 친권자임들 말해 주고 있다. 부모의 교육권은 자연권으로 볼 때는 육체적·정신적으로 무한한 가능성을 지닌 아동의 학습권에 대응하는 의무이며 자녀의 권리의 대행이다.

부모의 교육권은 자연적 인권으로서 자녀 부양의무와 자녀의 학습권의 대행으로서의 외부로부터 방해배제권에서부터 연유한다고 할 수 있다. 부모의 교육권은 자녀교육에 있어서의 부당한 간섭을 배제할 수 있는 권리이며, 교육적 요구를 할 수 있는 발언권이다.

그동안 부모의 교육적 의무에 관해서는 많은 논란이 되었지만 부모의 교육적 권리에 대해서는 충분히 인식하지 못해 왔다고 할 수 있다. 부모의 교육권은 고등교육을 받은 비판적 능력을 가진 국민이 많을수록 그 향유의 폭이

넓고, 당사자가 그 권리를 지키려고 노력하지 않는 한 짓밟히기 쉬운 권리의 하나이다(이완정, 1986). 이러한 점에서 부모의 교육권에 대한 충분한 인식과 사각이 필요하다고 하겠다.

(3) 아동의 교육권(학습권)

「헌법」 제29조 1항의 교육받을 권리에 대한 규정은 일차적으로 아동의 교육권을 규정한 것이라 할 수 있다. 오늘날에는 교육을 받을 것은 의무가 아니라 권리로서 인식되고 있고, 학습권은 생활권의 일부로서 인류사회의 문화적, 사회적 유산을 물려받을 수 있는 권리로서 이해하고 있다. 이러한 아동의 교육권(학습권)은 친권자에 의해 대행되는 권리이다. 그러나 아동의 교육을 친권자의 일방적인 의도에 의해서만 요구하는 것은 친권자의 횡포가 될 가능성이 있다.

아동의 교육권(학습권)은 아동의 생존권과 발달권의 보장이라는 점에서 자연권의 일부이요, 기본적인 인권이다. 따라서 아동의 학습권은 '인권 중의 인권'이다. 인간이 인간답게 성장·발달해 나가는 것은 자연법적 질서이며, 아동의 성장과 발달의 과정은 끊임없는 탐구와 학습의 과정이다. 아동의 교육권(학습권)은 발달가능체로서의 어린이가 인간적으로 성장·발달할 권리로서 생존권, 노동권, 행복추구권, 참정권 등의 제 권리를 실질적으로 보장하고 그 질을 규정하는 권리이다.

오늘날 세계 각국의 헌법상에서 보장하고 있는 교육받을 권리는 학습에의 권리를 보장하는 것을 말하기에 이르렀다(김철수, 1981). 이러한 아동의 학습권의 보장은 아동을 한 사람의 인격적 주체로서 인식하고 있다는 것을 보여주고 있다. 따라서 아동의 학습권은 탐구와 학습을 통한 인간적인 성장·발달 과정에서 외부로부터의 지나친 간섭이나 개입을 배제할 수 있고, 적극적으로 성장할 수 있도록 각종 배려를 요구할 수 있는 권리이기도 한 것이다.

아동의 학습권은 자기 충족적인 권리가 아니기 때문에 부모나 교사, 국가, 사회로부터의 적극적인 배려와 협조를 필요로 한다. 아동의 학습권은 학습자의 기본적인 인권이므로 존중되고 보호되어야 할 뿐만 아니라 적절한 배려와 지도가 있어야만 현실적으로 의미가 있게 되는 것이다. 따라서 부모와 사회,

국가에 학습권을 충족시킬 의무가 부과되는 것이다. 그러므로 부모에게는 아동의 학습을 보장할 의무와 책임이 있는 것이며, 사회 또한 아동의 발달에 책임이 있는 것이다.

이와 같이 아동의 학습권은 생래적인 자연권이요, 기본적인 생존권 및 사회권적 성격을 지닌 것으로 이해할 때 교육에 관한 권리와 의무는 이 아동의 학습권을 중심으로 논의되어야 할 것이다.

4) 교사의 교육권

교사의 교육권은 일정한 자격을 가진 교사가 학생 및 아동의 성장과 발달에 관한 교육적 배려 하에 학부모와 국가로부터 교육에 관한 위임을 받아 피교육자에게 자유로운 교육활동을 할 권한과 사회집단 및 국가의 부당한 정치적·행정적 개입과 간섭을 배제하는 권리를 지칭한다.

교사의 교육권은 교사가 법적으로 지니는 교육상의 자유를 지칭하는 용어로 ① 교육을 행하는 자가 학습자에 대하여 교육적 필요에 순종할 것을 요구하는 권능, ② 특정한 학습자에 대한 교육적 활동을 승인하게 하는 청구권, ③ 교육활동에 대한 방해배제의 권능 등을 말한다. 교사의 교육권의 법적 근거에 관한 설명으로는 다음과 같은 세 가지가 있다.

① **사항적 특권론**: 부모의 교육권이 자연권임에 반해 교사의 교육권은 국가가 교사에게 부여한 사항적 특권으로서 제도적으로 보장되고 있는 것으로 보아야 한다는 견해이다.
② **직무권한론**: 교사의 교육권은 아동·학생의 학습권을 적극적으로 보장하기 위해 설립한 공교육 내의 직무권한으로 보는 견해이다. 따라서 학문연구자로서의 대학교수의 학문연구와 교수의 자유와 같을 수 없으며 학교교육에 있어서의 교사 개개인의 인권으로만 볼 수 없다는 견해이다.
③ **헌법적 권리론**: 교사의 교육권을 헌법에 기초하여 헌법적 권리로 보아야 한다는 견해이다. 따라서 헌법에 제시된 자유권은 전형적인 것을 예시한 것이며, 교사의 교육의 자유도 헌법적 자유라고 보는 견해이다. 다만 교사의 교육권은 교육활동의 장에서 학생에게만 실효성을 가진다는 사항적 권한으로 본다.

따라서 교사의 교육권은 교사라는 전문적 교육활동의 수행이라는 데서 오는 사항적 특권이요, 학생의 기본적 인권인 학습권과 발달권의 구체적인 조장을 위한 파생적인 권리인 동시에, 교사 개인의 인권으로서 헌법에 보장되고 있는 권리의 성격을 지닌 것으로 이해해야 하겠다.

교사의 교육권의 내용은 아동·학생의 발달과 학습권의 보장을 위한 교사의 전문직적 교육활동 수행에 더하여 주로 교육 본질적인 차원에서 논의되고 있다. 兼子仁교수는 교사의 교육권을 ① 교육과정 편성권, ② 교과서·교재 선택권, ③ 성적 평가권, ④ 아동·학생 징계권 등을 들면서 주로 교육 내적 사항과 관련하여 지적(勝野尙行, 1974)하고 있다. 이에 대하여 안기성 교수는 ① 교육과정 편성권, ② 교재 선택권, ③ 교육방법 결정권, ④ 평가권, ⑤ 징계권 등을 들고 있어 같은 견해를 보여주고 있음을 알 수 있다.

그리고 유네스코와 국제노동기구(ILO)의 공동작성인 '교원의 지위에 관한 권고'(1966)에는 ① 학문의 자유와 보장, ② 교과과정 작성 참여권, ③ 전문직 수행에의 자유와 창의성 및 책임감, ④ 근무평가의 공개 요구권, ⑤ 학습평가의 자유, ⑥ 학부모의 부당한 간섭의 배제, ⑦ 자신의 변호권, ⑧ 교내 발생 사건의 변상면제 등의 제 규정을 두고 있는 바, 이는 모두 교원의 지위를 확고히 함과 동시에 교사교육권의 범위를 보여주고 있는 것이라고 하겠다.

이러한 교사의 교육권에 대해서 헌법에 보장된 학문과 예술, 사상과 표현의 자유에 준하는 자유를 지닌다는 입장과 국가의 감독과 규제 하에 있다고 보는 관점이 있다. 일반적으로 초중등학교 교사의 교수의 자유는 대학 교수의 학문과 사상의 자유와 같은 자유가 아니라 국가, 부모, 학생의 이익을 우선으로 하는 자유라고 보는 견해가 많다. 따라서 초중등학교의 교사의 교육의 자유는 교육목적과 교육법규의 범위 안에서의 교육과 교육내용과 방법의 선택의 자유로 제한된다고 보는 입장이 많다. 한편, 최윤진(1994)은 한국과 미국의 교사의 권리와 역할을 비교하며, 한국은 미국에 비해 전문가나 시민으로서의 역할보다는 공복이나 사표로서의 역할이 강조되고 있다는 지적하였다.

6. 교직 윤리와 사도강령

윤리강령이란 한 단체가 직업상으로 지켜야 할 기본적인 윤리적 덕목이나 권고를 압축해서 제시해 놓은 것이다. 윤리강령에서 제시하고 있는 윤리는 두 종류의 것을 포함한다. 하나는 자신과 자신이 종사하거나 봉사하고 있는 대상과 관련된 윤리이고, 다른 하나는 사회전체가 직무나 그 일에 종사하고 있는 사람에게 요구하는 윤리이다. 공무원과 같이 국가에 봉사하는 직업이나 의료나 법률 분야와 같은 고도의 지적 혹은 기술적인 전문성을 요하는 직업은 다른 일반 직업보다 높은 수준의 직업윤리를 요구하고 있으므로 반드시 윤리강령을 포함하고 있어야 한다(교육평가용어사전, 2004).

교직도 전문직으로서 남달리 직업윤리를 강조하고 있다. 따라서 나라마다 교직단체에서 교직윤리를 정해두고 있는 경우가 많으며, 우리나라에서도 교직윤리의 준수 및 확립을 위해 정부, 사회단체 및 교직단체에서 교직윤리 등을 규정하고 있다. 한국교원단체총연합회의 「교원윤리강령」(1958)과 「사도헌장」, 「사도강령」(1982) 등이 대표적인 예이다.

우리나라에서는 한국교원단체에서 1958년 9월 「교원윤리강령」을 제정·공포하였는데 전문 5장으로 구성되어 있으며, 제1장에는 교원의 학생에 대한 윤리, 제2장에는 가정과 부모에 대한 윤리, 제3장에는 사회에 대한 윤리, 제4장에는 교직 윤리, 제5장에는 교양에 관해서 교육자가 지켜야 할 윤리를 각각 규정하여 놓고 있다. 이 가운데 제4장의 교직에 관한 윤리를 소개하면 다음과 같다.

교직

교원은 교직의 권위와 중요성을 인식하고 교직에 충성을 다 한다. 그러므로

1. 교원은 국법을 준수하고 질서를 존중하여 동료 간의 친목과 협조로서 건실한 학원 분위기 조성에 노력한다.
2. 교원은 교육계획에 참여하여 일단 결정된 일에 대해서는 이를 충실히 실천한다.
3. 교원은 임면, 전임 또는 승진에 부정한 수단과 방법을 쓰지 않는다.
4. 교원은 교직을 임용하여 물질적인 이익을 도모하지 않는다.
5. 교원은 그 사회적 지위의 향상과 복지의 증진을 위하여 교직단체 활동에 적극 참여한다.

출처: 교원윤리강령(1958).

이 인식하고, 윤리성과 전문성을 높이기 위해 노력한다. 이에 우리 모두의 의지를 모아 교직의 윤리를 밝히고, 사랑과 정직과 성실에 바탕을 둔 교육자의 길을 걷는다.

우리의 다짐

1. 나는 학생을 사랑하고 학생의 인권과 인격을 존중하며, 합리적인 절차와 방법에 따라 지도한다.
1. 나는 학생의 개성과 가치관을 존중하며, 나의 사상 · 종교 · 신념을 강요하지 않는다.
1. 나는 학생을 학업성적 · 성별 · 가정환경의 차이에 따라 차별하지 않으며, 부적응아와 약자를 세심하게 배려한다.
1. 나는 수업이 교사의 최우선 본분임을 명심하고, 질 높은 수업을 위해 부단히 연구하고 노력한다.
1. 나는 학생의 성적평가를 투명하고 엄정하게 처리하며, 각종 기록물을 정확하게 작성 · 관리한다.
1. 나는 교육전문가로서 확고한 교육관과 교직에 대한 긍지를 갖고, 자기개발을 위해 노력한다.
1. 나는 교직 수행과정에서 습득한 학생과 동료, 그리고 직무에 관한 정보를 악용하지 않는다.
1. 나는 학생이나 학부모로부터 사적이익을 취하지 않으며, 사교육기관이나 외부업체와 부당하게 타협하지 않는다.
1. 나는 잘못된 제도와 관행을 개선하는 데 앞장서며, 교육적 가치를 우선하는 건전한 교직문화 형성에 적극 참여한다.
1. 나는 학부모와 지역사회를 교육의 동반자로 삼아 바람직한 교육공동체 형성을 위해 함께 노력한다.

출처: 한국교원단체총연합회 보도자료(2005.5.12.).

이와 같이 「교직윤리헌장」에서는 인간의 가치와 존엄을 높이는 교육활동의 중요성을 강조하며, 국민으로부터 부여받은 교육자의 책무를 명시하고 있다. 아울러 교육자의 윤리와 전문성을 제고하기 위해 노력해야 한다는 점과 교육자는 사랑과 정직과 성실에 바탕한 삶을 살아야 한다는 것을 천명하고 있다. 그리고 이러한 「교직윤리헌장」의 전문에 나타난 정신을 실천하는 교육자의 실천 강령은 10가지로 다음과 같다.

① 학생에 대한 교사의 사랑과 인권 존중
② 학생의 가치관과 개성의 존중
③ 공평무사한 지도

④ 질 높은 수업을 위한 부단한 연구와 정진
⑤ 투명하고 엄정한 평가
⑥ 교육전문가로서의 긍지와 노력
⑦ 정보와 비밀의 엄수
⑧ 부당한 타협이나 사적인 이익의 배척
⑨ 건전한 교직문화의 형성
⑩ 교육공동체를 위한 노력 등으로 명시하고 있다.

제 3 장

교육의 역사적 변천

1. 한국교육의 변천

1) 고조선 시기의 교육

고조선은 기원전 108년 한사군이 설치되기까지 한반도 서북 해안지역에 있었던 부족국가이다. 이른바 대동강 유역을 중심으로 단군조선, 기자조선, 위만조선으로 불리던 고대 국가의 총칭이다. 이 시기의 교육에 관해서는 자세히 알려진 바가 없으나 오늘날까지 알려지고 있는 「8조금법」 중에는 "사람을 죽인 자는 사형에 처하며, 다른 사람에게 상해를 입힌 자는 곡물로 변상하고, 남의 물건을 훔친 자는 노예로 삼거나 50만 전으로 속죄가 가능하나, 그 민속이 이를 더럽게 여겨 결혼하려 하여도 짝을 찾을 수 없다"는 조항이 있음에 미루어 볼 때 고대 고조선 사회에서는 도덕교육이 철저히 실시되었으며, 상당한 수준의 사회적 교화가 이루어지고 있었음을 보여 주고 있다.

또한 『후한서』에서는 "동방 사람들은 성품이 어질고, 생육하기를 좋아한다. 그것은 마치 만물이 땅에 뿌리를 내려 생육함과 같다. 중국에서 예의를 잃었을 때는 동이에 가서 배워야 할 것이다"고 하고 있음을 볼 때, 고대 사회의 우리 민족은 성품이 어질고 예의가 바르고 착하여 일찍부터 중국에서는 '동방예의지국'으로 불렀던 것이다.

그리고 『후한서』 동이전에는 당시의 사회에 전사단과 같은 청소년 집단이 있었음을 다음과 같이 말하고 있다. "관가를 중심으로 성곽을 쌓으며, 연소하고 용감한 자는 모두 등에 가죽을 뚫어 벌목을 넣고 밧줄로 물건을 끌어도 아픔을 느끼지 않으며 즐겁게 일한다." 이것은 일종의 고대 사회에서 볼 수 있는 청소년의 성인식으로서의 고행을 체험하게 하는 과정을 보여 주고 있는 것이라고 할 수 있을 것이다.

일반적으로 고대 사회에서는 이러한 성인식을 치루기 전에는 직접 사회생활에의 참여를 통해 성인들을 모방하고 시행착오를 겪는 과정을 통해 여러 가지 행동을 몸에 체득해 나갔다. 이러한 자연적인 과정을 통하여 교육을 한 후 일정한 나이가 들면 일종의 보다 강화된 집중적인 교육의 장으로서의 성인식을 치른 후 성인으로서의 역할을 맡겼던 것이다.

고조선 시기의 교육에서 가장 중요한 것은 첫째, 현대 한국의 교육이념인 홍익인간의 이념을 채택하였던 것이다. 둘째, 「8조금법」은 사회적 규약인 동시에 교육의 내용이었다. 셋째, 성년식이 가진 교육적 의의이다. 성년식은 일종의 의도적이고 계획적인 교육이었으며, 이러한 기회를 통해 사회의 구성원으로서 갖추어야 할 종교적·도덕적 덕목과 사회생활의 규범 그리고 실생활의 유용한 기술 등을 습득하여 갔던 것이다.

2) 삼국시대의 교육

삼국시대는 4세기 초에서 7세기 중엽까지의 고구려, 백제, 신라가 정립하였던 시기로서, 불교가 전래되어 비형식적인 교육의 면에서 많은 영향을 미쳤고, 유학의 전래와 함께 문자교육과 학교교육이 시작되었던 시기이다.

(1) 고구려의 교육

고구려는 일찍부터 중국 문화의 영향으로 유학을 수용하였고, 학교교육이 가장 먼저 발달하였다. 고구려에서는 기록상으로 소수림왕 2년(372년)에 태학(太學)을 설립하여 학교교육을 시작하였다. 태학은 관리를 양성하기 위한 국립의 교육기관으로서 상류 귀족층의 자녀들을 대상으로 5경(시경 – 서경 – 역경 – 예기 – 춘추) 3사(사기 – 한서 – 후한서)와 삼국지, 진춘추, 옥편, 자류, 자림, 문선 등을 가르쳤다.

한편 『구당서』와 『신당서』에 의하면 고구려는 풍속이 서적을 사랑하여 길거리에 경당(扃堂)을 지어 미혼의 자녀들이 독서하고 습사를 하였다고 한다. 즉, 경당은 일반 서민의 자녀들을 대상으로 경전과 습사(習射)를 가르치는 문무일치의 교육기관이었다.

〈고구려의 교육제도〉

교육기관	교육내용	특징
태학	5경 3사	관료 양성
경당	경전, 습사	문무일치 교육

(2) 백제의 교육

백제는 기록상으로는 학교교육에 관한 기록이 보이지 않는다. 그러나 『삼국사기』, 『일본서기』(日本書紀), 『고사기』(古事記) 등에 의하면 일찍부터 중국과 교류를 하고 있었으며, 이에 따라 장문의 외교문서가 발견되고 있으며, 모시박사, 역박사, 의박사, 오경박사 등의 박사 명칭을 사용하고 있었음을 미루어 볼 때 일찍부터 경전학이 발달되고 있었음을 알 수 있다. 또한 고흥(高興)의 역사서 저술과 왕인의 『천자문』과 『논어』의 일본 전수(285년) 등과 오늘날의 교육부에 해당하는 내법좌평(內法佐平) 등의 관직이 있었던 점 그리고 당시 후위(後魏)와의 외교문서에 나타나는 수준 높은 문장력 등을 고려해 볼 때 당시 백제에서는 상당한 수준의 교육이 실시되고 있었을 것으로 추정할 수 있다.

(3) 신라의 교육

신라는 삼국을 통일하기 이전까지는 화랑도를 통해 인재를 육성하였다. 신라의 화랑도(花郎徒)는 고유사상과 유불선(儒佛仙)을 혼합한 것으로서 원광법사의 세속오계(世俗五戒)인 충(忠), 효(孝), 신(信), 용(勇), 인(仁)을 중요한 덕목으로 강조하였다. 화랑은 별칭으로 원화(源花), 국선, 선랑, 풍월도(風月徒), 풍류도(風流徒)라 불렀고, 그 조직은 국선화랑(國仙花郎: 총단장) – 화랑(花郎), 선랑(仙郎: 각급 단장) – 문호(門戶) – 낭도(郎徒: 단원)로 구성되었다. 삼국사기에 의거하면 화랑의 수는 200여 명, 낭도는 1,000여 명으로 나타나고 있다. 이들은 주요 명승지와 국경지역을 답사하면서 심신의 수련을 하였던 바, 김대문(金大問)의 『화랑세기』(花郎世紀)에서는 "相磨以道義, 相悅以歌樂, 遊娛山水 無遠不至"라고 하였고, "어진 재상과 충성스런 신하가 여기에서 다 나왔고, 훌륭한 장수와 용감한 군사가 이로 인해 생겨났다"고 하였다.

제27대 선덕여왕 9년(640)에는 견당(遣唐) 유학생을 파견하여 당나라의 국자감에 입학하여 학문을 수양하였다. 이들의 유학기간은 대개 10년 정도가 되었는데, 이들을 숙위학생(宿衛學生)이라 하였고, 당시 당 나라에서는 유학생의 숙식과 의복 등 유학생활을 지원하는 홍려사(鴻臚寺)라는 담당 부서가 있었다. 이들 유학생들 중에는 당 나라의 과거에 급제하여 관리로 등용되는 자가 있었는가 하면, 빈공과(賓貢科)라는 과거에 무려 58명이나 급제하기도 하였다. 그 대표적인 인물로는 김운경(金雲卿), 최치원(崔致遠), 최승우(崔承祐), 최인곤(崔仁滾), 김가기(金可紀), 박인범(朴仁範) 등이 있다. 특히 46대 문성왕 2년에는 당에서 귀국한 유학생 수가 105명이나 되었다.

신라가 30대 문무왕 16년(676)에 통일을 한 후 신문왕 2년(682)에는 당의 국자감(國子監)을 모방하여 관리를 양성하기 위한 유학교육을 위주로 하는 국학(國學)을 설치하였다. 국학의 입학자격은 15~30세의 무위자에서 17등급(大舍)의 자녀로서 수업연한은 9년이었으나 무능력자는 그 이전에도 퇴학시켰고, 능력 있는 자는 9년 이상도 재학이 가능하였다. 교육내용으로는 논어, 효경을 공통으로 하여 분반에 따라 예기, 주역과 좌전, 모시, 춘추 그리고 상서, 문선을 가르쳤다. 담당 부서는 예부에서 경(卿) 1인을 두고 그 아래에 박사와 조교가 있었는데, 그 정원은 일정하게 정해져 있지 않았고, 사무직원으로는 대사(大舍) 2명과 사(史) 4명을 두었다. 국학은 35대 경덕왕 때는 태학감(太學監)으로 그리고 혜공왕 때는 다시 국학으로 명칭을 변경하였다.

통일신라시대의 인재 등용법으로서는 원성왕 4년(788)에 실시한 독서출신삼품과(讀書出身三品科)가 있다. 독서출신삼품과에서는 5경 3사(五經三史)와 제자백가서에 능통한 자를 특품(特品)으로 하여 초탁(超擢: 순서를 뛰어 넘어 발탁) 하였으며, 논어, 효경에 밝고, 춘추, 좌전, 예기, 문선에 능통한 자를 상품(上品)으로, 곡례, 논어, 효경을 읽은 자를 중품(中品)으로, 곡례, 효경을 읽은 자를 하품(下品)으로 하였다.

〈신라의 교육제도〉

교육목적	교육기관	교육내용
관료 양성	국학	논어, 효경, 예기, 주역, 좌전, 모시, 춘추, 상서, 문선

〈신라의 인재 선발제도〉

삼국통일 전	통일신라
화랑도(국선화랑 – 화랑 · 선랑 – 문호 – 낭도)	독서출신삼품과(특품, 상품, 중품, 하품)

3) 고려시대의 교육

(1) 고려의 교육제도

고려가 건국한 후 초기에는 신라의 교육제도를 계승하였으나 제6대 성종(982~997)대에는 교육제도를 정비하여 고려시대 교육의 기반을 마련하였다. 물론 그 이전부터 실시되고 있었던 유경습업제(留京習業制)는 개경에 국학이 있었을 것임을 보여주나 구체적인 기록은 찾아볼 수 없다. 성종(6년 8월)은 지방에는 권학관을 파견하여 지방 교육의 진흥을 위해 노력하였고, 9년에는 개경에 국립도서관(修書院) 창설하였다.

문종은 호학하여 유신을 널리 임용하고 학문을 장려하였다. 문종은 30~40년간 과거 급제자를 배출하지 못한 주, 군, 현에서 급제자가 나오면 토지와 노비(100년만에 나올 경우 하사함)를 특별 하사하여 문풍을 진작하였다. 그리하여 문종 17년에는 최충의 문헌공도를 비롯한 12공도가 번성하였다. 그러나 의종 때의 무신의 란, 명종 때의 최충헌 집권 60여 년, 고종 19년 몽고의 침략 등의 식에는 학교교육이 쇠퇴하여 황폐화되었다.

충렬왕 30년(1304)에는 안향의 건의로 6품 이상의 자는 은 1근, 7품 이하의 자는 포를 각출하여 이를 기금으로 섬학전(贍學錢)과 양현고(養賢庫)를 설치하여 유학의 부흥시키고자 하였다. 그럼에도 불구하고 공민왕 원년(1352)에는 국학의 유명무실함과 동서학당과 12도의 부실함이 계속 지적되고 있음을 볼 때 관학은 쇠퇴되었음을 알 수 있다.

〈고려의 교육제도〉

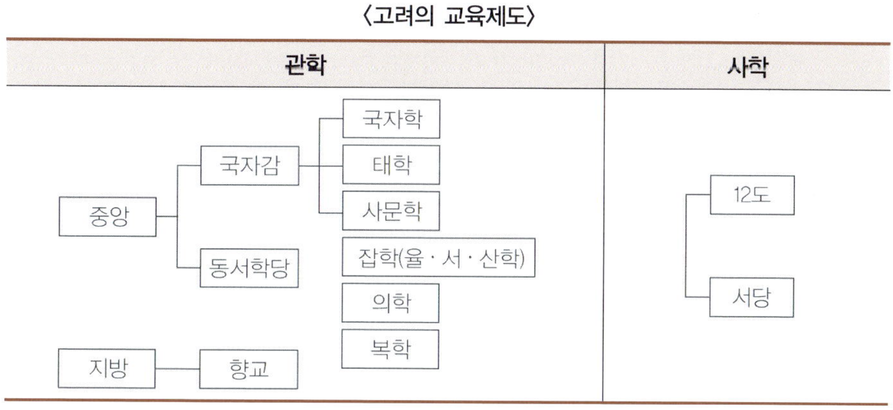

가. 관학

고려시대의 관학으로는 제6대 성종 11년(992)에 창설된 국자감이 있다. 국자감은 국자학－태학－사문학과 잡학(율학－서학－산학), 의학(태학감), 卜學(사천대)이 있었고, 명륜당(강의실)과 양재(기숙사) 그리고 대성전(공자)과 양무(공자의 제자)를 갖고 있어 문묘와 교육 기능을 동시에 수행하고 있었다. 국자감은 25대 충렬왕 때는 국학으로, 26대 충선왕 때는 성균관, 공민왕 때는 다시 국자감으로 바뀌었다가 성균관으로 바뀌어 조선시대로 이어지게 된다.

개경에는 동서학당과 5부학당이 설치되어 중앙의 인재를 교육하였는데 이 학당에는 문묘가 없었다. 지방에는 중등 수준의 교육기관으로서 성종 5년(986)부터 향교가 설치되어 지방의 인재 양성과 향풍의 순화 기능을 맡고 있었다. 향교는 명륜당과 문묘를 갖추고 있었다.

나. 사학

고려시대의 사학으로는 문종 때의 최충의 문헌공도를 비롯한 12공도가 있었다. 12공도는 오늘날의 사립대학 수준에 해당하는 수준 높은 교육을 실시하였고, 학생들의 진퇴와 예의범절이 뛰어나 칭찬이 자자하였다고 한다. 그리고 서긍(송나라 사신 수행자)의 『고려도경』에 의하면 서민들의 초등교육기관으로 지방의 고을 고을 마다에는 서당이 있었고, 아이들이 향(鄕) 선생에게 나아가 글을 배웠다고 한다.

4) 조선시대의 교육

조선시대는 성리학 중심의 교육이 실시된 시기로서 교육제도상으로는 태조(1392)에서부터 성종(1506) 때까지는 교육제도가 정립이 되었던 시기로 볼 수 있고, 중종(1507) 때에서 숙종(1724) 때까지는 교육내용의 발전기로 볼 수 있다. 조선시대의 교육제도를 관학과 사학으로 구분하여 살펴보면 다음과 같다.

〈조선의 교육제도〉

관학		사학
중앙	성균관	서원
	사학	서당
지방	향교	

(1) 관학: 국 · 공립학교

조선시대의 관학으로는 중앙에는 최고학부인 성균관과 사학이 있었고, 지방에는 향교가 있었다. 성균관은 태조 7년(1398)에 창설되었고, 명륜당, 문묘, 동서 양재, 학사 96칸, 정록청, 양현고, 식당을 갖추고 있었으며, 별칭으로는 국학, 태학, 국자감, 반궁, 현관 등이 있었다. 성균관의 입학 정원 200명이었으나 때로는 130명, 100명 등으로 변화가 있었으며, 정원이 미달할 때는 사학의 학생이나 과거의 초시 합격자로 보충을 하였다.

성균관 학생의 생활상은 아침에 첫 북소리가 들리면 기상을 하고, 두 번째 북소리가 들리면 단정히 앉아 독서하였다. 이어 세 번째 북소리가 나면 식당으로 가서 동서로 향해 앉아서 식사를 한 후에는 차례대로 퇴실을 하였다. 이때 차례를 지키지 않거나 떠드는 자는 처벌받았다. 이어서 학관이 명륜당에 정좌를 하면 읍례를 한 후 유생끼리 읍례를 하고 재로 가서 日講을 청한다.

경전에 관해 통경을 한 후에는 평가를 하고 불통한 자는 초달을 하여 성적을 누계하고, 자기의 진도에 따른 교재를 소재로 전에 배운 것을 논의를 하여 분명히 한 후에 새로운 진도를 나갔다. 그리고 매달 초순에는 疑, 義, 論을, 중순에는 賦, 表, 頌, 銘, 箴을, 종순에는 對策, 記를 위주로 한 평가를 실시하였다. 성적의 평가는 5단계로 실시되었던 바 다음과 같다.

① **大通** = 구두, 문리, 요지, 응용까지 아주 밝고 철저하게 잘 통함

② **通** = 대통하지는 못하였지만 구두, 강령, 요지를 잘 앎

③ **略通** = 구두, 해석과 요지가 능통하지는 못하나 비교적 잘 앎

④ 粗通 = 구두, 해석, 요지를 조금은 아나 아직 설명에 부족함이 많음
⑤ 粗通 以下 = 벌칙

성균관에는 국왕이 친림을 하여 과거를 실시하거나(幸學) 명륜당에서 유생들과 직접 문답을 하였으며(親問), 유생들의 사기를 국가의 원기로 생각하여 이를 진작하기 위해 노력을 하였다. 따라서 국왕은 유생들의 상소(儒疏)가 있으면 이를 존중하였고, 유생들 또한 그들의 정당한 의사가 관철되지 않을 때에는 식당의 출입을 거부(捲堂)하거나 기숙사를 나오기도 하였으며(空齋), 이러한 항의에도 불구하고 변화가 없을 때는 성균관을 비우기도(空館) 하였다. 일종의 동맹 휴교로서의 수업 거부가 있으면 상가도 철시되어 분위기가 흉흉하였다고 한다.

다음으로 사학은 중앙의 동－서－남－중학에 설치된 중등교육기관으로서 정원이 100명이었으며, 문묘가 없음이 특징이다. 사학은 그다지 발달하지 못해 자주 정원이 미달되었고, 직원과 서적이 부족하고 재정도 빈곤하였다.

지방의 중등교육기관으로서의 향교는 성현 향사와 유학의 교육을 목표로 한 교육시설로서 명륜당과 문묘, 동서 양무(兩廡)와 동서 양재(兩齋)를 갖고 있었다. 향교의 정원은 부, 대도호부, 목에는 90명, 도호부에는 70명, 군에는 50명, 현에는 30명 정도의 학교로서(16세 이하는 정원 외) 그 교육내용은 소학, 사서오경, 근사록, 역사서, 농업서 등을 가르쳤다. 향교는 지방 문화의 향상과 사풍의 진작에 기여(향음례, 향사례, 양로례)하였으나, 중기 이후에는 서원의 발흥과 함께 위축되었다.

(2) 사학: 사립학교

조선시대의 사학으로서는 서원과 서당이 있다. 서원은 중종 36년(1543) 풍기 군수 주세붕이 백운동 서원(경북 영주 순흥, 안향 배향)을 비롯한 많은 서원들이 건립되어 지방의 중등교육을 진흥시켰다. 서원은 숙종 대에는 각 도에 80~90개소에 달하였으며, 정조 대에는 전국에 650개소에 달하기도 하였다. 서원은 선현의 향사와 후진의 장학을 목적으로 하여 한적하고 산수와 풍광이 좋은 곳에 설치된 교육기관이었다. 그러나 다른 한편 서원의 확산은 향교의

쇠퇴의 원인이 되기도 하였고, 서원은 점차 당쟁의 소굴이요, 한량들의 한담장이 되거나 악덕배의 병역의 기피소가 되기도 하였다. 특히 화양동 서원(송시열 배향)의 경우 만동묘를 중심으로 화양 흑패라고 하여, 주변 일대에 끼친 패륜 행패로 유명하기도 하였다. 그리하여 고종 8년 대원군은 서원 철폐령을 내려 전국에 47개소만 남기고 모두 철폐하기도 하였다.

다음으로 사학과 향교에 입학하기 위한 준비교육 기관으로서의 서당이 있었다. 서당의 설립 형태는 훈장 자신이 자기의 생계나 교육 취미를 살려 설립한 훈장자영서당, 마을의 가세가 넉넉한 유지가 자기 및 친척의 자녀를 위해 설립한 유지독영서당, 마을의 유지들이 조합을 하여 설립을 한 유지조합서당, 마을 사람 전체가 조합을 구성하여 설립을 한 촌조합서당 등의 형태가 있었다. 서당의 훈장은 일정한 학식이 없었으므로 경사에 정통한 학식을 갖춘 자가 있었는가 하면 겨우 경서의 주석을 할 정도의 사람도 있었다. 서당에는 한편으로는 훈장으로부터 배우면서 자신보다 수준이 좀 더 낮은 학생을 가르치는 접장이 있었다. 그런데 훈장의 학식이 높거나 규모가 꽤 큰 서당에서는 매일매일 접장이 학도들과 많은 시간을 접촉하였기 때문에 접장이 서당의 학도들에게 미치는 영향력은 상당하였다.

서당의 교육내용은 강독과 제술, 습자 등이었다. 강독은 천자문에서 시작하여 동몽선습, 통감, 소학, 사서삼경, 사기의 순서로 진행하였으며, 서당에 따라서는 춘추, 예기, 근사록 등을 읽히기도 하였다. 서당에서는 100독 이상의 반복 강독을 시켰으며, 개인차에 따른 속진제를 도입하였다. 또한 봄, 가을에는 고문, 사기를 그리고 여름에는 시, 겨울에는 경서를 가르쳐 계절과 학과를 조화시키고자 하였다.

서당의 설립유형

① 훈장자영서당
② 유지독영서당
③ 유지조합서당
④ 촌조합서당

5) 조선의 실학과 교육

조선시대의 성리학 일변도의 교육은 청대 고증학의 영향과 서학의 전래와 함께 일부 지식층을 중심으로 성리학에 대한 반발을 야기하기 시작하였고, 이러한 흐름은 영·정조대에 이르러 새로운 학풍을 형성하게 되었다. 성리학의 지나친 공리공론과 사변론과 허장성세의 기풍에 반대하고, 실사구시와 이용후생 그리고 경세치용을 중시한 새로운 학풍이 실학이다.

조선 후기의 실학자들은 자아의 자각을 바탕으로 한 낙토 조선의 건설과 이용후생의 실용적인 학문을 장려할 것을 주장하였고, 사농공상에 입각한 노동과 직업 기술 교육의 천시 등을 개선할 것을 주장하였다. 이들은 실용적인 학문을 중시하였고, 나아가 조선의 역사, 지리, 풍토를 연구할 것을 강조하였다.

반계 유형원은 『반계수록』 26권에서 과거제도의 개혁안을 구상하였던 바(공거제), 그가 구상하고 있던 교육제도는 중앙에는 태학 – 중학 – 사학 – 방상을 그리고 지방에는 영학 – 읍학 – 향상의 체제를 제시하였다.

성호 이익은 『성호사설』에서 사농합일, 귀사무농(양반의 생업 부재를 비판)을 주장하고, 퇴계집과 한국사를 강조하였다.

다산 정약용은 『목민심서』에서는 공직자의 자세, 『흠흠신서』에서는 형벌제도의 개량, 『경세유표』에서는 행정제도의 개혁을 주창하고, 『아학편』에서는 천자문 구성의 비합리성을 개선할 것을 주장하기도 하였다.

〈교육제도 개혁안〉

6) 한국 근대 시기의 교육

강화도조약(1876) 이후 열강과의 통상 조약의 체결로 문호가 개방되고, 선각적인 개화사상가들에 의해 근대적인 교육 운동과 기독교 선교사를 중심으로 한 서구식의 근대적인 교육이 도입되어 감에 따라 한국의 교육은 새로운 모습을 띠게 된다.

1883년에는 영어 통역관을 양성하기 위한 영어학교로서의 동문학(통변학교)가 설치되었고, 이어 1885년에는 광혜원이 설치됨으로써 서양 의학의 교육이 시작되어 갔다. 그리하여 마침내 1886년에는 육영공원이 설치되어 비록 귀족의 자녀들을 대상으로 하였지만, 우리나라 최초의 근대적 관학으로서 외국어를 해득할 수 있는 관리를 양성하고자 하는 교육을 실시하였다.

1894년에는 갑오개혁이 이루어지면서 학무아문을 설치하고, 해외 유학이 실시되었으며, 1895년 2월에는 고종이 '교육입국 조서'를 발표하여 유학의 경전을 중심으로 하는 교육을 지양하고, 교육의 3대 강령으로서 덕육과 체육과 지육을 중시하는 교육을 통하여 교육구국운동을 도모해 나가고자 하는 적극적인 실천 의지를 공표하였다. 그러나 일제의 침략과 함께 민족의 교육은 파탄을 맞게 되고 일본 제국주의는 1895년부터 한성사범학교 관제를 발표하여 일제 식민지 교육에 충량한 일꾼을 양성하기 위한 교육적 침탈을 가속화하여 갔다.

그리하여 일제는 1895년 소학교령과 소학교 규칙의 공포를 비롯하여 1899년에는 의학교 관제, 상공학교 관제를 그리고 1904년 농상공학교 관제 공포하여 식민지 교육을 착착 진행하여 갔다.

이러한 일제의 교육 침탈에 대항하여 특히 1905년의 을사조약 이후에는 민족의 선각자들에 의한 교육구국운동과 민간 사학이 발달하여 민족정신을 길러 갔다. 이러한 민족교육은 1883년에 우리나라 최초로 주민들의 자발적인 기금으로 설립을 한 민간 사학인 원산학사를 시초로 1895년에는 민영환이 외국어와 선진 문물을 교육하기 위해 설립을 한 흥화학교, 1899년에는 도산 안창호의 점진학교, 1905년에는 이용익의 보성학교(고려대학교의 전신)와 엄주익의 양정의숙, 1907년에는 도산 안창호의 대성학교와 남강 이승훈의 오산학교 등이 설립되어 잃어버린 국권을 회복하기 위해 민족의 지도자를 양성하고, 애국사상의 고취하며, 배일 항일 운동의 전진 기지가 되고자 하였다.

다른 한편, 선교사들에 의한 기독교계 학교가 설립되어 교육과 의료를 통한 선교 활동과 신문화의 수용, 그리고 기독교 교육의 보급에 영향을 미쳤다. 기독교계 학교들은 이 땅에 신학문을 소개하는데 개척자적인 역할을 수행하였고, 교육적 차별을 철폐하고 남녀가 평등한 교육의 기회를 가지는 데 커다란 역할을 하였다.

이 시기에 설립된 대표적인 기독교계 학교를 들어 보면 다음과 같다.

1885년 배재학당:	감리교 선교사 아펜젤러
1886년 이화학당:	감리교 선교사 스크랜톤 부인
1886년 경신학교:	장로교 선교사 언더우드
1887년 정신여학교:	장로교 선교사 엘러스

7) 일제강점 시기의 교육

일본 제국주의가 한국을 합병한 후 통감부의 학부 차관 다와라(俵孫一)가 우리나라 학사 행정의 최고 책임자가 되었다. 1906년 2월 1일 통감부가 설치된 후 1910년까지의 일제의 교육정책의 특징은 우민화 정책과 친일 교육의 강화, 민족 사학의 통제와 교과용 도서의 검정 등을 통해 황국신민화를 위한 식민지교육을 착착 진행하여 갔다. 이들은 조선인을 위한 교육과 내지인을 위한 교육을 구분하여 실시하였으며, 1906년에는 「보통학교령」의 공포로 수업연한 4년으로 단축하였고, 1908년에는 「사립학교령」의 공포를 통해 사학의 교육구국운동을 억압하여 갔다.

특히 일제강점기에는 네 차례의 「조선교육령」을 공포하여 이 땅의 교육을 식민지화해 갔다. 즉, 1911년에는 「제1차 조선교육령」을 통해 우민화 정책을 추진하였고, 1922년에는 「제2차 조선교육령」의 공포로 보통학교를 6년으로 연장하는 등 다소 완화하여 문화동화정책으로 변화하여 갔으나, 1936년에는 다시 「제3차 조선교육령」을 공포하여 황국 신민화교육에 박차를 가했다. 그리하여 일본어를 국어로 채택하고 조선어를 수의 과목으로 하였으며, 신사 참배와 창씨개명을 강요하였다. 이어 1943년에는 「제4차 조선교육령」을 반포하여 한국을 전쟁 수행을 위한 전진기지화하였다.

8) 해방 이후의 교육

8·15 해방은 우리나라 민주교육의 첫 출발이었다. 그러나 한국의 교육은 민주적인 교육을 실시할 아무런 준비도 갖추지 못한 채 미군정에 의해 미국식 교육이념과 제도를 수용하게 되었고, 특히 미국의 진보주의 교육사조의 영향을 받아 미국식 교육이 곧 민주주의 교육의 이상으로 받아들여져 미국교육의 실험장화되었다.

1948년 제헌 국회는 대한민국 임시 정부의 법통을 이어 받아 헌법을 제정, 공포한 후 1949년 12월에는 「교육법」을 제정(1949.12.31.)하였던 바 홍익인간을 교육이념으로 하여 민주시민을 양성할 것을 교육목적으로 삼았다. 아울러 6-3-3-4의 현행 학제가 수립되어 교육의 기회가 확대되어 갔다.

그러나 1950년의 6·25동란은 교육을 중단시켰고, 1951년 2월에야 「전시하 교육특별조치 요강」을 발표하여 중단된 수업을 재개하고 피난지 소재 학교의 등록, 특설학교의 설치, 분교 운영, 가교 사이 설치 등을 추진해 갔으나, 동난기에는 교실도 없고, 시설도 없는 노천학교, 야외학교를 운영하였다. 정부는 전쟁이 호전되는 기운이 일어가자 1951년에는 「대학교육에 관한 특별조치령」을 공포하여 피난지인 부산, 대전, 전주, 광주에 전시 연합대학을 설치하여 6,455명의 학생을 교육하였다(손인수, 1998: 425). 이어 1952년에는 교육자치제가 도입되었으나 5·16 이후 교육을 정상화한다는 명목으로 제정된 「교육에 관한 임시 특례법」(1961.9)에 의해 이제 갓 출발한 교육자치제는 정지되고 말았다.

1960~1970년대는 조국 근대화라는 슬로건 아래 재건 국민운동과 새마을 교육, 국민정신 교육, 민족주체성 교육 등이 강조되었고, 1980년대에 들어서 21세기를 주도할 한국인의 양성을 목표로 과학기술 교육과 전인 교육, 평생교육, 통일 교육 등이 주창되었다. 그리고 1981년에는 '교육세'가 신설되었고, 1982년에는 '두발, 교복 자율화'가 시행되었다. 아울러 1980년대에는 「교육 정상화와 과열 과외 해소를 위한 교육개혁」(1980.7.30.)이 단행되었고, 이후 1990년대에는 「신한국 창조를 위한 교육개혁안」(1995.5.31.)이 공포됨으로써 국경이 없는 무한 경쟁시대를 살아갈 신한국인을 육성하기 위한 질 높은 교육을 받을 수 있는 체제를 마련하기 위해 노력하였다.

2. 서양교육의 변천

1) 원시·고대 사회의 교육

(1) 원시 사회의 교육

오늘날 우리들은 선사시대의 교육에 대해서 정확하게 알 수 없지만, 인류학자나 고고학자들에 의하면 원시 사회는 수렵과 채집, 어로 등을 위주로 한 생활을 영위하고 있었다고 한다. 원시 시대의 사람들은 각종 재해나 위험으로부터 피하고 자신을 지키기 위한 방법과 수렵에 대한 지혜 등을 전수하고 있었을 것이다. 특히 본격적으로 정착생활과 집단생활이 시작되면서 씨족 사회에서 촌락 공동 사회로 발전하게 되자 공동체 속에서의 연대의식과 사회성의 발전을 촉진시키게 되었다.

기원전 1700년경의 함무라비 법전에 의하면 아이들은 생후 3세까지 모유로 키워졌지만, 상류가정에서는 유모가 키우기도 하였다고 한다. 아이의 양육비로는 주로 보리, 식용유, 양모 등을 주었다고 한다. 또, “만약 유모가 양육하는 중에 아이가 죽거나 아이의 부모의 허락이 없이 다른 아이에게 젖을 주거나 할 때는 유모의 젖을 잘라 버린다”고 기록되어 있다. 상류계급의 아이는 더 자라게 되면 궁전이나 신전에 부속되어 있는 학교에 다니게 된다. 학교에서는 점토판에 슈메르 문자의 읽기, 쓰기, 산수초보, 작문 등을 가르쳤다고 한다. 그 당시 사람들은 학교를 ‘점토판 집’, 교장을 ‘점토판집의 아버지’, 학생을 ‘점토판 집의 아이’라 불렀다고 전한다. 이와 같이 문자의 발명과 더불어 학교교육이 시작되어 오늘날에도 학교교육은 문자의 학습을 위주로 하고 있다.

(2) 고대 그리스의 교육

가. 스파르타의 교육

기원전 6세기경에 원주민을 정복하고 도리안인이 세운 내륙국가 스파르타는 문무에 종사하였던 시민(spartiates)과 상공업에 종사하며 정치적 권리를 갖고 있지 않았던 평민(perioeci)과 농업에 종사하는 다수의 노예(helots)들로 구성되어 있었다. 따라서 소수의 정복민인 스파르타 시민은 피정복자를 통치하고 통제하기 위해서 군국주의적인 교육을 실시해 왔다.

스파르타의 교육은 리쿠르구스(Lycurgus)법에 의해 실시되었다. 스파르타 교육의 목적은 국가에 충성할 수 있는 훌륭하고 용감한 전사를 양성하는 데 있었으며, 이를 위한 주된 교육내용도 지적인 훈련은 리쿠르구스 법전의 암기, 호머의 서사시의 암송 등에 한정되었고, 신체단련을 위한 각종 체육(달리기, 뜀뛰기, 씨름, 창 던지기, 원반 던지기)과 승마, 수영, 음악 등이 강조되었다. 체육은 전투훈련을 위한 준비였고, 음악도 각종 제전과 군사상의 불가결한 도구로서 정신적인 무장과 단결심을 고취시키기 위한 것이었다.

스파르타에서는 아이가 태어나면 국가의 검사관이 건강진단을 실시해 병약하나 불구아로 판정되면 유기(遺棄)되었다. 일단 검사를 통과한 아이는 가정에서 부모 슬하에서 양육되다가 7세가 되면 국립 공동양육장에 보내어져 18살이 될 때까지 교육감독관의 지도하에 엄한 군대식의 교육을 받는다. 18세부터 20세까지는 다시 본격적인 전문 군사훈련을 받고, 20세가 되면 정식으로 군(軍)에 편입되어 30세까지 국경지대의 방위를 맡게 된다. 30세가 되면 시민권이 수여되고 결혼이 허락되었다.

스파르타의 여자교육은 건강한 아이를 낳아 국가에 헌신할 수 있는 아이로 잘 양육하여 국가에 바치는 것을 목표로 한 것이다.

나. 아테네의 교육

이오니아인이 세운 도시국가 아테네의 교육은 기원전 6, 7세기경의 솔론(Solon)법에 의해 확립되었다. 솔론법에 의하면 아테네 교육의 목적은 자유로운 시민으로서 지적, 신체적, 미적으로 조화롭고 균형 있는 인간, 즉, 선하고 아름다운 인간을 양성하는 데 있었다.

아테네에서는 유아가 태어나면 7세까지 가정에서 부모의 슬하에서 유모나 시녀들에 의해 양육되었다. 남아는 일곱살이 되면 교복(Paidagogos)의 지도하에 체조학교(Palestra)와 음악학교(Didascaleum)에 다닌다. 16세가 되면 공공의 체육장(Gymnasia)에서 성인들과 함께 더 강화된 신체 정신교육을 받게 된다. 18세가 되면 군대식의 조직에 들어가 에페베 선서(Ephebe Oath)를 하고 20세까지 군사 훈련을 받게 되며, 20세가 되면 시민권을 얻어 자유로운 사회생활을 할 수 있게 된다. 아테네의 여성은 가정에서 가사를 잘 담당할 수 있는 정숙한 현모양처를 양성하는 것에 관심이 있었기에 그다지 특별한 관심을 두지는 않았다.

다. 세계주의 시기의 교육

알렉산더대왕의 원정 결과 그리스 민족은 조국을 상실하였으나, 그들의 찬란한 문화는 전 세계로 전파되어 헬레니즘 문화를 낳았다. 그러나 이 시기의 교육은 그리스 고유의 특색을 잃고 개인주의, 이기주의, 주지주의로 변질되어 갔고, 문자 그대로 세계주의화 되었다. 이 시기의 교육은 그리스 고유의 체육과 음악의 조화는 소홀히 다루어지고 문자교육에 치중하게 되었으며, 고등교육기관으로서 수사학교, 철학학교 등이 발전하였다.

(3) 고대 로마의 교육

로마의 교육은 공화정 시기의 교육과 제정 시기의 교육으로 나누어 고찰할 수 있다. 통상 초기 공화정 시기의 교육을 전기의 교육, 제정 시기의 교육을 후기의 교육으로 구분한다. 공화정 시기의 교육은 로마 고유의 '선한 인간'(vir bonus)을 양성하기 위한 라틴인 독자의 독창적인 교육이 이루어졌던 시기이며, 후기 제정 시기의 교육은 로마가 대제국으로 발전하고 점차 그리스 문화의 침투가 시작되면서 로마 고유의 교육적인 전통을 잃고 '훌륭한 웅변가'를 양성하기 위한 교육이 성행하였다.

가. 공화정 시기의 교육

이는 로마가 기원전 146년에 그리스를 정복하기 이전까지의 교육을 말한다. 이 시기에는 로마 고유의 전통과 농경생활과 경건한 신앙심을 바탕으로 한 실천적인 인간, 즉 선량한 시민, 선량한 군인, 선량한 노동자를 기르기 위한 교육이 베풀어졌다. 이 시기에는 특별한 교육기관이 설립되지 않았고 가정에서 부모의 모범적인 생활을 통해 자신의 권리와 의무관념이 투철하고 순종, 용기, 인내, 근면 등의 미덕을 체득해 나갔다. 또 실제 생활에의 창가를 통해 유용한 것들을 배워나갔다. 로마의 가정에서는 부친의 권한은 절대적인 것이었다. 12동판법에 의하면 부친은 자식을 죽이거나 팔아버릴 권한을 지니고 있었다. 부친뿐만 아니라 모친도 중요한 역할을 수행하였다.

나. 제정 시기의 교육

로마가 포에니 전쟁을 통해 지중해 연안을 지배하게 되고, 동방 세계와의 교역이 확대되자 상공업에 종사하는 사람들에게도 그리스어를 배울 필요가 생기게 되었다. 또, 로마가 그리스를 정복하고 그리스의 철학, 수사학, 예술 등이 침투하게 되자 귀족들은 그리스 문화에 심취하게 되었다.

그래서 한 역사가는 '로마는 그리스를 정복하였지만 그리스 문화에 정복당하였다'고 하였다. 로마가 대제국으로 번영해가자 전기의 건실하던 가정교육은 허물어지고 가정은 사치와 향락에 빠지게 되었다. 그리하여 점차 지적인 교육을 위주로 하는 학교들이 등장하게 되고 국가에서도 여러 가지 간섭을 하기 시작하였다. 그리하여 교육권은 국가의 수중으로 넘어가게 되고 각종 학교들이 설립된다. 기원전 1세기경이 되면 로마 고유의 전통과 그리스식의 교육의 서로 융합되어 나갔다. 그리하여 기원전 2세기경에는 초보의 문자학교인 루두스(ludus), 중등수준의 문법학교(그리스어 문법학교와 라틴어 문법학교), 고등수준의 수사학교 등이 설립되게 된다. 로마의 후기의 교육은 전기의 '모범적인 실천인'에서 입신출세할 수 있는 '유능한 웅변인'으로 탈바꿈하게 된다. 그리하여 어렸을 때부터 언어의 올바른 표현과 기교 등을 강조하게 되고, 점차 수사학을 중심으로 그리스어 문법, 라틴어 문법 등을 교육하게 되었다.

〈로마 시대의 학교〉

연령	학교	교사	교육내용	비고
6, 7~11, 12세	Ludus	Ludi Magister	읽기, 쓰기, 셈하기	초등교육수준
12, 13~16, 18세	문법학교(Grammer School)	Grammaticus	문법, 문학	중등교육수준
14, 16~18, 19세	수사학교(School of Rketoric)	Rhetor	문법, 수사학, 변증법	고등교육수준
21, 25~40, 45세	대학(Greek or Roman University)	Professor	철학, 법률, 의학, 건축, 수학, 수사학	대학

출처: E.P Cubberly, History of Education 참조.

2) 중세의 교육

서양은 중세기를 거치면서 그리스-로마의 문화와는 다른 서양 문화의 한 축을 기독교 문화를 바탕으로 형성하기에 이른다. 중세 사회의 특징은 기독교가 지배한 세계였으며, 봉건적인 장원제도가 확립된 사회였다. 중세는 아직 기독교를 몰랐던 고대 사회와 기독교의 지배로부터 벗어난 근세 사회와는 달리 기독교 문화가 지배했던 사회였다. 따라서 중세교육은 기독교 문화를 바탕으로 한 영적, 정의적인 교육이 강조되었다.

그리스-로마의 문화가 자연적, 현세적, 집단주의적이었다면 중세의 문화는 초자연적, 내세적, 개인주의적인 경향을 지녔다고 할 수 있다. 중세교육의 특징을 요약하면 다음과 같다.

① **신 중심주의적, 교권(敎權)주의적 교육**: 중세의 교육은 신을 중심으로 신에 복종하는 신 중심주의였다. 그리스-로마의 교육은 소위 자유교육으로서 자유민의 교육은 자유로워야 한다고 보았다. 그런데 중세교육은 교회의 권위에 의하여 엄중하게 감독되는 신 중심적, 교권주의적인 교육이었다.

② **내세주의적, 금욕주의적 교육**: 그리스-로마의 교육은 현세에서 진선미를 실현하고자 하는 현세주의였음에 반하여, 중세의 교육은 내세의 생활을 동경하는 내세주의적인 교육이었다. 중세교육은 인간의 조화로운 발달을 강조하는 그리스-로마의 교육과는 달리 금욕주의적인 교육을 강조하였다.

③ **주정(主情)주의적 교육**: 그리스-로마의 교육은 인간의 이성을 존중하고, 실제 생활의 지식을 중시하는 점에서 일종의 주지주의 교육이었다. 이에 반해 중세교육은 신에 대한 절대적인 신앙을 강조하는 주정주의교육이었다. 즉, 종교적인 경건한 신앙심과 정조를 실현하기 위한 교육이었다.

④ **개인주의적 교육**: 그리스-로마의 교육이 국가에 충성하고 헌신할 수 있는 애국적인 시민을 기르는 교육이었다면 중세의 교육은 신 앞에서 만인은 평등하며, 각 개인이 지닌 고유한 독자성을 중시하는 개인주의적 교육이었다. 중세의 교육은 개인으로서의 훌륭한 신앙인을 기르는 교육이었다.

3) 르네상스 시기의 교육

유럽은 14세기경부터 봉건체제가 무너지고 신 중심의 기독교 문화가 쇠퇴되어 갔다. 그리고 그리스-로마 문화의 부활을 통해 새로운 인문주의 문화를 창조해 갔다. 14, 15세기에 이탈리아를 중심으로 일어난 르네상스 운동은 세

가지 사상을 내포하고 있었다. 즉, 첫째로 자유로운 발전의 사상이었고, 둘째로 고전 연구의 사상이고, 셋째로 학문의 문호개방 사상이었다.

르네상스 운동은 중세의 신 중심의 문화 대신에 그리스, 로마의 인간 중심의 문화의 부활을 주창하였다. 단테(Durante), 복카치오(Boccaccio), 페트라르카(Petrarca) 등을 중심으로 시작된 르네상스 운동은 1333년 페트라르카가 키케로의 저작을 소개한 이후 1000년간 소위 '고전 발견의 세기'로 통칭되는 시대가 시작되었다. 르네상스 운동은 외적인 속박과 구속으로부터의 벗어나 순수한 인간 본연의 모습으로 복귀하려는 운동이었다. 따라서 르네상스 운동의 근본정신은 인간의 해방이요, 인간주의요, 인본주의였다. 즉, 신 중심의 종교적인 생활에서부터 인간 중심의 현실사회의 생활로 그리고 외적인 권위와 구속으로부터 이성과 자유로운 정신으로 방향을 전환한 시기였다. 이것은 곧 인간의 개성과 자아의 발견이었고, 현실 생활에 대한 긍정적인 태도를 중시하는 교육이었다.

르네상스 운동을 바탕으로 한 인문주의 운동은 그리스-로마의 고전의 부활과 자유교양교육을 강조하였다. 인문주의 교육의 특색을 살펴보면 다음과 같다.

첫째로, 자연주의적인 경향이다. 이것은 중세의 초자연주의적 교육에 반대되는 것으로서 자연적인 인간 생활을 기초로 하는 교육을 말한다. 이러한 점에서 르네상스 시기의 교육은 내세가 아닌 현세적 것을 존중하는 교육이었다.

둘째는, 언어주의(verbalism)이다. 인문주의는 고전어의 부활을 주로 하였기 때문에 그리스, 라틴어 교육에 중점을 두었다. 인문주의 교육의 이러한 언어 중시의 교육은 16세기에 이르러 이른바 키케로주의(ciceronianism)라는 형식적인 언어주의 교육의 폐단을 초래하게 된다.

셋째로, 개인주의(individualism)이다. 중세 후기의 형식적인 교리 중심의 교육과 스콜라 철학의 몰락은 개인을 중심으로 하는 비판적 정신의 싹을 트게 하였고, 이 비판적 정신은 드디어 개인의 자각을 가져다 주었고, 이는 개인주의 교육으로 발전하였다.

넷째로, 심미적 귀족주의(aristocratism)이다. 르네상스 사상은 심미적, 귀족적 성격을 띠고 있었다. 이러한 심미적, 귀족적 특질은 교육 실제에 있어서 초등교육이 아닌 중등교육 이상의 교육을 중시하였으며, 이 때문에 인문주의 교육은 일반 민중들을 위한 교육과는 거리가 있었다. 독일의 종교개혁이 서민적 교육을 발전시켰음에 반해, 이탈리아를 중심으로 하는 남부 유럽의 인문주의는 심미적, 귀족주의적인 상류계층을 위한 교육이었다.

4) 17세기의 교육

서양의 17세기는 근대 자연과학의 세기요, 인문주의 교육이 점차 형식화하여 언어주의 교육으로 치달던 시기이다. 서양의 근대 자연과학은 베이컨(F. Bacon, 1561~1626)과 데카르트(R. Descartes, 1596~1650)를 선구자로 하여 코페르니쿠스(Copernicus, 1473~1543), 갈릴레이(Galilei, 1564~1642)를 거쳐 뉴턴(Newton, 1643~1727)에 이르러 객관적인 자연세계에 대한 명확한 관찰을 강조하기에 이르렀다. 서양의 근대적인 자연과학의 발달에는 지식의 유용성과 확실성을 중시하는 새로운 학문의 이념이 뒷받침되어 있었다.

17세기의 실학주의교육운동은 인문주의교육의 편협성에 대한 비판과 반발에서부터 시작되고 있다. 즉, 지난날의 인문주의교육은 고전에 지나치게 얽매였고, 종교개혁자들은 종교적, 도덕적인 교육에 치중하였다. 이에 반대하여 실학주의자들은 현실의 구체적인 생활에 직접 관심을 가질 것을 환기하였다.

실학주의는 감각이나 경험에 의해 획득된 지식을 중시하는 교육운동이다. 당시의 신흥시민계급은 현실적으로 유용한 지식을 요구하였다. 이러한 실학주의는 통상 다음과 같이 세 가지 유형으로 구분할 수 있다.

(1) 인문적 실학주의

인문적 실학주의는 고전을 연구하되 실생활에 유용하게 적용하고자 하였다. 고전을 주시한다는 점에서는 인문주의적이었으나 실생활을 강조하는 점에서 실학주의적이었다. 인문적 실학주의는 아직도 고전을 중요한 수단으로 강조한다는 점에서 언어적 실학주의라고도 한다. 그러나 인문적 실학주의자들은 인문주의 교육의 폐단을 극복하고자 하였으며 고전의 형식보다는 내용면을 강조하였다. 즉, 이들은 고전을 절대적인 것이 아니라 인간생활에 지혜를 제공해 주는 원천으로 보았다.

대표적인 사상가로서는 비베스(J. L. Vives, 1492~1540), 밀턴(J. Milton, 1608~1674), 라블레(F. Rabelais, 1483~1553) 등을 들 수 있다.

(2) 사회적 실학주의

사회적 실학주의는 고전의 학습보다도 사회생활과 직접적인 경험을 중시하였다. 그들은 '세상사에 밝은 인간(man of the world)' 또는 다른 사람과 원만한 인간관계를 맺고 함께 살아갈 수 있는 '이상적인 신사(gentleman)'를 양성할 것을 강조하였다. 사회적 실학주의자들은 이러한 사람을 기르기 위한 교육내용으로서 사회생활상의 경험 그 자체를 중시하였다. 이들은 특히 여행이 지닌 교육적인 의의와 실용적인 회화 위주의 외국어 교육 등을 강조하였다. 대표적인 사상가로는 몽테뉴(M. E. Montaigne, 1533~1592)를 들 수 있다.

(3) 감각적 실학주의

감각적 실학주의는 자연과학적인 지식과 연구방법을 교육에 도입하여 감각적인 경험을 중시하였다. 감각적 실학주의는 "언어 이전에 사물을", "모든 지식은 감각으로부터"라는 구호 아래 교육의 내용과 방법면에서 획기적인 변화를 초래하였다. 즉, 이들은 언어교육보다는 실물교육을 그리고 주입이나 암기에 의해서가 아니라 직접적인 경험이나 관찰과 실험을 통한 구체적이고 감각적인 교육을 중시하였다.

감각적 실학주의자들은 과학적인 지식을 토대로 자연법칙에 따르는 교육을 강조한다. 따라서 일명 과학적 실학주의라고도 한다. 대표적인 사상가로는 뮬카스터(R. Mulcaster, 1530~1611), 라트케(W. Ratke, 1571~1635), 코메니우스(J. A. Comenius, 1592~1670) 등이 있다.

〈실학주의교육의 세 유형〉

	인문적 실학주의	사회적 실학주의	감각적 실학주의
교육 목적	• 고대 고전문학 연구로 현재세계, 현재생활을 위한 준비 • 자연계 및 인간사회에 실제로 돌아갈 것	• 세상 사람과의 접촉과 사회생활을 통하여 세상사에 밝은 신사를 만드는 것 • 사회적 조화	• 자연력과 자연법칙 가운데서 현실을 발견하는 것 • 과학적 지식의 이용에 의한 인간력의 증강 • 모든 내용에 관한 교수로 새로운 사회질서 수립
교육 내용	• 무진장한 백과사전적인 내용 • 고대의 모든 사상 • 모든 학과목과 각 국어로 쓴 서적	• 활동적 교과과정, 타인의 경험에 대한 간접적 참여역사 · 철학 · 문학 · 회화를 위한 어학, 여행경험	• 자연현상의 연구 • 광범한 교과 과정 • 보조학과로서의 어학, 산업기술 및 유희활동 • 과학적 연구조사
교육 방법	• 개별적 교육 • 암기학습법 • 토의와 설명으로 독서를 활기 있게 하는 법	• 기억보다 이해와 판단 • 유쾌하고 재미있는 교수법 • 식별력, 독자적 사고 응용	• 학습과정에 내재한 자연법칙의 인정 • 관찰에 의한 감각훈련 • 귀납적 방법, 실천에 의한 학습 • 개별적 지도, 흥미본위, 온화한 훈련
교육 조직 및 교육 기관	• 양친, 가정교사(라블레) • 공립주간학교(비베스) • 아카데미(밀턴) • 단일기관에서 모든 교육을 할 것 • 24시간 교육	• 중학교 및 대학기관을 많이 이용하지 않음 • 사설가정교사 제도, 학원 • 산만한 조직, 가정교사 • 고등가정학교, 여행 • 세상사(世上事)	• 학교를 강조함 • 초등학교, 중학교, 대학교 • 연구조사기관 • 단계별 조직 • 유아학교 • 자국어 학교 • 라틴어 학교 • 대학 • 학교 내부의 계통적 조직

5) 계몽주의와 교육

계몽사조는 르네상스와 종교개혁을 통해 준비되었다. 17세기 철학자 베이컨, 데카르트, 홉스, 스피노자, 라이프니츠 등에게서 볼 수 있는 철학적, 과학적 운동도 계몽정신의 표현이었다고 할 수 있다. 17세기 후반 영국에서 시작된 계몽사조는 로크, 볼테르, 볼프 등을 대표적인 사상가로 들 수 있다.

원래 '계몽(enlightenment)'이라는 말은 '빛으로 어둠을 비춘다'는 의미로서 인간에 내재하는 '자연의 빛'인 이성으로 암흑을 벗어나고, 무지를 깨우친다는 뜻이다. 칸트는 계몽을 “인간이 자기의 미성년 상태를 벗어나는 것”이요, “다른 사람의 지도가 없이도 오성을 사용할 의지와 용기를 가지는 것”이라고 하였다.

계몽정신은 현실의 경험을 중시하면서 그것을 이성에 의해 음미하여 합리적이고 과학적인 태도를 형성하고, 이를 통해 새로운 인간과 새로운 사회질서를 실현해 갈 수 있다는 낙관적인 견해를 강조하였다. 인간의 이성의 역할에 대한 이러한 낙관적인 믿음은 진보의 관념을 낳게 되었다. 그리하여 계몽사상가들은 진보는 인간 정신의 차원에서 필연적인 것이며, 따라서 계속적인 진보에 대한 절대적인 확신을 지녔다. 이것은 곧 새롭게 부상하는 신흥계급의 자기확신이기도 하였다. 계몽정신의 특징은 자연과학의 발달과 더불어 인간의 정신능력, 특히 지적인 능력에 대한 확신과 신뢰이었다. 계몽정신은 다음과 같은 두 가지 특징을 지니고 있었다.

첫째, 일체의 교권에 반대하고 자연적 이성(자연의 빛)에 대한 철저한 신뢰였다. 계몽운동은 전통의 속박에서 벗어나 종교, 제도, 도덕 등을 이성적으로 비판하고 생활의 모든 영역을 이성의 평가에 따르고자 하였다. 계몽정신의 지표는 인간의 이성에 따른 생활을 하고자 하는 것이었다. 계몽사상가들은 한결같이 인간은 이성적인 존재이고, 인간은 합리적인 생활을 해야 할 사명을 지니고 있다고 하였다. 계몽사상가들은 당시의 사람들이 국가적, 사회적, 종교적인 굴레(속박)에 얽매여 있음을 자각하고 이를 벗어나기 위해서는 먼저 ‘이성의 빛’으로 조명하여 이들의 무지를 계몽하여 이성적인 생활을 할 수 있도록 해야 한다고 보았다.

둘째, 계몽운동은 일체의 종교적인 교권으로부터 해방뿐만 아니라 국가적, 사회적인 속박으로부터 개인의 자유를 추구하였다. 계몽정신은 고대의 이국적인 문화를 배격하고 자신의 힘으로 새로운 자연과학적인 문화를 건설함으로써 새로운 생활을 건설하고자 하였다.

이러한 계몽주의는 각 국에서 시민계급의 성숙 정도에 따라 서로 다른 형태로 전개되어 갔다. 영국에서는 17세기 중엽에 싹이 터 홉스, 로크를 거쳐 아담 스미스, 벤담 등에 의해 발전되었다. 프랑스와 독일에서는 18세기 이후에 서서히 계몽시대를 맞이한다. 프랑스에서는 볼테르, 몽테스키외, 디드로, 달랑베르 등 백과전서파들 그리고 독일에서는 라이프니츠, 볼프, 칸트 등이 그 대표자이다.

계몽주의는 원래 전통적인 낡은 질서를 타파하고 인간의 이성을 계발하여 시민사회의 역군을 형성한다는 교육적인 관점을 지니고 있었다. 그리하여 다양한 교육사상이 전개되어 갔다. 그러면서도 계몽시대의 교육사상가들은 공통적으로 교육의 힘에 대한 무한한 신뢰를 나타내고 있으며, 교회의 수중에 있는 교육을 국가의 관리로 옮기며, 신에 봉사하는 인간을 형성하는 교육에서 국가에 공헌할 수 있는 인간을 양성하는 교육을 강조하고 있다. 또한 그들은 라틴어와 종교를 중시하는 교육에서 시민적인 덕과 실용적인 기술을 강조하는 교육을 하자고 주창하고 있으며, 민중에게도 적어도 초등의 교육을 할 필요가 있으며, 아동을 부패하고 타락한 사회로부터 보호할 것을 주장하였다.

6) 자연주의와 교육

18세기 후반에서 19세기 전반에 이르는 기간은 자연주의 교육사조가 유럽을 휩쓸었다. 이 시대는 '자연' 개념의 황금시대라고 할 정도로 자연(nature)이라는 말을 즐겨 사용하였다. 당시에는 "자연에 따르라", "자연으로 돌아가라"는 구호가 교육적인 유행어가 될 정도였다. 이러한 자연주의 교육은 16세기의 라블레, 몽테뉴, 17세기의 라트케, 코메니우스 등의 교육사상에서 볼 수 있다. 그런데 이러한 자연주의 교육사상의 흐름은 루소에 이르러 그 절정에 다다랐다고 하겠다.

교육상의 자연주의교육이란 인간의 자연성에 따르는 합자연의 교육을 말한다. 이러한 자연주의교육은 자연을 교육의 기초요, 교육방법의 원리요, 교육의 이상으로 삼았다. 우리는 흔히 코메니우스의 자연주의를 객관적 자연주의, 루소의 자연주의를 주관적 자연주의라고 한다. 이것은 코메니우스는 외부의 객관적인 자연세계의 법칙을 탐구하여 교육에 적용하려고 노력하였고, 루소는 인간의 내면성의 자연스런 발달을 강조했기 때문이다. 따라서 루소의 자연주의는 후천적인 습관이나 환경에 의하여 변질되기 전의 선천적인 선한 본성을 잘 살리는 교육을 말한다.

자연주의교육은 합자연의 교육을 중시하고 본성의 자연스런 발달에 따르는 교육을 강조하였다. 자연주의 교육사상가들은 “자연을 보라. 그리고 자연이 가르키는 데로 따라 가라”, “자연은 아동의 성장을 위해서 독특한 방법을 가지고 있다”고 주장하였다. 특히 루소는 자연의 교육은 인간을 어떠한 환경에도 적응할 수 있는 인간으로 양성하는 것이며, 아이들에게는 외부에의 구속에 의한 강요가 오히려 그들을 나쁜 방향으로 나아가게 한다고 보았다. 그리하여 그는 “아이를 부단히 구속함은 오히려 그들의 횡포를 자극하게 된다”고 하였으며, “이성이 생길 때까지 타인과의 관계에 의해서 아이에게 시키지 말며, 자연이 그에게 요구하는 것만을 행하는 것이 중요하다”고 하였다.

루소는 이러한 자연에 의한 교육은 ① 자연이 아이에게 준 힘을 사용하게 할 것, ② 아이의 육체적인 만족을 주기 위해 경험과 힘을 길러 줄 것, ③ 필요한 때에만 도와주고 이유 없이 허세와 욕망을 채워주지 말 것, ④ 아동의 언어나 행동을 주의 깊게 연구할 것 등 네 가지 격률을 따라야 한다고 하였다.

루소의 교육사상은 계몽주의 교육사상에 큰 영향을 미쳤다. 그의 교육사상은 계몽주의 정신을 그대로 반영하여 전통적인 교육을 반대하였다. 그의 아동중심, 개성존중, 생활중심 등의 교육은 근대교육의 흐름을 보여주는 것이었으며, 그는 그 이후 페스탈로치, 프뢰벨 등에게 큰 영향을 미쳤으며, 20세기에 들어 와 엘렌 케이, 마리아 몬테소리 등을 비롯하여 드모랑(E. Demolin, 1852~1907), 리츠(H. Lietz, 1866~1919) 등의 신교육 운동으로 이어졌다. 그리고 듀이 등 진보주의교육의 아동중심주의에 큰 교육적인 영향을 주었다.

그뿐만 아니라 당시 독일에서는 루소의 교육사상에 공명하여 직접 자연주의 교육을 실천하려는 운동이 일어났다. 우리는 이를 범애주의교육이라고 한다. 범애주의 교육실천 운동의 대표적인 인물로는 바제도우(J. B. Basedow, 1723~1790), 잘쯔만(G. G. Salzman, 1744~1811), 캄페(J. H. Campe, 1746~1818), 트랍(C. Trapp, 1745~1818) 등이 있다.

7) 신인문주의와 교육

신인문주의는 18세기 후반 독일을 중심으로 일어난 교육운동이다. 이 운동은 계몽주의가 갖는 주지주의와 합리주의에 반대하고 인간의 감성을 중시하였다. 신인문주의는 고대 그리스의 아름다운 세계를 동경하여 그러한 아름다운 세계를 이 땅 위에 실현하고자 하는 운동이었다. 그러므로 신인문주의는 문자 그대로 문예부흥 시기에 일어난 인문주의처럼 그리스 로마의 고전과 그 문화를 부활하려고 하였다. 그러나 이들은 특히 고전에 나타난 낭만적, 심미적인 측면에 강한 관심을 보였으며, 이를 국민성과 역사에 연결시키고자 하였다. 이러한 점에서 신인문주의는 예전의 인문주의와는 달랐다. 종래의 인문주의와 신인문주의의 차이점을 들면 다음과 같다.

첫째, 인문주의는 고전을 기계적으로 모방하는 키케로주의에 치우쳤지만 신인문주의는 그러한 형식적, 기계적인 모방에 반대하고 고전 속에 포함된 사상에 의해 고대인과 같이 스스로 인격을 높이고자 하였다. 즉, 신인문주의는 고전을 강조하는 인문주의와 17, 8세기의 이성주의가 결합된 것이었다. 따라서 신인문주의에서는 고전을 인격도야의 수단으로 삼았으며, 고전에 나타난 인간 정신을 중요시하였다.

둘째, 인문주의가 로마의 고전을 중시하고 언어, 문장, 생활 형식 등 형식적인 면을 강조하였음에 반해, 신인문주의는 로마의 고전뿐만 아니라 그리스의 고전을 존중하였고 문학, 사상, 철학과 같은 인간정신의 내면적인 생활을 강조하였고 고대 문화 전반을 연구하고 찬미하였다. 그리고 이를 방편으로 하여 당시의 문화발전과 향상을 도모하고자 하였다.

셋째, 신인문주의는 역사와 민족성을 근저로 하여 국민적인 자각을 강조함으로써 역사주의와 국가주의를 앙양하였다.

신인문주의의 이러한 특성은 신인문주의 운동의 선구자라 할 수 있는 독일의 게스너(Johnn Matthias Gesner, 1691~1761)의 다음과 같은 말에서도 잘 나타나 있다. “고대인의 서적을 읽고 그것을 이해하는 사람은 과거에 있었던 위대한 사람들의 고귀한 마음과 교류를 맛볼 수 있을 것이다. 그리고 고대 연구를 통해 그리스인만이 그 원천이며 로마인은 그리스인의 모방자이었음을 깨닫게 될 것이다. 고대 로마인들은 그들의 지혜와 교양의 대부분을 그리스인으로부터 배웠음을 알게 될 것이다.”

19세기 유럽의 사상계에 나타난 이러한 문화사조는 물질적인 면보다는 정신적인 면, 특히 인간의 정의적인 면을 중시하였고, 고전을 바탕으로 하면서 역사와 민족을 숭상하였다. 신인문주의의 대표적인 사상가로는 하이네(C. G. Hyene, 1779~1812), 볼프(C. W. F. A. Wolf, 1759~1824), 레싱(G. E. Lessing, 1729~1781), 헤르더(J. G. Herder, 1744~1803), 괴테(J. W. Gothe, 1749~1832), 훔볼트(W. Humbolt, 1767~1835), 쉴러(J. C. F. Schiller, 1759~1805), 헤르바르트(J. F. Herbart, 1776~1841), 페스탈로치(J. H. Pestalozzi, 1746~1827) 등이 있다.

8) 국가주의와 교육

빈델반트(Windelband)는 18세기가 '합리화'의 세기라면 19세기는 '국민화'의 세기라고 하였다. 근대를 특징짓는 커다란 변화는 민족단위의 독립국가가 형성된 것이다. 18세기 이후 각국은 군사적, 경제적으로 치열한 경쟁을 벌였고 이에 따라 각국에서는 충성스럽고 애국적인 국민을 양성하기 위한 교육에 치중하였다. 그리하여 19세기의 각국에서는 학교를 국가의 이상을 실현하기 위한 수단으로서 중시하게 되었다.

특히 프랑스 공화국을 해체하려는 주변 제국의 책략은 프랑스인들의 국가의식을 고조시켰고, 반대로 나폴레옹의 제국주의적 침략주의는 주변 국가들로 하여금 국가적, 국민적인 결속을 고취하여 국민교육의 필요성을 불러일으켰다. 그리하여 19세기 서양의 각국에서는 교육의 국가관리, 국가적인 교육제도의 조직, 의무교육제도의 실시 등 교육계의 새로운 변화를 초래하였다. 그 결과 19세기 이후 각국에서는 공교육을 실시하고, 이를 통해 국가의 발전과 번영을 도모하고자 하였다.

이러한 국가주의 교육은 일찍이 프랑스에서는 라샬로테(La Chalotais)가 『국민교육론』(1763)에서 교육은 국가적인 일이요, 국가는 그 국민의 교육에 관한 양도할 수 없는 권리를 가졌고, 이를 위해 국가는 교육에 관한 위원회를 설치하여 교사, 교과서, 교수법을 통제하여야 한다고 주장하였다. 튀르고(A. R. J. Turgot)는 『교육건의서』(1775)에서 국가는 국민이 종교를 선택할 수 있도록 배려해야 한다고 주장한다. 그러나 국가의 본래의 임무는 도덕, 지식, 기능의 교수에 있다고 주장하고, 국가는 국민교육청을 설치하여 국가에 대한 의무와 일상적인 학문을 가르쳐야 한다고 하였다.

콩도르세(M. de Condorcet)는 공교육 일반 조직에 관한 법안(1792.4.21.)을 입법 의회에 제출하여 국민교육을 조직하는 일은 국가의 당연한 의무라고 주장하였다. 이 제안은 비록 실현되지는 못하였으나 민주적인 교육계획의 수립에 있어서 중요한 모형을 제시해 주었다.

콩도르세는 인류 사회의 불행과 도덕적 퇴폐, 불평등 등은 교육에 그 원인이 있다고 보았다. 또한 국가는 공권력을 사용하여 국민교육을 조직하고 정비하여야 하며, 모든 사람, 모든 지역에 균등한 교육의 기회를 제공할 것을 주장하였다. 그리고 그는 학교는 정치적 이데올로기나 종교적인 독단으로부터 해방되어 참된 진리를 교수하여야 한다고 하였다.

한편 독일에서는 피히테, 슐라이에르마허 등에 의해 국가를 정신 생활의 출발로 보고 나라 사랑에 대한 새로운 정의를 내렸다. 특히 헤겔은 국가를 절대 목적이라고까지 하였다.

이러한 국가주의 교육사조는 코메니우스와 루터를 거쳐 콩도르세(M. Condorcet, 1743~1794), 라샬로테(La Chalotais, 1701~1785), 피히테(J. G. Fichte, 1762~1814), 슐라이에르마허(F. D. E. Schleiermacher, 1768~1834), 오웬(R. Owen, 1771~1858), 제퍼슨(T. Jefferson, 1743~1826), 만(H. Mann, 1796~1859) 등으로 이어져 내려온 것이었다.

9) 20세기의 교육

(1) 20세기 신교육운동의 전개

19세기 중엽 이후 발달된 전 국민을 위한 교육제도의 확립은 국민의 통합을 위해 국가가 정책적으로 교육에 관여하는 형태로 전개되어 왔다. 따라서 이념적으로는 보통교육의 기회균등을 표방하였지만 실제로는 국민의 일체감을 형성하기 위한 국가주의적인 것이었다.

이러한 국가주의 교육에서는 학습자의 인간적인 성장·발달보다는 교육의 제도화를 통한 국가적인 통제가 우선시 되었다. 그리고 당시의 교육내용은 주지주의적인 것에 치우치고 있었고, 고정화된 학년제를 중심으로 한 일제수업이라는 교육방법의 획일화를 특징으로 하고 있었다. 그러므로 학습자 개인의 개성의 신장과는 거리가 멀었고, 자유롭고 창의적인 민주 시민을 기르는 교육이 아니라 국가에 헌신하고 봉사하는 인력을 양성하는 수단으로서의 역할을 하였다.

이와 같이 20세기 초기까지 학습자의 진정한 성장이 소외된 교육적인 상황 속에서 일찍이 루소 이후 강조되어 온 아동중심의 인간주의적인 교육을 실현해 보고자 하는 교육자들이 나타났다. 이러한 사람들을 중심으로 '아동으로부터' 또는 '아동중심주의'라는 표어를 내걸고 전통적인 교육을 비판하는 새로운 교육운동이 일어나기 시작하였다. 이들은 그들이 바라는 교육을 실현하기 위해 전통적인 주입식 교육을 하는 학교가 아니라 아동의 자유와 개성을 존중하는 새로운 학교를 건설하고자 하는 신교육운동을 전개하였다. 이러한 신교육 운동은 1890년대부터 1920년대에 걸쳐 새로운 신학교를 창설하였으며, 이러한 신학교 설치 운동은 유럽을 중심으로 확산되어 갔다.

신교육운동의 사상적 기초는 루소 이후 페스탈로치, 프뢰벨 등의 아동의 고유한 인격과 권리를 존중하는 흐름을 반영하고 있다. 이러한 신교육운동은 러시아에서는 톨스토이가 아동의 개성과 자유를 중시하고 자유주의적인 교육을 실천하고자 하는 운동으로 발전하여 갔으며, 핀란드에서는 슈그네우스(U. Cygnaeus, 1810~1886)가 페스탈로치와 프뢰벨의 영향을 받아 지육 편중의 교육을 개선하고자 하였다. 또 스웨덴에서는 살로몬(O. Salomon, 1849~1907)이 수공교육운동을 일으켜 반향을 거두기도 하였고, 미국의 파커(F. Parker, 1837~1902)도 퀸시(Quincy)운동을 전개하여 아동의 개성과 자유를 존중하고 아동의 흥미, 생활, 자발성을 기초로 한 학습을 중시하였다. 20세기의 이러한 신교육운동은 아동중심주의, 전인적인 발달의 강조, 활동중심주의, 노작주의, 생활중심주의 교육을 강조하였다.

오늘날 우리들은 교육은 아동과 학습자를 중심으로 하고, 생활 속에서 실시되어야 한다고 생각하고 있지만, 아직 전통적인 성인중심주의 교육이 활개를 치고 있던 당시에는 가히 혁명적인 생각이었다. 20세기 초의 이러한 신교육운동은 교육에 있어서 일체의 간섭이나 강요를 배제하고 아동의 개성 존중과 교육에 있어서의 자유를 강조하였다.

20세기의 신교육운동은 기존의 학교의 내부를 개선하기보다는 새로운 실험적인 학교를 설립하여 그들의 교육이념을 실천하고자 하였다. 20세기의 이러한 신교육운동은 영국의 세실 레디(Cecil Redie, 1858~1932)가 애버츠 호움에 신학교를 설립함으로써 비롯되었다.

그리고 이러한 신교육운동이 널리 확산된 것은 드모랑(J. E. Demolin, 1852~1907)이 『신교육』이라는 책을 출판하고, 로슈(Roches)에 신학교를 창설하고 나서부터이다. 이러한 신교육 운동은 독일에서는 전원학교 운동으로 나타났다. 리츠(H. Lietz, 1868~1919)는 전원학교와 전원고아원까지 설립하여 독일의 신교육운동을 이끌어 갔다. 이러한 신교육운동을 더욱 촉진시켰던 사람은 케르센시타이너(G. Kerschensteiner, 1854~1932)이다. 그는 노작학교를 설립하고 노작을 통한 교육을 주장하였다. 당시의 각국의 대표적인 신학교를 들어보면 다음과 같다.

- 영국: 세실 레디의 신학교(1889), 배들리(Badley, J. H.) 의 비데일즈(Badales) 학교(1892), 오닐(ONeil F.)의 랭커샤 공립초등학교(1918), 니일(Neill, A., 1883~1973)의 섬머힐 학교(1924)
- 프랑스: 드모랑의 로슈의 신학교(1899)
- 독일: 리츠의 일젠부르크 학교(1898), 하우빈다 학교(1901), 비에베르슈타인 학교(1904), 뷔네켄(Wyneken, G., 1875~1964)과 게헤프(Geheep, P., 1870~1961)의 자유학교 공동체(1906), 게헤프의 오덴바르트 학교(1910), 오토(Otto, B., 1859~1933)의 가정교사 학교(1906), 슈타이너(Steiner, R., 1861~1925)의 발도르프 학교(1919), 샬레르만(Scharrelmann, H., 1871~1940)의 공동사회 학교(1920)
- 미국: 듀이의 실험학교(1898), 쿡(Cook, F.)의 파커 학교(1901), 매리암(Meriam, J.)의 실험학교(1904), 존슨(Johnson, M.)의 유기체 학교(1907), 워트(Wirt. W.)의 게리 학교(1908)
- 러시아: 젤렌코(1871~1953)와 샤츠키(1878~1934)의 콜로니아(1905), 샤츠키의 뽀또라야 시즈니(1911), 벤츨리(1857~1944)의 자유로운 아동의 집
- 이탈리아: 몬테소리(1870~1952)의 어린이 집(1907)
- 벨기에: 데크롤리(Decroly, O., 1871~1932)의 엘미타쥬 학교(1907)
- 스페인: 페레르(Ferrer, F., 1859~1909)의 에스쿠에라 모데루나(1901)
- 인도: 타고르(Tagore, R., 1861~1941)의 평화의 집(1901)

(2) 현대 미국의 4대 교육사조

가. 진보주의교육사조

① 사회적 배경

진보주의교육운동의 발단은 전통적인 교육의 지나친 성인중심주의, 암기위수, 주입식 교육에 대한 반대이다. 진보주의교육사조가 일어나게 된 두 가지 중요한 요인은 첫째, 전통적인 교육에 대한 반항과 둘째, 실용주의 철학의 발달이다.

진보주의교육사조의 역사적인 계보로는 루소(Rousseau), 페스탈로치(Pestalozzi), 프뢰벨(Frobel) 등을 들 수 있다. 그러나 진보주의교육사조의 확고한 틀을 발전시킨 사상가로는 퍼어스(J. Pierce), 제임스(W. James), 듀이(J. Dewey) 등을 들 수 있다.

루소에서 발아하기 시작한 아동중심주의 교육은 페스탈로치, 프뢰벨 등으로 발전되어 갔으며, 이러한 아동중심주의 교육은 미국에 도입되면서 호레이스 만(Horace Mann), 헨리 바나드(Henry Barnard) 등에 의해 서서히 미국적인 풍토 속에 소화되어 갔다. 이러한 사상은 프랜시스 파커(Francis Parker)에 의해 페스탈로치주의 교육운동으로 전개되어 아동의 자기 실현과 자기 표현을 강조하는 퀸시운동(Quincy Movement, 1875)으로 신교육사상의 토대가 되었다.

미국에서 새교육운동이 일어난 것은 19세기 말이었다. 두말할 나위도 없이 새교육운동의 선구자인 듀이는 1896년 1월 시카고대학의 실험학교를 창설하였다. 이 실험학교는 그의 부인과 함께 운영하였는데, 처음 시작을 할 때는 학생 16명과 교사 2명으로 출발하였다. 이 학교는 6년 후 140명의 학생과 23명의 전임 교사 그리고 10명의 보조교사를 둘 정도로 발전을 하였다. 이 학교는 최초의 실험학교로서 진보주의교육의 발상지가 되었다. 듀이의 실용주의교육철학에 입각을 한 새교육은 미국의 전통적인 교육에 도전을 하였다.

듀이의 실험학교의 창설과 그의 『나의 교육학적 신조』(1897)의 발표와 『민주주의와 교육』(1916)의 출간은 새로운 교육운동의 등장을 의미하였으며, 이러한 진보주의교육운동은 학술 단체와 교직 단체 등을 통해 조직적으로 추진되었던 바, 1918년에는 진보주의교육협회(P.E.A.)가 창립되었다. 이어 국제적인 교육기구로서 런던에 신교육동지회(N.E.F.)가 결성이 되어 신교육에 관한 정보를 교환하였다. 이 이외에도 존 듀이협회, 아동교육협회, 미국교사협회, 장학 및 교육과정 발전협회 등이 결성되어 진보주의교육의 실천을 주도하여 갔다.

그 후 진보주의교육은 약 30년간 미국의 교육에 커다란 변화를 가져왔으며, 세계 각국의 교육에도 일대 파란을 불러 일으켰던 것이다. 진보주의교육사조의 중심 사상은 진보주의교육협회(P.E.A.)가 채택하였던 7대 강령에 잘 나타나 있는 바, 이를 소개하면 다음과 같다.

㉠ 학생은 외적인 권위에 의하지 않고 자신의 사회적 필요에 의하여 자연스럽게 발전할 자유를 누려야 한다.
㉡ 모든 학습 활동의 동기는 흥미가 있어야 한다.
㉢ 교사는 학생의 모든 활동을 고무하고 적절한 정보를 제공하여 주는 안내자이다.
㉣ 학생의 평가는 학과에 대한 평가뿐만 아니라 학생의 신체, 지성, 덕성, 사회성을 표현하는 넓은 것으로서, 학생의 지도에 도움이 되는 것이어야 한다.
㉤ 가장 중시해야 할 것은 학생의 건강이며, 따라서 학교의 시설, 환경, 인적인 조건은 명랑해야 한다.
㉥ 학교는 학생의 교육을 학부형과의 긴밀한 협조관계로 수행하여야 한다.
㉦ 진보주의 학교는 좋은 전통 위에다 새것을 첨가하는 실험학교로서 교육개혁 운동의 중핵이 되어야 한다(Adolph E. Meyer, 1965).

진보주의교육운동은 처음에는 아동중심주의교육으로 진행되어 가다가 점차 사회 각계각층의 호응과 함께 교육계의 전반에 걸친 개혁운동으로서 교육을 통한 사회개혁운동으로 발전되어 갔다. 이러한 면은 킬패트릭(W. H. Kilpatrick)의 '구안법(Project Method)'과 올슨(Olsen)의 '지역사회학교운동(Community School Movement)'에서 잘 나타나고 있다. 진보주의교육운동은 단순히 프라그마티즘 철학의 영향에 의한 것만은 아니었다. 이 운동은 당시의 미국이 누린 문화적, 경제적인 영향이 다분하였고, 더 넓게는 산업혁명과 과학의 발달, 민수주의사회의 발전과도 밀접히 결합된 것이었다.

그러나 이러한 진보주의교육운동도 1929년의 대공황을 계기로 각계의 비판을 받아오다가, 마침내 1944년에는 진보주의 교육협회(P.E.A.)가 미국교육협회(A.E.F.)로 개편되었고 그 이후 소락의 길을 걷게 된다.

② 진보주의교육의 원리

진보주의교육운동은 자유주의에 입각하여 개개인의 자기 표현과 자기 활동을 키워 주며 전진적이고 역동적인 경험의 과정을 중요시하였다. 진보주의교육에서는 경험을 역동적이고, 현시적이며, 공간적이고, 다원적인 것으로 보았다. 진보주의교육사조가 강조한 새로운 교육의 주된 원리로는 다음과 같은 것을 들 수 있다.

㉠ 교육은 현재 생활 그 자체이며, 장래 생활을 위한 준비가 아니다. 현명한 생활이란 경험을 음미하고 재구성하는 것을 말한다. 그러므로 어린이에게는 나이에 알맞은 학습의 장을 마련해 주어야 하고 성인 생활에서 당면하게 될 학습 경험이 주어져야 된다.

㉡ 학습은 아동의 흥미에 직접 관련되는 것이어야 한다. 교육활동에 있어서 어린이의 생활을 무시해서는 안 되며 그들의 흥미와 관심의 소재를 파악해야 한다. 그러기 위해서 학습과정은 아동의 흥미와 관심이 반영되며 생활 속에서 이루어져야 한다. 문제해결을 통한 학습은 교과의 주입에 선행되어야 한다.

㉢ 진보주의교육이란 늘 새롭게 전개되는 사태에 대비하기 위하여 경험을 조정하는 도구에 지나지 않으며, 지식이란 사색으로 얻어지는 것이 아니라 능동적인 활동을 통해서 얻어지며 바로 행동으로 옮겨져야 하는 것이다.

㉣ 교사의 역할은 어린이들을 지시하는 입장에 서지 말고 그들을 도와주는 입장에 서야 한다. 왜냐하면 어린이의 필요와 요구가 그들이 배울 것을

결정하기 때문에, 교사는 어린이들이 그들의 발달 단계에 알맞은 학습 계획을 세울 수 있도록 도와주어야 한다. 아동이 시행착오를 겪으면서 자유롭게 학습을 하도록 하되 곤경에 빠질 때에는 시사를 주고 권위를 지닌 자로서가 아니라 경험이 풍부한 선배 조력자로서 임해야 한다.

ⓜ 학교는 학생에게 경쟁을 하는 장소이기보다는 오히려 협동을 장려하는 곳이어야 한다. 인간은 원래 사회적이고 따라서 대인관계가 원만할 때 만족감을 느끼기 때문에 경쟁심을 길러 주거나 개인적인 성공을 위해 생활을 하지 말고 공동 운명체적인 자각을 해야 하는 것이다.

ⓑ 민주주의만이 진정한 성장에 필요한 사상의 교류와 인격의 상호작용을 허용한다. 진보주의자에 의하면 민주주의는 하나의 정치제도 이상의 것이며, 사람들이 협력하는 생활방식이며, 경험을 교환하는 방식이다. 따라서 민주주의를 가르치기 위해서는 우선 학교생활 자체가 민주적으로 운영될 수 있도록 민주주의에 대한 깊은 이해와 훈련을 쌓아야 하고, 그들이 실천할 수 있는 과외활동이 권장되어야 한다. 그러는 동시에 기성의 질서 규범도 주입을 하지 말아야 하는 물론이고, 아직은 사회에 수용이 되지 않는 새로운 규범도 가르쳐서는 안 된다(G. F. Kneller, 1971).

③ 진보주의교육의 비판

전통적인 교육에 반기를 들고 일어난 진보주의교육운동은 많은 장점을 가지고 있었다. 따라서 진보주의교육운동은 교육의 새로운 길을 개척해 주었다. 그러나 진보주의 교육에 대한 비판 또한 내·외부에서 나타났다. 이러한 비판과 반성은 주로 진보주의교육사조 자체의 반성에서 온 것과 교육의 실제에서 온 것 그리고 듀이의 철학에 대한 오해에서 온 것 등이 있다.

첫째, 진보주의교육사조 그 자체에 대한 비판에서 온 것으로는 실재의 본질이 변화한다는 것으로서, 이에 대해 비판주의자들은 실재의 항구성을 주장하였다. 진보주의자들은 진리와 가치의 상대성과 현재 경험을 강조하였음에 대하여 비판주의자들은 시공을 초월한 절대적인 진리와 축적된 문화유산의 전통을 중시하였다.

둘째, 교육의 실제에서 오는 비판으로서는 진보주의교육이 교실을 무질서한 난장판으로 만들었으며, 교사를 방관자로 전락시켰다고 비판하였다.

셋째, 듀이 철학에 대한 오해에서 나온 비판으로는 듀이 철학에서 말하는 사회성에 대한 불충분한 이해에서 온 것이었다. 일반적으로 진보주의교육에 대한 비판으로서 자주 들고 있는 주요한 것들을 정리해 보면 다음과 같다.

㉠ 지나친 아동중심주의로 명확한 목표 설정이 어려웠다.
㉡ 아동에게 지나친 자유를 줌으로써 어려운 과목을 피하게 하여 수학·과학교육의 등한시를 초래하였다.
㉢ 자유를 지나치게 존중한 나머지 방향감각을 경시하였다.
㉣ 현재 생활의 경험을 중시한 나머지 교육의 준비성을 소홀히 하였다.
㉤ 아동의 흥미에 대한 강조로 본질적인 지식에 대한 경시를 초래하였다.
㉥ 학교가 현재 생활의 복사판에 지나지 않았다.
㉦ 민주주의적 생활 방식에 대한 과신은 절대적인 가치를 인식하는 눈을 길러주지 못하였다.

진보주의교육은 이상과 같은 문제점들에도 불구하고 닐러(G. F. Kneller)가 진보주의교육은 교육의 '영구적인 혁명'이었다고 평가할 정도로 그 이후의 교육계에 지대한 영향을 미쳤던 교육운동으로서 지속적이고도 항구적인 교육운동이었다.

나. 본질주의교육사조

① 사회적 배경

본질주의교육사조는 1930년대 이후 미국의 경제 공항을 계기로 쇠퇴해 간 진보주의교육운동의 후신이라고 해도 좋을 것이다. 본질주의교육운동은 진보주의교육운동에 대한 도전으로 출발하여 1936년에 버글리(W. C. Bagley)를 중심으로 '미국 교육향상을 위한 본질파 위원회'(The Essentialists Committee for the Advancement of American Education)가 조직이 됨으로써 강력한 교육운동으로 발전하였다. 이 운동에 대한 호응자로서는 칸델(Kandel),

휘플(Whipple), 데미아스케비치(Demiashkevich), 쇼(Shaw), 호온(Horne), 차터스(Charters) 등을 들 수 있다.

이들은 1938년에는 본질파 선언을 발표함으로써 기염을 토하였다. 이들은 교육학자들뿐만 아니라 각계의 학자들로 구성되어 다양한 색채를 띠고 있었다. 이러한 다채로운 색채는 폭넓은 호소에 도움이 되었다. 버글리는 그들의 주장을 다음과 같이 말한다.

> "미국의 교육학은 오래 전부터 학문적인 훈련이란 어휘를 추방해 버렸다. 오늘날 그들은 소리를 높여 미성숙한 어린이들에게 그들이 무엇을 배워야 할 것인가를 선택할 권리를 주자고 외치고 있다. 그들은 교사가 가한 모든 과제를 권위적이라고 배척을 한다. 그들은 우리 인류가 큰 희생을 하면서 얻은 교과의 체계적, 계열적 이수의 가치를 거부한다. 그들은 흥미 없는 공부는 할 필요가 없다고 거부하며, 이것을 합리화하고 있다. 결과적으로 그들은 힘도 안들이고 노력도 않게 되었다. '복종', 이것을 그들은 약자의 표시라고 낙인을 찍는다. 그런데 이 모든 것을 그들은 민주주의와 자유라는 신비스러운 이름으로 자행하고 있다."(김정환, 1974)

본질주의교육사조가 강조하는 근본 문제는 문화에 대한 보수적인 입장이라고 할 수 있다. 본질주의자들에 의하면 현대 문화의 최대의 오류는 인류의 통찰과 예지에 의하여 제시된 방향으로부터의 이탈로 인하여 혼란과 불안을 초래하고 있다는 것이다. 그러므로 본질주의자들의 핵심적인 주장은 현대 문화가 물려받은 전통적인 신조와 제도는 실재적일 뿐만 아니라 진리이며, 동시에 선하다는 것이다. 이러한 입장에서 볼 때 학교는 선조들의 대가와 인내와 지혜의 산물인 태도와, 신념, 제도 등을 개선하고 강화하는 장소로서의 중요성을 갖게 된다.

본질주의는 오랜 역사를 통하여 중요한 자리를 차지하여 온 내용이나 질서정연한 계열, 잘 계승된 원리와 원칙, 훈육의 기준 등을 매우 소중한 것으로 여긴다. 따라서 본질주의는 ① 젊은이들로 하여금 사회에서 필요로 하는 본질적인 습관과 지식, 기술 등을 지니게 하는 것, ② 사회적인 질서의 영속과 안정을 위해 문화유산으로서의 가치가 있는 요소들을 보존하는 것 등을 강조한다(한기언, 1974).

이러한 입장에 따라 본질주의자들은 첫째, 교육과정의 재검토, 둘째, 학교의 교육내용에서 본질적인 것과 비본질적인 것의 구별, 셋째, 교실에서의 교사의 권위의 회복(G. F. Kneller, 1971) 등을 주장한다. 본질주의자들이 강조하는 가치의 기준은 어디에서 오는 것인가? 이들의 본질적인 가치론의 입장은 플라톤의 객관주의적 이상주의와 데모크리토스나 아리스토텔레스의 객관적 실재주의 등을 그 근원으로 하고 있다.

본질주의자들의 한 가지 뚜렷한 특징은 광범위한 절충주의에서 찾을 수 있다. 이들은 실재론과 관념론의 교묘한 결합에 의해 체계를 수립하고 있다. 이러한 점은 본질주의교육철학에 있어서 매우 의미 있는 시사를 주고 있다. 본질주의교육사조가 중시하고 있는 요점을 정리하면 다음과 같다.

㉠ 아동의 자유는 충분히 허용이 되어야 한다. 그러나 지나친 자유는 방종이므로 아동의 자유에는 한계가 있어야 한다. 경우에 따라서는 교사의 통제가 필요하다.

㉡ 민주사회의 시민은 자유를 전유하여야 하지만, 동시에 사회 공동생활에 필요한 훈련을 가져야 한다.

㉢ 아동은 어디까지나 미성숙자인 만큼 성인, 즉, 교사의 지도가 필요하다. 다시 말하면 교육에 있어서 교사의 주도성이 인정되어야 한다.

㉣ 교육에 있어서 아동의 흥미가 중요하지만 그에 못지않게 요구되는 것은 노력이다. 버글리는 "참된 자유의 대가는 당시 믿음으로서 그 가치가 인정되어 있는 교육재료를 통달하는 데 쓰이는 조직적이요, 계속적인 노력이다"고 하였다.

㉤ 아동의 관심사가 교육내용에 포함이 되는 것은 좋은 일이지만 그렇다고 해서 아동의 관심을 중심으로 하여 커리큘럼이 구성되어서는 안 된다. 커리큘럼은 인류의 문화재 가운데서 현재의 생활에 사용될 에센스(essence)를 뽑아 구성되어야 한다. 저학년에 있어서는 아동의 현재 생활을 중심으로 활동적인 교육내용을 짜야 할 것이지만, 고학년으로 올라감에 따라 학문 본위로 조직되어야 한다.

㉥ 교육은 사회적인 요구와 관심 중심으로 행해져야 한다. 교육의 궁극적 목적이 결국 사회의 유능한 시민을 만드는 데 있는 만큼, 이기적이 되기

쉬운 개인의 관심이나 요구만을 충족시키는 교육이 되어서는 안 된다 (오천석, 1960).

② 본질주의교육의 원리

본질주의교육사조는 교육의 목표를 인류의 과거 경험, 즉 문화유산 중에서 본질적인 것(the essentials)을 전달하는 데 둔다. 그들은 기초적인 기능의 습득을 중시하고 교재와 훈련 그리고 계획적인 지도 등을 강조하였다. 이에 따라 민주주의 문화에 공통적인 것으로서 변하지 않는 지식과 기능과 태도에서부터 풍부하고 연속성이 있는 체계적인 커리큘럼을 중시하였다.

버글리는 1941년 10월의 미국교육협회의 교육지에 본질주의교육사조의 교육원리를 다음과 같이 요약하여 제시하고 있다.

㉠ 노력: 흥미

진보주의자는 아동의 흥미에 중점을 두었다. 문제를 해결하고 목적을 실현하는 데 있어서 흥미가 노력을 가져온다고 역설하였다. 그러나 본질주의자는 흥미를 이끄는 동력을 충분히 인정하고자 하나 많은 흥미, 실제로 고상한 흥미, 영원히 가질 수 있는 흥미란 처음부터 흥미가 없는 것을 배워 보겠다는 노력에서 생기는 것이다.

㉡ 교사: 학습자의 자율성

진보주의는 학습에 있어서 교사가 솔선하는 것은 하나의 폐단이라고 보는 경향이었다. 그러나 본질주의의 견해는 미성숙자의 지도와 보호에 대한 성인의 책임은 인간성에서 우러나오는 것이라고 주장한다. 즉, 인간의 어린 자손은 상당히 오랜 시일 동안 성인의 보호와 지도에 좌우되지 아니하면 안 된다는 뜻이다.

㉢ 민족의 경험: 개인적 경험

사회가 대대로 그 문화유산을 계승을 할 기회를 제공해 온 것은 일조일석이 일이 아니고 필요하며, 오랜 창조적 시대를 밟은 것이다. 원시시대인의 문화란 비교적 간단한 것이며 모방에 의하여 손쉽게 전달될 수 있었다. 그러나 문화수준이 높은 교육제도란 디욱 복집한 문화의 발달을 필요로 하게 된다.

㉣ 교과: 활동

본질주의자는 언제나 민족의 경험의 중요성을 강조해 왔다. 특히 조직된 경험 혹은 문화를 속된 말로 교과를 중시해 왔다. 그들은 물론 조직된 민족의 경험을 설명하는 근본적인 것으로 개인의 경험을 인정하지 않는 것도 아니다. 그러나 교과는 교육 자체의 목적보다는 한 목적에 대한 수단에 불과하다.

㉤ 논리적 조직: 심리적 조직

본질주의는 교과의 형성에 있어서 경험의 조직이란 대규모의 개념과 의의를 내포한다는 것을 인정한다. 동시에 각 시대의 일정한 수의 사람은 추상적인 개념을 이해하지 못하고 지낸다는 것도 인정한다. 그러나 진보주의의 경향을 형식적이며, 체계를 갖춘 추상적인 학습을 전체적 입장에서 등한시하여 왔다. 실제로 그는 영아를 목욕탕에 혼자 버려 두는 격으로 자유스럽게 하되, 실은 정확한 것을 정확하게 배우고자 시도하는 유능한 학습자를 실망하게 하는 것이 된다(임한영, 1957).

위와 같은 근거에 의하여 닐러(G. F. Kneller)는 본질주의교육사조의 교육원리를 다음과 같이 요약하고 있다.

㉠ 학습은 그 근본적인 성격에 있어서 강한 훈련과 응용을 강제로 해야 한다. 교육은 아동의 현재의 관심과 흥미에 적용하는 일에 급급한 것이 바람직한 것이 아니라 현재의 욕구를 미래의 목적에 종속시켜야 하며, 장래의 어려운 사태에 대비케 하기 위하여 능력을 닦고, 자기 훈련과 자제심을 촉구하여야 한다. 따라서 교사는 현재와 미래의 세계에서 아동과 성인의 교량적인 역할을 해야 한다는 것이다.

㉡ 교육에 있어서 주도권은 아동에게 있는 것이 아니라 교사에게 있어야 한다. 교사의 역할은 성인 세계와 아동 세계의 중재자이어야 하고, 그들의 과업에 특별한 준비를 통해서 그들 자신들보다 아동들이 더 나은 성장을 할 수 있도록 안내하는 역할을 담당해야 한다.

㉢ 교육과정의 중심은 교재를 철저하게 이수하고 거기에 몰두하는 것이다. 그들은 교과목으로서 고전을 중시하는 실재주의의 입장이고, 논리적인 체계와 자신의 도덕적 훈련에 의하여 결과적으로 수반되어야 한다는 강조를 하고 있다. 그들은 특히 개인의 경험을 초월하는 민족적인 경험이나 사회적인 유산의 계승을 강조한다.

㉣ 학교는 강한 정신훈련에 있어서 전통적인 학문훈련 방법을 유지하여야 한다. 진보주의가 주장하는 '행함으로써 배운다(Learning by doing)'는 문제해결 방법은 어떤 특정한 과목에서는 매우 유용한 학습 방법이지만, 전체 교과와 학문 전체에 통용되는 것이 아니다. 그러므로 전통적인 학문 훈련 방식은 복귀되어야 한다.

이상에서와 같이 본질주의교육철학은 새로운 것이 아니고 진보주의적인 것과 전통적인 것의 장점을 살리자는 것이다. 본질주의교육철학이 지닌 이러한 성격은 최근 칸델(Kandel) 교수가 「분쟁은 끝났다」라는 논문을 발표하고 있음에서도 알 수 있다.

③ 본질주의교육의 비판

본질주의교육철학은 기성의 신념과 도덕, 전통, 제도 등의 유산을 강조함으로써 진보주의교육이 지닌 결점을 보완하고 교육에 새로운 활기를 불어 넣고자 하였으나, 시대적인 위기를 극복할 수 있는 힘을 지닌 교육은 되지 못한다는 비판을 받았다. 사실 본질주의교육운동은 과도하게 진보주의교육에로 치우치는 경향에 대한 시정 운동으로서 각광을 받기도 하였으나, 참신성이 결여되었기 때문에 많은 비판을 받기도 하였다.

본질주의교육에 대한 비판은 진보주의적인 입장에서 본 전통적인 교육에 대한 비판이기도 하였다. 아래에서는 항존주의와 재건주의의 입장을 고려하면서 본질주의에 대한 비판을 요약, 정리해 보면 다음과 같다.

㉠ 지나친 보수성으로 인하여 지적인 창의성을 계발하는 것이 저해되었다.

㉡ 학문적인 훈련의 강조와 체계화된 과학적인 지식의 중시로 인해 사회과

학을 소홀히 하였다.

㉢ 체계적인 지식의 전수와 교사의 주도권을 강조한 나머지 아동의 자발성, 협동심, 독립성, 참여의식, 비판적인 사고 등을 경시하였으며, 자주적인 사고 습관을 기르지 못하였다.

㉣ 항존주의적인 입장에서 보면 기본적인 지식과 기술에 급급하여 연원한 진리와 항구적인 가치들 소홀히 하였나.

㉤ 재건주의적인 입장에서 보면 현대 문화의 위기와 지체를 해결하기에는 부족하였다. 즉, 오늘날의 우리들이 안고 있는 과제가 무엇이며, 이 과제를 해결하기 위한 혁신적인 자세와 미래 전망적인 자세가 부족하였다고 할 수 있다.

다. 항존주의교육사조

① 사회적 배경

항존주의(Perennialism)는 진리의 항구성, 영원성, 불변성, 절대성을 믿고 시공을 초월한 '항구적이고 불변한 진리'를 포함하고 있는 고전과의 대화를 통한 교육을 강조한다. 항존주의 교육이 지니고 있는 이러한 성격은 다음과 같은 요약에서도 잘 나타난다.

"항존주의는 본질주의의진보주의 교육에 대한 공격이 철저하지 못함에 불만을 품은 이른바 진보주의교육의 학문적인 근거인 '프래그마티즘' 그 자체를 전적으로 거부 또는 부인하는 것으로부터 출발하였다. Perennial이란 씨를 뿌리지 않아도 돋아난다는 식물 용어의 어원으로 '항구적', '영원한'이란 뜻으로 진리의 절대성과 불변성을 믿어 변하는 것과 일시적인 것을 거부하고, 사연법칙의 통일성에 기초하는 것이다. 따라서 항존주의의 주된 명제와 결론은 전적으로 자연주의자와 진보주의자의 진화적 방법에 반대한다. 이 사상의 연원은 플라톤, 아리스토텔레스, 토마스 아퀴나스이다. 최근에는 허친스(R. M. Hutchins), 애들러(Mortimer J. Adler), 마리땡(Jacques Maritain), 컨닝햄(William F. Cunningham) 등에 의해 주창되었는데, 이들은 현대의 위기를 주장하고, 이 위기는 인간 자신의 신념을 상실한 데서 오는 것이라고 한다. 이들은 현대의 거대한 문명 앞에 인간이 자꾸 기계화되어 마침내 인간 본연의 자세마저 침범 당하고 있다고 생각한다. 그래서 그들은 물질주의, 과학 숭배 사상, 현재주의, 기계주의에 정면으로 대결한다. 뚜렷한 목표, 강력한 정신력, 비타협성, 정확한 자기 확신, 절대로의 접근, 불변자에의 신앙 등의 경향을 가지고 있다. 그들이 지향하는 인간상은 보편적인 인간이다"(조용진, 1975).

항존주의교육은 이와 같이 플라톤, 아리스토텔레스, 토마스 아퀴나스에게서 그 기원을 찾을 수 있고, 진보주의교육사조에 대한 거부에서 나온 것이다. 항존주의 교육을 대표할 수 있는 사람으로서 허친스(R. M. Hutchins)는 교육의 목적을 '지성의 계발'에 두고 이를 위해 고전교육을 강조하였다. 그는 100권으로 된 '위대한 책들'(The Great Books)을 선정하여 대학생들이 필수적으로 읽게 하였다.

허친스는 『교육의 갈등』(The Conflict in Education, 1953)에서 진보주의교육의 세 가지 원칙인 '적응'과 '욕구'와 '사회개혁'에 대해 신랄한 비판을 가하였다. 진보주의교육사조에서는 현실에 대한 '적응'을 중시하지만 현실 사회가 완전한 것이 아니라면 적응이 반드시 옳은 것은 아니다. 진보주의교육사조가 '욕구'를 토대로 하고 있지만 무엇이 욕구이며, 무엇이 욕구가 아닌지는 불분명하며, 진보주의교육사조가 강조하는 '사회개혁'은 이론상으로 위의 두 가지 것과 서로 용납이 되지 않는다. 따라서 허친스는 교육의 목적이 적응, 욕구, 사회개혁에 있는 것이 아니라 '자유인의 배양과 지성의 신장'에 있다고 하였다.

또, 애들러는 교육의 제1원리는 절대적, 보편적인 것이라고 하였다. 그는 "교육의 목적은 만인에게 동일한 것(어디서나, 언제나, 어떤 사회, 어떤 생활 방식에 있어서나)이 되어야 한다. 이 명제는 교육이 절대적, 보편적이어야 한다는 주장과 의미상으로 같은 것"이라고 하였다(오천석 외, 1962).

그리고 마리땡은 항존주의 교육철학의 기본적인 특성을 다음과 같이 제시하였다. 첫째, 학습자의 정신 생활을 성장하게 하는 기본적인 성향을 육성한다. 둘째, 인간의 내적인 심연과 의식 이전의 정신적 역동에 주의를 집중시키고 교육적 영향이 정신성과 내면화에 중점을 둔다. 셋째, 교육의 모든 작업은 분산보다도 통합에 중점을 두어야 한다. 넷째, 교육은 지성을 해방하는 것이어야 하고, 억압하는 것이 되어서는 안 된다(J. Maritain, 1943).

이와 같이 항존주의교육철학은 진보주의 교육에 대한 비판과 공격에서 출발하여 영원불변의 절대적인 진리를 추구하는 정신주의적인 교육, 철저한 훈련을 강조하는 훈련주의적인 교육을 강조하였던 것이다.

이러한 항존주의교육도 그 강조점의 차이에 따라 두 유파로 분류되기도 한다. 즉, 허친스와 애들러 등을 중심으로 하여 교육의 주된 임무를 지성의 신장에 있다고 보는 세속주의파와 마리땡과 컨닝햄을 중심으로 교육을 절대적인 신에 대한 귀의를 위한 방편으로 보는 가톨릭주의파가 그것이다. 즉, 그들은 다 같이 현대문명의 물질주의적인 경향을 배격하고 정신의 우월성을 강조하는 점에 있어서 동일한 보조를 취하고 있지만, 허친스를 중심으로 하는 세속주의파는 교육의 목적으로서 사람의 현실 생활을 위한 가장 중요한 이기(利器)로서의 이성의 훈련을 중시하고 있음에 반해 카톨릭파는 교육을 타락한 아담의 자손으로부터 하나님의 고귀한 자손으로 변화시키는 중요한 방편으로 생각하고 있는 것이다. 전자가 아리스토텔레스에게로 돌아 갈 것을 주장하고 있다고 한다면 후자는 토마스 아퀴나스에게로 돌아 갈 것을 외치고 있는 것이다. 그러나 세속주의파이거나 가톨릭주의파이건 간에 모두 지성의 훈련을 강조하고 있음이 서로 일치하고 있다.

② 항존주의교육의 원리

항존주의의 제1원리는 인간의 정신 혹은 마음을 훈련, 발달시키는 데 있다고 주장한다. 사람이 동물과 구별이 되는 독특한 능력을 훈련하고 발달시키는데 도움을 주지 않는다면 그 의의가 어디에 있겠는가라는 의문을 제기한다.

항존주의교육사조에서 말하는 '항존'이란 영원불변이라는 의미이다. 세상에서 일어나고 있는 변화하는 현상은 부인을 할 수 없지만 그것은 궁극적인 실재가 아니라고 본다. 변화하는 것은 외형적인 것이며, 현상적인 것에 지나지 않는다. 변화의 밑에는 항상 영원불변하는 절대적인 것이 있다. 이 절대적인 진리, 시공을 초월한 가치를 추구하는 것이 참된 교육이라는 것이 항존주의 교육의 근본적인 생각이다. 이러한 항존주의 교육의 근본적인 교육원리를 닐러(G. F. Kneller, 1971)는 다음과 같이 들고 있다.

㉠ 인간성은 환경에 의해서나 다른 어떤 이유로도 변하지 않는 것처럼 교육도 변하지 않는다.
㉡ 인간의 뛰어난 특징은 이성에 있기 때문에 교육은 이성을 발달시키는 데에 집중되어야 한다.
㉢ 교육이 지향해야 할 단 하나의 적응 타입은 보편적이고 불변한 진리에의 적응이다.
㉣ 교육은 생활의 모방이 아니고 생활을 위한 준비이다.
㉤ 학생은 일정한 기본적인 교과를 배움으로써 정신적으로나 과학적으로 우주의 영원성에 접해야 한다.
㉥ 이러한 영원성은 영원주의자들이 위대한 책들이라고 불리는 것을 읽음으로써 가장 잘 배울 수 있다.

항존주의교육사조를 진보주의교육사조와 관련시켜 서로 비교해 보면 다음과 같이 정리해 볼 수 있을 것이다(안상원, 1965).

항존주의	진보주의
가치의 영원성과 불변성	가치의 일시성과 변화성
진리의 절대성과 항존성	진리의 상대성과 진화성
실재의 본질은 영원불변	실재의 본질은 수시변화
교육의 목적은 장래성의 준비	교육의 목적은 현재 생활의 충실
교육의 방법은 미래 중심	교육의 방법은 현재 중심
고전중심의 교육과정	생활중심의 교육과정
비직업적인 교육강조	직업적인 교육강조
주지주의	반주지주의
정신주의, 이성주의	물질주의, 과학주의
교사중심의 교육	아동중심의 교육
초자연적인 신의 세계(가톨릭파)	현실적인 인간의 경험세계
형식과 내용의 적극주의	자유를 중시하는 소극주의

③ 항존주의교육의 비판

항존주의교육은 현대 문명과 현대 교육의 단점을 예리하게 분석·비판하고 우리들이 추구해야 할 교육적인 가치로서 영원불변한 절대적인 것을 강조하였다. 따라서 현대사회에 사는 우리들로 하여금 많은 반성을 해야 할 점들을 제시하여 주고 있다. 그러나 지나치게 과거로의 회귀를 강조하여 고전을 중시하고, 기성의 이념을 옹호하는데 그쳐 너무 이상적인 주장을 하면서도 과격한 일면을 지니고 있다. 이러한 항존주의 교육에 대한 브라멜드(T. Brameld)는 "고전에로의 복귀를 강조하여 몇 천년 전의 사상을 부활시키는 반동적인 것"이라고 지적하였다. 닐러(G. F. Kneller) 또한 항존주의 교육의 특징을 금욕성, 비활동성, 귀족성, 고전에 대한 지나친 중시의 4가지로 요약하였다.

이와 같이 항존주의교육은 유일하고 절대적인 가치를 지나치게 숭상한 나머지 민주주의 사회에 적합한 다수 구성원들의 다종다양한 가치를 소홀히 하였으며, 과거에 대한 중시로 인해 현실을 경시하기도 하였다. 그뿐만 아니라, 소수 엘리트를 위한 지적인 귀족주의 교육을 강요한다는 비판을 면하기도 어려웠다. 이러한 점에 대해 브라멜드는 우리의 문화가 추종을 하기에는 불합리하고 위험한 것이라고 지적하였다. 이러한 지적은 곧 어떤 특정한 시기를 강조하여 역사의 시간을 돌려놓으려는 것으로서, 민주주의를 재강화하려는 우리들의 주장에 위협이 되는 것이라는 말이었다.

항존주의교육에 대한 비판을 요약해 보면 다음과 같이 정리해 볼 수 있을 것이다.

㉠ 비민주적이라는 것이다. 항존주의교육은 유일 절대적인 가치를 숭상한 나머지 민주주의의 절대 다수의 구성원인 평범한 인간의 다종다양한 가치 체계를 부정한다는 것은 자칫하면 생활의 민주적인 방식을 위협한다는 지적이다.

㉡ 현실에 대한 경시이다. 시간은 과거, 현재, 미래에 걸쳐 있으며 현재를 무조건 영원성과의 관련에서 보며, 현실에 충실하고자 하는 노력을 과소평가하기 쉽다는 것이다.

㉢ 너무 귀족주의적이라는 비판이다. 인간은 인격적인 존재로서 신 앞에 평

등하다. 그러나 능력이 평등하다고는 할 수 없다. 인간을 고전 속의 위대한 인물과 동일시하도록 요청한다는 것은 절대 다수의 평범한 학생들을 낙오자로 낙인을 찍기 쉽다는 주장이다(이원호, 1975).

라. 재건주의교육사조

① 사회적 배경

재건주의는 문화재건주의 또는 개조주의 등으로 부른다. 이 사조는 현대문명의 위기의식에서 출발하여 오늘날의 문화를 재검토함으로써 이상적인 문화를 위한 미래의 낙관적인 전망을 키우고 이를 통해 교육이 선도적이고 혁명적인 역할을 수행할 수 있는 역군을 기르고자 한다.

재건주의교육의 기원은 플라톤, 공자, 맹자, 토마스 모어, 로버트 오언, 프란시스 베이컨 등에서 찾아볼 수 있다. 그러나 현대적인 의미에서의 재건주의교육은 1930년대에 진보주의 교육에 대한 반성으로 카운츠(G. S. Counts)를 중심으로 하여 새롭게 출현한 교육사조를 말한다. 카운츠는 『Dare the School Build a New Social Order』(1932)에서 진보주의교육에 대한 반성을 촉구하였다. 재건주의교육사조의 또 다른 선구자로는 재건주의(Reconstructionism)라는 용어를 처음으로 사용한 버커슨(I.B. Berkson)이다. 그는 저서 『교육철학서설(Preface to an Educational Philosophy)』(1940)에서 처음으로 재건주의란 말을 사용하였다.

카운츠에 의하면 재건주의 교육철학은 민주주의의 재구성에 있어서의 학교의 역할, 경제적인 질서의 개혁에 있어서의 학교의 역할을 강조한다. 이러한 재건주의교육사조는 다음과 같은 두 가지 전제를 기초로 출발하였다. 첫째, 오늘날의 문화는 심각한 위기에 직면하여 있다. 둘째, 이러한 위기를 극복하기 위해서는 종래의 교육, 즉, 진보주의, 본질주의, 항존주의교육으로서는 어렵다. 재건주의에 의하면 진보주의교육은 현재를, 본질주의와 항존주의는 과거를 동경하는 것으로서 이러한 관점으로서는 미래를 위한 과감한 설계가 부족하다는 것이다.

이러한 재건주의 교육사조는 브라멜드(Brameld)에 의해 체계화되어 갔다. 브라멜드는 1950년에 『Patterns ofEducational Philosophy』를 발표하여 그의 철학적인 입장을 천명하였고, 1955년에는 『Philosophies of Education in Cultural Perspective』를 발표함으로써 진보주의와 본질주의, 항존주의교육이 지니고 있는 한계를 분명히 하였나. 이어 1956년에는 『Toward a Reconstructed Philosophy of Education』에서 오늘날의 문화는 일대 전환기에 처해 있음을 상기시키면서 현대교육의 쟁점을 명쾌하게 분석하여 제시하였다. 1957년에는 『Cultural Foundation of Education, An Interdisciplinary Approach』에서 교육은 문화적인 맥락 속에서 이루어져야 함을 역설하였다.

재건주의교육철학의 이론적인 특징은 현대사회의 위기 속에서 다수자의 욕구에 입각하고 다수자의 동의를 기초로 하여 유토피아(Utopia)를 확립하여야 하며, 이것을 교육과의 관련하에서 추구하여 나가야 한다는 것이다. 이것은 곧 교육을 새로운 미래사회의 건설과 유토피아 사회의 창조적인 건설을 위한 사회운동으로 파악한 것이었다. 이러한 재건주의교육철학을 브라멜드가 제시하고 있는 것을 중심으로 요약해 보면 다음과 같다(오천석, 1980).

㉠ 현재 인류 문명은 위기에 처하여 있다. 급속도로 발전하고 있는 과학과 그의 소산이 위기를 조성하는 요인이 되고 있고, 상반되는 사상의 혼미가 문화 자멸의 막다른 골목에 부딪혀 있다.

㉡ 교육은 이러한 사태를 방관만 하고 있을 수는 없다. 이 위기에서 인류 문화를 구원하기 위하여 교육은 새로운 사회질서를 건설하여야 할 책임을 외면할 수 없다. 교육은 사회의 추종자로서 만족하지 말고 그 개조의 전위가 되어야 한다.

㉢ 종래의 교육철학에 의거한 교육체제로서는 이러한 대업이 불가능하다. 뒤를 돌아보는 항존주의나 현재주의를 숭상하는 진보주의는 이러한 과업을 수행할 능력이 없다.

㉣ 새 술은 새 부대에 넣어야 하는 것과 같이 새로운 사회질서의 건설은 새로운 교육철학을 요구한다. 따라서 종래의 교육철학은 수정되고 개조되어야 한다.

㉤ 우리가 건설하려는 새로운 사회는 진정한 민주주의이어야 한다. 사회의 모든 중요한 기관과 제도와 자원이 국민 자신들에 의해 지배되어야 한

다. 이러한 민주사회는 민주적으로 실천되어야 한다. 따라서 절대적으로 최대 다수의 국민이 지지하는 사회적인 합의가 필요하다.

ⓑ 설득을 통하여 우리가 살고 있는 사회를 재건하도록 하여야 한다. 이 설득은 학교에서부터 시작되어야 한다. 사회 재건의 타당성과 절박성을 강조하여 학생들을 설득시키는 일이야말로 교사의 임무이다. 그러나 이 설득은 반드시 민주적 과정을 거쳐 이루어져야 하고 강요되어서는 안 된다. 어떤 쟁점에 대하여 찬성과 반대되는 의견을 공정하게 제시하여 학급으로 하여금 최후의 결정을 내리도록 하여야 한다.

ⓢ 교육의 목적과 수단은 현재의 문화적 위기가 필요로 하는 바를 만족시킬 수 있도록 그리고 행동과학이 발전한 바와 합치되도록 전면적으로 재정비하지 않으면 안 된다. 교육과정은 단지 관련되는 지식 부분들의 연속으로 다루어질 것이 아니라 각 과목들이 통일된 전체 안에서 통합적으로 관련성을 유지하는 것이 되어야 하며, 그로부터 새롭고 힘있는 의의를 제시하는 것이 되어야 한다.

ⓞ 인간 형성에 있어 사회가 미치는 영향이 강력함을 잊어서는 안 된다. 이러한 견지에서 개인들로 하여금 사회 개조의 필요성을 인식하도록 교육시킴으로써 사회 자체를 재형성할 수 있다. 사회적 자아실현이란 사회를 통하여 개인이 그 사회성을 개발할 뿐만 아니라 설계된 민주사회를 조성하는 일에 적극적으로 참여하는 태도와 열의를 학습하는 것을 의미한다. 브라멜드가 재건주의를 장래 중심의 교육철학이라고 한 이유가 여기에 있다.

② 재건주의교육의 원리

재건주의 교육철학은 현대 사회의 문화적 위기의식에서 출발을 하여 교육을 통한 사회, 문화의 재건 또는 개조를 중시하였다. 이에 따라 재건주의교육사조의 교육원리는 문화적 위기로부터의 구출이 중심이 된다. 이에 닐러(G. F. Kneller)는 재건주의교육은 우리 문화의 기본적인 가치들을 구현할 수 있고, 동시에 현대사회의 사회, 경제적 힘을 조화시킬 수 있는 새로운 사회질서를 창조하는 과제를 바로 수행해야 하는 것을 중시하고 있다고 보았다. 그는 재건주의교육의 주요 교육원리를 다음과 같이 다섯 가지로 요약하면 다음과 같다.

㉠ 인간은 문명의 위기를 극복하지 못하면 소멸이 될 것이기 때문에 교육이 그 과업을 수행해야 한다. 우리는 혁명적인 시대의 와중에 있다는 의식을 굳게 하고, 산업의 조직화, 공공봉사, 문화적, 지역적, 자원의 조정을 통하여 일반 민중으로 하여금 이에 참여하도록 고무시켜 주어야 한다.

㉡ 새로운 사회는 반드시 진정한 민주주의이어야 하고, 그들의 제도나 자원이 그들 국민들에 의해 통제되어야 한다. 우리가 바라는 것은 복지국가 사회라야 하지만 그 사회에 이르는 과정 역시 국민 모두의 참여를 통한 민주적인 것이어야 한다.

㉢ 아동과 학교 그리고 교육 자체는 사회적, 문화적 힘에 의하여 형성되어야 한다. 재건주의에서는 개인주의적 입장에서 자유의 강조보다 사회, 문화에 의하여 규정되어야 하고, 자기실현도 사회적 자기실현으로 전환되어야 한다.

㉣ 교사는 재건주의철학의 타당성과 긴급성을 민주적인 방식으로 학생들에게 설득시켜야 한다. 특히 학교는 학생들이 미래를 위해 준비하도록 하는 마음과 성격을 도야하고, 그들에게 새로운 질서를 예감케 하는 미래 중심 교육을 해야 한다.

㉤ 교육의 방법과 목적은 행동과학의 연구성과에 의해서 혁신되어야 한다. 왜냐하면 행동과학은 인간의 목적을 설정하는 데 있어서 역사상 처음으로 감상적, 낭만적, 신비적 근거를 배격하고 문화권이 공통적이며, 보편타당한 근거에 의하여 목표를 선정하려 하고 있기 때문에 행동과학의 연구 성과를 이용하여 교육의 목적을 혁신하여야 한다(G. F. Kneller, 1971).

③ 재건주의교육의 비판

재건주의교육철학이 지니고 있는 미래사회에 대한 전망과 교육은 미래사회를 건설할 역군을 기르는 중요한 역할을 담당하고 있다는 점을 강조하고 있는 것은 높이 평가할 수 있을 것이다. 이 관점은 재건주의자들도 스스로 인정하고 있듯이 아직 미완성의 교육철학임을 염두에 두어야 할 것이다. 재건주의는 그들이 스스로 인정하고 있는 것처럼 이전의 진보주의, 본질주의, 항존주의 교육으로부터 많은 것을 빚지고 있는 것 또한 명심해야 할 것이다. 그렇기 때문에 긍정적인 의미에서는 절충적인 입장이라고 할 수 있을지 모르나, 부정적인 입장에서는 혼합되어 있는 잡동사니라고도 할 수 있을지도 모른다.

재건주의교육철학이 지니고 있는 단점으로서는 다음과 같은 것을 들 수 있을 것이다. 첫째, 행동과학의 성과에 지나치게 의존하는 것에서 오는 한계성을 지적할 수 있다. 인간이란 존재는 행동과학적인 입장에서 접근할 수 있는 존재일 뿐만 아니라 영적인 존재이기도 하다. 인간은 합리적인 존재인 동시에 다른 한편으로는 독특한 개성을 지닌 독자적인 존재이기도 하다. 이러한 인간에 대한 이해는 행동과학자들 사이에서도 의견의 차이가 많다. 그러므로 행동과학적 연구 결과에 대한 지나친 의존은 결코 충분한 것이 되지 못한다는 점을 명심하여야 할 것이다.

둘째, 미래 사회를 어떠한 비전에 의해 수립할 것인가에 대한 논증이 부족하다는 점을 들 수 있을 것이다. 복지 사회를 실현하는 것을 이상으로 하여 이를 실현하는 것이 곧 모든 문제를 해결할 수 있는 듯이 착각을 해서는 안 된다는 것이다. 이러한 생각에 앞서서 먼저 확고한 가치관이 확립되지 못하면 물질적인 분배의 공평함이 곧 모든 문제를 해결해 줄 수 있을 것으로 오해하기 쉽다는 것이다.

셋째, 민주적인 방식에 대한 지나친 의존이다. 정치 부분에서 민주적인 방식과 교육과 문화, 종교, 도덕, 예술적인 방면에서의 사회적인 고려는 구별되어야 할 것이다. 뿐만 아니라 민주적인 방식에 대한 과신은 매우 실리적이고 현실적인 현대인에 대한 맹신이라고도 할 수 있을 것이며, 자칫하면 저속한 대중주의를 초래할 수도 있다는 점도 명심하여야 할 것이다.

제 4 장

학습자 발달의 이해

1. 발달의 의미

1) 발달의 정의

발달(development)이란 수정의 순간부터 사망까지 인간의 전 생애에 걸쳐 이루어지는 변화과정을 의미한다. 발달적 변화는 신체적, 인지적, 정의적 발달 등 거의 모든 발달의 영역에서 일어난다. 즉, 발달은 신장이나 체중의 증가 또는 감소와 같은 신체적 변화와 지능, 사고, 언어, 성격, 정서, 도덕성, 사회성 등에서 나타나는 심리적 변화와 그 행동의 변화까지를 모두 포함한다.

또한 발달의 변화과정에는 어떤 특징이 양적으로 증대되고 기능이 유능해지며, 구조가 더욱 복잡해지는 긍정적인 변화와 더불어 양적으로 감소되고 기능과 구조가 쇠퇴하는 부정적인 변화도 포함된다. 예를 들어, 어떤 발달의 특징은 일정기간 향상되고 증가하다가 어떤 특정 시기부터는 쇠퇴와 감소를 보이기 시작한다는 것이다.

발달과 관련된 개념으로 성숙, 성장, 학습이 있다. 성숙(maturation)은 외부 환경과 무관하게 개체의 유전적 속성에 의해 일어나는 생물학적 변화로서 특히 운동 및 신경계통의 발달을 의미한다. 성장(growth)은 신체적 측면의 양적 증대와 변화로서 주로 연령이 증가함에 따라 나타나는 신체적 변화를 의미한다. 학습(learning)은 외부의 환경적 경험에 의해 일어나는 행동의 변화를 말하며, 인간은 외부 환경에 의해 학습을 하고, 학습의 결과로서 새로운 변화를 갖게 된다. 신체적 발달이 성장과 성숙의 대표적인 예라면, 사회성이나 도덕성, 성격 발달 등은 학습의 대표적인 예가 될 수 있다. 따라서 발달은 이 세 가지 요인들 간의 유기적인 관계 속에서 이루어지는 변화과정이라 할 수 있다.

2) 발달의 원리

(1) 발달에는 일정한 순서와 방향이 있다

발달에는 일정한 순서가 있다. 예컨대 어린 유아들은 엎드리고, 앉고, 기고, 그 다음 걷게 된다. 또한 한 단어를 사용하기 시작하여 점차 복잡한 단어와 문장을 말할 수 있게 된다. 또한 발달이 이루어지는 방향에는 일정한 경향이 있다.

첫째, 상부에서 하부로 발달한다. 즉, 머리에서 발(사지)의 방향으로 발달한다. 예를 들어, 갓 태어난 유아를 보면 머리둘레가 몸통 둘레보다 크며, 또한 제일 먼저 가눌 수 있는 부분도 머리 부분이며 점차 아래쪽으로 신체구조와 운동기능이 발달하게 된다.

둘째, 중심에서 말초부분으로 발달한다. 즉, 중심부가 말초신경보다 먼저 발달한다. 예를 들어, 조작운동 기능은 어깨, 팔꿈치, 팔, 손목, 손가락의 순서로 발달된다.

셋째, 전체운동에서 특수운동으로 발달한다. 영아기에 나타나는 반응은 대부분 전신반응이며, 신체의 큰 부분을 움직이는 전체적·미분화적 운동이다. 그러다가 점차적으로 전체에서 부분으로 세분화되어 간다.

발달에 있어 순서와 방향의 원리는 특정단계의 발달은 다음 단계발달의 기초가 되며, 한 단계에서 다음 단계로 이행한다는 것은 보다 높은 차원의 발달이 이루어짐을 의미한다.

(2) 발달은 점진적 변화과정이다

발달은 점진적인 과정으로 한 영역의 발달이 완성되려면 준비가 필요하며, 또 완성된 발달은 다음 단계 발달의 기초가 된다. 따라서 다음 단계에서 나타나는 행동적 변화는 그 이전에 이루어졌던 내용의 기초하에 형성된다. 예를 들어, 유아기 가정환경과 부모의 양육태도는 이후 아동의 성격형성의 기초로서 작용할 수 있다. 발달에 있어 점진성의 원리는 일정한 순서에 의해 진행된 기존의 발달에 새로운 내용이 누적되면서, 새로운 형태의 발달이 이루어지는 것을 의미한다.

(3) 발달은 보편적 순서로 진행되지만 그 속도에는 차이가 있다

발달은 보편적인 순서에 따라 진행되지만, 개인에 따라 특정한 발달영역에서 발달속도의 차이를 보인다. 예를 들어, 발달적 규준과 비교할 때 언어발달의 속도가 빠른 유아도 있고 또한 느린 유아도 있다. 9개월부터 걷기 시작하는 유아도 있으나 15개월이 되어도 걷지 못하는 유아도 있다.

또한 특정 발달영역에서는 발달단계에 따라 그 속도가 항상 일정하지 않다. 예를 들어, 신체 발달은 유아기와 사춘기에 급격한 증가를 나타내지만 다른 시기에는 그에 비해 발달의 속도가 느린 것을 볼 수 있다.

(4) 발달은 분화와 통합의 과정이다

발달은 전체적 기능에서 부분적·특수적 기능으로 분화해 가는 동시에, 그 분화된 각 부분은 일정한 계열에 준하여 조직되고 통합된다. 가령 아동이 컵을 들고 마시는 행동은 눈과 손, 입 등의 기능이 통합된 결과로서 여러 능력의 통합과 조화를 통한 협응의 과정이다. 따라서 분화는 전체로서 통합되는 과정을 말한다.

(5) 발달의 각 영역들은 밀접하게 상호 관련되어 있다

발달의 제 측면으로서 신체적·인지적·정의적 발달은 각각 독립적으로 이루어지는 것이 아니라 서로 밀접한 상호 관련 하에서 발달한다. 즉, 아동의 신체발달은 운동, 인지, 감각능력 등의 발달과 연관되며, 지적 발달은 정서, 사회성, 성격발달에 영향을 미친다. 예를 들어, 신체적으로 건강한 아동은 다양한 활동의 경험과 기회를 통해 지적 기반을 넓히고, 지적 능력이 뛰어난 아동은 성취경험과 함께 긍정적인 정서감을 발달시킬 수 있다. 이와 같이 발달의 각 영역은 서로 영향을 주고받는 상호연관성이 있다.

(6) 발달은 성숙과 학습의 상호작용의 결과이다

발달은 성숙(유전)과 학습(환경)의 상호작용의 결과이며, 각 발달단계의 특징은 성숙과 학습이라는 두 가지 요인에 의해 이루어진다. 여기에서 성숙이란 성장의 결과로 나타나는 변화를 말하며, 학습은 후천적인 경험에 의해 나타나는 변화를 의미한다. 이와 같이 발달은 유전과 환경 중에서 한 가지 요인만으로 결정되는 것이 아니라 그 상호작용에 의해 이루어지는 것이다.

2. 발달이론

1) 피아제의 인지발달이론

(1) 주요 개념

피아제(J. Piaget, 1896~1980)에 의하면 인간의 지적 능력은 환경에 효과적으로 적응하는 능력이다. 생물체가 새로운 환경에 적응하기 위하여 신체구조를 변화시키듯이 우리 인간도 환경의 요구에 따라 자신의 인지구조를 재구성함으로써 새로운 환경에 적응하게 된다는 것이다.

피아제는 인지발달의 과정을 평형화, 도식, 동화, 조절의 개념으로 설명한다. 평형화(equilibration)는 새로운 정보나 경험에 의해 인지적 불균형이 일어나면 일정한 지적 균형상태를 유지하고자 하는 타고난 경향성을 말한다. 평형화의 욕구가 충족되어 구조화되고 조직화된 상태를 도식(schema)이라 한다. 도식은 환경으로부터 정보를 받아들이고 적절히 반응하기 위하여 사용되는 지식의 틀을 의미한다.

평형화는 기본적으로 동화와 조절의 두 기능의 통합과정이다. 동화(assimilation)는 새로운 자극이나 대상을 기존의 도식이나 인지구조를 이용하여 이해하는 것을 말한다. 예를 들어, '새는 날개가 있다'는 새에 대한 도식을 형성하고 있는 아동에게 박쥐사진을 보여주면 박쥐의 날개를 보고 '새'라고 말하는 것이다. 이처럼 동화는 새로운 경험을 자신이 이미 구성하고 있는 도식에 적용하려는 경향성이다.

조절(accommodation)은 새로운 자극이나 대상을 기존의 도식으로 동화하는데 적합하지 않을 때 도식을 변형시키거나 새로운 도식을 추가하는 것을 말한다. 위의 예에서처럼 아동은 '날개가 있는 박쥐는 새이다'라는 도식을 형성한다. 그러나 새끼에게 젖을 먹이는 어미박쥐의 사진을 보여주면 아동은 자신이 이미 가지고 있는 경험자료(벌레를 먹는 새)를 떠올리며 당황하게 된다. 자신의 새에 대한 도식과 맞지 않기 때문이다. 그리고 교사의 부연설명 등을 통해 아동은 '박쥐는 날개가 있지만 새는 아니다. 새끼에게 젖을 먹이는 포유류이다'라는 새로이 변형된 도식으로 발전시키게 된다.

이와 같이 인지발달은 기존의 도식에 비추어 모순 없는 지식은 동화시키고 기존 도식에 적절하지 않은 지식은 도식을 변경하는 과정을 통해 끊임없이 도식을 확장시키는 과정이다. 즉, 동화와 조설의 과정을 통해 인간의 인지구조는 더욱 분화되고 심화·확대되며, 평형화는 지적 발달, 즉 도식의 확장에 필수적인 요인이다.

(2) 인지적 발달단계

피아제는 인지발달을 크게 네 단계, 즉 감각운동기, 전조작기, 구체적 조작기, 형식적 조작기로 구분하였다. 각 발달단계는 그 특징들이 나타나는 순서는 변하지 않으며, 발달은 이전 단계를 통합하면서 이루어진다.

① 제1단계: 감각운동기(0～2세)

감각운동기의 영아는 감각기관과 신체활동을 통해 획득된 정보를 바탕으로 주변 세계를 이해하기 시작한다. 영아는 초보적인 감각과 지각적 도식에 의한 활동에 의존하여 직접적으로 사물을 보고 만지고 빨거나 하는 행위를 통해 자신의 경험을 범주화하고 구조화하기 시작한다. 그러므로 이 시기 지적 활동은 내면화된 사고의 형태를 띠지는 못한다.

이 단계의 중요한 발달적 성취는 대상영속성(object permanence)의 발달이다. 어린 영아들은 대상을 이해하는데 감각과 운동에 크게 의존하기 때문에, 볼 수 없거나 만질 수 없는 대상이 다른 어딘가에 존재한다는 것을 이해하지 못한다. 그러나 감각운동기 말쯤에는 눈앞에 없는 사물이나 사건들을 정신적으로 그려낼 수 있게 되면서 대상영속성의 개념을 획득하게 된다. 즉, 모든 사물은 독립적인 실체로서 존재하며, 어떤 대상이 다른 장소로 이동하거나 시야에서 사라지더라도 여전히 존재한다는 것을 이해하게 된다. 대상영속성의 발달은 유아들이 어떤 상징(언어나 기호)에 대응하는 이미지를 떠올릴 수 있게 됨을 뜻한다. 예를 들어, '멍멍'이라는 말을 듣고 강아지의 모습을 떠올리는 것이다. 이는 유아들이 경험한 내용을 표상의 형태로 기억 속에 저장하고 있음을 보여주는 것이며, 유아가 어느 시기에 목격한 내용을 일정기간이 지난 다음 재현하는 지연모방 역시 그 예라고 할 수 있다.

② 제2단계: 전조작기(2~7세)

감각운동기에서 조작적 사고의 단계로 넘어가는 과도기로서 표상능력이 내면화되는 시기이다. 이 단계의 유아는 감각운동적인 행위의 활동 범위에서 벗어나 개념적·상징적 행위로 변화하는 것을 발견할 수 있다. 그러나 초기 단계에서는 정신적 표상에 의한 사고를 하지만 아직 개념화가 되지 못하였으므로 개념적 조작능력은 충분히 발달하지 못한다.

전조작기의 중요한 특징은 상징적 기능과 중심화이다. 아동은 감각운동기가 끝날 때쯤에 심상을 형성하기 시작하는데, 최초의 심상은 대상의 모습, 동작 등에 대한 영상적인 표상이 주를 이룬다. 어린 아동은 대상의 속성을 언어를 통해 의미 있게 표현하기는 어렵기 때문에 자신이 내재적으로 형성하고 있는 표상을 여러 가지 상징적 형태, 즉 가상놀이나 그림, 언어 등으로 표출하게 된다. 피아제는 이러한 특징을 상징적 기능(symbolic function)이라고 하였다.

또한 전조작기의 아동은 어떤 물체나 활동의 한 측면에만 집중하는 중심화(centration)의 경향이 있다. 즉, 동시에 두 가지 이상의 측면을 고려하지 못하는 것이다. 이 중심화의 경향은 자기중심성과 직관적 사고를 통해 그 특징을 엿볼 수 있다. 전조작기의 아동들은 자기중심적 사고, 즉 모든 사람들이 자신과 같은 생각과 감정을 가지고 같은 경험을 한다고 생각한다. 그래서 아동은 자신의 위치에서 보이는 경치의 모습을 위치가 다른 사람들도 똑같이 본다고 생각하며, 자신이 좋아하는 것을 다른 사람들도 좋아한다고 생각한다. 즉, 다른 사람의 입장이나 관점을 고려하지 못한다.

직관적 사고는 어떤 대상이 갖는 두드러진 지각적 속성에 의해 그 대상의 성질을 판단하는 것을 말한다. 전조작기 직관적 사고는 보존개념의 실험을 통해서 잘 나타난다(그림 4-1).

이 시기 아동이 직관적 사고에 지배되는 것은 가역성이라는 논리적 조작을 획득하지 못했기 때문이다. 사고의 방향을 끝에서 시작으로 돌릴 수 있는 정신적 조작, 즉 가역적 사고가 불가능하기 때문에 직관적으로 판단하고, 또한 어떤 물체가 외형상 변하더라도 그 물체의 속성은 변하지 않는다는 보존개념을 획득하지 못하는 것이다.

유아에게 A의 그림처럼 똑같은 양의 물이 담긴 두 개의 컵을 보여준다. 그리고 B의 그림처럼 한 개의 컵을 모양과 크기가 다른 컵에 옮겨 붓는다. 유아에게 어느 컵의 물의 양이 더 많으냐는 질문을 하면 컵의 물의 양이 다르다고 말한다. 물의 높이에 집중한 유아는 높이가 높은 컵의 물의 양이 많다고 한다. 이는 높이의 지각적 속성에 의해 물의 양을 판단하는 직관적 사고 때문이다.

그림 4-1 보존개념 실험

③ 제3단계: 구체적 조작기(7~11세)

이 시기에 이르면 구체적 사실과 경험에 한하여 논리적 사고가 가능해지고, 전조작기에 결핍되었던 능력들을 발달시키기 시작한다.

먼저 중심화의 경향에서 벗어나 두 가지 이상의 차원을 동시에 고려할 수 있게 되고, 타인의 관점을 고려할 수 있게 되면서 조망수용능력도 발달한다.

가역적 사고가 가능해지면서 보존개념을 발달시킨다. 보존개념의 획득은 어떤 대상의 외양이 바뀌어도 그 속성은 변하지 않는다는 것을 이해하는 능력이 발달되었음을 의미하며, 이제 아동은 대상의 지각적 특성에 의해서가 아니라 논리적 조작에 의해 보존문제를 해결할 수 있게 된다. 즉, 위의 보존개념의 실험에서 구체적 조작기의 아동은 모양이 서로 다른 두 컵의 물의 양이 똑같다는 것을 인식할 수 있게 된다.

또한 분류와 서열화 능력이 발달한다. 이 시기 아동은 개념적 범주와 위계를 사용하여 대상들을 분류한다. 즉, 전체와 부분 간의 관계, 상위유목과 하위유목의 포함관계를 이해하는 것이다. 서열화는 대상들을 여러 가지 양적 차원에 따라 순서적으로 나열하는 능력으로, 가령 큰 것에서부터 작은 것으로 혹은 작은 것에서 큰 것으로 순서대로 배열하는 것을 말한다.

④ 제4단계: 형식적 조작기(11세 이후)

구체적 조작기의 아동이 구체적인 대상에 한해서만 논리적 사고가 가능했다면, 형식적 조작기에는 구체적인 대상이 없어도 추상적으로 사고할 수 있는 능력이 발달한다. 즉, 추상적이고 가설적인 개념을 다루는 형식적 조작을 할 수 있다.

이 시기 아동은 가능성에 대한 사고가 가능해진다. 즉, 직접 경험하지 않아도 상상과 가정을 통해 정신적 조작을 할 수 있다. 또한 새로운 문제를 해결하기 위해 추론적 사고능력이 발달한다. 첫째, 가설적 사고로서 문제해결을 위해 여러 가설들을 세우고 차례로 시험하면서 정답을 찾아가는 것이다. 둘째, 연역적 사고로 일반적인 원칙에서 특정한 결론을 이끌어내는 능력을 말한다. 셋째, 유추적 사고로 새로운 학습을 위해 기존의 경험이나 지식의 관련성을 끌어내어 적용하는 능력 등이다.

2) 비고츠키의 인지발달이론

(1) 주요 개념

피아제는 아동은 스스로 세계를 구조화하고 이해하는 존재라고 생각한 반면 비고츠키(L. S. Vygotsky, 1896~1934)는 아동은 타인과의 관계에서 영향을 받으며 성장하는 사회적 존재로 보았다. 또한 지식의 형성과정에 있어 피아제는 개인 내적 지식이 사회적 지식으로 확대·외면화되어 간다고 보았으나, 비고츠키는 사회적 지식이 개인내적 지식으로 내면화된다고 보았다.

비고츠키는 인지발달의 근원을 사회적 관계에 두고 타인의 도움이나 안내를 통해 타인의 인지기능이나 기술이 아동에게 점차 내면화된다고 하였다. 인간의 정신은 독립적 활동이 아니라 사회학습의 결과이며, 일상에서의 과제 해결은 성인이나 보다 뛰어난 또래와의 대화로부터 영향을 받는다. 이처럼 사회의 보다 성숙한 구성원들과 상호작용하는 동안 자신의 문화에 적합한 인지과정이 아동에게 전이된다. 따라서 인간의 지적 기능은 먼저 개인 간 수준에서 일어나고 그 다음에 개인 내 수준에서 일어난다. 즉, 사회적 상호작용을 통해서 얻어진 지식을 자신의 내적 과정으로 진환하게 되는 것이다.

(2) 사고발달의 도구로서 언어

비고츠키는 사회적 상호작용에 필수적 요소인 언어의 습득을 인지발달에 가장 중요한 변인으로 보았다. 피아제가 언어는 사고를 반영하는 것이라고 한 반면에, 비고츠키는 언어는 인지발달을 촉진시키는 매개적 기능을 한다고 보았다. 비고츠키에 의하면 사고와 언어는 상호 독립적으로 일어나며 일정시간이 지난 후에는 서로 연합되고 이러한 연합은 아동이 발달해 가는 과정에서 변화하고 성장한다.

피아제는 전조작기 아동의 혼잣말에 대해 자기중심적 사고에 의한 자기중심적 언어의 표현이라고 보았다. 그러나 비고츠키는 아동의 혼잣말은 단순히 자기만의 생각을 표현하는 인지적 미성숙함을 나타내는 것이 아니라 자신의 사고와 행동을 안내하기 위하여 자신과 의사소통하는 것이라고 하였다. 즉, 자기 자신과의 의사소통을 목적으로 하는 문제해결을 위한 사고의 도구로서, 이를 사적 언어(private speech)라고 하였다.

학령기에 접어들면 사적 언어(자기중심적 언어)가 누적되어 발달한 결과로서 내적 언어(inner speech)가 나타난다. 내적 언어는 소리를 내지 않고도 머릿속에서 언어를 가지고 문제해결에 필요한 논리적 사고를 할 수 있는 것이다. 내적 언어는 주의, 계획, 개념형성, 문제해결, 행동의 자기조절 등을 위해 사용된다.

(3) 근접발달영역

근접발달영역(Zone of Proximal Development: ZPD)은 아동이 혼자서 문제를 해결할 수 있는 실제적 발달수준과 혼자서는 할 수 없으나 보다 유능한 협력자의 도움을 받아 과제를 해결할 수 있는 잠재적 발달수준 간의 거리를 말한다. 다시 말해, 다른 사람의 도움을 받으면 아동이 수행할 수 있는 영역의 폭을 근접발달영역이라 하며, 비고츠키는 학습은 이 영역에서 이루어져야 한다고 주장한다. 이때 교사나 부모가 문제해결의 단서를 제공해주거나 세부사항과 단계를 기억할 수 있도록 조언해 주고 격려해줌으로써, 아동을 조력하는 것은 아동에게 과제를 시작할 수 있는 발판(scaffolding) 또는 출발점을 제공하는 것이다. 이때의 조력을 통해 아동은 학습활동에 참여하고 동기화되며 학습에 있어 주도적인 역할을 하게 된다. 인지가 발달함에 따라 발판의 역할과 영향은 줄어들고 아동이 스스로 문제를 해결하고 책임을 지게 되는 것이다.

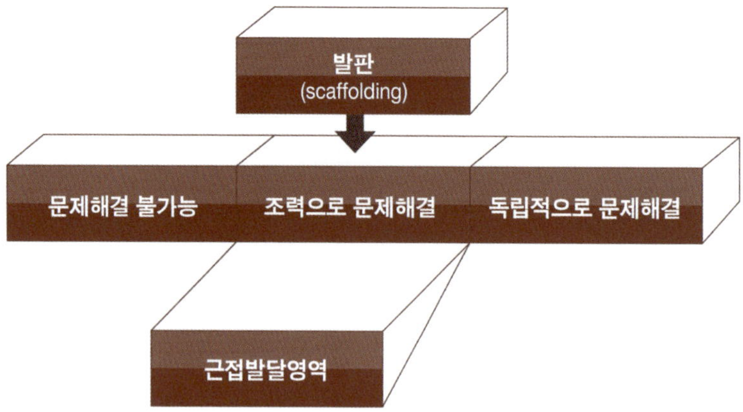

그림 4-2 근접발달영역과 발판

3) 프로이트의 심리성적 발달이론

(1) 주요 개념

프로이트(S. Freud, 1856~1939)는 정신분석학자로서 자신의 임상경험과 꿈의 분석을 토대로 최초의 포괄적인 성격이론을 제시하였다. 그는 정신의 구조로 의식, 전의식, 무의식을 제안하였다. 의식이란 우리가 주의를 기울이는 순간 곧 알아차릴 수 있는 정신작용의 한 부분이며, 전체 정신구조에서 극히 제한된 부분을 차지한다. 전의식은 '이용 가능한 기억'으로서 주의를 집중하고 노력하면 의식될 수 있는 경험이나 기억을 말한다. 무의식은 전혀 의식하지 못하는 정신작용의 부분이며, 여기에는 개인적·사회적으로 용납될 수 없는 욕구와 감정, 관념 등이 억압되어 있다. 무의식 속에 억압된 욕구나 경험은 인식되지는 않지만 인간의 사고와 행동을 통제하는 보이지 않는 힘, 즉 동기인으로 작용한다.

이후 프로이트는 정신구조의 모형을 수정하여, 성격의 구조로서 원초아(id), 자아(ego), 초자아(superego)를 제안하였다.

원초아는 성격의 기초가 되며, 출생 시 존재하는 생물학적 충동 및 욕구를 포함한다. 원초아는 쾌락의 원리에 지배되므로 내적 혹은 외적 자극에 의해 유기체의 긴장수준이 올라가면 즉각적인 긴장감소를 추구하게 된다. 즉, 고통을 최소로 줄이고 쾌(긴장감소)를 최대화하고자 한다. 그러나 현실과 도덕성을 고려하지 못하는 원초아의 이러한 무조건적 욕구충족은 개체의 안전에 위협이 될 수 있다.

자아는 외부현실과 초자아의 제한을 고려하여 원초아의 요구를 표현하고 만족시키는 정신기제의 일부이다. 원초아에서 파생되며 생후 6~8개월부터 발생하기 시작하여 2~3세에 형성된다. 자아는 현실의 원리에 따르며, 욕구충족을 위해서 적당한 대상이나 환경조건이 이루어질 때까지 본능적 만족을 지연시켜 개체를 안전하게 보전시키고자 한다. 그러나 자아는 원초아의 충동을 처리할 수 없을 때 신경증적 불안을 경험하며, 초자아로부터 처벌을 예견할 때 도덕적 불안을 느낀다.

초자아는 성격의 구조 중 가장 마지막에 발달되며 사회 규범과 행동 기준이 내면화된 형태이다. 초자아는 원초아의 충동을 억제하고, 자아의 목표를 현실적인 것에서 도덕적인 것으로 유도한다. 도덕의 원리에 따라 현실보다는 이상을, 쾌락보다는 완성을 추구한다.

초자아는 두 가지 하위체계로서 양심과 자아이상이 있는데, 이는 부모의 훈육방식, 즉 부모의 보상과 처벌에 대한 반응으로 발달한다. 양심은 아동의 잘못에 대한 부모의 처벌을 통해 생기며, 이것은 자신에 대한 비판적 평가나 도덕적 억압, 죄의식 등이 포함된다. 자아이상은 아동의 행동에 대한 부모의 보상으로 발달되며 아동이 목표나 포부를 갖게 하고 자존심과 긍지를 느끼게 해준다.

(2) 심리성적 발달단계

프로이트는 성본능의 정신적 에너지인 리비도(libido)가 어느 신체부위에 집중하느냐에 따라 성격발달을 5단계로 구분하였고, 각 단계에 따라 생물학적 욕구와 심리적인 욕구도 달라진다고 하였다. 또한 각 단계에서 특정 부위에서의 성적 쾌감이 지나치게 충족되거나 반대로 만족되지 못하면 그 단계에 고착(fixation)되어 다음 단계로의 발달이 순조롭지 못하게 된다. 프로이트는 특히 생후 5년간의 초기 경험이 성격의 토대를 형성하며, 이후 성인기 적응유형과 성격특성에도 영향을 미친다고 하였다.

① 1단계: 구강기(0~18개월)

리비도는 구강부위에 집중되며, 영아는 구강활동(빨기, 씹기, 물어뜯기)을 통해 긴장감소와 쾌락을 경험한다. 이때 구강욕구가 지나치게 충족되거나 지나치게 좌절되면 구강기 고착성격이 나타난다.

구강기 욕구충족은 어머니의 수유방식과 밀접한 관련이 있다. 수유시간이 지나치게 길거나 무절제할 때(과잉충족) 구강수동적 성격이 나타난다. 구강수동적 성격은 지나치게 의존적이고, 자기를 희생해서라도 남으로부터 인정받고자 하며, 수동적이고 미성숙하며, 정서적으로 안정되지 못한 특성을 보인다. 반면, 수유시간을 지나치게 통제하거나 방치하는 경우(과잉결핍) 구강공격적 성격이 나타난다. 구강공격적 성격은 논쟁적, 비판적이며, 남을 헐뜯고, 타인을 이용하여 지배하려는 경향이 있다. 그러나 이 단계에서 양육자의 적절한 보살핌과 함께 구강욕구가 적절히 충족되면 친밀과 의존, 독립의 기초덕목을 갖게 된다.

② 2단계: 항문기(18개월~4세)

리비도가 항문 부위로 집중하는 시기로, 유아는 배설물의 보유와 배출을 통해 쾌감을 느끼고 만족을 얻고자 한다.

이 시기에 배변훈련이 시작되면 유아는 생후 처음으로 자신의 본능적 충동이 외부에 의해 간섭받는 경험을 하게 된다. 유아가 적절한 때와 장소가 마련될 때까지 배설욕구를 억제하고 배변훈련이 성공적으로 이루어지면 사회적 인정이 따르게 된다. 사회적 인정을 통해 얻는 쾌감은 개인적인 정체감의 확립과 자아형성에 필수적이며, 욕구를 억압할 것인지 아닌지에 대한 자기선택과 자기 통제의 근본이 형성된다.

이 단계에서는 부모의 배변훈련방식이 성격발달에 영향을 미친다. 부모의 훈련방법이 지나치게 엄격하고 억압적일 때는 항문기 강박적 성격으로 고집이 세고, 인색하며, 복종적이고, 지나친 결벽증을 나타낼 수 있다. 또한 배변훈련방식이 지나치게 관대할 때는 항문기 공격적 성격으로 잔인하고, 파괴적이며, 급하고 지저분한 경향을 보인다.

그러나 부모가 배변훈련을 적절한 칭찬과 함께 즐겁게 하면, 유아는 이 과업의 중요성을 깨닫고 배변훈련에 즐겁게 임할 수 있게 된다. 또한 부모로부터 자연스럽고 적절한 배변훈련을 받은 유아는 창조적이고 생산적인 면을 갖추게 되고 박애적·관용적인 성향을 갖게 된다.

③ 3단계: 남근기(4~5세)

남근기는 리비도가 생식기에 집중되며, 유아는 생식기의 자극을 통해 만족을 얻고자 한다. 또한 이 시기에 남아는 어머니에게 무의식적으로 강한 애정의 욕구를 가지며 아버지를 경쟁상대로 여기는 오이디푸스 콤플렉스(Oedipus complex)를 경험하며, 동시에 거세불안을 느낀다. 여아는 자신에게 남근이 없음을 알고 실망하여 그 책임을 어머니에게 전가하여 싫어하게 되고, 남근을 부러워하는 남근선망을 갖게 되고 아버지를 좋아하는 엘렉트라 콤플렉스(Electra complex)를 경험한다. 이와 같이 아동이 이성부모에 대해 애정을 느끼고 동성부모에게 적대감을 갖는 무의식적 갈등은 동성부모에 대한 동일시를 통해 해결되며, 이를 통해 초자아와 성역할의 습득이 이루어진다. 동일시란 동성부모의 성역할을 학습하고 그들의 생각, 가치, 태도 등을 습득하고 내면화하기 위한 무의식적 노력을 의미한다.

그러나 부모에 대한 애정적 만족이 지나치거나 결핍되면 남근기 고착성격이 나타나는데, 남근기에 고착된 성인남성은 경솔하고, 과장되고, 야심적이며 여성은 성관계에 있어 순진해보이지만, 난잡하고 유혹적이며 경박한 성향을 갖는다.

④ 4단계: 잠복기(5~11, 12세)

이전 단계에서의 성적 욕구들은 지적 탐색이나 운동 등으로 전환되고, 성적 충동은 무의식속으로 억압되어 '평온의 시기'를 맞이한다. 이 시기는 원초아의 힘은 약화되고 자아와 초자아가 서로 긴밀하게 구축되는 시기이다. 그리하여 아동은 운동, 게임, 지적 활동과 같은 사회적으로 용인되는 일에 그들의 에너지의 방향을 돌리며, 사회생활에 필요한 지식과 기술을 습득하는 일에 열중하게 된다.

이 시기에는 동성 간의 응집력이 증가하며 동성으로부터의 인정 욕구가 강해진다. 프로이트는 이러한 욕구가 강해져서 잠복기에 고착되면, 성인이 되어서도 이성에게 정상적인 친밀감을 느끼지 못하고 동성애적 성향을 가질 수도 있다고 하였다.

⑤ 5단계: 생식기(12세 이후)

사춘기가 시작되면 2차성징의 출현과 함께 잠재되어 있던 리비도가 다시 활성화된다. 동성에 대한 관심은 이성에 대한 관심으로, 성숙한 성적 관심은 이성에 대한 직접적인 구애로 표현된다.

청소년의 성적 욕망은 사회적·도덕적 장벽에 부딪친다. 그러나 대부분의 청소년들은 성적 욕망을 건강하고 생산적인 활동으로 대체할 수 있다. 자아는 현실의 원리에 따라 본능을 현실적으로 적합한 방법으로 해소할 수 있고, 초자아는 적절한 양심과 자아이상을 형성해간다. 즉, 위협적인 상황에서도 현실적이고 객관적인 판단을 하며, 도덕적 규율과 양심에 따라 행동하게 된다.

이 시기에 리비도가 잘 해소되면 사회적으로 원만한 인간관계를 형성하고 책임감이 발달하여 이성과의 사랑도 만족스럽지만, 그렇지 못할 경우 부적응과 반사회적 성격특성을 나타낸다. 생식기 고착성격으로는 권위에 대한 무조건적 반항, 부적응의 문제, 이성에 대한 적응곤란 등을 들 수 있다. 그러나 이 시기까지 순조로운 발달을 성취한 사람은 타인에 대한 관심, 성숙한 이성 관계, 사회적 기대나 가치에 적합한 적응을 이루게 된다.

4) 에릭슨의 심리사회적 발달이론

(1) 주요 개념

에릭슨(E. Erikson, 1902~1994)은 성격발달에 있어 성적 억압이나 갈등보다 사회문화적 영향을 강조한다. 인간의 성격은 본능보다 부모나 형제, 사회의 다른 구성원들이나 그 사회의 가치체계에 의해 더 많은 영향을 받으며, 개인적 욕구와 사회적 요구 간의 상호작용에 의해 심리적 발달특성이 결정된다.

또한 인간 행동과 기능의 기초로서 프로이트가 원초아를 강조한데 반해 에릭슨은 자아를 강조하고 성격의 자율적 구조로 파악하였다. 자아는 원초아에서 파생되어 나오는 것이 아니라 자율적 기능을 하며, 인간의 사고와 감정, 의지의 주관자인 것이다. 에릭슨은 인간의 전생애발달을 8단계로 구분하여, 각 단계마다 심리사회적 위기(psychosocical crisis)가 있으며, 개인이 이러한 위기를 어떻게 해결하느냐에 따라 그 개인의 특징적인 행동패턴이 결정된다고 하였다. 각 단계에서 해결해야 할 위기, 즉 발달과업이 만족스럽게 해결되면 건강한 성격을 발달시킬 기회를 갖지만, 그렇지 못할 경우 다음 단계로의 발달을 지연시키고 성격발달에 부정적인 영향을 미친다.

(2) 심리사회적 발달단계

에릭슨은 발달단계에 따라 맞게 되는 심리사회적 위기를 양극의 개념으로 대비시켜 설명하고 있다. 양극단에는 긍정적인 경험과 부정적인 경험이 있는데, 위기를 잘 극복할 경우 긍정적으로 발달하며 위기를 극복하는 데 실패할 경우 부정적으로 발달하게 된다. 모든 인간은 양극단 중 어느 한쪽만을 경험할 수 없으며, 이 둘 간의 적절한 비율을 경험함으로써 건전한 발달을 할 수 있다.

① 1단계: 기본적 신뢰감 대 불신감(0~1세)

이 단계에서 영아는 양육자의 애정적인 보살핌과 함께 기본적인 욕구(음식, 수면, 배설)가 적절히 충족되면 안정감과 만족감을 느낀다. 이때 영아는 자신을 둘러싼 주변세계와 타인에 대해 신뢰감을 형성하게 되며, 이 신뢰감은 앞으로의 삶에 있어 낙관적인 희망을 품을 수 있게 해 준다. 하지만 양육자의 부적절하고 일관성 없는 양육태도와 지속적인 욕구좌절은 아이로 하여금 주변 세계에 대한 의심과 두려움을 갖게 만든다.

따라서 영아기 신뢰감과 불신감의 형성에는 양육의 질, 즉 어머니가 아이를 돌봄에 있어 얼마나 온정적이고 반응적이며 일관적이냐가 중요한 영향을 미친다. 이 단계에서 형성되는 신뢰감은 건강한 성격의 핵심이 되며, 앞으로의 발달단계에서 겪을 수 있는 좌절을 견디어낼 수 있는 심리적 토대가 된다. 에릭슨은 기본적 신뢰감에 결함을 지닌 영아는 급성 우울증에 걸리거나, 성인이 되었을 때 편집증을 보일 수 있다고 하였다.

② 2단계: 자율성 대 수치심(1~3세)

이 단계에 이르면 유아들은 신체발달과 함께 운동기능이 향상되고, 지적 기능도 발달한다. 또한 다른 누군가의 도움 없이 무엇이든 혼자서 하려는 경향도 강하게 나타난다. 유아 스스로 할 수 있는 것들을 허용해주고 격려할 때 자율성이 형성된다. 그러나 지나친 간섭이나 과잉보호로 아이 스스로 할 수 있는 것을 방해하거나 지나친 비난을 가하게 되면 수치심을 갖게 된다.

자율성은 성공적인 행동을 통해 형성되는데, 행동의 성공과 실패를 결정하는 기준은 유아의 행동에 대한 주변의 반응이 된다.

유아 스스로 무엇인가를 하고자 할 때 기다려주고 격려해주면 아이는 자신의 행동에 대해 긍지를 갖고 다른 일에 있어서도 자율적인 태도로 임할 수 있다. 그러나 부모의 지나친 꾸중이나 부정적인 태도는 자신의 행동을 수치스럽게 여기고, 자신의 능력을 의심하게 만든다. 이 단계에서 수치심을 형성하게 되면 성인이 되어서도 자신감과 추진력, 결단력이 부족한 사람이 될 수 있다.

③ 3단계: 주도성 대 죄책감(3~6세)

에릭슨은 이 단계에서 자율성이 증가함에 따라 새로운 일에 도전하고자 하는 욕구도 강해지는데, 이를 주도성 발달이라고 하였다.

이 시기에 아동이 주변 세계를 충분히 탐색해보고 경험해볼 수 있는 기회가 허용되고, 그 결과와 상관없이 아동의 주도적인 활동이 인정받고 격려 받을 때 주도성이 발달된다. 주도성은 계획을 세우고 목표를 설정하여 그것을 달성하고자 노력하는 것을 의미한다.

한편 아동의 주도적인 활동이 방해받거나 지나친 질책으로 돌아올 때 아동은 죄책감과 무가치함을 느낄 수 있다. 죄책감이 형성되면 아동은 지나치게 의존적이고 목적의식과 용기가 부족하게 된다. 또한 이 시기의 아동들은 모든 충동을 실행에 옮겨서는 안 된다는 것도 배워야 한다. 부모는 자녀의 주도적인 활동을 격려해주되, 해야 될 것과 하지 말아야 할 것의 기준을 분명하게 알려주어야 한다. 에릭슨은 주도성 발달의 결함은 성인이 되었을 때, 소극성과 성적 무기력감으로 나타날 수 있다고 하였다.

④ 4단계: 근면성 대 열등감(6~12세)

학령기에 접어들면 활발한 지적 욕구와 함께 가족의 범주에서 벗어나 보다 넓은 사회에서 통용되는 유용한 기술들을 배우고자 한다. 아동은 학교생활을 통해 인내와 완성된 작업에 대한 보람을 경험하기도 하며, 무엇인가를 시도해 보는 것만으로 만족하지 않고 성공을 통해 인정받고 싶은 욕구도 강해진다.

이 시기 성공과 성취의 경험은 긍정적인 자아개념과 근면성을 발달시키는 요인이 된다. 에릭슨은 근면성을 '인간관계적 능력감'으로, 개인적·사회적으로 의미 있는 목표를 추구하는 가운데 사회 환경에 보다 적극적인 영향력을 발휘할 수 있다는 자신감이라고 하였다.

반면 반복적인 실패의 경험과 주변의 낮은 평가는 열등감과 부정적인 자아개념을 형성하게 만든다. 이 시기 아동이 긍정적인 자아개념과 근면성을 발달시킬 수 있도록 하기 위해서는 교사는 아동에게 적절한 수준의 도전과제를 제시함으로써 실패보다 성공감을 경험할 수 있는 학습 환경을 조성할 필요가 있다.

⑤ 5단계: 정체감 대 역할 혼미(12~20세)

청소년기는 급격한 심리적, 생리적, 신체적 변화와 함께 새로운 사회적 압력과 요구에 직면하여 혼란을 경험하기도 한다. 또한 청소년들은 자신의 능력과 역할, 책임 등에 대해 의문을 갖고 탐색해보며, 그에 대한 확신을 얻고자 노력한다.

이 시기의 주요 과제는 자아정체감의 발달이다. 정체감은 개인의 능력, 요구, 신념 등을 일관된 자아상으로 통합하는 것을 말하며, 앞으로의 직업과 배우자 선택 시 결정적인 역할을 한다. 그러나 정체감이 형성되지 못하거나 상실하게 되면 역할혼미에 빠지게 되며, 자신의 장래, 진로 및 직업선택 등의 결정에 있어 혼란을 경험하게 된다. 즉, 자신에게 맞는 직업을 선택하지 못하거나 학업을 계속하지 못하는 문제를 겪을 수 있다. 또한 이들은 포기를 잘하며 인내심이 부족하고 독단적이고 배타적인 경향을 보인다. 이 위기를 성공적으로 넘기면 스스로 약속한 대로 충실할 수 있는 능력인 성실성, 즉 사회적 관습, 윤리, 가치를 지각하고 이를 지키는 능력이 발달하며, 실패할 때는 불확실성을 초래한다.

⑥ 6단계: 친밀감 대 고립감(20~40세)

이 시기에 성인들은 타인으로부터 공유된 정체감을 찾게 되고, 이러한 관계를 통하여 타인과 친밀한 관계를 형성하게 된다. 에릭슨은 청년기에 자아정체감을 형성한 경우 타인과의 친밀한 관계 형성이 쉬우나, 자아정체감의 상실이나 역할 혼미가 있었던 경우에는 타인과 만족스러운 관계를 형성하기 어렵다고 하였다. 친밀한 관계, 즉 친밀감은 타인에 대한 배려, 진심, 신뢰가 동반될 때 가능하다. 친밀감을 발달시키지 못하면 고립감을 느끼고 자아도취에 빠지거나 사회적 관계를 회피하는 경향이 나타난다. 자아도취에 빠지면 직업을 쓸모없는 것으로 여기며, 극단적인 소외의 예로서 반사회적 혹은 정신병리적 성격특성을 나타낼 수 있다. 이 단계의 위기를 성공적으로 해결하면 사랑의 능력이 생긴다. 사랑이란 자신을 타인에게 관여시키고 이 관여를 유지하는 능력이며, 다른 사람에 대한 보호와 존경, 책임으로 나타난다.

⑦ 7단계: 생산성 대 자기침체(40~65세)

에릭슨에 의하면 이 단계에서는 과도한 자기관심보다는 다음 세대를 돌보는데 관심을 두는 것이 심리적으로 건전하다고 한다. 생산성은 직업적인 성취와 자녀양육의 만족스러운 경험, 다음 세대를 위한 봉사와 배려 등을 통해 형성된다. 생산성이 발달하면 다음 세대가 일하며 살아갈 사회지침을 확립하는데 관심을 가지며, 이것은 보호의 미덕으로 나타난다. 생산성이 결핍되면 침체성에 빠진다. 침체성에 빠지면 개인적인 욕구 충족이나 안위가 주된 관심이 되는 자아도취의 상태에 빠지고, 이기적이고 배려심이 부족하여 인간관계에서도 문제가 발생할 수 있다.

⑧ 8단계: 자아통합 대 절망감(65세 이후)

노년기는 신체 노화와 직장에서의 은퇴, 배우자나 친구들과의 사별을 통해 상실감과 심리적 갈등을 경험하게 되는 시기이다. 이러한 갈등은 노인으로 하여금 과거를 돌아보게 하고, 자신의 지난 삶에 대해 후회가 없고 가치 있는 삶을 살았다고 생각하면 자아통합을 이루게 된다. 이들은 죽음을 겸허히 받아들여 보다 충실한 삶을 살고자 한다. 그러나 자아통합에 실패할 경우 절망감에 빠지게 된다. 절망감에 빠지면 자신의 삶을 후회스럽고 무가치하게 여기며, 죽음을 지혜롭게 받아들이지 못한다.

5) 콜버그의 도덕성 발달이론

(1) 주요 개념

콜버그(L. Kohlberg, 1927~1987)는 도덕성 발달을 인지 발달의 한 양상으로서 파악한다. 즉, 도덕성은 도덕적인 상황에서 옳고 그름을 판단할 수 있는 능력이라고 본다. 따라서 도덕성은 인지적 발달을 전제로 하며, 도덕교육에 있어 학생들에게 규칙과 덕목을 가르치기보다 도덕적 사고나 판단능력을 길러주어야 한다고 주장하였다.

콜버그는 10~16세 사이의 소년들을 대상으로 '하인즈 이야기'라는 도덕적 갈등상황을 제시한 다음, 그에 대한 소년들의 반응을 기초로 도덕성 발달단계를 3수준의 6단계로 구체화하였다. 그는 도덕적 딜레마에 대해 '예', '아니오'의 양분식 반응보다 '그러한 상황에서 어떻게 하겠는가?', '왜 그렇게 해야 하는가?'를 질문하여 반응을 분석하고 유아에서 성인기까지 도덕적 추론의 발달을 이론화하였다.

도덕적 딜레마에 대한 이야기
-하인즈가 약을 훔치다

유럽의 한 마을에 특수한 종류의 암으로 죽어가는 여인이 있었다. 의사의 생각으로는 여인을 구할 수 있는 약이 한 가지 있는데, 그것은 라디움의 일종으로 같은 마을에 사는 약사가 발견한 것이었다. 약사는 약을 만든 값의 10배인 2,000달러에 팔고 있었다. 여인의 남편인 하인즈는 그 약사에게 아내의 약을 구하기 위해 절박한 상황을 말하고, 그 약을 제발 싸게 팔거나 나중에 약값을 지불할 테니 약을 달라고 부탁하였다. 그러나 약사는 이 약을 힘들게 개발했고 자신은 돈을 벌어야 하기 때문에 부탁을 들어 줄 수 없다고 하였다. 그리하여 하인즈는 부인을 위해 약국 유리창을 깨고 무단으로 침입하여 약을 훔쳐서 나왔다. 하인즈가 한 일은 정당한가? 아니면 부당한가? 만일 정당하다면 왜 그러하며, 부당하면 그 이유는 무엇인가?

콜버그는 학생들의 도덕적 추론능력 혹은 도덕적 판단능력을 기르기 위한 방법으로 소집단 토론수업을 제안하였다. 아동의 도덕적 판단단계에 맞게 소집단을 구성하여 아동들이 도덕적 문제 및 도덕적 가치갈등에 대해 토론해봄으로써 자신의 도덕적 관점을 점검해보고 다른 사람의 관점과 비교해볼 수 있는 기회를 갖게 된다. 또한 좀 더 상위의 도덕적 사고에 노출되면, 자신의 도덕적 사고와 다른 사람들의 사고를 비교하여 도덕적 사고를 재평가하게 된다. 이러한 과정을 통해 보다 상위수준의 도덕성으로 이행될 수 있다고 보았다.

(2) 도덕성 발달단계

① Ⅰ수준: 전인습적 수준

전인습이란 사회의 인습이나 규칙을 정확하게 이해하지 못함을 의미한다. 이 수준의 도덕적 판단은 도덕적 행위가 자신에게 미치는 결과에 의거한다.

- 1단계: 처벌 회피 및 복종에 의한 도덕성

이 단계에 해당하는 아동은 행위의 결과가 벌인가 보상으로 주어지는가 혹은 행위를 강요하는 사람이 누구인가가 행위의 옳고 그름을 판단하는 준거가 된다. 따라서 아동은 벌을 피하거나 권위자에게 무조건 복종하는 그 자체가 가치로운 것이 된다.

- 2단계: 욕구충족의 수단으로서 도덕성

이 단계에서는 자신과 타인의 필요나 욕구를 충족시켜 주는 행위이면 옳다고 판단한다. 그러나 이 단계의 인간관계는 일종의 교환관계로서 자신에게 이익이 될 때에만 타인의 욕구를 고려한다.

② Ⅱ수준: 인습수준

이 수준에서는 타인과의 상호작용을 고려한 사회지향의 도덕성으로 발전한다. 타인의 인정을 얻기 위해서 또는 사회질서 유지를 위해서 규칙과 사회적 규범을 지켜야 한다고 생각한다.

• 3단계: 대인관계의 조화를 위한 도덕성

이 단계에서 도덕적 판단의 핵심은 타인의 신뢰와 인정이다. 다른 사람을 돕거나 기쁘게 해주는 행위를 하면 다른 사람들이 나를 인정해 줄 것이며 그것은 옳은 일이라고 생각한다. 이 단계는 충성심과 다른 사람의 기대에 부응하는 것을 중시한다는 점에서 착한 소년–소녀지향(good boy-nice girl orientation)이라고도 한다.

• 4단계: 법과 질서유지로서의 도덕성

이 단계에서는 개인적인 문제보다 전체를 위한 의무감을 중요시하며 법에 반영된 사회의 의도를 고려한다. 법과 규범을 따르는 것은 그것이 사회질서 유지에 필요하기 때문이라고 판단한다.

③ Ⅲ수준: 후인습적 수준

이 수준은 개인이나 사회적 차원을 넘어 추상적이고 일반적인 원리에 비추어 도덕적 판단을 내리는 수준이다. 자신의 가치관과 도덕적 원리원칙이 자신이 속한 집단과 별개임을 깨닫게 되면서 개인의 양심에 근거하여 행동한다. 즉, 개인적 양심을 도덕적 판단의 기준으로 삼는다.

• 5단계: 사회계약 정신으로서 도덕성

법은 여러 사람이 함께 살아가기 위해 동의한 사회적 장치이며, 만일 법이 사람들이 필요로 하는 바를 충족시켜 주지 못한다면 언제든 변경될 수 있어야 한다고 생각한다. 즉, 법의 사회적 유용성에 대한 합리적 고려에 따라 법이 바뀔 수도 있다고 본다. 그렇기에 모든 사람들에게 공정하게 적용되는 법은 지켜야 할 의무가 있으나 인간의 권리와 존엄성을 위협하는 강요된 법은 부당하며 도전할 필요가 있다고 판단한다.

• 6단계: 보편적 원리 지향

이 단계에서의 도덕성은 자신이 선택한 도덕원리에 따른 양심적 행위가 곧 올바른 행위이다. 도덕원리는 논리적이고 일관성이 있어야 하며 모든 사람에게 적용 가능해야 한다. 그러므로 관습이나 법이 보편적 도덕원리에 위배될 때는 관습이나 법보다 보편적 원리에 따라 행동해야 한다고 판단하게 된다.

표 4-1 하인즈의 행동에 대한 도덕발달단계별 반응 예시

단계 1	괜찮다	훔친 약값이 실제로는 200달러밖에 안될 것이다.
	나쁘다	남의 것을 함부로 훔치는 것은 죄가 된다. 약값이 비싸므로 비싼 것을 훔친 만큼 죄가 크다.
단계 2	괜찮다	약국 주인에게 큰 손해를 끼치는 것도 아니고, 또 언젠가 갚을 수도 있다. 아내를 살리려면 훔치는 수밖에 없다.
	나쁘다	약사가 돈을 받고 약을 파는 것은 당연하다.
단계 3	괜찮다	훔치는 것은 나쁘지만 이 상황에서 훔치는 것은 당연한 행동이다. 아내가 죽도록 버려둔다면 비난받을 것이다.
	나쁘다	아내가 죽더라도 남편이 비난받을 일이 아니다. 약을 훔치지 않았다고 해서 무정한 남편이라고 할 수 없다.
단계 4	괜찮다	사람이 죽어가는 마당에 약사가 나쁘다. 아내를 살리는 것이 남편의 의무라고 할 수 있다. 그러나 약값은 반드시 갚아야 하고, 훔친 것에 대한 처벌도 받아야 한다.
	나쁘다	아내를 살리려면 하는 수 없지만, 그래도 훔치는 것은 나쁜 행동이다. 개인의 감정이나 상황에 관계없이 규칙은 지켜야 한다.
단계 5	괜찮다	훔치는 것이 나쁘다고 하기 전에 전체 상황을 감안해야 한다. 이 경우 훔치는 것은 분명 나쁘다. 그러나 이 상황에 처했다면 누구라도 약을 훔칠 수밖에 없을 것이다.
	나쁘다	약을 훔치면 아내를 살릴 수 있지만 목적이 수단을 정당화할 수는 없다. 하인즈가 전적으로 나쁘다고 할 수는 없지만 그렇다고 해서 훔친 행위가 정당화될 수는 없다.
단계 6	괜찮다	법을 준수하는 것과 생명을 구하는 것 중에서 선택을 하라면 법을 어기더라도 생명을 구하는 것이 더 수준이 높은 행동이다.
	나쁘다	암환자는 많고 약은 귀하기 때문에 모든 사람에게 약이 돌아갈 수는 없다. 이 경우에는 모든 사람들이 보편적으로 옳다고 생각하는 행동을 해야 한다. 감정이나 법에 따라 행동할 것이 아니라 한 인간으로서 무엇이 이성적인가를 생각해야 한다.

출처: Shaffer(1993); 송명자(1995). p.287 재인용.

3. 학습자의 특성

1) 인지적 특성

(1) 지능

가. 지능에 대한 전통적 관점

지능에 대한 가장 전통적인 관점은 심리측정적 접근이다. 심리측정적 접근은 인간의 정신능력에 있어서 개인차를 강조하고, 지능을 구성하는 요인들의 개인차와 관련하여 지능을 이해하고자 하였다. 요인이란 다양한 상황에서 사고의 영향을 줄 것이라고 가정되는 정신기능을 의미한다. 예를 들어, 수리요인이 높은 사람은 수 계산과 관련된 과제를 잘 수행할 수 있다. 심리측정적 접근에서는 지능을 개인차를 야기하는 원인으로 간주하고, 지능을 측정하여 지능지수(IQ)로 나타내며, 이를 비교하여 개인차를 밝히고자 한다.

① 스피어만의 일반요인설

스피어만(C. Spearman)은 각종 정신검사를 요인 분석한 결과 지능은 두 개의 요인, 즉, 일반요인(general factor: g요인)과 특수요인(specific factor: s요인)으로 구성되어 있음을 발견하였다. 일반요인은 모든 지적 과제 수행에 관여하는 기초적인 지적 능력이며, 특수요인은 특정한 영역과 관련된 능력이다.

일반요인에 해당되는 것은 경험의 인지, 관계의 추출, 상관의 추출 등이다. 경험의 인지란 한 개인이 경험한 것을 사고와 반성의 과정을 통하여 인지하는 것을 말한다. 관계의 추출은 생각 속에서 두 개 이상의 관념의 관계를 인지하는 것을 말한다. 그리고 상관의 추출은 어떤 성질에 대해 떠오른 관념과 상관된 성질을 말한다. 특수요인은 특수한 학습과 경험에 의해 결정되는 지능으로 언어, 수, 정신속도, 주의, 상상의 5가지이다.

스피어만은 특수능력도 일반정신능력에 의해 결정되므로 정신능력을 측정하려면 일반요인을 파악해야 한다고 하였다. 즉, 일반요인은 모든 지적 과제에 공통적으로 관여하는 능력이므로 일반요인이 높으면 모든 과제 수행에서 높은 점수를 얻게 된다는 것이다. 따라서 그는 지적 능력에 있어 특수요인보다 일반요인을 더 우월하게 여겼으며, 지능은 일반요인으로 구성된 단일능력이라고 보았다.

② 서스톤의 기본정신능력

서스톤(L. Thurstone)은 스피어만의 일반요인을 보다 세분화하여, 지능을 7개의 기본정신능력(primary mental abilities: PMA)으로 구성된 중다요인설을 주장하였다. 즉, 인간의 지능은 언어이해 요인, 언어유창성 요인, 공간요인, 수리요인, 지각요인, 기억요인, 추리요인의 7가지 기본정신능력이 종합되어 나타나는 것이라고 보았다.

a. 언어이해요인: 단어와 문장의 의미를 이해하는 능력
예시) 당신에게 3개의 단어가 주어져 있다. 첫 번째와 두 번째 사이에서는 일정한 관계가 성립된다. 세 번째 단어와 일정한 관계가 있는 답을 5개의 보기 가운데서 고르시오.

어두운 : 밝은 = 젖은 : ?
i) 비 ii) 낮 iii) 습기 있는 iv) 바람 v) 건조한

b. 언어유창성: 단어를 빠르게 생각해내는 능력
예시) 4분 이내에 D로 시작하는 단어를 가능한 많이 적으시오.

c. 공간요인: 상징 혹은 도형을 정신적으로 조작하는 능력
예시) 다음에서와 같은 기호에서 영상적으로 거꾸로 보이는 것 아래에 줄을 그으세요.

hp by

d. 수리력: 간단한 산수를 해결하는 능력
예시) 다음의 숫자 집단 중에서 각각의 첫 번째, 두 번째 숫자를 더하여서 세 번째 숫자로 나눈 결과를 밑에 적으시오.

152 376 422 957 261 813 996 882

e. 기억요인: 단어, 그림 등을 기억하는 능력
예시) 다음의 알파벳-숫자로 된 것을 2분 이내에 외운 후 그것을 기억하여 적으시오.

b-11 d-222 h-333 b-44 p-55 q-666

f. 지각요인: 자극을 인식하는 능력
예시) 다음 단어들의 A와 a에 밑줄을 그어보시오.

Aufgabe Bnde Caesar Daumen Einfall Fahrmann Gala

g. 추리력: 원리 혹은 법칙 등을 알아내거나 혹은 논리적 사고를 하는 능력
예시) 다음의 기호를 논리적으로 올바른 식으로 계속 배열해보시오.

XOOOOXXOOOXXXOOXX......

출처: 김청자(2011). 교육심리학의 이해. 동문사.

③ 길포드의 지능구조모형

길포드(J. Guilford)는 지능의 요인구조론을 더욱 발전시켜 3차원(내용×조작×산출)의 지능구조모형(structure of intelligence model: SI)을 제안하였다. 이 모형에 의하면 인간의 지능은 주어진 정보의 내용(content)을 어떻게 조작(operation)하여, 어느 수준까지 산출(product)하느냐의 3차원으로 구조화된다.

그림 4-3에서와 같이 지능은 5개의 내용차원, 6개의 조작차원, 6개의 산출차원을 구성하는 요소들이 상호 조합하여 얻어지는 180개의 서로 다른 하위 정신능력으로 구성된다. 즉, 지능은 우리가 사고하는 내용과 정신적 조작, 그리고 이러한 조작에 의한 결과이다. 길포드의 모형은 그 이론의 복잡성으로 인해 교실 현장의 적용에는 무리가 있으나, 인간의 지능에 대한 관점을 보다 확장시켜 주었다는 점에서 의의가 있다.

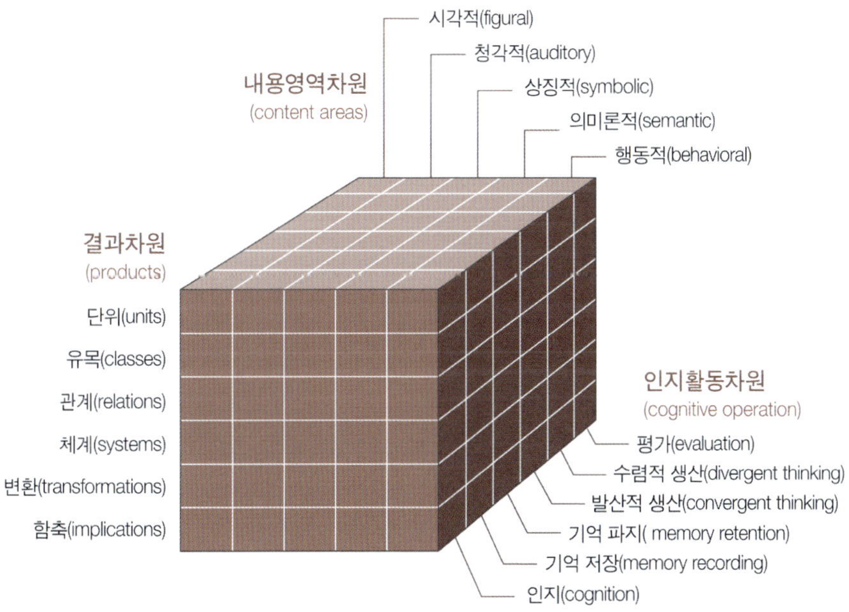

그림 4-3 길포드의 지능구조모형

나. 지능에 대한 현대적 관점

지능에 대한 현대적 관점에서는 지능의 다중성을 강조하고, 지능의 개념을 확장하여 학업성취도 이외에 창의성, 예술적 재능, 정서이해 및 표현능력, 도덕성, 성격, 동기 등을 포함시키고 있는 추세이다.

① 가드너의 다중지능이론

가드너(H. Gardner)에 의하면, 인간의 지적 능력은 단일한 특성이 아니라 서로 독립적이고 상이한 여러 개의 유형으로 구성된다. 또한 그는 기존의 지능이론이 언어적 지능과 수학적 지능에만 초점을 맞추었기 때문에 그 외의 지능이 우수한 아동의 능력을 제대로 개발해주지 못했다고 비판하였다. 특히 그는 개인 간 능력의 상대적 위치를 비교하기보다, 한 개인의 독립적인 지능 프로파일을 찾아내어 그 개인의 지적 강점과 약점을 확인하여 이를 개발·보완해주어야 한다고 주장하였다.

가드너의 이론은 교사가 학급 학생들이 가진 다양한 재능과 특별한 능력을 이해하기 위한 토대를 제공해주었다는 점과 적절한 환경조성과 훈련을 통해 각 개인에게 적합한 교육과정의 구성과 교수방법의 필요성을 촉구하였다는 점에서 의의가 있다.

표 4-2 가드너의 다중지능영역

지능영역	특징	직업군
언어지능	언어를 효과적으로 구사하는 능력	작가, 정치가, 웅변가, 시인, 극작가, 언론인
논리수학지능	숫자를 효과적으로 사용하고 추론하는 능력	수학자, 세무사, 통계학자, 과학자, 컴퓨터 프로그래머
공간지능	시각적, 공간적 세계를 정확하게 지각하는 능력과 지각을 통해 형태를 바꾸는 능력	예술가, 건축가, 실내장식가, 발명가, 지리학자, 항해사
음악지능	음악적 표현형식을 지각, 변별, 변형, 표현하는 능력	연주가, 작곡가, 음악비평가
신체운동지능	신체를 이용하여 생각이나 감정을 표현하는 능력과 손을 이용하여 사물을 만들거나 변형시키는 능력	배우, 운동선수, 무용가, 조각가, 기계공, 외과의사
대인관계지능	타인의 기분, 의도, 동기, 감정 등을 지각하고 식별하고 적절하게 반응하는 능력	정치가, 종교인 교사, 세일즈맨

(계속)

개인내지능	자신에 대한 객관적인 이해능력과 그에 기초하여 적절히 행동할 수 있는 능력	철학자, 소설가, 종교인, 상담가, 임상학자
자연탐구지능	자연친화적이고 사물을 구별, 분류하는 능력, 환경의 특징을 사용하는 능력	생물학자, 과학자, 수의사, 여행가
실존지능	인간의 존재, 삶과 죽음, 희로애락, 인간의 본성 및 가치에 대해 철학적·종교적 사고를 할 수 있는 능력	종교인, 철학자

② 스텐버그의 삼위일체 지능이론

스텐버그(Sternberg)는 기존의 지능이론들이 지능의 근원을 개인, 행동, 상황 가운데 일부에서만 찾으려 했기 때문에 불완전할 수밖에 없었다고 가정하고, 이 세 가지 모두를 고려해야 한다고 주장하였다. 그리하여 지능을 상황적 지능이론, 경험적 지능이론, 요소적 지능이론의 세 가지 하위이론으로 구성되는 삼위일체 지능이론을 제안하였다(표 4-3).

표 4-3 스텐버그의 삼위일체 지능이론

하위이론	개념	구성요소
상황적 지능이론	변화하는 환경에 적응하고 기회를 최적화하는 능력	• 적응: 기존 환경에 자신을 맞추는 것 • 조성: 기존 환경을 자신에게 맞도록 변형시키는 것 • 선택: 적응이 가능하지 않거나 조성이 적절하지 않을 때 새로운 환경을 선택하는 것
경험적 지능이론	새로운 생각을 형성하고, 관련되어 있지 않은 사실들을 조합하는 능력	• 신기성: 새로운 상황을 효과적으로 다루는 능력 • 자동화: 익숙한 과제에 대해 효율적이고 자동적인 문제해결능력 및 사고력
요소적 지능이론	새로운 지식을 획득하고 이를 논리적 과제해결에 적용하는 능력	• 메타요소: 활동계획을 세우고 결정한 일의 진행과정을 감독, 조정하고 진행결과를 평가하는 것 • 수행요소: 과제수행에 실제로 이용하는 과정으로서 정보를 부호화하고 기억, 추리하는 것 • 지식획득요소: 새로운 정보획득에 이용하는 과정으로 선택적 부호화, 선택적 조합, 선택적 비교

(2) 창의성

인간의 인지능력에 대한 최근의 연구들은 보다 고차원적이고 생산적인 지적 능력으로서 창의성에 관심을 갖는다. 특히 창의성은 보다 생산적이고 새로운 아이디어와 참신한 사고가 요구되는 현대사회에서 인간의 중요한 지적 능력으로서 강조되고 있으며, 창의성 개발이 학교교육의 중요한 목표로서 간주되고 있다.

창의성(creativity)은 무엇인가 새롭고 독특한 것을 만들어 내는 능력이라고 한다. 길포드는 창의성을 새롭고 신기한 것을 만들어 내는 힘이라고 하였으며, 윤종건(1996)은 기존의 요소로부터 새롭고 유용한 조합을 이루어내는 능력이라고 하였다. 사전적 정의로서 창의성은 새로운 관계를 지각하거나, 비범한 아이디어를 산출하고 또는 전통적인 사고방식에서 벗어나 새로운 방식으로 사고하는 능력이다(서울대학교 교육연구소, 1994).

길포드는 지능구조모형에서 조작차원의 확산적 사고를 창의성으로 간주하고, 창의성을 구성하는 요소로서 다음과 같이 6가지를 제시하였다.

- 유창성: 제한된 시간 안에 가능한 많은 아이디어를 산출하는 능력
- 융통성: 다양한 범주의 아이디어를 많이 산출하는 능력
- 독창성: 단순히 기존 지식을 통합하거나 재구성하는 것이 아니라 새롭고 특이한 반응을 생성해내는 능력
- 정교성: 문제를 세분화하거나 문제의 의미를 명백하게 파악하고 결함을 보완할 수 있는 능력
- 재구성력: 복잡한 문제 상황을 단순화하여 새로운 의미를 부여하고 사물을 구조적이고 기능적으로 관련짓는 능력
- 민감성: 관련되지 않는 자극의 영향을 받지 않고 문제를 있는 그대로 지각할 수 있는 능력

창의성은 누구나 잠재력으로 가지고 있으며, 다만 얼마나 적절한 환경이 조성되고, 훈련이 이루어졌는가에 영향을 받는다. 예컨대, 아동의 자유로운 탐색활동을 방해하고 복종과 순종만을 요구하는 경우, 공상이나 환상을 쓸모없는 것으로 치부하거나 관습적인 혹은 수렴적 사고만을 격려하는 경우, 아동의 창의성은 억압될 수 있다. 여기서는 창의성 개발 기법으로서 브레인스토밍과 속성열거법을 제시한다.

① 브레인스토밍(brainstorming)

브레인스토밍은 각 개인의 창의적인 아이디어의 산출을 위한 자유로운 집단토의법이다. 여기에는 다음과 같은 원리들이 수반된다.

- 평가금지: 산출되는 아이디어에 대해서는 끝날 때까지 평가를 하지 않는다.
- 다양한 아이디어의 산출: 아이디어의 질에 관계없이 가능한 많은 아이디어들이 산출될 수 있도록 한다.
- 결합과 개선: 제한된 아이디어에 새로운 아이디어를 결합시켜 개선 방안을 모색한다.
- 자유로운 사고: 과거의 지식, 경험, 관습 등에 구속되지 않고 새로운 아이디어를 산출하도록 한다.

표 4-4 브레인스토밍에 의한 수업전개의 예시

단계	활동
① 문제의 확인	교사는 수업시간에 다룰 문제를 선정한다. 이때 여러 가지 아이디어가 제시될 수 있는 문제를 선정하도록 한다.
② 집단구성	소집단 또는 전체 학급을 대상으로 지도자와 기록원을 정한다. 이때 결정은 교사가 하거나 학생들이 할 수도 있다.
③ 문제 제시	학생들에게 문제를 제시한다. 미리 큰 종이에 적어 두거나 칠판에 크게 적어둔다.
④ 개인별 브레인스토밍	본격적인 활동에 들어가기 전에 약 2~3분간 학생들 개인별로 주어진 문제에 대한 아이디어를 생각해 보도록 한다. 개인별 활동은 집단 브레인스토밍에 큰 도움이 된다.
⑤ 집단 브레인스토밍	네 가지 원칙을 학생들에게 인식시킨 후 집단 브레인스토밍 활동을 전개한다. 이때 지도자는 활동을 조정하고, 기록원은 제시된 아이디어를 칠판에 기록한다.
⑥ 평가 및 정리	제시된 아이디어를 하나씩 평가한다. 가치나 실용성, 실현가능성 등의 측면에서 아이디어를 검토해 최종적인 아이디어나 해결방법을 결정한다.

② 속성열거법

문제의 대상이나 아이디어의 다양한 속성을 목록으로 작성하여 세분된 각각의 속성에 주의를 돌리는 방법이다. 각각의 속성을 분석하면서 그 속성에 대한 집중적인 생각을 통하여 개선·수정·발전의 탐색을 구한다. 속성열거법의 단계는 다음과 같다.

- 단계 1. 문제를 기술한다.
- 단계 2. 문제를 분석하고 그 속성들을 모두 열거한다.
- 단계 3. 열거한 속성들 중에서 한 번에 하나의 속성을 택해서 어떻게 개선할지 아이디어를 내어본다.
- 단계 4. 검토해서 나온 아이디어 중 최상의 해결책을 결정한다.

2) 정의적 특성

(1) 동기

동기(motivation)는 어떤 행동의 원인으로 작용하여 그 행동을 유발시키고 반복·지속시키는 힘을 말한다. 동기의 개념에 대해 앳킨슨(Atkinson, 1964)은 행위의 방향과 강도 및 지속에 대한 직접적인 영향이라고 하였다. 임규혁 외(2007)는 인간행동 과정에서 행동의 활발성을 증감시키고 행동의 방향을 정해주는 심리적 요인으로서, 개체의 행동을 특정한 목표로 이끌어 내는 내적 충동이라고 하였다. 따라서 동기는 행동의 원천으로서 특정한 목표를 향해 나아가는 힘이라고 할 수 있다.

이와 같은 동기의 기능에는 발생적 기능, 지향적 기능, 강화적 기능 그리고 조절적 기능이 있다.

첫째, 발생적 기능은 행동을 활성화시키는 기능을 말한다. 즉, 동기는 목표달성에 필요한 행동이 일어나게끔 하는 기능을 한다.

둘째, 지향적 기능은 행동에 있어서 구체적인 방향을 정하고 목표달성에 적절한 행동을 선택하여 목표를 달성하고자 하는 기능을 말한다.

셋째, 강화적 기능은 목표달성을 통해 긴장감소와 함께 만족감을 느꼈을 때, 이후 동일한 상황에서 동기가 또 다시 유발되어 행동을 일으키게 하는 기능을 말한다.

넷째, 조절적 기능은 목표를 달성하기 위해 자신의 수준 등을 고려하여 적절한 과정과 방법을 선택하여 수행하는 기능을 말한다.

한편 동기의 범주를 내재적 동기와 외재적 동기로 구분할 수 있다. 내재적 동기는 학업을 수행하는 과정에서 개인이 경험하는 가치와 보람, 성취감, 도전감 등으로 그 자체가 보상이 되어 유발되는 동기이다. 외재적 동기는 외부로부터 오는 보상의 결과, 예를 들면, 성적, 물질적 보상, 타인의 평가 등을 얻기 위해서 유발되는 것을 말한다

학업수행과 관련하여 내재적 동기와 외재적 동기의 효과에 있어서 학습 초기나 동기유발이 전혀 안 되는 학습자의 경우 외재적 동기유발을 조성할 필요가 있다. 그러나 외재적 동기에서 출발하더라도 점차적으로 내재적 동기로 향할 수 있도록 지도가 필요하다. 왜냐하면 내재적 동기가 외재적 동기에 비해 더 지속적인 효과가 있으며, 내재적 동기유발이 되는 학습자는 다소 어려운 과제에 직면해도 기꺼이 도전하고, 과제 수행에서 실패하더라도 지속적인 흥미를 보이는 특성이 있다. 반대로 외재적 동기유발이 되는 학습자는 외적 보상이 중단되면 욕구가 저하되고, 낮은 자기 인식을 보이는 경향이 있다.

(2) 자아개념

인간은 누구나 자기 마음속에 자기 스스로를 나타내는 또 다른 자기의 모습을 간직하게 되는데, 이것이 개인의 행동에 영향을 미치기도 하고 그 행동을 결정하기도 한다. 이와 같이 자아개념(self-concept)은 개인이 자신에 대해 갖는 생각, 감정, 신념, 태도 등의 총체를 의미한다.

자아개념은 자신에 대한 타인의 평가와 자신에 대한 자기평가의 상호작용에 의해 형성된다. 중요한 점은 개인의 자아개념은 개인 생활의 중심이 되어 자기 자신은 물론 자신이 접하는 모든 환경을 이해하고 해석하는 준거로서 작용한다는 것이다. 가령 부정적인 자아개념을 형성하게 되면 자신과 주변을 부정적으로 지각할 뿐만 아니라, 이는 개인의 행동과 선택에도 부정적인 영향을 미치게 된다.

자아개념은 유아기 중요한 타인들이 자신을 어떻게 평가하고 자신에게 어떻게 반응하느냐에 따라 영향을 받으며 발달하기 시작한다. 부모의 수용정도와 허용행동의 한계, 자녀에 대한 존중, 부모 자신들의 자아개념 등이 유아의

자아개념 발달에 영향을 미친다.

학동기에 이르면 각종 과제나 시험 등을 통해 자신의 능력을 시험하게 되고 교사, 부모, 동료들에 의한 계속적인 평가가 자아개념의 형성에 영향을 미친다. 예를 들어, 성취와 성공의 경험, 주변의 긍정적인 평가와 인정은 긍정적 자아개념을, 실패의 경험과 부정적인 평가, 주변의 무관심 등은 부정적 자아개념을 형성하게 만든다. 긍정적인 자아개념을 가진 개인은 자신감, 자기존중감, 대인관계능력 등이 높은 특징을 보이며, 반대로 부정적인 자아개념을 가진 개인은 열등감, 자기 비하감, 고립감 등의 특성을 보이는 것으로 나타났다.

따라서 학습자의 긍정적 자아개념 형성을 위해서는 적절한 개입이 필요하다. 첫째, 가능한 성공과 성취의 경험을 제공한다. 둘째, 자신에 대해 부정적인 말보다 긍정적인 말을 하도록 유도한다. 셋째, 긍정적인 학습환경을 조성한다. 이를 위해 학습자는 자신의 능력에 따라 학습목표를 정하고, 교사는 긍정적 피드백과 학습자에 대해 높은 기대수준을 가지고 있어야 한다.

제 5 장

교육과정 & 교과서

교육과정은 무엇을, 어떻게 왜 가르칠 것인가를 탐구하는 분야로서, 교육에 대한 여러 생각과 의도를 실제 교육과정 속에 구현시키기 위한 일련의 활동들이 이루어진다. 교육과정을 정의하는 것은 쉬운 일이 아니지만 가장 일반적인 정의는 '경주로(race course)'를 의미하는 교육과정(curriculum)의 라틴어 어원인 쿠레레(currere)에서 찾아볼 수 있다. 사실 많은 학생들에게 있어 학교 교육과정은 달려야 할 경주로이자 넘어야 할 일련의 장애물(교과)인 것이다. 교육과정은 보는 관점에 따라 다양하게 정의되어 왔다. 교육과정을 어떻게 정의하느냐에 따라 교육과정의 목표와 내용 그리고 방법에 있어서의 강조점이 달라지며, 이는 근본적으로 지식, 사회, 학생을 보는 시각의 차이에 기인한다. 따라서 여기에서는 교육과정의 개념, 관점, 개념모형에 따라 교육과정의 모습이 어떻게 달라져 왔는지를 살펴보고 교육과정의 유형, 개발모형, 개발단계, 나아가 교육적 의도를 구체화시키기 위한 교육과정 개발과정과 이후 지금까지 우리나라 교육과정 개정의 변천을 살펴보고, 마지막으로 교과서개발 및 활용을 살펴봄으로써 교육과정에 대한 이해를 돕고자 한다.

1. 교육과정의 개념

1) 교육과정의 정의

교육과정은 좁게는 교육기관에서 제공하는 코스라는 사전적인 의미에서부터 넓게는 학습지도 계획, 학생들의 학교생활 경험이라는 의미까지 다양하다. 이러한 교육과정 정의를 몇 가지로 정리해 보면, 우선 교육과정은 교과목이나 거기에 담긴 내용으로 정의된다. 20세기 초반 이전까지만 하여도 교육과정이라고 하면 '교수요목', 즉, 학교에서 가르치는 교과목을 의미하는 것이었다. 이후 교육과정은 '학교의 지도하에 학생들이 가지게 되는 모든 경험'으로 정의되었다. 학교에서 제시하는 교과들의 목록이나 교수계획표에 나타나는 것이 아니라 학생들이 실제로 학습하는 것, 학생들에 의해 경험되는 것으로 정의하게 된 것이다.

또한 교육과정은 '계획된 활동'으로 정의되기도 한다. 문서 속에 담긴 교육 목적과 교육내용의 체계, 그리고 이를 효과적으로 전달하기 위한 교육방법, 교육평가, 교육운영 등에 대한 종합계획으로 교육과정을 정의하는 것이다. 마지막으로 교육과정은 '의도된 학습결과'로도 정의된다. 이는 계획으로서의 교육과정의 관점에 결과의 측면을 추가로 강조함으로써, 계획의 실천과정 속에서 교과내용의 어느 범위와 어느 수준의 성취를 겨냥한 것인지를 분명하게 하려는 것이다.

이와 같이 교육과정은 보는 관점에 따라 매우 다양하게 정의된다. 오직 한 가지 정의만이 옳다고 고집하는 것은 전체를 보지 못하는 잘못을 범할 수 있을 것이다.

2) 교육과정의 관점

첫째, 교육과정의 주요 목적을 교육내용의 전달에 두는 전달입장(transmission position)이다. 여기서 교육의 기능은 전통적인 교수방법으로, 교과를 숙달하게 함으로써 사회에서 필요한 기본 기능과 문화적 가치와 관습 등을 획득시키고자 하는 것이다.

둘째, 교섭입장(transaction position)이다. 이 입장에서 개인은 합리적이고 지적인 문제해결을 할 수 있는 존재이며, 교육은 대화과정을 통해 지식을 재구성하는 학생과 교육과정 간의 대화로 이해된다. 여기에서의 교육목적은 합리적인 지성의 발달, 문제해결 능력의 발달에 있다. 이 입장의 철학적 뿌리는 듀이(J. Dewey)의 실용주의이며, 피아제(J. Piaget)의 인지발달이론에 심리학적 뿌리를 두고 있다.

셋째, 변형입장(transformation position)이다. 이 입장은 개인적·사회적 변화에 초점을 맞춘다. 교육과정과 학생은 총체적 방식으로 서로 영향을 준다. 이 입장이 추구한 목적은 자아실현과 사회참여이다. 역사적으로 이 입장은 두 개의 다른 사고의 흐름과 연결된다. 하나는 루소(J. Rousseau)의 낭만적 요인이며, 두 번째 흐름은 학교는 사회적, 정치적 최첨단에 있어야 한다는 것으로 애플(M, W. Apple), 프레이리(P. Freire)와 같은 저술이 이 입장을 반영한다. 이 패러다임은 철학적으로는 선험론 및 실존주의의 다양한 형태와 연결되며,

심리학적으로는 인본주의 심리학에 기초하고 있다.

교육과정 관점을 학교 교육과정이 추구하는 지향점을 중심으로 분류한 학자로는 맥네일(J. D. MeNeil)과 아이즈너(E. W. Eisner)가 있다. 한편, 70년대에 들어와서 파이너(W. F. Pinar)는 연구방법론을 중심으로 교육과정 연구를 전통주의, 개념-경험주의, 재개념주의로 나누고 있다. 전통주의는 과학적 경영원칙을 교육에 적용하고자 하였으며 효율성을 강조한다. 이는 교육과정의 이론적 차원보다 개발과 같은 실제적인 업무에 유용한 방법과 절차들을 처방하는 데 관심이 있으며, 실용주의적 전통과 타일러(R. W. Tyler)의 모형을 계승하고 있다. 개념-경험주의는 경험 과학적인 방법을 교육과정에 적용시켜 교육과정 현상을 체계적으로 연구하고자 하며, 변인과 변인들의 관계를 확인, 인지, 기술하려고 시도한다.

재개념주의는 종래 교육과정 연구와 활동이 실제적이고 기술공학적 접근에 너무 치중해 온 것을 비판하면서, 교육과정을 다시 분석·판단하여 재개념화하고자 한다.

재개념주의를 한마디로 설명하기는 힘들지만 이는 대체로 유럽의 이론적 전통인 실존주의, 현상학, 정신분석, 네오막시즘에 근거하고, 이념적, 가치적, 비판적인 논의방식을 취한다. 교육과정의 이론과 실제가 심각하게 괴리되어 있다는 비판에 대하여 클레인(M. F. Klein, 1992)은 "교육과정이론과 실천 간의 간극은 그랜드캐넌만큼 떨어져 있다"는 말로서 그러한 상황을 단적으로 나타내고 있다. 그는 이론가와 실천가 집단의 적대적이고 소원한 관계 때문에 이론은 실천가들에 의해 거의 활용되지 않고 있음을 지적하고 있다. 그는 이러한 괴리의 이유로 두 집단 모두 교육 실제의 변화보다는 현상유지를 원하고 있으며, 개선에 대한 보상이 미흡하고, 학교문화가 변화를 싫어한다는 점, 이론가와 실천가가 사용하는 언어가 달라 이론가들의 전문적 용어의 사용이 실천가들에게 쉽게 이해되지 않는다는 점을 들고 있다. 또한 학자와 실천가들은 관심분야가 다르다는 점도 이유의 하나이다. 교육과정은 그 특성상 이론과 실제가 분리되어 생각될 수 없는 긴장관계에 있다. 이론이 실제의 반성으로부터 만들어지고 다시 실제에 적용되는 순환적이고 상호작용적인 관계로 인식될 때, 이론과 실제의 간격은 좁혀질 수 있을 것이다.

3) 교육과정 개념 모형

교육과정은 그것이 결정되는 수준에 따라 수업수준, 기관수준, 국가 및 사회적 수준으로 구분되기도 하고, 교육과정이 진행되는 순서에 따라 공약된 목표로서의 교육과정(의도된 교육과정), 수업 속에 반영된 교육과정(전개된 교육과정), 학습성과로서의 교육과정(실현된 교육과정)으로 구분되기도 한다.

(1) 계획된 교육과정

계획된 교육과정은 문서 속에 담긴 의도된 교육과정으로서 학교에서 공식적으로 가르치는 교과서를 비롯하여 교수-학습자료, 국가수준의 교육과정 문서, 시·도 교육청의 교육과정지침, 학교의 교육방침 등이 이에 속한다.

(2) 전개된 교육과정

학교 또는 교실에서의 교육활동은 공식적인 문서와 다르게 이루어지는 경우가 많다. 교실에서 교사가 실제로 가르치는 것, 즉 교사에 의해 해석되어 실행된 교수활동이 바로 실천으로서의 교육과정이다. 교사는 공식적 교육과정을 자신의 지식, 신념, 태도를 중심으로 해석하여 재구성해서 가르치므로 공식적 교육과정과는 다른 모습으로 전개된다.

(3) 실현된 교육과정

동일하게 계획되거나 전개된 수업상황 속에서도 학생들은 자신의 여러 조건, 즉 학습능력이나 경험배경, 교육적 필요에 따라 서로 다른 교육적 경험을 하게 된다. 서로 다른 교육적 경험의 결과, 학생들은 서로 다른 산출물을 드러내 보인다.

(4) 영 교육과정

영(零) 교육과정이란 실제로 선택되지는 않았지만 선택되었으면 하는 교과나 경험, 공식적인 교육과정에 속하지 않아 가르쳐지지 않는 많은 교육목표와 교육내용을 가리킨다. 기독교 학교에서 창조론은 가르치고 진화론을 가르치지 않았다면, 그리고 냉전시대 공산주의 국가에서 시장경제체제의 장점을 제대로 가르치지 않았다면 이것이 바로 영 교육과정이라고 할 수 있다.

(5) 잠재적 교육과정

잠재적 교육과정은 학교 및 교사의 계획과는 무관하게 학교생활을 통하여 학생들이 얻게 되는 경험과 이로 인해 나타나는 결과를 가르킨다. 즉, 잠재적 교육과정은 학교의 물리적 조건, 제도적 및 행정적, 사회 및 심리적 상황을 통하여 학생들이 가지는 경험 중 교과에서 계획하지 않았지만 은연중에 가지게 되는 경험을 말한다. 예를 들어, 수학 선생님이 싫어 수학이 싫어졌다면 이는 의도하지 않은 경험에 해당된다.

2. 교육과정의 유형

교육의 역사나 교육과정 개발사를 살펴볼 때 교육과정과 관련된 결정을 하는데 있어서 기본이 되는 세 가지 중심 축은 교과, 사회, 개인(또는 학생)이다.

1) 교과중심 교육과정

교과중심 교육과정의 관점에서 볼 때, 학교는 기본적인 내용을 가르치는 것을 주된 임무로 하는 사회적 기관이다. 교과중심 교육과정에서의 교육목적은 문화유산을 전달하는 것이며, 여기에서 교과란 교수목적으로 문화유산을 체계적으로 조직해 놓은 조직체이다. 교과중심 교육과정에서는 교육받은 사람이라면 누구나 알아야 하는 사실, 기본지식과 기능, 전통적 가치 등에 초점을 맞추고 있다. 예를 들어, 중세 7자유교과(문법, 수사학, 논리, 대수, 기하, 음악, 천문학)의 중요성은 그 내용이 아니고 그 내용을 담고 있는 형식이라는 것이다. 이러한 것은 내용과는 무관한 일반적인 능력들이므로 전이가 가능하다고 본다.

교과중심 교육과정은 문화유산 전달에 적합한 교육과정이며, 체계적인 지식획득이 가능하다는 장점이 있다. 또한 평가와 측정이 용이하며, 친숙한 교육과정이라는 점에서 교사와 학생 및 학부모에게 안정감을 준다는 것도 교과중심 교육과정의 장점이라 할 수 있다. 그러나 다른 한편으로 교과중심 교육과정은 교사중심의 수업을 강조함으로써 수동적 학습태도가 형성될 수 있고, 단편적 지식주입 위주의 수업이 되기 쉬워 비판적·창의적 정신능력의 함양이 어려우며, 학생의 흥미와 필요는 물론 사회문제와도 유리될 수 있다는 비판을 받고 있다.

2) 경험주의 교육과정

경험주의 교육과정은 실용주의 철학적 배경을 갖고 있는 진보주의에 기초해 있다. 진보주의는 1910년에서 1950년 사이에 학교 안에서 일어났던 일련의 변혁을 지칭하는 말로서 교육을 보다 실용화하려는 목적을 가진 일종의 새교육 운동이었다.

경험중심 교육과정에서 추구하는 교육목적은 아동이 성장·발달하도록 돕는 것이며, 당면한 문제를 해결할 수 있는 능력을 길러주는 것이다. 따라서 교육내용은 일상생활의 경험으로부터 도출되어야 하며 사회적으로 유용한 것으로 조직되어야 하고 문제해결에 활용되어야 한다. 그렇기 때문에 교육은 아동이 이미 가졌던 경험으로부터 나온 교과로 시작해야 된다. 교육과정은 개인의 계속적인 성장을 도와줄 수 있는 상황들을 중심으로 조직되어야 한다. 교사는 통제관리자가 아닌 학습촉진자 혹은 학습을 돕는 일종의 자원으로 활동해 줄 것이 기대되며, 학습활동에서는 사실적 정보나 용어의 회상보다 현실세계 속의 과제를 처리할 수 있는 능력을 강조한다.

이러한 경험중심 교육과정은 생활인을 육성할 수 있고, 학생의 필요와 흥미에 적합한 내용을 다루며, 능동적인 학습태도를 함양할 수 있다는 것과 문제해결력, 탐구력, 창의력 등 고차원의 정신기능을 함양할 수 있다는 장점이 있다. 그러나 다른 한편으로는 체계적인 지식과 기능을 등한시하기 쉬우며, 교육과정 조직상 논리적 체계가 부족하다는 비판을 받는다. 이외에도 교사자질에 많이 좌우되며, 많은 시설과 설비가 요구되며, 시간·경제적인 측면에서 볼 때 효율성이 떨어진다는 점도 단점으로 지적되고 있다.

3) 학문중심 교육과정

학문중심 교육과정에서 추구하는 교육목적은 지력의 개발(수월성의 함양)과 탐구능력의 배양이며, 교육내용은 지식의 구조(structure of knowledge)를 핵심으로 하여 조직한다. 브루너(Bruner)가 말하는 '지식의 구조'는 '학문의 기저를 이루고 있는 일반적 아이디어', '기본 개념', '일반적 원리'를 가리킨다(이홍우, 1992: 73). 예컨대, 메뚜기 떼가 이동할 때 그 진로의 온도 때문에 메뚜기 떼의 밀도가 조절된다. 산에서 사는 곤충들은 종류에 따라 일정한 양의 산소를 선택하여 움직여 다니는데, 산의 높이에 따라 산소의 양이 다르므로 곤충의 종류 사이에 교접이 불가능하게 되고, 따라서 종족의 순수성이 유지된다. 이러한 생물학적 현상은 '향성'이라는 기본적 개념에 비추어 이해된다(이홍우 역, 2007: 7).

학문중심 교육과정에 의하면 모든 교과는 기본 구조를 가지고 있으며, 교과의 구조란 그 교과의 기저를 이루고 있는 일반적 아이디어, 원리, 기본개념을 말한다. 교과의 구조를 파악한다는 것은 한 가지 현상을 여러 현상과의 관련에서 이해할 수 있게 된다는 것이다. 따라서 지식의 구조를 학습하면 다른 상황에 전이가 잘 되고, 다른 내용의 이해를 쉽게 해주며, 기억이 오래가고, 고등지식과 초보지식과의 간격을 쉽게 좁힐 수 있다는 이점이 있다.

학문중심 교육과정의 장점으로는 전이도가 높은 지식을 정선하여 가르칠 수 있으며, 지식의 구조를 계열적으로 파악하는 것이 용이하고, 탐구정신을 함양할 수 있다는 점을 들 수 있다. 또한 학습자의 내적 동기를 중시하고, 저학년부터 교과의 기본구조에 의한 교육이 가능하며, 기본개념 학습으로 새로운 지식을 생산할 수 있다는 점도 장점이라고 할 수 있다. 단점으로는 정의적 측면의 교육에 소홀하기 쉬우며, 아동의 요구와 흥미 및 사회의 요구가 무시되기 쉽다는 점을 들수 있다. 또한 교육내용 선정 시 지식의 구조에 대한 합의의 어려움과 능력이 중상 이상 되는 학생들에게 적당하며, 지식의 구조만으로 복잡한 사회적응이 곤란하다는 점도 단점으로 지적될 수 있다.

4) 인간중심 교육과정

인간중심 교육과정에서는 학습자 개개인의 자아실현을 추구한다. 그러나 인간중심 교육과정은 분명하고 구체적인 문서화된 계획을 얻기는 힘들다. 그 이유는 인간의 행동특성들이 대부분 정의적 영역에 속해 있고, 또한 이는 잠재적 교육과정에 더 많이 포함되는 영역이기 때문에 표면적 교육과정의 문서화된 계획과 같은 것을 만들어 내기는 힘들다.

인간중심 교육과정은 학습활동에서 아동의 자유를 강조하고 개별화 학습을 가능하게 하지만, 한편으로는 학습자마다 독특한 학습경험을 가질 수 있는 교육과정은 현실적으로 불가능하며, 지나친 개인중심이 될 가능성이 있다는 점이 문제점으로 지적되고 있다.

3. 교육과정 개발

교육과정 개발이란 바람직한 교육목표의 성취를 위해 가르치고 배우는 과정 중에 동원되는 여러 관련 요인들을 체계적으로 조정하며 매개가 되는 교육환경을 구조화하는 일이다. 대부분의 국가들은 중앙집중적인 교육과정체제나 지방분권적인 교육과정체제를 선택했을 때 수반되는 결함을 최소화하기 위하여 이들 사이의 다양한 절충점을 채택해 왔다. 그러나 점차 중앙집중적인 교육과정 개발로는 지역, 학교, 학습자의 특수성에 부합되는 다양한 교육과정 운영이 어렵다는 점, 그리고 교육과정의 표준화와 운영의 획일화를 증진시킨다는 점이 단점으로 지적됨에 따라 학교중심 교육과정 개발이 강조되는 추세이다.

1) 교육과정 개발모형

대표적인 교육과정 개발모형으로는 타일러(R. Tyler)의 합리적 개발모형(혹은 목표 모형, 고전적 모형, 수단–목적모형으로 불리워지기도 함)을 들 수 있다. 타일러(1949)는 그의 저서 『교육과정과 수업의 기본 원리』(Basic Principles of Curriculum and Instruction)에서 교육과정을 개발하거나 학습지도 계획을 세울 때 고려해야 할 네 가지 기본적인 요소를 제시하였다.

그가 제시한 교육과정의 기본요소와 그것들 간의 관계를 그림으로 나타내면 다음과 같다.

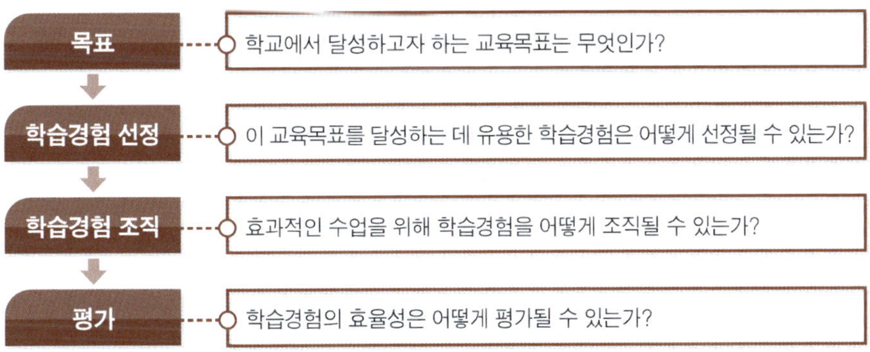

그림 5-1 타일러의 교육과정 개발모형

(1) 교육목표: 학교는 어떤 교육목표 달성을 위해 노력해야 하는가?

교육은 인간의 행동양식을 변화시키는 과정이며, 이때 행동은 외현적인 행위뿐만 아니라 사고나 감정까지 포괄하는 넓은 의미에서의 행동을 의미한다. 그렇다면 교육목표는 학교가 학생들에게 일으키고자 하는 행동변화의 종류를 나타내는 것이어야 한다(Tyler, 1949: 5-6). 타일러는 이러한 교육목표를 결정하는 데 유용한 정보로 활용될 수 있는 자료로서 학습자에 대한 정보, 학교 밖의 당대 사회에 대한 정보, 교과 전문가들의 견해, 철학, 학습심리학의 다섯 가지를 들고 있다.

(2) 학습경험 선정: 소정의 교육목표 달성을 위해 어떤 교육적 경험이 제공될 수 있는가?

타일러가 말하는 학습경험이란 어느 한 교과목의 내용이나 교사의 지도활동과 같은 것이 아니고, 학습자와 그를 둘러싸고 있는 환경 속의 여러 외적 조건 사이에서 벌어지는 상호작용을 의미한다.

(3) 학습경험 조직: 소정의 교육적 경험을 효과적으로 조직하는 방법은 무엇인가?

타일러에 따르면, 교육과정을 조직할 때 우리가 고려해야 할 측면이 두 가지가 있는데, 그것은 수직적 조직과 수평적 조직이다. 수직적 조직은 학습 내용들 간의 종적 관계를 고려하여 시간적 순서에 따라 순차적으로 배열 조직하는 것이고, 수평적 조직은 학습내용의 어느 한 영역과 다른 영역 사이의 횡적 관계를 고려하여 나란히 배열 조직하는 것이다. 타일러는 학습경험의 수평적·수직적 조직을 위해 반드시 고려하여야 할 세 가지 기준을 제시하고 있는데, 그것은 계속성, 계열성, 통합성이다.

(4) 평가: 의도한 교육목표가 달성되었는지 아닌지를 판단하는 방법은 무엇인가?

타일러는 교육의 전체 과정 속에서 평가의 역할과 기능을 강조한다. 타일러는 필요에 따라서 작품평가, 질문지, 관찰 기록, 면접 등을 평가의 방법으로 사용할 것을 권하고 있다. 그러나 이러한 도구들은 다른 사람이 사용하더라도 같은 결과가 나올 수 있도록 객관적으로 마련된 것이어야 한다.

타일러의 모형은 질문에 대한 직접적인 답을 하기보다는 이 문제를 해결하기 위해서는 어떤 절차를 거치는 것이 필요한가를 제시하고 있다. 그의 모형은 어떤 목표를 추구해야 하는지가 명백히 제시되어 있지 않으며, 교육과정 구성요소의 고정된 계열을 강조함으로써 교육과정 개발활동에서 발생하는 상호관계를 과소평가하였다는 점이 비판받고 있다. 그렇지만 모든 교과와 어떠한 수준의 교수에서도 적용될 수 있으며, 따르기가 쉽고 논리적이고 합리적인 것으로 보여지는 일련의 절차를 제공한다는 점에서 많은 영향을 미쳐 왔다.

2) 교육과정 개발단계

(1) 교육목표 설정

교육목표는 교육의 방향을 지시하는 것으로, 교육활동을 통하여 달성하고

자 하는 학습자 행동의 변화를 의미한다. 교육목표는 교육내용이나 방법, 평가의 근거가 되는 것이므로 가장 먼저 설정되어야 한다. 학습자에 대한 연구, 사회의 요구조사, 교과전문가의 제언으로부터 잠재적 목표를 구성한 다음, 이것이 학습심리학과 교육철학의 체를 통해 걸러지면 명세적 교육목표가 수립되는 것이다.

교육과정의 목적과 목표 설정을 위해 필요한 객관적 자료는 일반적으로 학습자에 대한 정보, 사회에 대한 정보 그리고 지식(교과)에 대한 정보로 구분된다.

① 학습자에 대한 정보

학습자에 대한 정보는 인지발달이론, 도덕성발달이론, 정서발달이론, 인구통계학적 자료, 학생 생활기록부 등 다양한 자료를 통해 수집될 수 있다. 그러나 교육과정을 개발할 때 무엇보다 중요하게 고려되어야 할 정보는 학습자 개인의 요구나 필요에 대한 분석자료이다. 학습자의 요구는 실제 생활의 모든 영역에 대한 조사를 통해 수집될 수 있다. 학습자의 필요는 육체적 유형, 사회심리적 유형 및 교육적 유형[2]으로 구분할 수도 있다. 학습자의 육체적 필요는 운동, 휴식, 영양, 건강 등과 관련된다.

학습자의 사회심리적 필요는 애정, 수용, 인정, 소속감, 성취, 안정감 등을 가리킨다. 교육적 유형의 학습자 요구는 일반적으로 국가나 사회의 차원에서의 요구와 무관하지도 않고 무관할 수도 없지만, 그러한 차원에서 요구되는 것과 별도로 학습자가 개인적 차원에서 무엇을 배우고 싶어하는가를 조사하여 교육과정 개발에 반영할 필요가 있다.

② 사회에 대한 정보

타일러는 사회의 요구에 대한 조사를 위해 현대사회생활을, 예컨대 건강, 가족, 여가, 직업, 종교. 소비생활, 시민생활 등으로 구분할 필요가 있다고 말

2) 학습자의 필요를 이와 같이 유형별로 구분하는 것은 P. F. Oliva(2005)를 참고하였다. Oliva(2005)는 이 세 가지 유형 이외에 R. J. Havighurst의 발달과업적 필요를 말하지만, 발달과업적 필요는 단순히 학습자의 필요로만 분류되기 어려운 측면이 있다.

하고 있다(Tyler, 1949: 20). 사회의 요구는 국가, 지역 및 학교 차원으로 구분되어 조사될 수 있다. 국가 차원의 요구는 국가 전체에 걸쳐 원칙상 모든 사람이 공감하는 요구를 말한다. 예컨대, 사고능력의 함양, 기본적인 학습능력(읽기, 쓰기, 셈하기 등)의 숙달, 대학 진학이나 취업준비, 교양 등을 말한다. 지역 차원의 요구는 지역 특성에 맞는 요구를 가리킨다. 학교 차원의 요구는 해당 학교의 학생구성원의 특성에 따라 달라질 수 있다. 국가 차원에서 보편적으로 필요로 하는 요구가 무엇인가를 실제 조사하여 국가 차원의 교육과정 개발에 반영하고자 한 시도로 우리나라에서 이루어진 예는 2007년에 처음 수행되었던 국가 교육과정 포럼이다. 국가 교육과정 포럼을 통해서 수렴된 의견은 2009 개정 교육과정에 반영되었다. 또한 2014년과 2015년에는 국가 교육과정 포럼을 전문가 포럼과 현장교원 포럼으로 나누어 총 16회 시행하였고, 이러한 과정을 통하여 수렴된 다양한 의견을 2015 개정 교육과정에 반영하였다.

③ 지식(교과)에 대한 정보

교육과정의 목적과 목표를 설정하는 일은 학교에서 배우고 가르치는 교과를 어떤 방향으로 가르칠 것인가의 문제와 밀접한 관련을 가지므로 각 교과 전문가(학자나 교사)의 요구나 견해에 대한 분석을 필요로 한다.

교과교육과 관련하여 주목할 만한 것은 국외의 많은 국가들이 '역량중심 교육과정'을 설계하여, '핵심역량'을 중심으로 가르치고 있다는 사실이다. 핵심역량이란 개인의 행복과 사회의 발전을 위해 모든 사람이 기본적으로 갖추어야 하며, 삶의 다양한 영역에서 중요하게 사용될 수 있는 역량에 해당하는 것이다. 이러한 핵심역량들은 인지적 기능, 태도, 동기, 정서와 기타 여러 사회적 특징들로 구성된 복합체이다(이광우, 전제철, 허경철, 홍원표, 김문숙, 2009: 15).

표 5-1은 2015 개정 교육과정 총론 문서에 제시된 여섯 가지 핵심역량의 명칭 및 의미를 보여준다.

표 5-1 2015 개정 교육과정 핵심역량

역량	의미
자기관리 역량	자아 정체성과 자신감을 가지고 자신의 삶과 진로에 필요한 기초 능력과 자질을 갖추어 자기 주도적으로 살아갈 수 있는 능력
지식정보 처리 역량	문제를 합리적으로 해결하기 위하여 다양한 영역의 지식과 정보를 처리하고 활용할 수 있는 능력
창의적 사고 역량	폭넓은 기초 지식을 바탕으로 다양한 전문분야의 지식, 기술, 경험을 융합적으로 활용하여 새로운 것을 창출하는 능력
심미적 감성 역량	인간에 대한 공감적 이해와 문화적 감수성을 바탕으로 삶의 의미와 가치를 발견하고 향유하는 능력
의사소통 역량	다양한 상황에서 자신의 생각과 감정을 효과적으로 표현하고 다른 사람의 의견을 경청하며 존중하는 능력
공동체 역량	지역 · 국가 · 세계 공동체의 구성원에게 요구되는 가치와 태도를 가지고 공동체 발전에 적극적으로 참여하는 능력

출처: 교육부(2015: 2).

(2) 교육내용 선정과 조직

교육내용이란 교육과정 목표를 달성하기 위해 학교에서 가르치고 배우는 대상을 가리킨다. 일반적으로 교육내용을 선정할 때 고려해야 할 준거를 열거하면 다음과 같다(L. Brady, 1992: 111-116).

① 타당성(validity): 교육내용은 가능한 한 참이어야 하고, 교육목표달성에 도움을 주는 것이어야 한다.

② 중요성(significance): 학문을 구성하는 가장 본질적인 것들로 교육내용을 선정해야 한다. 선정된 내용은 그 학문의 탐구방법을 반영하는 것이어야 한다.

③ 흥미(interest): 학습자에게 흥미로운 내용이어야 한다.

④ 학습가능성(learnability): 학생들의 능력을 고려하여 교육내용을 선정해야 한다.

⑤ 사회적 실재와의 일치성(consistency with social reality): 문화를 이해하고 변화의 본질과 그 시대의 가치를 고려해야 한다.

⑥ 유용성(utility): 학생이 삶을 살아가는 데 유용한 내용이어야 한다.

선정된 교육내용은 계열성, 계속성 그리고 범위, 통합성 등을 고려하여 조직되어야 한다. 또한 교육 내용의 조직은 수직적 조직(종적 조직)과 수평적 조직(횡적 조직)으로 구분된다. 예컨대, 초등학교 5학년 국어에서의 경험과 6학년 국어에서의 경험 사이의 관계를 생각한다면 이것은 수직적 조직을 염두에 두는 것이다. 5학년 지리에서의 경험과 5학년 역사에서의 경험 사이의 관계를 생각한다면 이것은 수평적 조직을 생각하는 것이다.

교육내용 조직의 기준에는 계속성, 계열성, 통합성 등이 있다.

계속성(continuity)은 교육과정에 들어 있는 중요한 개념이나 기술이 각 학년에 반복적으로 제시되는 것을 말한다. 즉, 계속성은 선정된 학습내용을 학생능력에 따라 반복함으로써 학습의 누적적 효과가 나타나도록 내용을 조직해야 하는 것이다.

계열성(sequence)은 계속성을 포함하면서도 그것을 넘어서는 것이다. 즉, 계열성은 교육과정의 중요한 기술이나 개념이 계속해서 반복학습될 수 있도록 조직해야 하지만, 그와 더불어 해당 기술이나 개념의 폭과 깊이가 더해질 수 있도록 조직해야 한다는 것을 의미한다. 다시 말하면, 계열성은 경험의 중복이 아니라 동일한 경험이 연속적으로 점점 더 높은 수준의 경험으로 확대되고 깊어지는 것을 말한다. 즉, 계열성은 교육내용이 제시되는 순서를 말하는 것으로, 학습자가 어떤 내용을 먼저 배우고 어떤 내용을 나중에 배우는가를 결정하는 것이다.

통합성(integration)은 교육과정 계획 내에 포함된 모든 형태의 지식과 경험을 연결하는 것을 말한다. 예컨대, 수학에서의 계산능력은 과학과 사회에서도 마찬가지로 활용될 수 있는 능력이며, 언어에서의 글쓰기 또한 모든 과목에서 사용될 수 있는 중요 능력이라고 볼 수 있다. 통합성은 수평적인 계속성의 문제로서, 교육내용의 관련성을 바탕으로 교육내용들을 하나의 교과나 단원으로 묶는 것을 말한다. 교과의 통합적 운영이 갖는 교육적 가치는 지식의 폭발적인 증가로 인해 교육내용을 선정하는 일이 더욱 어려운 문제가 되고 있으므로, 교과별로 상호 관련되는 내용을 묶어 제시함으로써 필수적인 교육내용을 선정하는 데 도움을 준다는 것이다.

우리나라의 경우 제5차 교육과정부터 통합에 대한 논의가 있어 왔으며, 초등학교 1, 2학년에는 소위 통합 교육과정이 개발·적용되고 있다. 모든 지식이 통합되는 '총체적 통합'이 이루어지도록 교육내용을 조직하는 것은 현실적으로 불가능하다. 무엇보다 중요한 것은 우리가 교육과정을 개발할 때 자연과학적 지식과 인문학적 지식의 통합, 교과의 지식과 학생의 삶과의 통합 등과 같이 학교에서 가르치는 지식이 학생의 경험 속에서 의미 있게 통합되도록 교육 내용을 조직하는 것을 염두에 두어야 한다는 사실이다.

(3) 교육평가

교육평가는 학습자의 학습성과뿐만 아니라, 수업평가와 교육과정 평가도 포함하는 개념으로서 보다 나은 교육성과와 교육의 질 향상을 위한 계속적이고 종합적인 과정이다.

4. 교육과정 평가

교육목적과 목표설정 및 진술, 교육내용 선정 및 조직, 수업계획에 대한 안내 및 진술이 모두 이루어지면, 교육과정 개발에서 마지막 남은 것은 평가와 관련된 것이다.

1) 다양한 평가모형

1930년대 진보주의 진영에서 이루어졌던 '8년 연구'[3]를 통해, 평가는 단

3) '8년 연구는 1930년 미국 진보주의교육협회 연차 학술대회가 계기가 되어 고등학교와 대학 간의 협약에 의해 시작되었다. 협약의 주요 내용은 고등학교 측에서는 진보주의 교육 관점을 기반으로 자유롭게 교육과정을 운영하되 대학입학 지원자의 학습 관련 자료를 대학에 제시하겠다고 약속한 것이고, 대학측에서는 고등학교에 요구하던 기존의 교과나 이수 단위 규정을 면제해주고 고등학교가 제시한 평가 자료를 토대로 시험을 치르지 않고 학생을 선발하고자 한 것이다. 전국적으로 30개의 중등학교와 300개 이상의 대학이 참여하였고, 1933년부터 1941년까지 총 8년간 실시하였다. 이 연구기간 동안 학생들의 학습결과를 다각적으로 충실하게 평가하기 위해 새로운 평가도구 개발의 필요성이 대두되었으며, 약 7년 동안 약 200개 정도의 검사도구가 개발되었다. 이 중에는 교과에 대한 학업성취 평가뿐만 아니라 사회적 감수성의 평가, 행동에 대한 평가 등 이전에는 평가되지 않았던 부분에 대한 평가도구가 개발되었고, 이는 평가 영

순히 학업 성취를 측정하는 개념에서 목표에 근거한 평가라는 개념으로 새롭게 정립되었다. 여기서 대표적인 평가 관련 이론 중 과학적 접근법에 속한다고 할 수 있는 타일러(Tyler, 1949)의 목표지향 평가모형, 스터블빔(D. L. Stufflebeam, 1971)의 맥락·투입·과정·결과 모두를 평가하는 CIPP모형과 인본주의적 접근법에 속하는 스크리븐(M. Scriven, 1972, 1973)의 탈목표 평가모형, 아이즈너(Eisner, 1985)의 비평적 평가모형, 스테이크(R. E. Stake, 1967, 2011)의 반응평가모형에 대해 간단히 살펴보고자 한다.

(1) 목표지향 평가모형

목표지향 평가모형은 진보주의자들이 8년 연구를 시행하면서 자신들이 세운 목표를 실제로 얼마만큼 이루었는가를 평가하기 위해 개발되었다. 평가는 목표를 바탕으로 한 평가이어야 하며, 동시에 평가자는 학교가 목표와 전달과정 그리고 결과들이 일치하도록 도와야 한다는 생각에서 시행된 것이다.

(2) CIPP 평가모형

CIPP 모형은 스터블빔(1971)이 제안한 것으로, 그는 1960년대 중반에 미국에서 성행하던 체제 이론과 관리 이론의 영향을 받아들였다. 교육평가는 교육행정가가 올바른 의사결정을 내리는 데 필요한 정보를 제공하고, 그 결정이 갖는 장점과 단점을 파악할 수 있도록 해주어야 한다고 주장하였다.

스터블빔은 조직 내 의사결정은 네 가지의 유형에 따라 단계적으로 이루어져야 함을 제안한다. 이 의사결정 유형은 계획, 구조화, 실행 그리고 결과 단계로 구분된다. 먼저, 계획 단계에서는 조직의 경영목표를 확인하거나 선정하는 등의 의사결정(planning decision)이 이루어진다. 다음으로, 구조화 단계에서는 목표설정에 적합한 절차나 전략을 설계하는 등의 의사결정(structuring decision)이 이루어진다. 실행 단계에서는 구조화 단계에서 결정된 절차나 전략을 행동으로 옮기는 것과 관련된 의사결정(implementing decision)이 이루어진다. 마지막으로 결과 단계에서는 목표가 달성된 정도를 판단하고 의견을

역의 확장을 가져온 계기가 되었다(Wilford, 1942).

제시하는 의사결정(recycling decision)이 이루어진다.

평가는 이러한 네 단계에서의 의사결정을 내리는 데 도움이 되는 정보를 제공하는 기능을 한다. 따라서 네 단계의 의사결정을 위해 이루어지는 평가 또한 네 가지 유형으로 구분된다. 스터블빔이 제안한 평가는 상황평가, 투입평가, 과정평가 및 산출평가로 구성된다. CIPP모형은 상황평가(Context evaluation), 투입평가(Input evaluation), 과정평가(Process evaluation) 그리고 산출평가(Product evaluation)의 첫 글자를 따서 만들어진 이름이다.

먼저, 상황평가는 계획 단계의 의사결정에 도움이 되는 정보를 제공하기 위한 평가로 주로 구체적인 상황이나 환경적 여건을 파악한다. 다음으로, 투입평가는 구조화 단계의 의사결정에 도움을 주기 위한 것으로 현재 어떠한 산물이 투입되고 있고 앞으로는 어떠한 산물이 투입되어야 하는가를 파악한다. 과정평가는 실행 단계의 의사결정에 도움을 주기 위한 것으로 구조화 단계에서 수립한 전략이 실행되는 과정에서 고려해야 할 점, 발생가능한 사건 등을 파악한다. 마지막으로 산출평가는 결과 단계에서의 활용을 위한 것으로, 전체 과정을 통해 산출된 결과의 가치를 판단하는 데 도움이 되는 정보를 수집한다(그림 5-2 참조).

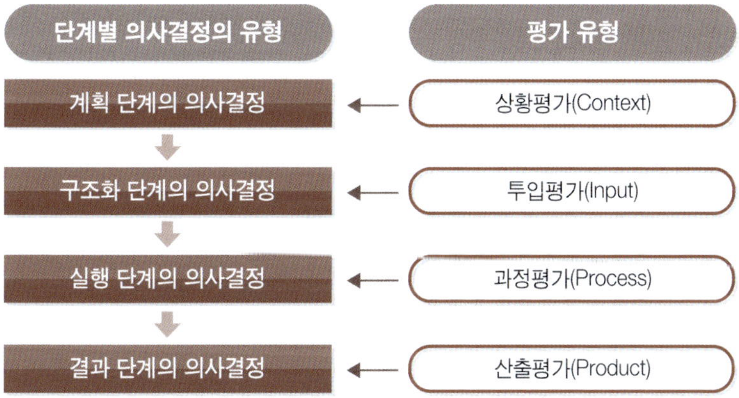

출처: 김재춘 외(2002). p.198.

그림 5-2 스터블빔의 CIPP 모형

(3) 탈목표 평가모형

스크리븐(Scriven, 1972, 1973)은 탈목표 평가(goal-free evaluation)를 주장하였다. 목표 지향적 평가자들이 목적에 관계 있는 평가도구를 개발하기 위해 교육과정 목표를 분석하고자 했던 반면, 탈목표 평가자들은 평가를 위한 현장답사 이전에 목표를 알려고 하지 않는다. 탈목표 평가자들은 현장의 교육을 주의 깊게 살피며 광범위한 정보를 모으고, 그들이 찾아낸 것을 해석하고 평가한다.

(4) 비평적 평가모형

아이즈너(Eisner, 1985)가 개발한 평가의 한 형태인 비평가모형(connoisseurship evaluation)은 예술에서 이미지를 얻은 것이다. 회화, 오페라, 연극, 영화 등에 대한 비평가가 되려면 우선 감정가가 되어야 한다. 비평이 정당화되려면 비평하는 현상의 유형에 대해 많은 지식과 경험을 가지고 있어야 한다. 좋은 비평가는 미묘한 특질에 대해 인식하고 감상할 줄 알아야 하며, 이에 대해 저술을 하여 다른 이들이 더 많이 알 수 있도록 도와야 한다. 아이즈너는 목표지향평가나 경영적 평가 등의 과학적·기술적 접근을 비판한다. 이러한 평가는 교육 현상을 수량화·단순화시킴으로써 개별 현상의 고유성을 무시하며, 미리 설정한 공통된 목표에 과하게 의존하여 현재 발생되는 현상을 경시하는 동시에, 교육의 개별화와 인간화를 저해하고 교육의 질적인 측면을 경시하게 된다는 것이다.

또한 그는 비평적 평가에서 평가자는 마치 포도주를 맛보고 질을 판단하는 와인 감정가와 같이 교육현상을 보고 교육활동의 질을 판단할 수 있는 교육적 감식안을 지녀야 한다고 한다. 통계적인 설명을 읽는 것보다는 박완서의 소설을 읽음으로써 한국 사회의 변화의 핵심을 더 잘 이해할 수 있듯이, 교육적 비평을 읽은 교육자들은 보고서를 읽는 것 보다 교육에 대해 심도 있는 통찰력을 얻게 된다는 것이다. 선발을 위한 평가 등 평가결과가 주요한 의사 결정에 이용되는 경우에는 자칫 평가의 주관성 등이 문제가 될 수 있다.

(5) 반응평가모형

반응평가(responsive evaluation)는 스테이크(Stake, 2011)가 평가에 대한 종합 실상 평가를 주장하고 몇 년 후에 제안한 평가 이론이다. 종합실상평가에서 그는 교육활동의 전체적인 모습을 평가할 때 평가를 수행하기 이전에 세운 평가 계획을 바탕으로 자료를 체계적으로 수집할 것을 강조한다. 이들의 보고서에는 전통적인 서면 평가나 토론회, 신문기사, 영화, 전시물 그리고 적절한 것은 무엇이든지 포함된다. 이러한 반응평가는 논쟁점과 청중의 관심사에 적합하게 설계된다. 반응적 평가는 비공식적이며 다원적 가치 관점을 받아들이고, 계속적으로 발전하는 설계의 기초로서 청중의 관심과 문제에 집중한다.

5. 우리나라 교육과정의 변천

1) 해방 후 교육과정~제6차 교육과정(1945~1997)

(1) 교수요목기(1945~1954)

1945년 9월 10일 교육에 대한 긴급조치로 9월 24일에 초등학교가, 10월 1일에 중학교가 문을 열어 수업을 시작하자, 군정청 학무국에서는 '교과목 편제와 시간배당표'를 발표하였다. 일제 황국신민을 만드는 수신과, 일본사, 일본어 등이 폐지되고, 일제 잔재를 불식시키고 평화와 사회적 질서를 강조하며 민주시민을 기르는 공민, 국사, 한국어가 교수되었다.

미 군정청 학무국에서는 '교수요목 제정위원회'를 조직하여 교수요목을 제정하는 한편, 교과서를 편찬하는 일에 착수하였다. 교수요목은 교과의 지도 내용을 상세히 표시하고 기초능력을 배양하는 데 주력하였으며, 교과는 분과주의를 채택하였고 체계적인 지도와 지력의 배양에 중점을 두었다. 또한 홍익인간의 교육이념에 입각하여 애국애족의 교육을 강조하였으며, 일제 잔재를 시급히 제거하는데 각별한 노력을 하였다. 그러나 당시의 교수요목은 이를 제정하는데 충분한 시간적 여유가 없었으므로, 각 교과별로 가르칠 주제를 열거한 데 불과하였다.

(2) 제1차 교육과정(1954~1963)

1954년 4월 20일 「각급 학교 교육과정 시간배당 기준령」이 공포되었고, 그 후 1년여의 연구를 거쳐 1955년 8월 1일에 각급 학교 '교과과정'이 공포되었다. 여기서 주목할 것은 교과과정이라는 용어를 사용한 점인데, 이는 당시의 교육과정 개념이 '교과중심 교육과정'이었음을 분명히 말해주는 것이다. 이 시기의 교육과정의 특징은 전쟁으로 인한 도덕적 타락을 극복하기 위하여 도의교육에 총 이수시간 중 연 35시간 이상을 이에 할당하도록 한 점이다. 또한 학생들의 민주적 시민의식, 직업준비 및 이용후생, 취미와 개인 성장을 강조한 특별활동에도 시간을 배당하기 시작했다.

(3) 제2차 교육과정(1963~1973)

제2차 교육과정의 특징은 경험중심 교육과정이다. 교육과정 문서는 보다 체계화되어 총론과 각론으로 나누어 구성되었다. 교육과정은 교과와 반공도덕, 특별활동으로 구성되었다. 교육과정의 내용면에서는 자주성, 생산성, 유용성을, 조직면에서는 합리성을, 운영면에서는 지역성을 강조하였다. 1968년에는 「국민교육헌장」이 제정·공포되어 부분적인 개정이 있었는데, 이때 반공 이데올로기가 강조되었고 고등학교의 국민윤리는 반공윤리로 개칭되고 단위수가 늘었으며, 교련교과가 신설되었다. 고등학교에는 단위제가 도입되고, 인문, 자연, 직업 과정이 개설되었다.

(4) 제3차 교육과정(1973~1981)

제3차 교육과정의 총론에서는 「국민교육헌장」 이념의 구현을 기본방향으로 삼고 국민적 자질의 함양, 인간교육의 강화, 지식·기술교육의 쇄신을 기본방향으로 한다'라고 밝히고 있다. 이 교육과정은 정치적으로는 유신과업의 추진을, 사회경제적으로는 기술인력의 양성을, 이론적으로는 학문중심 교육과정을 강조하였다. 학문중심 교육과정에서는 지식의 구조와 탐구방법을 익힐 수 있도록 내용의 정선과 체계화가 강조되었다. 또한 이 시기에 주목할 점은 국사가 신설되었고 도덕과가 독립 교과화됨에 따라, 교육과정은 다시 교과활동과 특별활동으로 이원화되었다는 것이다.

(5) 제4차 교육과정(1981~1987)

한국교육개발원에서 연구·개발한 제4차 교육과정은 종래의 교과, 경험, 학문으로 이어지던 교육과정에 보다 미래지향적인 과학교육과 인간중심 교육을 강조하였다. 길러야 할 인간상으로 건강한 사람, 심미적인 사람, 능력 있는 사람, 도덕적인 사람, 주체적인 사람을 제시하였다. 초등학교 저학년에서는 처음으로 통합교육과정이 시도되었다. 고교 교과는 일반계 학생들이 주로 이수하는 보통 교과와 실업계 및 특수목적계 학생들을 위한 전문교과로 구분되었다.

(6) 제5차 교육과정(1987~1992)

제5차 교육과정에서는 급변하는 사회변화에 대응하는 미래지향적 교육과정에 역점을 두고 있다. 개정의 방침으로는 교육과정의 적정화, 내실화, 지역화가 제시되었다.

(7) 제6차 교육과정(1992~1997)

제6차 교육과정은 별도의 교육과정개정연구회를 구성하여 연구·개발하였다. 교육부의 교육과정 개념규정에서도 "제6차 교육과정의 이론모형은 … 제반 이론의 절충적, 종합적 입장으로 접근하였다"라고 밝히고 있듯이 제6차 교육과정의 특징은 여러 교육과정의 개념을 통합한 것이라고 할 수 있다. 종래의 교육과정과 크게 달라진 점은 지역별 수준의 교육과정 개념이 노입된 것이다. 교육과정 결정의 분권화를 꾀함으로써 교육내용의 획일성, 경직성, 폐쇄성을 해소하고, 지역과 학교의 재량권을 확대하려는 노력을 하였다.

2) 제7차 교육과정(1997~현재)

1997년에 고시되어 2000년에서부터 2004년까지 연차적으로 적용된 제7차 교육과정은 사회적 변화의 흐름에 대응할 수 있는 기본능력과 자기주도력을 기르는데 초점을 두고 있다. 특히 시장경제의 논리를 대폭 수용하여 교육수요자 중심교육과 이에 걸맞은 교육과정 편성 운영체제를 취하였다.

제7차 교육과정에서는 초등학교 1학년부터 고등학교 1학년까지 10년 동안 국가에서 이수교과와 이수시간을 정해 놓은 국민공통기본교육을 실시하도록 규정하고 있다. 이에 비해 고교 2~3학년에서는 선택중심 교육과정을 적용하도록 하였다. 10년 공통기본과정은 국민교육의 기초를 강화하고자 하는 것이고, 고교 2~3학년 선택과정은 학생의 능력, 적성, 진로에 따라 학생 스스로 과목 선택을 하게 함으로써 다양한 유형의 교육과정 운영과 학생 개인별 교육과정 편성 그리고 진로에 따른 학습의 심화가 가능하도록 하였다.

또한 학교와 학생의 재량활동 시간을 확보하고 시·도 교육청 수준의 교육과정 편성과 운영상의 조정기능을 강화하며, 단위학교 수준의 교육과정 편성 및 운영의 자율성을 확대함으로써 교육과정 편성과 운영에 있어서 현장의 자율성을 추구하고자 하였다. 나아가 학생의 학습능력과 학습요구에 대응하는 교육기회를 다양하게 제공하기 위하여 수준별 교육과정을 도입하였다.

3) 제7차 교육과정 개정안

교육인적자원부는 시대 상황에 맞게 현행 교육과정을 개정 보완하려는 의도로 2007년 2월 23일에 제7차 교육과정 개정안을 발표하였으며, 확정된 개정안은 2009년부터 2013년에 걸쳐 초·중등학교에서 단계적으로 적용하기로 하였다.

주요 변경 내용은 주 5일 수업제에 따른 수업시수의 일부 조정, 국가경쟁력을 높이기 위한 과학적 기초 소양 교육과 주변국의 역사왜곡에 대응하고, 국제화 시대에 적합한 역사의식을 함양하기 위한 역사교육의 강화, 교과의 효율적인 운영을 위한 교과 집중이수제 도입과 교육과정 편성·운영에 있어서의 단위학교의 재량권 확대 등을 특징으로 하고 있다.

6. 교과서 개발 및 활용

교육과정이 학교교육의 기본 설계도(함수곤, 2000: 2)라고 한다면, 교과서는 그 설계도에 맞게 학교교육이라는 건물을 지을 때 사용하는 가장 중요한 건축자재에 해당한다고 볼 수 있다.

1) 우리나라 교과서 개발 개요

대통령령 제26703호 일부 개정(2015.12.15.)의 내용을 중심으로 교과서 관련 용어와 교과서 발행제도에 대하여 살펴보고, 교과용도서 발행현황을 간략히 살펴본다.

(1) 교과서 관련 용어 정리

교과서 관련 용어에 대한 정의는 「교과용도서에 관한 규정」 제1장 총칙 제2조(정의)에 다음과 같이 규정되어 있다.

- "교과용도서"라 함은 교과서 및 지도서를 말한다.
- "교과서"라 함은 학교에서 학생들의 교육을 위하여 사용되는 학생용 서책·음반·영상 및 전자저작물 등을 말한다.
- "지도서"라 함은 학교에서 학생들의 교육을 위하여 사용되는 교사용의 서책·음반·영상 및 전자저작물 등을 말한다.
- "국정도서"라 함은 교육부가 저작권을 가진 교과용도서를 말한다.
- "검정도서"라 함은 교육부 장관의 검정을 받은 교과용도서를 말한다.
- "인정도서"라 함은 국정도서·검정도서가 없는 경우 또는 이를 사용하기 곤란하거나 보충할 필요가 있는 경우에 사용하기 위하여 교육부 장관의 인정을 받은 교과용도서를 말한다.
- "개편"이라 함은 교육과정의 전면개정 또는 부분개정이나 그 밖의 사유로 인하여 교과용도서의 총 쪽수(음반·영상·전자저작물 등의 경우에는 총 수록 내용)의 2분의 1을 넘는 내용을 변경하는 것을 말한다.

- "수정"이라 함은 교육과정의 부분개정이나 그 밖의 사유로 인하여 교과용도서의 문구·문장·통계·삽화 등을 교정·증감·변경하는 것으로서 개편의 범위에 이르지 아니하는 것을 말한다.

(2) 교과서 발행제도

교과서 발행제도는 교과서 편찬 과정에 대한 국가의 관여 방식과 교과서 사용의 필수 여부에 따라 국정제, 검정제, 인정제 및 자유발행제로 구분된다.

'국정제(government-issued textbook system)'는 교과서 사용이 필수인 교과(목)의 교과서를 국가가 직접 제작·발행하고 학교가 의무적으로 사용하는 체제로서, 교과서 편찬계획 및 연구·개발 및 공급을 국가가 권장한다. 국정제를 근간으로 하는 우리나라는 교육부가 교과서의 저작권을 가지며, 국정 교과용도서의 연구·개발은 교육부가 공모를 통해 선정한 기관에서 이루어진다. 이러한 국정제의 장점은 교육 수준과 내용을 국가가 체계적으로 관리하기 쉽고 발행 비용이 저렴하다는 장점이 있지만, 교육을 획일화시킬 가능성이 있다는 단점이 있다. 편찬 계획과 위탁처 결정 및 심의회 구성은 국가가 결정한다. 하지만 연구·개발은 민간이 한다는 점에서 국정제라고 해도 국가가 완전히 통제하는 것은 아니다.

'검정제(textbook authorization system)'는 국가가 교과서 제작에 '간접적으로' 관여하는 제도로서, 국가가 제시한 '편찬상의 유의점'에 따라 집필하여 검정심사에 합격한 경우에만 교과서로 발행될 수 있다는 점에서 교과서 집필과 발행에 국가가 간접적으로 개입하는 체제다. 이것은 민간이 국가의 편찬상의 유의점과 검정기준에 근거하여 교과서를 연구·개발·제작하여, 사후에 권위를 가진 국가의 기관(현재 '한국교육과정평가원')의 심사를 받고 적정한 기준에 합격하여 통과되면 교과서를 발행할 수 있는 제도다.

'인정제(textbook adoption system)'는 민간이 제작·발행한 교과서에 대해 국가의 교육부가 인정한 후 학교에서 선택하도록 하는 제도이다. 우리나라의 인정제는 검정제와 유사한 제도로서, 인정심사도 검정 심사와 유사한 과정을 거쳐 이루어진다. 대부분의 인정업무는 시·도 교육감에 위임된다.

'자유발행제(free issue system)'는 일반 출판물의 출판원칙을 교과서 발행에 적용한 것으로서, 국가가 교과서 저작, 발행 및 채택에 거의 관여하지 않는 제도다. 민간 저작자는 국가의 교육과정과 자신의 학문체계, 학교의 요구 등을 바탕으로 교과서를 저술하여 국가의 공식적인 심의를 받지 않고 발행할 수 있다. 물론 저작자는 교육과정을 준수해야 하기 때문에 완전히 자유방임적인 것은 아니다. 우리나라의 경우 국정제, 검정제 및 인정제가 공존하고 있다.

2) 교과서 활용제도

(1) 교과서 급여제

교과서 급여제는 개인이 교과서를 자신만의 것으로 '소유'하도록 한다는 특징을 지닌다. 일단 교과서가 학생에게 제공되면, 교과서는 학생의 개인적이고 사적인 소유물이 된다. 우리나라 초등학교와 중학교에서는 학생들에게 교과서를 무상으로 급여한다. 따라서 학생들은 매 학기 또는 매 학년 교과서를 무상으로 공급받아 자신의 것으로 소유할 수 있다. 교과서가 자신의 것이기 때문에 학생의 교과서 활용의 자유는 최대한 보장되고, 학기나 학년이 끝나면서 교과서를 다 배운 뒤에는 개인이 자유로이 처분할 수 있다.

(2) 교과서 대여제

교과서 대여제란 교과서를 학생 개인의 소유물로 제공하지 않고, 학생에게 일정기간 활용할 수 있게 빌려 준 다음 반납하게 하는 제도다. 교과서를 개인의 소유물로 인정하기보다는 공동으로 활용하는 공유물로 간주하는 것이다. 교과서가 공유물이기 때문에 여러 해에 걸쳐 또는 여러 학생이 공동으로 사용할 수 있다.

교과서 대여제를 실시하는 나라(미국, 캐나다, 독일, 프랑스 등)의 경우를 살펴보면, 교과서 대여에 서로 다른 두 가지 방식이 있음을 알 수 있다. 첫째, 교과서를 학생에게 대여하여 1년간 관리하면서 사용한 다음 반납하게 하는 방식이다. 둘째, 교과서를 교과교실 등에 비치하여 학생들이 해당 수업시간 동안에 교과서를 빌려 활용하도록 하는 방식이다. 전자는 학년 말에 교과서를 반납해야 하지만, 그 전에는 자신이 교과서를 직접 관리하면서 자유로이 활용한다는 점에서 '장기적인' 대여제라고 볼 수 있는 반면, 후자는 학교나 교사가 교과서를 관리하고 있다가 수업시간 동안 잠시 학생에게 빌려 준다는 점에서 '단기적인' 대여제라고 볼 수 있다.

제 6 장

수업이론과 방법

1. 수업의 이해

1) 수업의 개념

학교현장에서 교수(teaching)와 수업(instruction)은 모두 교사의 가르치는 행위를 지칭하는 말이다. 이 두 용어는 혼용되기도 하고, 학자들에 따라서는 교수를 수업보다 혹은 수업을 교수보다 더 포괄적인 의미로 해석하기도 한다.

먼저 수업을 교수보다 더 포괄적으로 보는 관점에서는 수업은 교수-학습 활동의 설계, 개발, 운영과 평가까지를 포함하며, 교수는 교사가 교실에서 학생들을 가르치는 행위로 제한한다.

수업을 교수의 일부로서 보는 관점에서는 수업은 특정 시간과 장소에서 교사의 가르치는 활동이 구체적으로 진행되는 상태로서 학습지도를 말하며, 교수는 학습지도뿐만 아니라 생활지도, 상담, 학급관리 등 학생들을 가르치고 지도하는 모든 활동을 의미한다. 즉, 교수는 교사가 교육적 의도를 가지고 하는 일체의 모든 활동을 의미하며, 수업은 학습이 일어날 수 있도록 학습자의 내·외적 조건을 체계적으로 조정하는 과정을 뜻한다. 여기서는 교수를 수업보다 더 포괄적인 관점으로 보고, 교수와 수업의 개념을 다음과 같이 정리해 본다(김성진 외, 1990).

첫째, 교수는 학습자에게 전달하려는 내용의 성질이나 자극하려는 학습자 특성의 종류 면에서 수업보다 포괄적인 개념이다. 수업은 주로 학습자의 지적·탐구적 특성을 자극하는 내용을 전달할 때 적용되며, 교수는 학습자의 모든 능력을 자극하는 포괄적인 내용의 전달을 의미한다.

둘째, 교수는 학습자의 변화 중에서 의도적·무의도적인 것을 모두 포함한다는 점에서 수업보다 포괄적이다. 그에 비해 수업은 학습목표의 달성이라는 구체적인 의도를 가지고 이루어지는 활동이다.

셋째, 교수는 교사와 학생 간의 인격적인 상호작용을 전제하는 데 비하여 수업은 반드시 인격적 상호작용을 전제하지 않는다.

넷째, 교수는 교사의 자격으로서 교사가 행하는 모든 것이라 할 수 있으며 학습지도, 생활지도, 학급경영 등의 모든 활동이 포함되므로 매우 포괄적인 개념이다. 그러나 수업은 교수처럼 반드시 교사를 전제로 하지 않는다. 교사가 수업을 할 수도 있으나 프로그램 자료나 시청각 매체 등을 통해서도 수업은 전개될 수 있다.

이상에서 볼 때 수업은 그 내용상의 범위가 교수보다 훨씬 제한적이며, 생활지도나 학급경영은 수업의 개념에서 제외된다. 즉, 수업은 의도하는 학습목표를 달성하기 위하여 체계적·계획적으로 이루어지는 활동이며, 학생들의 학습과정을 지원하기 위한 것이다.

한편 수업에 대한 학자들의 정의를 살펴보면, 가네(R. M. Gagné)는 수업이란 외부에서 학습자의 학습과정을 지원하기 위해 고안된 일련의 사상이라고 정의한다. 즉, 수업은 학습의 내적 과정(정보의 저장 → 인출 수행 → 송환 → 후속학습)이 촉진될 수 있도록 교사가 수업목표에 대하여 주의를 집중시키고 학습과제를 의미 있게 조직하여 학습자의 기존 인지구조와 잘 관련지어 저장하도록 도와주고, 필요할 때 이를 쉽게 인출하여 효과적으로 수행함으로써 긍정적 송환효과를 갖도록 도와주는 활동이다.

코리(S. M. Corey)는 수업이란 개인이 구체적인 조건하에서 또는 구체적인 상황에 대한 반응으로서 특정 행동을 나타나게 하거나, 그 행동에 관여할 수 있게 하기 위하여 그의 환경을 의도적으로 조작하는 과정이라고 하였다. 이 정의에서 특정 행동은 수업목표를, 환경은 학습환경, 즉 외적 조건을 의미한다.

따라서 수업은 학습자가 학습목표를 달성할 수 있도록 학습자의 내적 조건과 외적 환경을 조성해가는 일련의 활동을 의미하며, 그 특징을 다음과 같이 요약할 수 있다(김운삼, 2003).

첫째, 수업은 목적을 가진 계획적인 활동이다. 즉, 수업은 학습자가 달성하기를 기대하는 행동의 목표를 설정해 놓고 이를 위해 계획적으로 전개해 가는 활동이다.

둘째, 수업은 학습자의 외적 환경만을 중요하게 다루는 것이 아니라 학습자의 주의집중, 동기형성, 선행학습 등 내적 환경의 조성도 중요하게 다루어야 한다.

셋째, 수업은 얻어진 결과라기보다는 결과를 낳는 과정이다. 학생들의 주의를 집중시키고, 선행학습 내용을 상기시키는 등의 일련의 체계적인 학습과정을 조직하는 과정이다.

2) 수업의 조건

수업의 효과적인 전개를 통해 그 목표가 달성되기 위해서는 수업과 관련된 여러 조건들, 즉 수업의 변인이 잘 갖추어져 있어야 한다.

던칸과 비들(Duncan & Biddle)은 수업은 교사와 학생과의 역동적 상호작용에 의해 이루어지므로 좋은 수업을 실천하려면 네 가지 요소로서 전조변인, 과정변인, 맥락변인, 산출변인의 역동적 관계를 고려해야 한다고 제안하였다.

첫째, 전조변인은 교사의 경험, 훈련 정도, 특성 등 교수행위에 간접적으로 영향을 미치는 요인이다. 둘째, 맥락변인은 학생, 학교, 지역사회, 학급의 특성 등 교수-학습의 환경요인을 말한다. 셋째, 과정변인은 교실에서 관찰할 수 있는 교사와 학생의 행동요인이며, 마지막으로 산출변인은 교수의 결과로 나타나는 학습자의 지적·사회적·정서적 성장에 대한 즉각적 혹은 장기적인 효과를 말한다.

라이겔루스와 메릴(Reigeluth & Merrill)은 수업의 변인을 조건(conditions), 방법(methods), 결과(outcomes)의 세 가지 범주로 분류하였다.

첫째, 조건변인은 교사에 의해 통제될 수 없는 제약조건을 말한다. 여기에는 교과내용의 특성, 목적, 학습자 특성, 제약조건 등이 있다. 예를 들어, 교과내용의 특성인 교과내용과 구조, 그 목적에 따라 교수전략은 달라진다. 또 학습자 특성으로 적성, 태도, 지속력, 학습동기, 선행학습 여부 등과 제약조건으로서 시간, 기자재, 교수자료, 인원, 재정, 자원 등도 교수방법에 영향을 미친다.

둘째, 방법변인은 서로 다른 조건하에서 다른 성과를 얻기 위한 다양한 방법을 의미한다. 교사에 의해 통제될 수 있는 변인으로 교사가 필요에 따라 조정할 수 있으며, 교사 간 역량의 차이를 드러나게 하는 요인이다. 여기에는 조직, 전달, 관리의 세 가지 전략이 포함된다.

조직전략은 교수내용을 조직하기 위한 기본적인 방법들이 포함되는데, 가르치고자 하는 내용의 범위와 깊이에 따라 교수법을 달리하는 것이다. 전달전략은 교수과정을 이끌어가기 위한 방법에 대한 것으로 전달과 평가, 피드백

전략이 포함된다. 관리전략은 교수과정의 어느 부분에서 어떠한 조직전략과 전달전략의 요소들을 사용할 것인가와 관련된다.

셋째, 결과변인은 수업의 결과를 효과성, 효율성, 매력성의 세 가지 측면으로 분류한 것이다. 효과성은 교수내용을 학습자가 어느 정도 획득하였는가에 의해 측정되며, 특정 교과내용이나 목적의 달성여부와 밀접한 관련이 있다. 효율성은 교수효과가 어느 정도의 노력과 시간, 비용을 들여 나타났는가와 관련이 있다. 그리고 매력성은 학습자가 학습을 어느 정도 계속하기를 원하느냐에 따라 결정된다. 학습자가 교과내용에 대한 흥미나 교수전략을 이해하고 있는 정도도 매력성의 척도가 될 수 있다(임규혁, 2002).

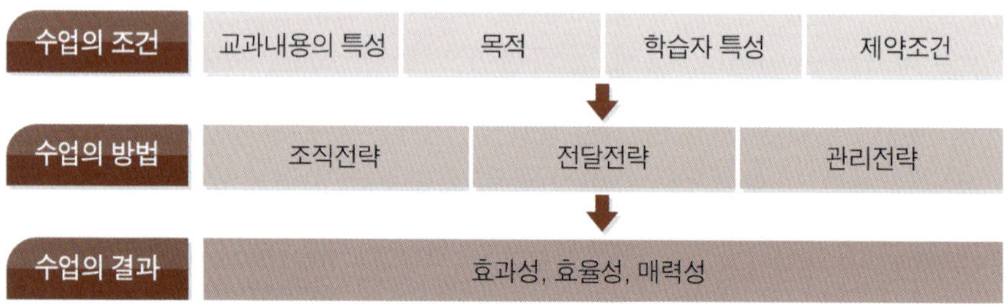

그림 6-1 라이겔루스와 메릴의 수업변인

한편 마이어(H. Meyer)는 선행연구들을 토대로 좋은 수업이 되기 위해 갖추어야 할 객관적인 특징들로 수업의 명료한 구조화, 학습몰두시간의 높은 비율, 학습 촉진적인 분위기, 내용적인 명료성, 의미 생성적 의사소통, 방법의 다양성, 개별적인 촉진, 지능적 연습, 분명한 성취기대, 준비된 환경을 제안하였다(표 6-1).

표 6-1 좋은 수업의 특징

좋은 수업의 특징	내 용
① 수업의 명료한 구조화	수업의 구조, 목적, 내용의 명료성과 연계성, 규칙에 대한 합의, 교사역할의 명확성
② 학습몰두시간의 높은 비율	시간 엄수, 수업의 조직화에 드는 시간의 절약, 순조로운 단계의 전환
③ 학습 촉진적인 분위기	상호 존경, 규칙 준수, 책임 부여, 공정성과 배려

(계속)

④ 내용적인 명료성	납득할 수 있는 과제 설정, 주제적 전개과정의 합당성, 수업결과의 명료하고 구속력 있는 정리
⑤ 의미 생성적 의사소통	계획단계에서의 학생 참여, 토론문화, 의미 회담, 피드백
⑥ 방법의 다양성	풍부한 연출기법, 행동방식의 다양성, 수업진행방식의 변용, 방법적 기본 형식들 간의 균형
⑦ 개별적인 촉진	개별적 학습상태 분석과 상호 조율된 촉진계획을 통해 고위험군에 속한 학생들에 대한 특별한 촉진
⑧ 지능적 연습	학습전략을 스스로 의식하게 함, 명확한 연습과제, 목적지향적인 지원과 연습을 장려하는 틀을 통함
⑨ 분명한 성취기대	교과과정이나 교육기준에 맞는 학생의 성취능력에 합당한 학습내용의 제시, 학업진보에 대한 계속적·촉진적 피드백
⑩ 준비된 환경	질서정연함, 기능적인 실내 배치와 학습도구의 완비

2. 수업모형이론

1) 글레이저의 수업모형

글레이저(R. Glaser)는 수업의 과정을 하나의 체계적이고 조직적인 체계(system)로 보고 수업의 개념적인 모형을 처음으로 개발하였다. 그는 수업의 과정을 네 단계로 구분하여 설명하였는데 이것을 도식화하면 그림 6-2와 같다.

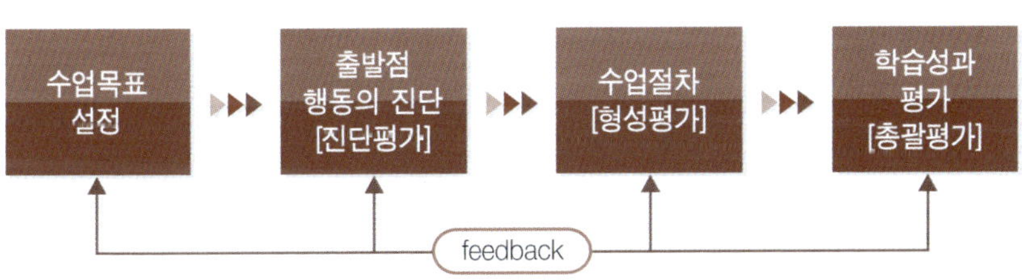

그림 6-2 글레이저의 수업모형

글레이저에 의하면 수업의 과정은 계속적인 의사결정과 수정의 과정이다. 즉, 한 단원의 수업목표가 설정되면 이 수업목표 달성에 관련된 학습자의 출발점행동이 진단되고 그에 따라 학생들에게 어떠한 학습지도가 주어져야 할 것인가가 처방되고 최종적으로 학습지도의 성과를 평가하도록 되어 있다. 그리고 학습성과의 평가를 통해 지속적인 송환효과가 진행되고 수업의 각 단계에서 이루어진 활동에 대한 수정 및 보완의 작업이 이루어진다. 따라서 각 단계는 후속하는 다음 단계의 활동을 결정하며, 모든 단계가 환류(feedback)에 의해 유기적으로 관련되어 상호의존적·보완적 관계를 이루는 것이 특징이다.

(1) 수업목표의 설정

수업목표는 수업을 통해 학생들에게 기대되는 성취행동을 진술한 것이다. 여기에는 학습자 요구와 교과내용의 분석이 포함된다. 수업목표는 수업의 전체적인 방향을 안내하고 수업내용의 선정과 방법 및 평가의 준거가 된다. 수업목표는 학생들의 수준을 고려하되 구체적이고 행동적인 목표, 즉 명세적 수업목표로 진술되어야 한다.

(2) 출발점 행동의 진단

출발점 행동이란 새로운 수업이 시작되는 단계에서 학생들이 가지는 선행학습의 정도를 말한다. 따라서 출발점 행동의 진단은 수업을 전개하기 전에 학습자가 가져야만 하는 선수지식이나 경험의 습득 정도를 평가하는 것이다. 즉, 수업목표의 달성을 위한 사전준비를 어느 정도 갖추고 있는지를 확인하기 위한 진단평가로서 수업에 있어 학습자 특성이나 개인차를 반영하기 위한 것이다. 교사는 출발점 행동에 대한 진단 결과를 토대로 학습결손을 발견하고 적절한 처치방안을 강구할 수 있고, 또 학생들의 개인차를 고려하여 구체적인 지도방안을 모색할 수 있다.

(3) 수업절차

수업목표의 설정과 출발점 행동의 진단이 이루어지면 본격적인 수업활동이 전개된다. 수업절차의 단계는 수업의 과정에서 가장 중심적인 단계로서 교사는 수업계획에 따라 구체적인 교수활동을 전개한다. 이 단계는 크게 학습지도와 형성평가의 단계를 포함한다. 학습지도 단계는 도입 → 전개 → 정리의 단계를 포함하고, 형성평가의 단계는 평가결과에 따른 심화 및 보충학습의 단계를 포함한다.

형성평가는 학습지도의 성과를 학습활동 진행 도중에 점검해 봄으로써 학생들이 무엇을 충분히 이해했고, 이해하지 못하고 있는지를 밝혀냄으로써 어떤 부분에 대한 보완이 필요한지에 대한 정보를 수집하는데 목적이 있다.

(4) 학습성과에 대한 평가

수업종료 후 수업목표에 비추어 학습자의 학습성과를 평가하는 단계이다. 학습자의 학습결과를 종합적으로 평가하는 총괄평가이며, 평가의 결과는 다음 단계의 수업을 위한 피드백으로 활용된다.

2) 캐롤의 학교학습모형

캐롤(J. B. Carroll)의 수업모형은 지적 학습에 작용하는 주요 변인들을 추출한 다음, 그 변인들 간의 상호관계를 기초로 하여 학교학습 방안을 체계화시킨 것이다. 그에 의하면 학습자의 학습의 정도는 학습자가 주어진 과제를 학습하는 데 필요로 하는 시간량에 비추어 실제 학습에 사용한 시간의 비율로 나타낸다. 여기서 학습의 정도는 수업목표에 비추어 실제 도달한 정도를, 학습에 사용된 시간량은 학습자가 능동적으로 학습과제에 주의집중하며 학습에 열중한 시간량을, 그리고 학습에 필요한 시간은 주어진 과제를 완전 학습하기 위해 실제로 요구되는 총 시간량을 의미한다.

그림 6-3의 공식에서처럼 학습에 사용된 시간량과 학습에 필요한 시간량이 같을 때 학습의 정도는 1로서 완전학습이 되며, 반면 실제로 학습에 사용된 시간량이 학습에 필요한 시간량에 비해 적으면 적을수록 학습의 정도는 그만큼 낮아지게 된다.

$$\text{학습의 정도} = f\frac{\text{학습에 사용된 시간(학습기회, 지구력)}}{\text{학습에 필요한 시간(적성, 수업이해력, 수업의 질)}}$$

그림 6-3 캐롤의 학교학습모형

한편 캐롤은 학습에 필요한 시간을 결정하는 변인으로 적성, 수업이해력, 교수의 질을, 학습에 사용된 시간을 결정하는 변인으로 학습기회와 지구력을 제안하였다. 여기서 적성, 수업이해력, 지구력은 개인차 변인이며 학습기회와 교수의 질은 교수변인이라 하였다.

(1) 학습기회

학습기회는 특정과제를 학습할 때 학습자에게 실제로 주어지는 시간을 말한다. 예를 들어, 학교에서 계획한 수업시간의 배정을 들 수 있다. 그러나 학생들은 적성, 수업이해력, 지구력에서 개인차가 있기 마련이므로 모든 학생들에게 동일한 학습기회가 주어지더라도 학습의 정도는 달라질 수밖에 없다. 또 학습기회가 부족하면 학습의 정도는 낮아지고, 너무 지나치면 학습동기가 감소될 수도 있다. 따라서 학습자 개개인의 수준을 고려하여 합리적인 시간 배당이 필요하며 학습기회의 획일성을 지양할 필요가 있다.

(2) 지구력

지구력은 학습자가 스스로 인내를 갖고 학습에 투자하는 시간을 최대화하려는 학습의욕과 태도를 말한다. 지구력은 학습자의 학습동기 및 흥미와 관련되는 변인이다. 학습자가 특정 과제에 흥미를 느끼고, 과제 수행에 동기부여가 되면 보다 적극적으로 과제학습에 몰두하게 된다.

지구력은 학습자에 따라 그리고 동일한 학습자라 하더라도 과제의 종류에 따라 다르게 나타난다. 그러므로 교사는 학습자의 흥미를 고려하여 다양한 학습자료와 방법을 제공하고, 학습동기가 지속될 수 있도록 학습자 개개인에게 적절한 수업전략을 활용할 필요가 있다.

(3) 적성

적성은 최적의 학습조건 하에서 주어진 학습과제를 일정한 수준으로 성취하는 데 필요한 시간의 양을 말한다. 적성이 높으면 학습에 소요되는 시간은 짧아지고 적성이 낮으면 그 시간은 길어진다. 캐롤은 학생 각자가 학습과제를 해결하는데 사용되는 시간의 차이를 적성이라고 하였다. 적성은 학습과제의 종류에 따라 다를 수 있으므로 특정 과제에 대한 학습자의 적성을 높여준다면 학습에 소요되는 시간을 줄일 수 있다.

(4) 수업이해력

수업이해력은 학습자가 수업내용이나 교사의 설명을 이해하는 데 요구되는 일반적인 능력이다. 학교의 수업은 대부분 언어를 매개로 하여 이루어지므로 일반 지능과 언어능력이 복합된 것이라 할 수 있다. 학습자의 수업이해력과 적성과의 차이점은 전자가 일반능력인 반면에 후자는 특수능력이라는 점이다. 즉, 학습자가 수업내용을 이해하는 데 필요한 능력이 있는 반면에, 특수한 성질을 가진 과제에 따라 각각 다른 종류의 적성이 있다는 것이다. 캐롤은 과제의 유형에 따라 적성은 다를 수 있으나, 수업이해력은 다양한 학습에 걸쳐 불변하다고 생각하였다. 그러나 수업이해력은 교사의 수업의 질에 의해 일정 부분 개선될 가능성이 있다.

(5) 수업의 질

수업의 질은 학습과제와 제시단계, 교수방법 등을 포함하여 학습자 개개인에게 학습과제를 효과적으로 제시하고 설명하는 것을 말한다. 수업의 질과 관련된 변인으로 교사 언어의 적절성, 학습자의 수업매체, 학습 자료에 대한 적절한 접근성, 학습과제 제시순서와 순서의 적절성, 수업과제의 적합성 등을 들 수 있다. 수업의 질은 학습자 개개인의 학습능력과 수준을 고려할 때 향상될 수 있으며, 수업의 질이 좋을수록 학습자의 수업이해력과 지구력을 향상시킬 수 있다.

3) 브루너의 수업모형

브루너(J. S. Bruner)는 학습이론이나 발달이론이 기술적인 성격을 갖는다면 교수이론은 처방적이고 규범적이어야 한다고 주장하였다. 즉, 교수이론은 지식이나 기능을 학습자가 성취할 수 있는 가장 효과적인 방법에 대한 원리와 법칙을 제시해 준다는 의미에서 규범적인 성격을 갖는다.

브루너는 지식의 구조를 이해하고 기존의 지식과 새로운 정보를 통합하는 과정을 학습이라고 보았다. 또한 학습의 과정에서 학습자가 일반적인 원리 및 법칙을 이해하도록 교사의 지도와 귀납적 추론을 통한 발견학습을 강조하였다.

발견학습은 학문의 결과보다 사고과정을 중요시하며 학습자에게 교과를 최종의 형태로 제공하는 것이 아니라, 그 최종 형태를 학습자 스스로 조직하도록 요구한다. 이때 교사는 학습자의 인지구조를 파악하고 개념에 맞는 자료를 제시해주며, 학생의 질문에 답을 할 때는 개념의 정의보다는 탐구의 과정을 일깨워주는 안내자의 역할을 해야 한다(박형근 외, 2016).

따라서 발견학습에서 학습자는 능동적으로 학습내용과 지식의 구조를 파악하고, 교사는 새로운 학습자료를 구조화하여 제시함으로써 학습자가 그것을 자신의 지식구조와 관련짓고, 그 속에서 새로운 원리와 법칙을 발견하고 새로운 지식구조로 발전시켜나가게 된다. 이러한 발견학습의 구현에 필요한 네 가지 요소로서 선행경향성, 지식의 구조, 학습계열 그리고 강화가 있다.

(1) 선행경향성

학습의 선행경향성은 학습하고자 하는 의욕 또는 경향성으로 사회계층, 인종과 같은 문화적 특징, 내·외적 동기체제, 그리고 학습자의 개인적 요인들과 관련된다.

선행경향성은 학습자가 학습과제해결을 위한 '여러 가능성을 탐구하려는 경향성'으로 발견학습에서 매우 중요한 요인이다. 따라서 교수활동에서는 이러한 경향성을 극대화시킬 수 있는 조건이 반드시 마련되어야 한다. 그 조건은 다음과 같다. 첫째, 가능성의 탐색을 자극하는 것이다. 둘째, 그 영향을 계속 유지하는 것이다. 셋째, 가능성 탐색의 방향감을 주는 것이다. 그러기 위해서는 선행경향성에 대한 다음 세 가지 가정이 전제되어야 한다.

첫째, 교사와 학생의 관계로서 학습자의 사전 성향 파악은 교사와 학생의 상호작용에 도움이 된다. 수업은 교사와 학생의 상호작용이라는 사회적 관계로부터 출발하는 것이므로, 교사와 학생의 관계를 어떻게 규정하느냐에 따라 학습의 성격이나 학습능력 등에 영향을 미친다.

둘째, 학생들의 학습활동 방식, 유형 및 태도는 사회계층, 성, 연령, 인종 등에 따라 다르므로 교수이론은 이미 주어진 문화적 행동양식의 적절한 활용방안에 중점을 두어야 한다.

셋째, 수업은 학습자의 문제해결능력을 개발하고 촉진할 수 있어야 하며, 이를 위해서는 활동성, 지속성, 그리고 방향성 등이 유기적으로 조화를 이루어야 한다.

(2) 지식의 구조

지식의 구조는 특정 지식영역에 내재되어 있는 가장 기본적이고 핵심적인 개념, 원리, 법칙, 아이디어를 말한다. 특정 영역의 지식을 이해한다는 것은 그 영역과 의미 있게 관련된 것을 받아들이는 방식을 이해한다는 것을 뜻한다. 특정 영역의 지식의 구조를 이해하면 새로운 명제를 산출하며 지식의 조작능력을 증진시킬 수 있다.

지식의 구조는 표현방식, 경제성, 생성력의 세 가지 특징을 갖는다. 여기서 표현방식이란 지식의 구조는 학습자의 발달수준에 따라 다양한 방식으로 표현될 수 있음을 의미한다. 즉, 사물의 활동을 통해 결과를 얻는 작동적 표상(유아기), 그림이나 심상으로 결과를 얻는 영상적 표상(아동기) 그리고 법칙이나 원리에 지배되는 상징체계로부터 나온 상징이나 논리적 명제로 결과를 얻는 상징적 표상(성인기)이 있다. 경제성은 지식의 구조를 학습하면 기억해야 할 정보의 양과 문제해결을 위해 학습해야 할 정보의 양이 줄어든다는 것이다. 생성력은 지식의 구조의 학습은 다른 영역의 학습에의 전이와 적용가능성을 더 크게 만든다는 것이다.

(3) 학습의 계열화

학습의 계열화는 학습자가 학습내용을 이해, 변형, 전이하는 능력을 스스로 발휘할 수 있도록 조직된 학습과제의 제시순서를 말한다. 학습과제 제시순서는 학습과제의 모호성과 난이도를 좌우하게 되며, 학습장면에서 문제해결의 가능성을 탐색하려는 학습자의 의욕과 태도에도 영향을 미친다. 학습의 계열을 결정할 때 고려해야 할 기본 전제는 다음과 같다.

첫째, 모든 학습자에게 적용되는 단일한 계열은 없다. 계열은 학습자의 학습경험, 발달단계, 학습 자료의 성격, 개인차 등에 따라 다르게 조직되어야 한다.

둘째, 학습자의 지적 발달을 고려해야 한다. 일반적으로 학습과제는 작동적 표상수준에서 상징적 표상순으로 나타내는 것이 좋다.

셋째, 적절한 수준의 불확실성과 긴장수준을 유지할 수 있도록 계열을 조직하는 것이 필요하다. 이를 통해 학습의욕과 동기를 유발시킬 수 있기 때문이다.

넷째, 계열을 선정할 때 학습속도, 망각에 대한 저항, 전이 가능성, 표현양식, 학습내용의 경제성 및 생성력 등의 준거를 고려해야 한다.

(4) 강화

강화는 학습결과에 따르는 보상으로 학습 증진에 필요하다. 강화는 내적 보상과 외적 보상으로 구분되는데, 학습자의 학습수행 향상을 위해서는 내적 보상과 외적 보상의 적절한 균형을 맞추는 것이 중요하다. 브루너는 내적 보상에 의한 강화를 더 강조하고 있는데, 내적 보상은 학습의 과정에서 경험하는 만족감과 성취감, 발견의 기쁨 등으로 내적 보상에 의한 강화가 외적 보상보다 더 큰 강화가를 가진다고 보았다.

4) 가네의 학습위계모형

가네(R. M. Gagné)에 의하면 인간의 학습은 단순한 것에서 복잡한 것으로 저차원에서 고차원으로 발전하는 위계를 이루고 있으며, 한 단계의 학습은 다음 단계 학습의 필수적인 선행요건이 된다는 학습위계에 기초를 두고 있다.

가네는 학습에 영향을 미치는 변인들을 언어적 정보, 지적 기능, 인지전략, 태도, 운동기능의 다섯 가지 영역으로 분류하였고, 이 영역들이 각각 학교교육을 통해 길러 주어야 할 학습목표가 된다고 하였다. 또한 이 학습목표의 유형에 따라 학습자 내부에서 진행되는 학습의 과정인 학습자 내적 조건과 수업의 절차를 의미하는 수업의 외적 조건이 달라져야 한다고 주장하였다. 내적 조건은 선행학습, 학습동기, 자아개념, 주의집중 등을, 외적 조건은 자극과 반응의 연결 및 제시방법, 반복과 연습, 강화계획 등을 말한다.

따라서 효과적인 수업을 위해서는 무엇보다 주어진 학습과제를 학습위계에 따라 하위 학습과제들로 분석하고, 학습자가 그 과제를 학습하는데 필요한 선행학습능력, 즉 내적 조건을 어느 정도 갖추고 있으며, 이를 새로운 과제의 해결에 얼마나 재생하여 활용할 수 있는지를 파악하여 이를 토대로 적절한 외적 조건을 마련하여 제시해주어야 한다.

(1) 학습목표의 유형

교수-학습과정을 통해 개발하고 성취해야 할 학습목표를 언어적 정보, 지적 기능, 인지전략, 운동기능, 태도의 다섯 가지 유형으로 구분할 수 있다.

첫째, 언어적 정보는 자신의 생각을 말로서 표현할 수 있는 능력이다. 학습자가 어떤 정보를 올바르게 진술하고 표현하는 것은 중요한 학습목표이다. 특히 언어적 정보는 학교 교과학습에서 큰 비중을 차지할 뿐만 아니라 계속적인 학습을 위해서도 반드시 필요한 능력이다.

둘째, 지적 기능은 문제해결을 위하여 개념과 규칙을 활용하는 것이다. 즉, 무엇을 할 수 있는지 그 방법을 아는 것으로 방법적 지식이나 절차적 지식이라 한다.

셋째, 인지전략은 문제에 대한 새로운 해결방안을 모색하는 것, 즉 자신의 사고나 학습과정을 통제하기 위한 다양한 방법들을 활용하는 것이다. 이 유형은 개념이나 원리를 이용하는 지적 기능의 특수영역으로 개인의 학습, 기억, 사고와 행동을 지배하는 전략적 지적 기능이다. 따라서 인지전략은 개인의 독특한 내적 기능으로 새로운 문제해결에 필수적인 능력이다.

넷째, 운동기능은 단순한 운동반응에서부터 복잡한 운동반응까지를 포함하는 신체적 기능을 의미한다.

다섯째, 태도는 특정 사물이나 인물에 대한 개인의 반응에 영향을 미치는 내적 경향성을 뜻한다.

(2) 학습위계

가네는 다섯 가지 학습목표 유형 중에서 위계가 가장 분명한 영역으로 지적 기능을 강조하였다. 지적 기능은 여덟 가지 하위영역, 즉 신호학습, 자극－반응학습, 연쇄학습, 언어학습, 변별학습, 개념학습, 원리학습, 문제해결학습으로 분류되며, 이들 요소 간의 상호관계는 위계적인 형태로 이루어진다(그림 6-4). 따라서 학습과제는 이 위계에 맞게 순서대로 구성되어야 한다고 하였다.

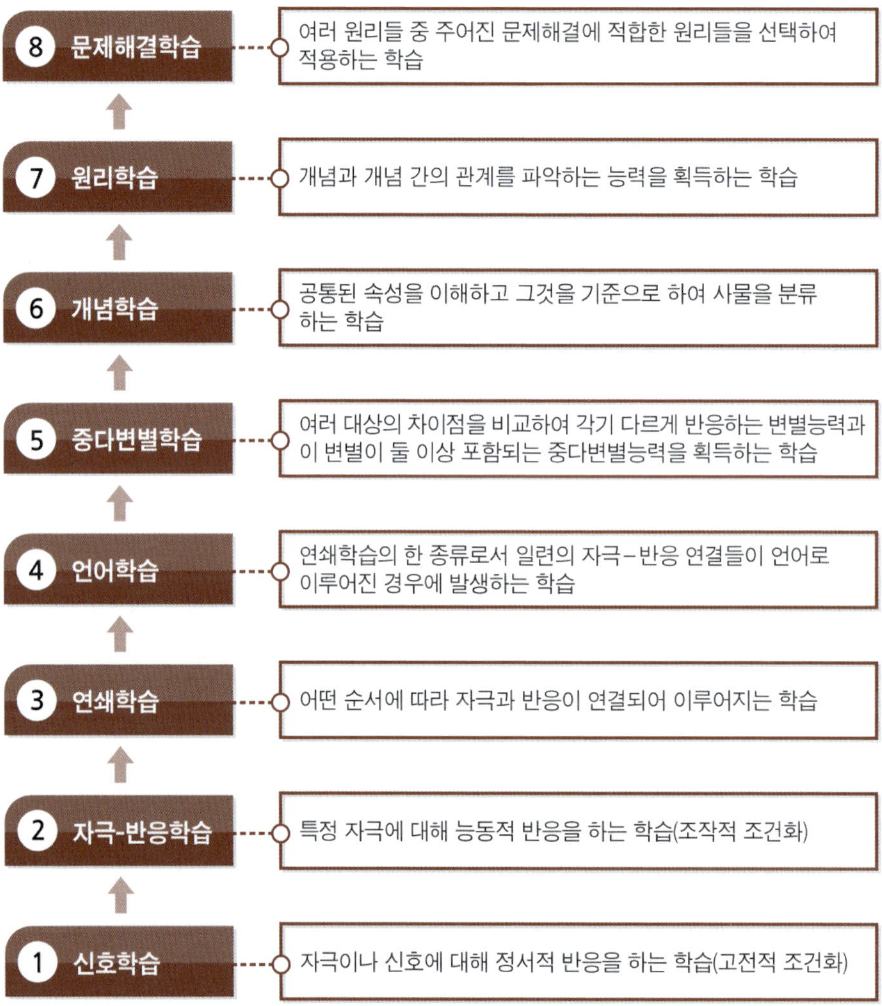

그림 6-4 지적 기능영역의 학습위계

(3) 학습의 조건

가네는 학습목표의 유형에 따라 학습의 조건도 달라져야 하며, 학습의 조건은 학습자 내적 조건과 교사가 제공하는 외적 조건으로 구분된다. 학습자의 내적 조건은 학습자가 학습목표 달성에 필요한 선행학습능력을 갖추고 있어야 함을, 외적 조건은 교사에 의해 외부에서 가해지는 교수 및 환경조건을 의미한다. 효과적인 수업을 전개하기 위해서는 이러한 내적 조건과 외적 조건이 적절히 결합되도록 해야 한다. 다음 표 6-2는 학습목표 유형에 따른 학습조건을 제시한 것이다.

표 6-2 학습목표별 학습의 조건(Reigeluth, 1983)

학습목표의 유형	내적 조건	외적 조건
언어적 정보	• 광범위하게 의미 있는 맥락 회상하기	• 광범위한 맥락에서 새로운 정보 제시하기
지적 기능	• 새로운 기능의 하위요소가 되는 이전에 학습한 기능 • 이전에 학습한 기능을 회상하거나 새로운 형태로 조직하기	• 하위 기능의 회상을 촉진하기 • 수행목표를 제시하기 • 질문, 힌트 등으로 학습을 안내하기 • 학습한 기능을 새로운 사례에 적용하도록 하기
인지전략	• 관련 원리와 개념을 회상하기	• 해결방안이 모호한 새로운 문제상황을 연속적으로 제시하기 • 학생 스스로 문제해결 과정을 시범해 보이기
운동기능	• 운동의 연쇄를 구성하는 요소들을 회상하기	• 수행의 하위단계를 설정하거나 회상하기 • 운동기능을 연습하기
태도	• 목표로 하는 행동과 관련된 정보 및 기능을 회상하기	• 타인에 대한 존중을 설정하거나 회상하기 • 직접 경험 혹은 존경하는 사람의 관찰을 통한 대리적 경험에 따른 개인적 행동의 보상

출처: 허승희 외(2015). 교육심리학. 학지사.

(4) 수업사태

가네는 학습의 과정에서 학습자 내부에서 일어나는 인지처리과정을 분석하여 단위수업시간에 적용할 수 있는 수업사태를 세 가지 범주, 즉, 학습준비, 획득과 수행, 학습의 전이로 나누고 이를 다시 아홉 단계로 구분하였다(표 6-3). 여기서 수업사태란 학습자 내적 학습과정이 잘 진행되도록 외적인 도움을 주는 방법이다.

표 6-3 가네의 수업사태

수업단계	수업사태(내적 조건)	기능(외적 조건)
학습준비	1. 주의집중 2. 기대 3. 자동기억으로 재생	• 학습자로 하여금 자극에 경계하도록 한다. • 학습자로 하여금 학습목표의 방향을 설정하도록 한다. • 선수 학습능력의 재생을 자극한다.
획득과 수행	4. 선택적 지각 5. 의미론적 부호화 6. 재생과 반응 7. 강화	• 중요한 자극특징을 작업기억에 일시적으로 저장하도록 한다. • 자극특징과 관련정보를 장기기억으로 전이시킨다. • 저장한 정보를 재현해서 반응행동을 하도록 한다. • 학습목표에 대해 학습자가 가졌던 기대를 확인시켜 준다.
학습의 전이	8. 재생을 위한 암시 9. 일반화	• 이후 학습력 재생을 위해 부가적 암시를 제공한다. • 새로운 상황으로의 학습 전이력을 높인다.

학습준비는 수업의 도입단계로 학습이 전개될 상황을 조성하여 학습자로 하여금 학습에 참여하게 한다. 획득과 수행은 수업의 전개단계로 새로운 능력이 학습되는 단계이다. 그리고 학습의 전이는 정리단계로서, 새로운 학습목표가 달성된 후 다양한 장면에 적용하고 일반화시킬 수 있도록 하는 것이다.

5) 오수벨의 수업모형

오수벨(D. P. Ausubel)은 교사가 교육내용을 체계적으로 정리하여 학생들이 알기 쉬운 형태로 제시할 경우, 보다 효과적인 수업이 이루어질 수 있다고 주장하였다. 그의 수업이론은 수업의 주된 수단인 교사의 설명방법을 체계화하여 교실학습을 의미 있게 하려는 데 목적을 두고 있다.

수업은 교사와 학생 간에 언어를 매개로 하여 가르치고 배우는 과정이기 때문에 교사의 언어적 설명을 학생들이 이해할 수 있어야 한다. 교사의 역할은 단순히 학습과제를 제시하는 것이 아니라, 이전 학습과제와 논리적으로 관련지어 제시될 때 학생들이 그 과제를 의미 있게 받아들일 수 있다고 한다.

오수벨은 학습을 포섭(subsumption)의 개념으로 설명하고 있는데, 먼저 학습된 선행지식들은 나음에 학습될 지식의 포섭지의 역할을 하게 된다. 포섭이란 학습자의 인지구조에 이미 존재하고 있는 개념이 새로운 개념이나 아이디어를 흡수하여 인지구조에 정착시키는 기억작용을 말한다. 유의미한 학습이 일어나기 위해서는 학습자의 인지구조에 새로운 학습과제와 연결될 수 있는 관련 정착지식이 존재하고 있어야 한다. 관련 정착지식이란 학습자의 인지구조에 이미 형성된 포섭자를 말하며, 이것은 학습과정에서 새로운 개념과 관계를 맺을 수 있는 근거가 된다. 다시 말해 포섭은 유의미한 학습과제를 기존 인지구조에 통합하는 것이며, 새로운 학습과제가 포섭되기 위해서는 인지구조 속에 관련 정착지식이 있어야 한다는 것이다.

(1) 인지구조와 학습과제

오수벨은 언어적 정보 혹은 관념들 간의 관련성이나 결합을 통해서 유의미한 학습이 일어난다고 하였다. 또한 유의미한 학습을 위해 두 가지 변인, 즉 인지구조와 학습과제를 서로 관련짓고 있는데, 학습과제는 학습자의 인지구조와 상관이 있으므로 학습자의 인지구조에 맞게 학습과제를 조직하는 것이 중요하다.

인지구조는 학습자가 지닌 구조화된 개념이나 관념의 집합체를 의미한다. 즉, 학습자가 유용하게 활용할 수 있는 사실, 개념, 원리나 이론 등의 통합된 지식체계이며, 상호계열성과 위계성을 가진다. 즉, 인지구조는 포괄적·추상적인 상위인지와 구체적·사실적인 하위인지로 이루어져 있다는 것이다.

새로운 학습내용이 인지구조에 포섭될 수 있는 관련성이 있으면 학습은 촉진되고, 기존의 지식은 새로운 지식을 포섭하여 지식의 폭을 넓혀간다. 이러한 유의미한 학습이 이루어지기 위해서는 먼저 학습자의 인지구조가 갖추어져 있어야 한다.

한편 새로운 학습과제는 학습자에게 유의미한 것이어야 한다. 과제의 유의미성은 그 과제가 실사성과 구속성을 지니고 있음을 뜻한다.

실사성(substantiveness)이란 어떤 과제나 명제를 어떻게 표현하더라도 그 본질이 변하지 않는 성질을 의미한다. 예를 들어, 어떤 법칙이나 이론의 본질적 속성이나 개념과 관계 등을 어떻게 표현하더라도 그 본질적인 속성은 변하지 않는 것이다.

구속성(nonarbitrariness)은 초기에 학습자가 임의로 인지구조와 연결한 과제가 시간이 지나면서 고착되는 것을 말한다. 이는 새로운 학습과제가 학습자의 인지구조와 연결될 가능성을 보이고 기존 개념과 새로운 학습과제의 관계를 확립하는데 합당한 근거가 있을 때 이루어질 수 있다.

따라서 학습과제가 실사성과 구속성을 가질 때 유의미한 학습이 일어나며, 이때 학습자는 학습과제를 자신의 인지구조와 의미 있게 관련짓게 되고 유의미한 학습이 일어나게 된다.

(2) 선행조직자

선행조직자는 학습과제를 제시하기 전에 주어지는 언어적 설명 자료로서 학습과제보다 더 높은 수준의 포괄적·추상적인 개념이나 명제이다. 선행조직자는 사전에 학습한 내용, 즉 인지구조에 새로운 학습과제를 관련시키고 설명하며, 통합시키거나 변별시키는 일을 한다.

가장 효과적인 선행조직자는 적절한 설명과 유추 그리고 학생이 이미 알고 있는 개념이나 원리를 사용하여 만들어진 조직자이다. 또한 학습과제의 성질과 학습자의 인지구조의 수준 등에 따라 설명조직자와 비교조직자로 활용될 수 있다. 설명조직자는 학습과제와 인지구조 사이에 전혀 관련성이 없을 때 사용하는데, 보다 구체적인 내용을 설명하기 전에 일반적인 관계를 우선 설명함으로써 개념의 정착 근거지를 마련해 준다. 비교조직자는 학습과제와 인지구조 간에 어떤 유사성이 있을 때 사용하는데, 양자 간의 유사성과 차이점을 지적하고, 전후 과제 간의 상호변별력을 증대시킬 목적으로 사용된다.

(3) 학습과제의 제시방법

유의미학습에 있어서 학습과제를 보다 효과적으로 인지구조에 정착시킬 수 있도록 학습과제나 교과내용을 구안할 때, 그 내용의 조직 원리로 점진적 분화의 원리와 통합적 조정의 원리를 고려할 수 있다.

점진적 분화의 원리는 학습과제의 위계상 상위에 있는 포괄적·일반적 지식을 먼저 제시하고, 그 다음 점진적으로 세부적이고 특수한 것으로 분화시켜 나가는 것을 말한다. 그 이유는 포괄성이 높은 지식이 포괄성이 낮은 지식을 포섭하는 종속적 포섭형태가 가장 능률적이며, 또한 인지구조도 그에 따라 위계적인 형태를 갖추기 때문이다.

통합적 조정의 원리는 먼저 제시된 학습과제와 그 다음에 제시된 학습과제 간의 유사점이나 차이점을 인식시켜, 불일치점이 사전에 조정되도록 학습과제를 조직하여 제시하는 방법이다.

이와 같이 선행학습자를 적절히 활용하여 새로운 학습과제를 관련시킬 수 있는 포섭자를 학습자의 인지구조에 도입하거나 기존의 인지구조를 조정시키고, 교과내용을 학습자의 발달단계에 적합하게 선정하여 점진적 분화의 원리와 통합적 조정의 원리에 따라 조직하고 제시하면 중학교 이상의 학생들에게 설명적 교수가 구체적 경험이나 직관에 의한 교수방법보다 효과적일 수 있다.

(4) 수업단계

오수벨은 수업단계를 1단계에서 선행조직자를 제시하고, 2단계에서 학습과제를 제시하고, 그리고 3단계에서 인지조직에 대한 강화가 이루어지도록 제안하였다. 민저 학습을 촉진시기기 위하여 수업전개 전에 의도적으로 제시하는 포섭자를 선행조직자라고 한다. 선행조직자는 새로운 학습을 받아들일 수 있는 인지구조를 마련하기 위하여 학습자료 제시 이전 수업의 도입단계에서 수업내용이나 그 요점을 포괄적·추상적으로 압축하여 시사해주는 언어적 설명을 말한다. 선행조직자의 역할은 새로운 정보를 인지구조 속에 포함시키기 위한 발판을 마련하는 것으로, 학습자가 이미 알고 있는 자료와 새로운 자료를 연결시켜 주는 것이다.

2단계 학습과제 및 자료제시는 학습자료를 제시하고 주의집중을 유지하며 학습자료의 논리적 조직으로 학습활동이 진행되는 단계이다.

3단계 인지조직의 강화는 새로운 학습과제를 학습자의 인지구조와 관련시키는 것이다.

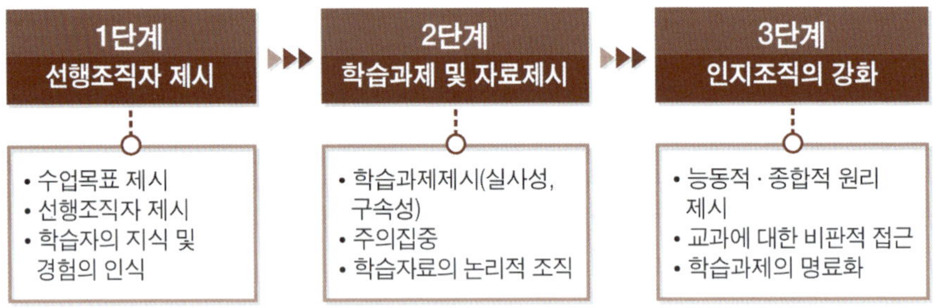

그림 6-5 오수벨의 3단계 수업이론

3. 수업방법

1) 강의법

강의법은 교사의 해설과 설명을 통해 수업내용을 학습자에게 전달하고 이해시키는 방법이다. 이는 교육현장에서 가장 보편적으로 사용되고 있는 방법이며, 짧은 시간 안에 많은 학생들에게 지식과 정보를 전달할 수 있다는 점에서 매우 경제적인 방법이기도 하다.

강의법은 교사중심의 교수방법이므로 교사의 강의가 일방적인 지식전달에만 그치면 학생들의 수업에 대한 흥미와 이해정도를 고려하지 못하게 되고, 또한 학생들도 교사의 수업내용을 수동적으로 받아들이기만 함으로써 자기주도적인 학습참여가 어렵고 문제해결력이나 창의력, 사고력 등을 기르기가 어려울 수 있다. 그러나 강의법은 교육환경이나 교육내용의 성격에 따라서 쉽게 활용될 수 있는 방법이기 때문에 다양한 매체의 활용, 다른 수업형태의 보조, 강의기술의 개선 등을 통해 효과적으로 이용될 수 있다.

- **강의법의 지도상 유의점**

① 학습자 수준을 고려하여 적절한 언어를 선택하고 사용하여야 한다.
② 다양한 교수매체를 활용하여 학습자의 주의를 각성시킨다.
③ 교수자의 강의속도, 정도 및 진도에 주의하고 학습자가 생각할 여유를 가질 수 있도록 진행한다.
④ 학습자들이 질문할 수 있는 기회를 주고 그들의 수업이해정도를 살피면서 진행한다.

2) 토의법

토의법은 어떤 주제나 논쟁점 등을 분석, 탐색하고 그에 관한 생각과 아이디어를 나누기 위해 언어적으로 상호작용하는 방법이다. 토의법은 분단학습이나 공동학습의 성격을 띤 수업형태로 지식의 전달보다는 주어진 과제를 학생들이 합리적인 의사결정을 통해 해결해나가는 데 목적이 있다. 즉, 어떤 문제를 공동의 집단적 사고로 해결하려는 것이다. 또한 토의를 통한 문제해결의 과정에서 학생들은 자신의 의견을 자유로이 발표하고, 타인의 의견을 존중하며 협동적인 분위기에서 사회적 기능과 집단의식을 기를 수 있다.

- **토의법의 지도상 유의점**

① 토의주제는 집단구성원들에게 의의 있는 문제여야 하며, 의견의 차이를 가져올 수 있는 문제여야 한다.
② 토의과정에서 필요한 자료 또는 예상되는 문제상황을 처리할 수 있도록 사전 준비가 이루어져야 한다.
③ 토의의 성과를 평가하는 기준은 문제해결을 위한 바람직한 사고과정이 있었는지에 중점을 두어야 한다.
④ 토의가 몇몇 학습자들에게 주도되지 않도록 유의하며 구성원들이 자기평가를 할 수 있는 기회를 주어야 한다.

3) 문제해결학습

문제해결학습은 학습자 주도적 학습의 형태로 학습자 생활의 현실적 요구와 동기유발에 의해 이루어지는 수업방법이다. 문제해결이란 의문에 직면하여 과거 경험이나 지식을 활용하여 창조적 활동이나 반성적 사고를 통해 그 의문을 제거하고 명확하게 하는 것을 말한다. 이 방법은 듀이의 반성적 사고 과정을 교육방법에 적용한 것이다.

문제해결학습의 장점은 학습자의 자발적인 학습과 주도적인 활동, 실생활과 관련된 학습경험의 선정을 들 수 있다. 단점은 충분한 기초학력을 기르는데 어려움이 있고, 교과의 체계적 학습이 어려울 수 있으며 또한 학습활동의 시간과 노력에 비해 성취는 극히 낮을 수 있다는 것이다.

• 문제해결 학습과정

① 1단계: 문제의 결정

학습자는 문제의 본질을 충분히 인식해야 한다. 학습자 자신이 문제를 발견하고 선택하거나 교사가 제시하고 설명하여 문제가 충분히 파악되도록 해야 한다.

② 2단계: 문제해결을 위한 계획수립

문제가 결정되면 문제의 종류나 성격에 따라 분단별로 과제를 나누어 어떻게 문제를 해결할 것인가에 대한 계획을 세운다.

③ 3단계: 자료수집 및 조사

학습계획에 따라 개인 또는 공동으로 문제해결의 자료를 수집한다. 즉 참고문헌, 실험, 관찰 등의 자료수집 및 조사를 한다.

④ 4단계: 학습활동의 전개

수집한 자료와 조사 결과를 통해 문제해결을 위한 실제 활동을 전개한다. 이때 활동의 중심은 교사가 아니라 학습자가 되어야 한다.

⑤ 5단계: 결과의 검토

문제해결의 마지막 단계이며 새로운 문제 파악의 단계라고 할 수 있다. 학습활동의 결과를 정리·발표함으로써 자기반성을 하고, 해결방안을 공동문제로서 취하는 선 단계이므로 그 발표방법에 신중을 기해야 한다.

• 문제해결학습법의 지도상 유의점

① 학습자가 문제를 명확하게 파악할 수 있도록 해야 한다.

② 문제해결의 과정에서 자기반성과 평가가 이루어질 수 있도록 해야 한다.

③ 학습자가 주도적으로 문제해결을 위한 활동을 전개하고 결론을 검증할 수 있도록 해야 한다.

4) 협동학습법

협동학습은 집단구성원들이 상호의존하면서 주어진 과제를 수행하는 수업방법이다. 여기에는 집단구성원 모두가 서로 협력하여 같은 목표를 향해 나아간다는 점에서 긍정적 상호작용이 요구된다. 또한 집단구성원 각자의 수행이 집단전체의 수행 결과에 영향을 미치기 때문에 각자 맡은 역할에 대한 책임의식이 필요하다.

협동학습 활동이 효과적으로 이루어지면 학생들은 성취경험뿐만 아니라 사회적 기능과 의사소통 기술, 문제해결능력 등을 기를 수 있다. 또한 협동학습을 통해 다른 구성원들로부터 더 많은 것을 배울 수 있고 필요한 도움을 얻을 수 있다.

그러나 협동학습은 활동의 중심이 특정 학습자에게만 집중될 때 다른 구성원들의 역할과 참여가 소극적이 될 수 있으며, 집단 간 편파로서 다른 집단구성원들에게 적대감을 가질 수도 있다는 단점이 있다.

• 협동학습법의 지도상 유의점

① 집단구성원들이 각자 맡은 역할 외 다른 역할에 무관심하지 않도록 해야 한다.

② 학습자 전체의 참여를 위해 특정 학생이 활동을 독점하지 않도록 해야 한다.

③ 협동생활의 질서와 덕행을 배워야 하므로 집단 간 지나친 경쟁심을 유발시키지 않도록 해야 한다.

표 6-4 협동학습의 유형 예시

▪ 텔렌(Thelen)의 모둠탐구모형의 수업절차
① 소주제와 모둠조직: 교사가 탐구주제를 제시하면 학생은 그 주제와 관련된 보다 구체적인 질문을 제기하고, 질문을 범주화한다. 그 범주가 소주제가 되면 학생들은 소주제를 중심으로 탐구모둠을 구성한다. ② 탐구계획 수립 및 역할분담: 각 모둠은 자기들이 선택한 소주제에 대해 보다 구체적으로 무엇을 어떻게 연구하고 누가 어떤 역할을 맡을지를 정한다. ③ 모둠별 탐구실행: 학생들은 정보를 모으고, 조직하고, 그 정보들을 이해하고 통합시키기 위해 논의한다. ④ 모둠별 발표준비 및 발표: 각 모둠은 전체학급에서 발표할 준비를 하고, 모둠별로 전체학급에 보고한다. ⑤ 활동평가: 교사와 학생들은 각 집단의 전체학습에 대한 기여도를 평가하여 개별평가와 집단평가를 실시한다. 이때 학습자들이 맡은 바 역할과 활동에 있어 얼마나 열심히, 그리고 구체적으로 임하였는지를 평가한다.

5) 팀티칭

팀티칭(team teaching)은 2명 이상의 교사가 동일한 학습집단과 학습지도의 주요 부분을 책임지기 위해 협동적으로 계획하고 교수해 나가는 협동 교수제이다. 이 방법은 수업에 있어 교사의 부담을 덜어주고, 교사의 특기나 전문성을 살리고, 교사들 간의 개인차에서 올 수 있는 폐단을 줄이면서 학생들의 학습효과를 올리기 위해 구상된 것이다. 즉, 몇 명의 교사가 한 팀이 되어 공동으로 수업계획을 세우고 수업을 진행하여 교사의 팀워크와 수업과정에서의 학습자 집단 조직의 신축성을 통하여 수업을 보다 효과적으로 실시하고자 하는 방법이다.

• 팀티칭 지도상 유의점

① 팀티칭을 위한 교사들 간의 충분한 사전계획과 준비가 이루어져야 한다.
② 팀 구성에 있어 학생들에 대한 일반적인 지도 외에 팀의 목적에 부합되는 특정교사가 선정되어야 한다.
③ 교사들은 각자가 맡은 역할을 정확하게 인식하고 있어야 한다.
④ 팀티칭의 계획, 실행, 평가의 과정이 명확해야 한다.

제 7 장

교육평가 및 측정

교육평가의 자료는 다양하다. 예컨대, 학습자가 남겨 놓은 그림 한 장, 일기 한 행, 대화 한마디 등이 모두 평가자료가 될 수 있다. 이를 위해 교사는 교과 전문가이기에 앞서 인간 이해자가 되어야 한다. 평가활동이 우리에게 주는 이미지는 긍정적인 면보다는 부정적인 면이 더 강하며 '평가가 정상적인 교육을 왜곡시키고 있다'라는 생각을 하는 사람들도 상당수 있다. 이것은 학습자 수준에서만 공감되는 문제는 아니며, 교사집단에서도 '평가'라는 단어가 유쾌하게 수용되는 경우는 드물다. 이러한 현상은 평가활동에 대한 몇 가지 잘못된 이해에서 비롯된다고 할 수 있다. 먼저 평가가 곧 성적이라는 식의 생각은 평가대상의 능력이나 수준을 진단하는 일보다는 하나의 잣대로 서열화하는 일에 관심을 갖게 한다. 또한 평가가 곧 시험이라는 생각은 시험을 치르는 장면 이외의 상황에서 벌어지는 여러 가지 활동들은 중요하게 여기지 않게 한다. 한편, 평가란 선형적인 교육활동의 최종단계에 이루어지는 것이라고 생각함으로써 평가의 교육적인 활용의 기회를 차단하기도 한다.

이와 같은 교육평가에 대한 잘못된 이해를 바로잡고, 평가관을 올바르게 수립하는 것이 교육현장을 정상화하는 데에 중요한 과제라고 할 수 있다. 여기에서는 교육평가의 개념, 기능, 절차, 유형 등을 알아보고, 검사도구의 양호도 등을 살펴보고자 한다.

1. 교육평가의 개념

1) 교육평가의 정의

교육평가에 대한 일반인의 인식은 단지 교육현장에서 실시되는 중간고사나 기말고사 혹은 입학시험에서 학생 선발이나 분류를 위한 활동으로 국한된 경향이 있다. 그러나 이것은 교육평가의 극히 일부분에 지나지 않는다. 교육평가란 학생들의 학업성적을 점수화하는 것으로 끝나는 것이 아니라, 교육목표의 타당성 여부, 교육과정, 교육프로그램, 수업, 교사, 교육의 제반 여건, 단위학교·대학·교육청 등의 교육기관에 대한 모든 측면을 그 대상으로 한다. 일반적으로, 교육평가(educational evaluation)는 교육목적의 달성 정도를 판단하고, 일정한 기준을 가지고 교육활동과 그 결과에 대한 가치를 판단하는 체계적인 과정을 의미한다. 이러한 현실 속에서 최근 교육현장에서는 학교평가, 대학평가, 교육청 평가, 교사평가, 학생평가, 학업성취도 평가 등이 도입되거나 강화되면서 교육평가에 대한 관심은 그 어느 때보다 고조되고 있다.

(1) 교육과 교육평가

교육에 대한 어원을 살펴보면, 한글에서 교육은 '가르치다'와 '기르다'의 합성어로 갈고 닦게 하는 훈련을 통하여 성장시킨다는 의미를 지니고 있으며, 한자어로 '教育'은 어른이 막대기를 들고 아이들이 본받도록 하고(教) 어머니가 자식을 안고 키운다(育)는 뜻으로 훈육과 양육의 두 가지 의미를 함께 내포하고 있다. 또한 영어의 'education'은 '밖'을 뜻하는 e와 '꺼내다'를 뜻하는 duco의 합성어로 '안에 있는 잠재적 특성을 밖으로 꺼낸다'는 의미를 지니고 있다.

다음으로 평가의 어원을 살펴보면, 한자어로 '評價'나 영어로 'e-valu-ation'은 모두 '가치를 드러내는 것'의 의미를 가진다. 우리말 사전에서 '평가'는 '어떤 사물의 가치를 판단하는 것'으로 풀이되고 있다. 즉, 사물 또는 그 속성에 대한 가치를 판단하고 평정하는 일 또는 가치를 따져 값을 매긴다는 뜻으로 정의된다.

이러한 교육과 평가의 사전적 의미를 그대로 합쳐 적용해 보면, 교육평가는 인간행동의 변화를 바람직한 방향으로 가져왔는가에 대한 교육적 가치를 판단하고 평정하는 행위라고 할 수 있다. 이들을 정리하면, 인간행동의 바람직한 변화는 교육 자체가 가지는 교육의 목적이고, 이러한 교육의 목적에 대한 달성 정도를 판단하기 위해 일정한 준거와 기준을 마련하여, 이를 통해 제반 교육활동에 대한 가치를 체계적으로 조사하고 판단하여 교육적 의사결정을 내리는 과정을 교육평가라 할 수 있다. 이러한 입장에서 볼 때, 광의의 의미에서 교육평가의 대상은 비단 학교교육만이 아니라 교육이 행해지는 인간의 삶 전 영역에서 그 교육적 가치를 판단하는 행위라고 말할 수 있을 것이다.

평가란 결국 이러한 '행동의 변화가 실제로 어느 정도 일어났는가를 결정하기 위한 과정이다'라고 하였다. 교육의 전 과정 속에 평가의 기능이 내재되어 있기 때문에 단순히 교육목표의 달성도만 확인하는 것은 평가의 기능을 지나치게 축소시키는 결과를 초래했다는 것이다.

스터플빔(Stufflebeam, 1971)은 교육평가를 평가자가 의사결정자에게 충분한 정보와 자료를 제공해 주는 정보 관리자의 역할을 하는 것이라 하였다. 미국의 미술교육 전공교수인 아이즈너(Eisner, 1985, 1998)는 '교육적 감식안(educational connoisseurship)'을 사용하여, 교육현상의 의미있고 가치 있는 부분을 여러 가지 표현양식을 사용하여 나타내는 교육평가의 한 측면으로서의 교육비평(educational criticism)이라는 분야를 제안하였다. 박도순 외(2007)는 교육평가가 다른 사람을 판정하고 결정짓는 일이 아님을 강조하면서 변증법적 과정을 통한 '합의'로서의 평가를 주장하였다.

이러한 교육평가에 대한 다양한 정의를 종합하면 다음과 같다. 첫째, 교육평가란 교육과정이나 교육프로그램이 교수-학습 활동을 통하여 의도된 교육목표를 얼마나 잘 달성하였는지를 파악하기 위한 활동이다. 둘째, 교육평가란 교육활동을 개선하기 위하여 교육담당자나 교육행정가들이 올바른 의사결정을 내리는데 필요한 각종 정보를 체계적으로 수집, 제공하여 의사결정에 도움을 주거나 의사결정을 하는 과정 그 자체다. 셋째, 교육현상이나 대상에 드러나 있거나 숨어 있는 의미와 가치를 발견하고 이를 체계적으로 서술하여 반성적 시각에서 해석하고 분석하는 과정이다.

(2) 교육평가관과 교육평가

교육평가관은 세계관, 인간관, 수집된 자료의 특성에서 매우 대조적인 모습을 보이며, 이러한 특성에 따라 측정관(measurement), 평가관(evaluation), 총평관(assessment)으로 구분될 수 있다(Wittrock & Wiley, 1970).

① 측정관

측정관(measurement)은 역사적으로 가장 오래된 평가관으로서, 분트(W. Wundt), 길튼(F. Galton), 비네(A. Binet)와 같은 초기 실험심리학, 심리측정, 검사이론에서 출발하였다. 측정관은 어떤 대상이나 사건에 대하여 체계적으로 숫자를 부여하는 것으로, 최대 장점은 주어진 어떤 준거를 확인할 때 손쉽고 간편하게 이용할 수 있다는 점이다. 저울로 몸무게를 재거나 자로 키를 재고 시험에서 정답을 맞춘 문항수를 계산하는 것이 측정의 사례가 된다. 측정관은 측정대상이 안정성을 가지고 있기 때문에 어떤 현상이든 정확하게 측정할 수 있다고 보며, 신뢰성과 객관성이 보장된 측정을 하기 위해서는 누가 언제 어디서 측정해도 같은 결과를 얻을 수 있도록 측정절차나 방법에 있어 표준화를 요구한다. 측정관에 의해 얻은 결과는 주로 선발, 분류, 예언, 실험 등의 목적으로 사용하며, 주로 선발적 교육관과 밀접한 관련성을 가지고 있으며, 이러한 목적을 위하여 더욱 유용하고 정확한 측정단위를 요구한다.

측정관은 가능한 한 측정의 결과를 수량화하고자 하며, 측정관의 대상은 길이, 무게와 같은 직접 측정이 가능한 것과 지능, 성격, 태도, 자기개념 등 인간이 지닌 잠재적 특성과 같은 간접 측정이 가능한 것으로 구분한다.

② 평가관

평가관(evaluation)은 설정된 교육목표에 준해서 학습자의 행동이 어떻게 변화했는가에 초점을 두기 때문에 그러한 변화를 가능하게 한 학습경험이 무엇이며, 교육적으로 의미 있는 변화를 유도해 준 교육적 환경이 무엇인가를 확인할 수 있는 다양한 증거와 정보를 요구한다. 따라서 양적 기술의 측정뿐만 아니라 질적 기술을 포함하며, 더 나아가 이러한 양적·질적 기술에 대한 가치판단까지 포함한다.

평가관은 사실상 교육의 목표에 대한 성과로서 학습자에게 일어난 다양한 변화를 판단하는 일련의 절차로 볼 수 있다. 평가관에서는 평가의 증거나 정보의 객관성, 신뢰성보다는 그 증거의 타당성을 우선시하며 내용타당도(content validity)에 관심을 가진다. 평가관은 학생의 행동변화에 영향을 주는 외적 요인으로서 투입된 교육과정, 교과목, 교사의 전문성, 교수-학습방법, 교수-학습자료, 교육프로그램에 대한 평가에도 관심을 가진다. 따라서 측정관에 비해 평가의 범위가 훨씬 넓다고 볼 수 있다. 평가관에 의해 얻은 결과는 주로 평점, 자격판정, 배치, 진급 등을 위해 개인을 분류하고 판단하는 데 사용되며, 발달적 교육관과 밀접한 관련성을 가지고 있다(박도순·홍후조, 2006).

③ 총평관

총평관(assessment)은 인간의 특성을 하나의 검사나 도구로 측정하여 평가하는 것이 아니라 여러 다양한 방법을 동원하여 평가하는 방법으로, '사정(assessment)'이라고도 한다(성태제, 2002). 처음 이 용어가 사용된 것은 머레이(H. Murray, 1938)가 그의 저서 『인성의 탐구(Explorations in Personality)』에서 'Assessment of Men'을 쓰기 시작하면서 부터다. 그 후 제2차 세계대전 중, 첩보요원 적성평가방법으로 사용되었던 O.S.S(Office of Strategic Service) 총평에서 사용되었다. 이때 총평관은 특별한 목적, 특별한 환경, 특별한 과업, 특별한 준거에 비추어 개인의 특성에 대한 의사를 결정하기 위하여 사용되었다. 이것은 시기적으로 가장 나중에 출현한 관점으로, 아직까지 개념 정의가 명확하지 못하다. 총평관은 개인과 개인을 둘러싼 환경과의 역동적 관계를 분석하기 위하여 다양하고 포괄적인 자료를 사용한다. 총평관에서 사용하는 정보는 다양한 양적·질적 형태의 고도로 구조화된 객관식 검사를 통해 얻을 수도 있고, 자기보고법, 관찰법, 면접법, 역할놀이, 자유연상법 등의 투사적인 방법을 통해 얻을 수도 있다. 예를 들어, 대학에서 신입생을 선발하기 위해 고등학교 내신성적, 학교생활기록부, 대학수학능력시험점수, 논술고사 성적, 면접고사 성적 등 다양한 자료를 수집하는 것이 총평관에 의한 입학사정이라 할 수 있다.

총평관은 개인과 환경 사이의 상호작용을 분석함에 있어서 주로 구인타당도(construct validity)에 의존한다. 구인타당도란 인간의 심리적 특성이나 성질을 심리적 구인으로 분석하여 조작적 정의를 부여한 후, 검사점수가 조작적 정의에서 규명한 심리적 구인들을 제대로 측정하였는가를 검증하는 방법이다. 총평관에 의해 얻은 결과는 흔히 예언, 실험, 분류에 활용되며, 인본주의적 교육관과 밀접한 관련성을 가지고 있다(박도순, 홍후조, 2006). 인본주의 교육관에서는 교육을 인성적 성장, 통합, 자율성을 꾀하고 자기 및 타인 그리고 학습에 대한 건전한 태도를 형성해 가는 자기실현의 과정이라고 전제한다. 또한 이는 학습자가 자율적이고 적극적으로 학습에 참여하는 것을 중시하며, 반대로 타율적이고 수동적인 교육은 가장 비인간적인 교육으로 간주한다. 또한 학생들의 수행과정과 그 결과를 총체적으로 평가하고자 하는 전인적 평가로서의 수행평가(performance assessment)가 도입되는 것은 바로 이러한 관점에 근거한 것이다.

④ 세 가지 관점의 비교

측정관은 관찰한 내용에 대하여 가치를 부여하지 않지만 평가관은 측정한 것과 그것의 중요성, 합목적성 등 다른 정보와 합성하여 가치를 부여한다. 그리고 총평관은 다양한 측정 방법을 동원하여 종합적으로 평가한다. 평가관은 프로그램이나 교육과정, 정책에 대한 평가를 할 때 사용하며, 총평관은 일반적으로 사람에 대한 평가를 할 때 사용한다. 이들 세 가지 평가관을 인간행동의 특성을 보는 시각, 환경을 보는 시각, 검사에서의 강조점, 기본적 증거 수집방법, 장점, 검사결과의 활용의 측면에서 비교해 보면 표 7-1과 같이 요약될 수 있다.

표 7-1 교육평가관의 비교

평가관 / 관점	측정관	평가관	총평관
인간 행동 특성을 보는 시각	• 항구적이고 불변적인 것으로 간주 • 개인의 정적 특성	• 안정성이 없고 가변적인 것으로 간주 • 개인의 변화하는 특성	• 환경과의 상호작용에 의한 가변적인 것으로 간주 • 환경과 개인의 역동적 관계에서 변화하는 특성
환경을 보는 시각	• 환경의 불변성 신념 • 환경 변인의 통제 및 영향의 극소화 노력 • 환경을 오차변인으로 간주	• 환경의 변화성 신념 • 환경 변인의 이용 • 환경을 행동변화의 자원으로 간주	• 환경의 변화성 신념 • 환경과 학습자의 상호작용을 이용 • 환경을 학습자 변화의 한 변인으로 간주
검사에서의 강조점	• 규준에 비추어 본 개인의 양적 기술강조 • 간접 증거 • 객관도와 신뢰도 강조	• 교육목적에 비추어 본 개인의 양적, 질적 기술 강조 • 직접 증거 • 내용타당도 강조	• 전인적 기능 혹은 전체 적합도에 비추어 본질적 기술 강조 • 직접, 간접 증거 • 구인타당도 강조
기본적 증거 수집방법	• 지필검사(표준화검사) • 양적	• 변화의 증거를 얻을 수 있는 모든 방법 • 양적 및 질적	• 상황에 비춘 변화의 증거를 얻을 수 있는 모든 방법 • 양적 및 질적

(계속)

장점	• 효율성	• 교육목표의 연계	• 개인과 환경 양측면에서의 증거의 탐색
검사 결과의 활용	• 예언, 분류, 자격부여, 실험 • 진단에 무관심	• 예언, 자격부여, 프로그램효과 판성 • 교육목표 달성도의 진단	• 예언, 자격부여, 분류, 실험, 선반 • 준거 상황이나 역할에 비추어 본 진단

출처: 박도순, 홍후조(2006).

2. 교육평가의 기능

학교교육활동과 관련지어 교육평가가 지니고 있는 기능을 살펴보면 다음과 같다.

첫째, 학습자의 학업성취도를 평가하는 일이다(박도순, 홍후조, 2006). 즉, 교육이 목표 지향적 행위의 활동이라면 목표가 어느 정도 달성되었는가는 학습자의 학업성취도를 확인함으로써 가능하다.

둘째, 학습자 개인의 학습방법을 개선하는 데 도움을 주며, 학습결과에 대한 피드백을 제공함으로써 학습을 촉진한다. 교육평가의 목적이 교육 본래의 목적을 달성하도록 하는데 있다고 할 때, 학생 개개인의 학습곤란도를 진단하고 치료함으로써 학습방법을 개선하고 학습을 촉진할 수 있도록 하는 일은 교육평가의 중요한 기능 중의 하나가 될 것이다.

셋째, 학습자의 진로지도를 위한 정보를 제공하는 일이다. 교육평가의 또 다른 기능은 학습자의 장래 진로지도를 위한 자료를 제공해 줄 수 있다는 점이다. 예를 들어, 학교 현장에서 진로지도를 하기 위해서는 학습자의 학업능력, 정서, 흥미, 성격은 물론이고 학습자를 둘러싸고 있는 가정, 학급, 사회 환경에 대한 광범위하고 정확한 이해가 필수적이다.

넷째, 교수-학습방법을 개선하고 수업의 질을 높이는 일이다. 특히 학생평가의 경우 학습자를 위한 평가로만 활용되는 것이 아니라, 그 결과를 교사의 교수-학습방법, 교육과정 및 수업활동 등을 평가할 수 있는 자료로 활용될 수 있다.

다섯째, 교육프로그램의 교육적 효과를 평가하는 일이다. 교육프로그램이란 매우 복합적인 개념이다. 여기에는 교육과정, 수업, 수업자료, 학급조직 등이 통합된 개념이다. 이러한 교육프로그램에 의해 결과가 발생하고, 그 결과는 교육프로그램의 질을 나타내는 것이 된다.

여섯째, 교육의 제반 문제를 이해하고 올바른 교육정책을 수립하는 데 도움을 주는 일이다. 전국 성취도 평가나 국제 간 학력 비교연구 등을 통해 전체 학습자 또는 국민이 반드시 습득해야 할 기본능력이 어느 정도인가를 확인할 수 있는데, 이는 교육정책의 방향을 수립하는 데 도움을 줄 수 있다.

이상에서 학교교육과 관련하여 교육평가의 기능을 살펴보았다. 국가수준의 학업성취도 평가나 학교평가, 기관평가나 교육과정평가, 수행평가나 절대기준 평가, 고교진학을 위한 시험이나 대학진학을 위한 시험에서 우리가 지향해야 할 궁극적인 방향은 교육적 가치의 극대화라 할 수 있다.

3. 교육평가의 절차

일반적으로 '무엇을' 평가할 것인가를 확인하는 교육목표의 확인, 이어서 교육목표가 제시하는 내용과 행동이 나타나는 평가장면의 선정, 평가에 필요한 도구를 제작하거나 선정하는 단계, 그리고 평가를 실시하고 그 결과를 처리하는 단계, 마지막으로 평가결과를 활용하는 일련의 절차를 따르게 된다.

1) 교육목표의 확인

교육활동 후에 학습자에게 일어나기를 기대하는 행동변화가 흔히 교육목표, 교수목표, 행동목표, 수행목표 혹은 조작목표 등 다양한 용어로 표현되고 있는데, 범위, 영역, 정도의 차이가 약간 있기는 하지만 유사한 의미를 가지며, 여기서는 교육목표라는 용어를 사용하고자 한다.

교육목표는 교육의 전체 과정이 지향해야 할 최종 지점이므로 평가에서 목표가 불분명하고 추상적이면 그만큼 정확한 교육평가가 이루어지지 않는다. 예를 들어, 창의적 사고를 기르는 것이 목표인데도 평가에서는 단순 지식의 암기력을 측정하기도 하고, 친사회적 태도를 기르려는 교육목표를 설정했으면서도 평가는 지식의 소유 정도를 측정하게 되는 경우가 생길 수 있다. 따라서 평가를 올바르고 타당하게 하기 위해서는 의도한 교육목표를 명확히 밝혀 평가하고자 하는 바를 구체화할 필요가 있다.

2) 평가장면의 선성

평가의 대상, 즉 무엇(what)을 평가할 것인가가 분명해지면 다음에는 어떻게(how) 평가할 것인가를 결정해야 한다. 어떤 상황에서 어떤 방법과 절차로 기대한 행동의 증거를 수집할 것인가를 정해야 한다. 즉, 기대된 행동의 학습 정도가 가장 잘 나타날 수 있는 상황을 설정하고 시행할 때 타당한 평가가 가능하다. 예를 들면, 작문과목의 학업성취를 평가하고자 할 때는 논술고사를 실시하는 것이 적절한 반면, 수업중의 참여도를 평가하기 위해서는 관찰법이 더 적절한 평가방법이 될 수 있다.

(1) 필답검사

필답검사는 교육평가의 영역 중 학력 측정에서 가장 많이 이용되는 방법으로 간편하고 경제적이라는 이점이 있다. 필답검사는 수험시간에 제한을 두는 시간제한검사(time-limit test), 즉 속도검사라는 점이 특징이며, 출제양식에 따라 선택형과 서답형으로 나뉜다. 선택형 문항은 다시 크게 진위형·배합형·선다형으로 분류되고, 서답형 문항은 완성형·단답형·논문형으로 나뉜다.

(2) 질문지법

질문지법은 일련의 질문으로 구성된 질문지에 학생이 스스로 기술하는 자기보고식 방법으로, 많은 학생을 대상으로 단시간에 일제히 실시할 수 있을 뿐 아니라 그 결과를 비교적 신속하게 처리할 수 있다는 이점 때문에 정의적 특성에 대한 평가에서 자주 이용되고 있다. 질문지의 종류는 응답의 형식에 따라 구조적 질문지와 비구조적 질문지로 구분할 수 있다. 먼저 구조적 질문지는 폐쇄형 또는 유목형 질문지라고도 하며, 미리 구체적이고 제한된 선택지를 주기 때문에 결과 처리가 쉽다는 장점이 있다. 반면에 문항의 선택지를 제작할 때 상호배타적이면서 포괄적인 선택지를 만들기가 어렵고 학생의 창의적 반응을 얻을 수 없다는 단점이 있다.

(3) 관찰법

인간을 평가하는 여러 방법 중에서 가장 역사가 오래된 방법이며, 인간행동 이해나 효과적인 교사역할 수행에 필수적이다. 관찰법에서는 관찰자의 기술이 매우 중요하다. 관찰법의 장점은 첫째, 언어능력이나 의사소통 기술이 부족한 학생의 행동을 파악하고 이해하는 데 유용하다. 둘째, 관찰법은 자연스러운 상황에서 학생의 행동을 연속적으로 연구할 수 있으므로 행동이 발생하는 과정이나 상호작용 유형을 살펴볼 때 유리하다. 셋째, 관찰법은 겉으로 드러나고 표현되는 행동에 근거하여 자료를 수집하므로 응답자의 편견에 의한 부정확한 응답을 피할 수 있다. 반면 단점으로는 첫째, 관찰은 겉으로 표출되는 행동만 볼 수 있기 때문에 개인 내적 속성을 모두 관찰할 수 없다. 둘째, 관찰자의 존재 자체가 상황을 변화시키고 관찰대상에게 영향을 줌으로써 행동에 변화를 일으킬 수도 있다. 셋째, 관찰법은 시간과 비용이 많이 들며, 관찰의 신뢰도를 높이는 것이 쉽지 않다.

(4) 면접법

면접법은 평가자와 평가대상이 직접적인 상호작용을 함으로써 자료를 수집하는 방법으로, 현재 대학입학이나 취업의 경우 많이 사용되고 있다. 면접법은 평가대상의 상황에 따라 융통성 있게 질문을 하고, 질문에 대한 응답뿐만 아니라 비언어적인 행동이나 주변 환경과 같은 정보도 함께 관찰할 수 있으므로 다양한 정보를 많이 얻을 수 있다는 장점이 있다. 반면에 평가자의 편견 개입의 가능성, 많은 시간과 비용의 소요, 면접자 훈련의 필요 등의 단점이 있다. 면접의 종류는 구조화 정도에 따라서 구조화된 면접과 비구조화된 면접으로 구분할 수 있다.

3) 평가도구의 제작 또는 선정

평가장면을 선정한 다음에 해야 할 일은 실제로 평가에 사용할 도구를 선정하거나 제작하는 일이다. 즉, 교육의 궁극적 목적인 행동의 증거를 수집하는 데 이용할 도구를 제작하는 것이다. 기존의 도구 중에서 선정을 해도 무방하며, 새로운 도구를 제작해도 좋으나 중요한 것은 도구의 타당도, 신뢰도, 객관도, 적합성, 실용성 등을 종합적으로 감안하여 가장 적절한 것을 선정 혹은 제작해야 한다는 점이다.

4) 평가의 실시 및 결과처리

교육목표로 제시된 행동의 증거를 수집하는 활동, 즉 시험이나 심리검사 또는 설문지조사를 실시하는 절차가 이어지는데, 이것이 평가의 실시단계다.

평가자료를 정확히 수집하기 위해 준비, 실시, 채점 및 분석, 평가의 질 분석, 평가결과의 기록 및 보관에서 유의해야 할 사항을 살펴보고자 한다.

(1) 준비

평가실시를 위해 준비해야 할 사항으로는 업무담당 확정, 평가시기 선정, 소요시간 추정, 평가장소 결정, 필요자원 점검, 환경조건 분석, 해결방안 탐색, 평가계획 공고, 감독회의 소집 등이 있다(변창진 외, 1996).

표 7-2 평가실시를 위해 준비해야 할 사항

준비사항	내용
업무담당 확정	평가계획, 문제개발, 채점, 성적처리 등의 업무 담당자 선정
평가시기 선정	평가의 목적, 내용, 형식에 맞는 시기와 횟수 결정
소요시간 측정	수업시간, 학생의 피로도, 평가분량 등을 고려한 소요시간 결정
평가장소 결정	평가의 목적, 내용, 형식에 비추어 요구되는 장소결정 및 심의
필요자원 점검	평가 관련 인력, 비품, 자료, 예산, 협조사항 등 확보
환경조건 분석	평가관리 시설, 도구, 평가에 대한 교직원의 분위기 등의 조건분석을 통해 평가목적이 의도하는 정확한 수집가능
해결방안 탐색	이상의 준비사항 점검 중 직면하는 문제에 대한 해결방안 모색

(계속)

평가계획 공고	적어도 1주일 전에 평가목적, 평가내용, 문항양식, 실시일자, 소요시간, 실시장소, 준비물 등에 대해 구체적으로 알림
감독회의 소집	평가 실시자에게 평가와 관련된 특별한 장치나 도구에 대한 훈련, 주의사항 등에 대한 협의

출처: 변창진 외(1998).

(2) 실시

평가의 실시단계에서는 평가대상자들이 충분히, 그리고 솔직하게 있는 그대로의 행동을 발현할 수 있는 상황을 조성하는 일이 무엇보다 중요하다. 학력고사나 심리검사 등 대부분의 학교에서 이루어지는 평가가 공통적으로 따르는 절차를 살펴보면 라포형성, 목적설명, 동기유발, 시간엄수라고 할 수 있다(변창진 외, 1996).

표 7-3 평가실시과정에서 주의사항

주의사항	내용
라포형성	부드럽고 따뜻한 분위기 유도, 학생들이 성실히 평가에 임하도록 주의환기 및 격려하는 말 사용
목적설명	학생들이 평가목적을 이해하고 진지한 태도로 평가에 임하도록 시험지 배부 전에 평가목적과 내용을 간단히 알려줌
동기유발	학생들이 최선을 다해 성실하고 정확하게 답하도록 동기를 유발해야 신뢰성 있는 평가결과를 얻을 수 있음
시간엄수	모든 학생에게 표준화된 조건이 주어져야 하는 평가의 경우 철저한 시간엄수가 요구됨

출처: 변창진 외(1996).

(3) 채점 및 결과분석

평가가 끝나면 학습자들이 반응한 결과, 즉 행동의 증거를 정리해야 한다. 이 단계에서는 평가결과를 채점하고, 채점한 점수를 기록하여 평가의 기초자료를 만들어야 한다. 채점은 객관식 문항의 경우 컴퓨터로 이루어질 수도 있고, 채점을 위해 고안된 채점판을 이용하는 경우도 있으며, 전적으로 수작업에 의하여 이루어지는 경우도 있다.

수작업으로 채점을 하는 경우 편견이나 오류가 개입되지 않도록 유의해야 하며, 컴퓨터나 채점판을 이용한다 하더라도 채점결과에는 언제나 고정적 오차(constant error)와 변산적 오차(variable error)가 포함되어 있다. 고정적 오차란 인간행동의 측정이 직접적이 아니고 간접적이기 때문에, 초래되는 오차로 인간행동 특성을 측정하는 대부분의 지필검사는 독해력의 영향을 받게 된다. 변산적 오차는 검사실시 및 채점과정에서 원하지 않은 요인이 작용하여 검사점수에 변화를 초래함으로써 야기되는 오차로 평가자의 부주의 혹은 훈련부족으로 말미암아 채점에서 일관성이 결여되어 발생하는 오차다.

측정의 오차를 줄이고 검사의 객관성과 신뢰성을 높일 수 있는 방법 중의 하나는 채점방법을 개선하는 것이다. 예를 들면, 동일한 논술형 검사의 답안지를 몇 사람이 중복으로 채점하여 그 평균치를 구한다든가, 논술형 검사의 문제를 몇 개의 하위영역으로 나누어 각기 부분적으로 채점한다든가, 여러 개의 서술형 문항이 있을 경우 모든 시험지의 첫 번째 서술문항을 채점한 뒤 다음 서술형 문항을 채점하는 방법도 시도해 볼 수 있을 것이다.

(4) 평가의 질 분석

교육목표의 달성도는 양질의 검사를 통하여 얻은 자료에 의하여 평가되어야 한다. 교육목표를 아무리 정확히 진술하고, 그에 따라 이원분류표를 작성하여 문항을 제작하였다 할지라도 검사 자체의 양호도를 검증해 보지 않았다면 그 검사의 결과에 대하여 확신할 수 없다. 표준화검사의 경우에는 검사제작 과정에서 검사의 신뢰도와 타당도 등을 검증하고, 각 문항에 대한 난이도, 변별도, 반응분포 등에 대한 통계적 분석을 거쳐 검사의 질이 보장되어 있는 반면, 대부분의 교사제작검사는 이러한 통계적 절차를 밟지 않았기 때문에 검사의 질을 정확히 판단하기 어렵다.

(5) 평가결과의 기록 및 보관

검사의 결과는 많은 시간과 노력을 들여서 얻은 것이므로 체계적으로 기록되고 보존되어야 한다. 또한 검사결과는 계속적으로 활용할 수 있는 학생 이해자료이므로 활용하기에 편리하도록 기록하고 관리해야 한다. 일반적으로 검사결과를 기록하고 보존하는 데는 행정적 목적과 지도적 목적이 있는데, 행정적 목적은 상급학교 진학자료로 사용하거나 장기간 문서 형태로 보관하는 데 있지만, 지도적 목적은 학생들의 학업지도 및 생활지도에 수시로 활용하는 데 있다.

5) 평가결과의 해석 및 활용

평가의 결과는 종합적이고도 분석적인 해석을 필요로 한다. 우선 한 집단의 점수 분포의 특성과 집중경향치, 분산도 등을 비교 분석하여 개인 점수의 집단 내 의미를 해석해야 한다. 또한 개별 학생의 점수가 다른 집단 혹은 전국 규준에 비추어 상대적으로 어느 정도의 위치에 있는가를 확인하고, 개인별 특성에 관한 심층적인 이해와 해당 검사결과의 원인을 해석하는 시도들을 할 수 있다. 평가의 결과를 해석한 자료는 이후의 교육과정 계획과 교수방법의 개선 및 학생들의 개별 처방을 위한 자료로 활용될 수 있고, 교육행정기관의 장학행정 자료로도 이용될 수 있다.

(1) 평가결과의 보고

① 중심경향값

점수들이 어떤 점수를 중심으로 모이게 될 때 이 점수를 중심경향값이라고 하며 전체 집단을 대표하는 점수가 된다. 중심경향값을 알아보는 방법에는 크게 평균, 중앙값, 최빈값이 있다. 평균(mean)이란 모든 점수를 더한 후에 총 학생 수로 나눈 값으로 가장 신뢰할 수 있는 대표값이다. 평균으로부터 모든 점수의 차의 합은 0이 되는 특성이 있다. 중앙값(median)은 원점수가 서열화되어 있는 경우 50%가 되는 지점에 위치한 값을 말한다. 최빈값(mode)이란 자료의 도수가 가장 많은 점수로서 분포가 매우 편포되어 있어 하나의 값이 두드러질 때, 아울러 집중경향을 빨리 알고자 할 때 적합한 값이다.

② 분산도

분산도란 점수의 흩어진 정도를 말하는 것으로, 중심경향값이 같아도 점수 분포가 퍼져있는지 아니면 모여 있는지를 알 수 있게 한다. 예컨대, A와 B반의 중심경향값이 60으로 동일하지만 A반은 표준편차가 10이고 B반은 20이라고 한다면 B반이 A반에 비해 이질집단임을 알 수 있다. 분산도를 알아보는 방법에는 범위, 사분위편차, 표준편차가 있다.

범위(range)란 최고점수와 최저점수 간의 거리를 통해 계산되는 값으로 대략적인 분산의 경향을 알고자 할 때 사용된다. 두 개 값 간의 거리이므로 '범위 = (최고점수 − 최저점수) + 1'이 된다. 사분위편차(quartile)란 전체 분포를 4등분하여 75% 지점의 점수와 25% 지점의 점수 간 평균을 내는 방식으로 구한다.

표준편차(standard deviation)란 각 점수들과 평균과의 차이들의 합이 0이 되는 편차의 특성으로 인하여 분산(variance)의 제곱근을 가지고 구하게 된다. 분산이란 편차를 제곱한 값들을 더하여 사례수로 나눈 값을 말하며, 이 값에 제곱근을 하면 표준편차가 된다.

③ 정규분포

정규분포란 평균값과 중앙값, 최빈값이 일치하는 분포로 전체 점수의 약 68% 정도가 평균을 기준으로 ±1 표준편차 범위에 위치하고, 약 95%가 ±2 표준편차 범위에 해당하는 분포를 말한다. 모집단의 사례수가 커질수록 정규분포가 될 확률이 높아진다.

④ 표준점수

표준점수란 동일한 점수라 할지라도 각 검사의 평균, 표준편차가 다름에 따라 성취정도에 대한 해석이 달라질 수 있기 때문에 인위적으로 같은 평균, 표준편차로 변환시킨 점수를 말한다. 예를 들어, 어떤 학생의 국어점수가 80점(M = 85, SD = 5)이고 수학점수가 80점(M = 50, SD = 10)으로 같다고 하더라도 이를 표준점수로 바꾸어 주면 이 학생은 수학을 국어보다 훨씬 잘하는 학생임을 알 수 있다.[4] Z점수란 개별점수와 평균과의 차이를 표준편차로 나

4) 국어(80) Z점수: (80−85)/5 = −1
수학(80) Z점수: (80-50)/10=3

눈 값을 말한다. Z점수가 실제 활용에 있어서 점수단위가 작고 음수를 포함하기 때문에 사용에 익숙한 10진수로 바꾸어준 점수가 T점수이다. 즉, 'T점수 = 10 × Z점수 + 50'으로 구한다. 이렇게 하면 Z점수 0은 T점수 50으로, 표준편차 ±1은 ±10으로 바뀌게 된다.

(2) 평가의 교육적인 활용

평가는 개인과 집단의 교육목표 달성 정도와 변화의 정도를 종합적이고 분석적으로 해석해 내는 과정이 포함되어야 한다. 다시 말해서 교육평가를 통하여 교육의 전과정에 피드백을 얻을 수 있고 더 적절한 교육적 조치를 위한 자료로 활용될 수 있음을 시사한다. 평가는 궁극적으로 자신의 상태를 스스로 파악하여 자발적인 변화와 성장을 위한 동력을 이끌어내기 위하여 시행되는 것이다. 평가의 과정이 늘 교육적인 것이 될 수 있도록 평가전문가들의 계속적인 노력이 요구된다.

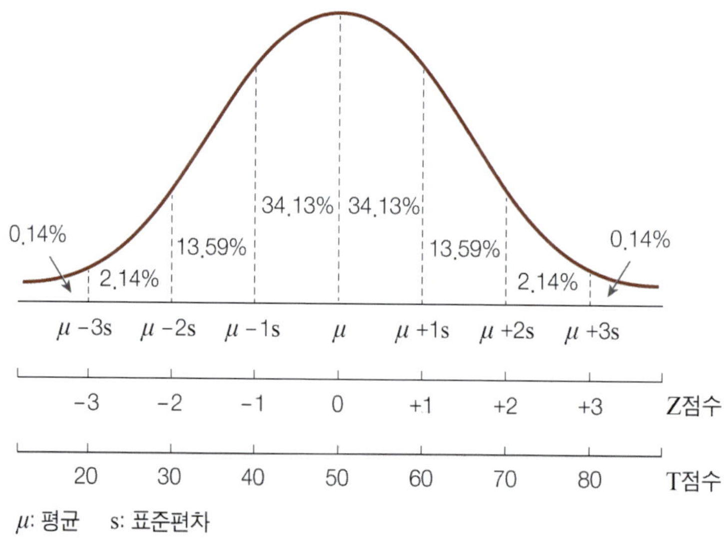

그림 7-1 정규분포에 의한 백분위 및 표준점수(Z, T 점수)

4. 교육평가의 유형

교육평가의 유형을 분류하는 방식은 다양하다. 섬사 점수에 가치를 부여하기 위해 어떤 평가기준을 사용하는가에 따라 준거지향평가와 규준지향평가로 구분되고, 수집된 자료의 특성과 분석방법에 따라 양적평가와 질적평가로 구분된다. 또 교수–학습과정의 단계 중 어느 시점에서 어떤 목적으로 시행하느냐에 따라 진단평가, 형성평가, 총합평가로 구분되고, 학습자 요인에 초점을 맞춘 평가로서 능력지향평가와 성장지향평가로 구분된다.

1) 평가대상별 유형

(1) 학생평가

학교현장에서 가장 많이 실시되는 평가로서 학생의 능력이나 특성을 가치 판단하는 것이다. 주로 교사에 의해 수행되며 학교에서 치러지는 시험, 교사와의 면담, 관찰 등을 통하여 학생들의 발달 정도를 평가하게 된다.

(2) 교사평가

교사평가는 지금까지 근무평정(performance rating)이란 용어로 줄곧 사용되어 왔다. 근무평정은 대체로 구성원이나 직원의 능력 개발 및 발전과 승진, 그리고 전보 또는 해임 등 상벌과 같은 인사관리의 합리적인 근거를 제공하는데 그 기본 목적이 있다.

(3) 교육과정평가

교육의 전과정을 교육목표에 비추어 평가하는 것을 말한다. 예컨대, 선정된 교육내용이 교육목표에 얼마나 부합하는지, 교수–학습활동에 동원된 학습자료가 교육목표를 달성하기에 유용한지, 교육평가 과정은 교육적이었는지 등을 평가하게 된다. 따라서 교육과정평가란 특정 교육과정의 장점, 가치, 중요성에 관하여 체계적으로 기술하고 판단하는 일이라고 정의할 수 있다.

(4) 기관평가

기관평가(institutional evaluation)는 평가의 대상이나 단위가 개인이 아니라, 조직이나 기관을 하나의 평가단위로 보고 가치를 부여하는 활동을 말한다. 교육기관에 대한 평가유형은 평가대상 기관의 종류와 운영 형태에 따라 달라질 수 있다. 평가대상 기관에 따라 유치원평가, 초·중등학교평가, 대학평가, 교원양성기관평가, 교육행정기관 평가 등이 있으며, 운영 형태에 따라 교육부의 시·도 교육청 평가, 교육부와 정부출연 연구기관이 공동으로 주관하는 국가수준 학교평가, 전국 대학교육협의회인 한국대학교육협의회나 언론기관이 주관하는 대학평가 등으로 구분된다.

(5) 프로그램평가

프로그램은 '어떤 문제를 해결하기 위하여 설계된 일련의 계획과 행동'이라고 정의하고 있다. 따라서 프로그램 개발 또는 설계는 이러한 서비스나 활동을 만들어 내는 일이며, 설계된 프로그램을 실행한 후에 프로그램의 성과, 가치, 효과를 판단하는 것이 바로 프로그램평가(program evaluation)다. 다시 말해, 프로그램과 관련된 제반요소에 가치를 부여하고 비평하는 일련의 과정이라 정의할 수 있을 것이다.

(6) 교육정책평가

정일화(2000)는 교육정책 평가의 목적으로, 첫째, 교육정책결정과 집행에 필요한 정보제공, 즉 교육정책의 추진 여부, 교육정책의 내용 수정, 더욱 효율적인 교육집행전략 수립, 둘째, 교육정책 과정상의 책임성 확보, 셋째, 이론구축에 의한 학문적 기여 등을 제시하였다.

이와 같은 교육정책 평가는 다음과 같은 이유로, 그 중요성이 점점 높아지고 있다(김종철, 1990). 첫째, 교육의 공공성에 대한 인식이 높아짐에 따라 교육정책을 추진하는 정보는 역할과 기능이 중요하게 되고, 둘째, 교육정책의 과정이 점차 복잡성을 띠게 되어 조직적인 평가와 과정을 거치지 않고는 그 실체를 파악하기 어렵게 되고, 셋째, 교육정책의 형성과 집행에 있어 효율성이 요구되며, 넷째, 교육정책은 고도의 공익성을 띠기 때문에 교육의 책무성이 강조되며, 다섯째, 교육정책의 과정이 정책의 형성, 집행, 평가의 순환과정으로 파악되면서 평가가 필수적인 것으로 인식되고 있다. 정리하면, 교육정책 평가는 다양한 교육정책에 대하여 교육집행 당국의 책무성을 향상할 수 있을 뿐만 아니라 합리적인 교육정책 수립에 기여할 수 있기 때문에 교육정책 평가에 대한 연구의 필요성과 중요성은 높다고 볼 수 있다(김병만, 2014).

2) 평가시기별 유형

(1) 진단평가

진단평가(diagnostic evaluation)란 계획된 교육목표를 달성하기 위한 교수-학습활동이 시작되기 전에 학생들의 학습과제에 대한 준비도를 진단하는 평가이다. 진단평가의 예로는 수업시간 전에 실시하는 쪽지시험 또는 퀴즈나 수업을 실시하기 전에 복습 여부를 묻는 질문, 전학년도 성적표나 생활기록부를 토대로 학습자의 특성을 파악하여 교사가 간단히 제작한 질문 혹은 시험 등을 들 수 있다.

(2) 형성평가

형성평가(formative evaluation)란 교수-학습이 진행되고 있는 과정에서 실시되는 평가이다. 수업 진행 중에 실시되는 퀴즈나 쪽지시험 등이 이에 해당된다. 스크리븐(Scriven, 1967)은 형성평가를 통하여, 학습 및 교수가 진행되는 도중 학습자에게 송환효과(feedback)를 줄 수 있으며, 교육과정을 개선하고 수업방법을 개선할 수 있다고 본다.

(3) 총괄평가

총괄평가(summative evaluation)란 주어진 단원이나 과제의 교수-학습을 마친 시점에서 교육목표의 달성도를 알아보기 위한 것이다. 총괄평가가 교수-학습 활동의 최종시점에서 이루어지기는 하지만, 그것이 교육과정의 마지막을 뜻하는 것은 아니다. 학생들은 평가 결과를 통하여 미래 학습에의 피드백을 얻을 수 있고, 교사 역시 자신의 교수활동을 개선하는 데 참고자료로 삼을 수 있다.

3) 평가기준별 유형

(1) 규준지향평가

규준지향평가(norm-referenced evaluation)란 학습자의 원점수를 비교집단의 규준(norm)에 비추어 상대적인 서열에 의해 비교하는 평가방식이며 상대비교평가 혹은 상대평가, 규준참조평가라고도 한다. 규준지향 평가는 모집단의 분포를 정규분포라고 가정한다. 규준지향평가는 평가 체제의 본질상 반드시 실패자가 존재하는 선발적 교육관에 기초하고 있다. 예를 들면, 한 학생의 국어성적이 80점이라고 했을 때 80이라는 원점수는 단독으로 아무런 정보도 제공하지 못한다. 그러나 그 학급의 국어성적 평균이 65점이고 표준편차가 10점이라면 약 상위 10% 이내에 드는 점수라고 해석하게 되는 것이다.

규준지향평가의 장점은 개인차 변별이 용이하고 상호경쟁을 통하여 외재적 학습동기를 유발할 수 있다는 점이다. 그러나 장점 못지않게 여러 가지 단점들도 지적되고 있다. 우선 무엇을 얼마나 아는지에 중점을 두지 않기 때문에, 무엇을 가르치고 배워야 하는지에 대한 정보와 기준이 분명하지 않다. 또한 경쟁의 대상이 교육목표가 아니라 집단구성원이라는 점에서 비교육적이라고 할 수 있으며, 무엇보다도 다른 사람보다 더 나은 점수를 받는 것에 중점을 두기 때문에 충분한 지적탐구의 기회보다는 암기위주의 교육을 조장할 우려가 있다. 그 밖에 협동을 통한 교육기회의 상실, 지나친 서열의식, 검사불안과 같은 심리적인 문제들도 지적될 수 있다.

정리하면 규준지향평가에서는 참다운 의미에서의 학력평가가 불가능하다. 예컨대, 학습자의 성취도가 집단 내에서의 상대적 비교로만 판정되기 때문에, 학습내용을 완전히 이해한 학습자라도 집단 자체가 우수하다면 학업성취도가 낮은 것으로 분석될 수 있다. 또한 학습자 간에 학력의 상대적 위치 또는 순위를 결정하기 때문에 과다한 경쟁심리가 조장되며, 이로 말미암아 인성 교육을 방해할 우려가 있다.

(2) 준거지향평가

준거지향평가(criterion-referenced evaluation)란 학습자가 무엇을 얼마나 알고 있는지를 준거에 비추어 재는 평가로서 목표지향평가 혹은 절대평가, 절대비교평가, 준거참조평가라고도 한다. 준거지향평가는 적절한 교수전략과 교육환경을 투입하면 모두가 성공할 수 있는 발달적 교육관에 바탕을 두고 있다. 크론바흐(L. J. Cronbach, 1970)는 교육이란 경마장에서 이루어지는 경마 경기가 아니라고 비판하면서 준거지향평가가 강조되어야 한다고 주장하였다. 예컨대, 의사자격시험과 같이 자격증을 부여하는 평가를 수행할 때 당락을 결정하는 준거점수는 의사직을 수행하는 데 필수적인 자질과 직결되는 것이므로 신중하게 마련되어야 하는 것이다.

준거지향평가의 장점은 우선 교수-학습이론에 적절하다는 점이다. 무엇을 알고 모르는지에 대한 직접적인 정보를 제공하기 때문에 무엇을, 어떻게 가르칠 것인가에 대한 정보도 시사한다. 또한 상대 비교에 치중하지 않으므로 탐구정신을 발휘할 수 있는 기회가 마련되고 이로 인하여 지적인 성취감을 맛볼 수 있다. 아울러 서열의식을 탈피하여 상호 협동학습이 가능하며 심리적으로 지나친 경쟁심, 이기심으로부터 자유로울 수 있어 정신건강에 좋다고 할 수 있다. 물론 준거지향평가의 준거설정에 있어서 주관성의 시비로부터 자유로울 수 없다는 점과 정상분포 가정을 하지 않는 평가이기 때문에 통계적으로 활용이 어렵다는 점, 개인차 변별이 곤란하다는 점 등의 단점들도 지적되고 있다.

4) 평가방법별 유형

(1) 양적 평가

양적인 접근방법의 기본가정은 사회현상을 포함한 모든 현상들은 과학적인 탐구방법으로 검증할 수 있으며, 수량화할 수 있다는 것이다. 양적 평가에서는 사전에 여러 개의 평가관점을 정해 놓고 관점별로 등급을 정하거나 채점을 하여 이를 합산함으로써 전체를 알아보는 방법을 사용한다. 이것은 간결·명료하고 분명한 장점을 가진 반면에, 전체적인 조화에서 나타나는 경향성을 파악하기는 힘든 단점을 가지고 있다.

(2) 질적 평가

질적인 평가는 관찰이나 면담, 실기평가 등을 통하여 수량화되지 않은 다양한 형태의 자료를 수집하여 평가하는 것을 말한다. 물론 양적인 평가가 가지는 한계를 극복하기 위하여 전적으로 질적인 평가를 사용해야 한다는 것은 아니다. 수행평가 도입과 관련하여 학교현장에서 제기되는 문제들 중의 하나도 수행평가를 모든 교과에 적용하는 것이 과연 적절한 것인가의 문제이다. 평가하는 목적이나 결과의 활용의도, 평가영역 등에 따라 수행평가가 적절할 수도, 혹은 수량화된 평가가 더 적절할 수도 있다는 것이다. 따라서 평가방법에 대한 이분법적인 사고를 가지기보다는 다양한 평가방법을 활용하여 평가대상에 대한 풍부한 자료를 얻고 이를 통하여 심층적인 이해를 할 수 있도록 해야 한다.

5) 학습자 요인별 유형

(1) 능력지향평가

능력지향평가(ability-referenced evaluation)는 학생이 지니고 있는 능력을 기준으로 하여 얼마나 최선을 다하였느냐(maximum performance)에 초점을 두는 평가방법으로, 개인의 능력 정도와 수행결과를 비교하여 그 학생이 지니고 있는 능력이 최대한 발휘된 것인가를 살펴본다. 예를 들어, 우수한 능력을 지녔을지라도 최선을 다하지 않은 학생과 능력이 낮더라도 최선을 다한 학생이 있을 때, 후자의 성취수준이 낮더라도 더 좋은 평가결과를 얻을 수 있다. 이와 같이 능력지향평가는 각 학생의 능력과 노력에 따라 평가된다.

(2) 성장지향평가

성장지향평가(growth-referenced evaluation)는 교육과정을 통하여 얼마나 성장하였느냐에 관심을 두는 평가방법으로, 개인의 초기능력수준에 비추어 얼마만큼 능력의 향상을 보였느냐를 평가한다. 즉, 최종 성취수준 그 자체보다 사전 능력수준과 평가시점에 측정된 능력수준 간의 차이에 관심을 두는 평가로, 과거 교육의 예에서 '진보상'을 들 수 있다. 성장지향평가는 능력의 변화과정과 성장 정도까지 고려하므로 학습자는 물론 교수자에게 더 많은 정보를 제공해 줄 수 있고, 이를 통해 개별화 교육을 촉진할 수 있다는 점에서 교육적으로 중요한 의미를 지닌다.

6) 수행평가

수행평가란 학습자가 실제로 수행하는 능력을 평가하는 것으로, 전통적으로 사용해 왔던 지필식 선택형 평가와의 대비를 통하여 개념을 규명하는 것이 일반적이다.

수행평가에 사용되는 방법에는 서술형 및 논술형 검사, 구술시험, 토론, 실기시험, 실험실습, 면접, 관찰, 자기평가 및 동료평가보고서, 연구보고서, 포트폴리오, 역할놀이 등이 있다. 수행평가는 21세기 지식·정보화 사회가 요구하는 고등정신 능력을 강조하고 교육의 본질에 대한 직접적인 평가를 강조하는 평가방법이다.

수행평가의 장점을 정리하면 다음과 같다.

첫째, 수행평가는 교수-학습과의 연계성이 높고 교육목표의 달성여부를 직접적으로 평가하는 방식이다. 이때 교수-학습의 결과뿐만 아니라 문제해결의 과정을 함께 중시하기 때문에 형성평가의 성격을 지닌다고 할 수 있다. 단순한 문제해결능력보다는 고등사고능력을 측정하기에 보다 적합한 방법이다.

둘째, 학습자 개인별 평가뿐만 아니라 집단별 문제해결의 기회를 제공하기 때문에 사회성 개발 등과 같은 다양한 학습기회를 제공한다.

셋째, 인지적인 영역뿐만 아니라 정의적·심동적 영역에 대한 종합적·전인적 평가가 가능하다.

수행평가의 문제점으로는 다음과 같은 내용을 들 수 있다.

첫째, 평가도구 개발에 어려움이 있다는 점이다. 평가문항을 개발하기 위하여 많은 평가학적 지식과 노력, 시간을 요구한다.

둘째, 채점결과의 객관성, 정확성, 일관성을 확보하는 것이 쉽지 않다. 논술형 문항을 채점하더라도 채점자 한 사람이 시간의 변화에 상관 없이 일관되게 채점하는 것이 쉽지 않으며 여러 채점자가 서로 유사하게 채점을 하는 것 역시 쉬운 일이 아니다.

셋째, 수행평가를 시행하는 데 시간과 비용이 많이 소요된다. 지금과 같이 현장교사의 업무가 과다한 상황에서 수행평가의 시행은 자칫 형식적인 잡무의 증가로 여겨질 수도 있다. 그러므로 수행평가를 통하여 얻을 수 있는 교육적인 효과에 대하여 교사에게 충분히 인지시키고, 사전에 수행평가 시행과 관련된 훈련과정을 운영해야 한다.

5. 검사도구의 양호도

교육 현장에서 평가활동을 수행할 때, 어떠한 평가도구를 사용할 것인가의 문제는 매우 중요하다. 사용하는 평가도구가 좋은 것이 아니라면 그것으로 측정·평가한 결과는 의미가 없기 때문이다. 문항분석이 하나하나의 문항이 제대로 기능하고 있는 절차를 확인하는 과정이라면, 평가도구 전체가 믿음직하고 정확하게 평가하고 있음을 확인하는 과정이 필요하다. 즉, 좋은 측정·평가도구의 요건을 확인해야 하는데, 가장 필수적인 요건이 타당도, 신뢰도, 객관도다.

1) 타당도

타당도(validity)란 검사 또는 측정도구가 본래 측정하고자 하였던 것을 충실히 측정하고 있는가라는 문제와 관련된다. 즉, 타당도에 관한 질문은 '이 검사가 무엇을 재고 있느냐?'라고 표현될 수 있으며, '무엇'에 해당하는 것은 준거(criterion)로서 평가에 있어 틀의 역할을 한다. 예를 들어, 인간의 지능을 측정하기 위하여 지능검사를, 적성을 측정하기 위하여 적성검사를, 인성을 측정하기 위하여 인성검사를 사용할 때, 이러한 검사를 타당한 검사라 할 수 있다.

그론룬드와 린(Gronlund & Linn, 1990)은 타당도를 이해하기 위해 주의할

점으로 다음의 네 가지를 제시하고 있다.

첫째, 타당도는 피험자 집단에 사용된 측정도구나 검사에 의하여 얻은 검사결과의 해석에 대한 적합성이지 검사 자체와 관련된 것은 아니다. 즉, 검사의 타당도라는 표현을 사용하기는 하지만 엄밀하게 말하자면 검사결과에 따라 만들어진 해석에 대한 타당성을 말하는 것이다.

둘째, 타당도는 정도의 문제다. 타당도가 있다 혹은 없다고 말하는 것이 아니라 낮다, 적절하다, 높다 등으로 표현해야 한다.

셋째, 타당도는 특별한 목적이나 해석에 제한된다. 즉, 한 검사가 모든 목적에 부합될 수 없으므로, '이 검사는 무엇을 측정하는 데 타당하다'라고 표현해야만 한다.

넷째, 타당도는 단일한 개념이다. 타당한 개념을 다양한 종류로 구분하기보다는 다양한 종류의 근거에 기초한 단일한 개념으로 해석하고 있다.

(1) 내용타당도

내용타당도(content validity)는 검사내용에 기초한 근거(evidence based on test content)라고 불리는 타당도로 논리적 사고에 입각하여 판단하는 주관적인 타당도를 의미한다. 즉, 검사가 측정하고자 하는 속성을 제대로 측정하였는지를 검사 전문가가 주관적으로 판단한다. 그러나 내용타당도는 검사 개발에서 중심 관건이며, 전문가의 전문적 판단이 측정내용의 전집, 내용선택, 문항유형 선택, 점수화 등의 의사결정에 중요한 역할을 하므로 계량화되지 않는다는 단점이 있다 해도 과학성이 상실되었다고 볼 수는 없다.

예를 들어, 학업성취도 검사의 내용타당도는 검사 내의 문항들이 검사 제작 전에 작성된 이원목적분류표에 의하여 제작되었는지를 확인함으로써 검증될 수 있다. 내용타당도와 유사한 개념으로 논리적 타당도(logical validity)와 안면타당도(face validity)가 있다.

(2) 준거관련타당도

준거관련타당도(crierion-related validity)는 한 검사의 점수와 하나의 준거의 상관계수로 검사도구의 타당도를 나타내는 방법인데, 경험적 타당도

(empirical validity)라고도 부른다. 준거관련타당도는 예언타당도와 공인타당도, 구인타당도로 분류할 수 있다.

① 예언타당도

예언타당도(predictive validity)란 어떤 평가도구가 목적하는 준거를 얼마나 정확하게 예언하고 있는지를 의미한다. 이때의 준거는 미래의 행동 특성이 된다. 즉, 검사점수가 미래의 행동을 얼마나 잘 예측하냐의 문제다. 예를 들어, 대학수학능력시험이라는 평가도구가 대학 입학 후 학습자의 수학 능력을 예언하는 타당도가 있다고 할 때, 여기서 사용된 준거는 대학 입학 후의 수학 능력이 된다. 따라서 대학수학능력시험에서 높은 점수를 얻은 학습자가 대학에서 성공적으로 학업을 수행할 때, 대학수학능력시험의 예언타당도는 높다고 할 수 있다.

② 공인타당도

공인타당도(concurrent validity)는 새로운 검사의 타당도를 기존의 타당성을 인정받고 있는 검사와의 유사성 혹은 연관성에 의하여 검증하는 방법으로 예언타당도와는 달리 검사 그 자체와 준거가 동시에 측정되면서 검증되는 타당도다. 예를 들어, 유아용 지능검사를 새로 개발하였다면, 동일 집단에 새로 개발된 검사와 거의 동시에 K-ABC 지능검사를 실시하여 두 검사의 상관을 계산함으로써 새로 개발된 검사의 타당성을 검증한다. 다른 예로, 작문 검사를 독후감 과제로 대체할 수 있을지를 알아보기 위해 그 둘 간의 상관을 알아보는 경우도 공인타당도에 해당한다.

③ 구인타당도

구인타당도(construct validity)란 내적 구조에 기초한 근거(evidence based on internal structure)라고도 하며, 그 검사가 측정하고자 하는 어떤 특성의 개념이나 이론과 관련된다. 구인(construct)이란 검사도구에 반영되어 있다고 가정하는 인간의 어떤 행동 특성을 의미한다. 이런 점에서 구인을 구성 개념이라는 과학적 용어로 대체할 수 있다. 예를 들어, 창의성검사에서 창의성이 민감성, 유창성, 융통성, 독창성, 정교성으로 구성되어 있다면 이것들은 창의성을 구성하는 구인이라 할 수 있으며, 이 검사도구가 이 구인들을 제대로 측정하고 있는지를 밝히는 것이 구인타당도를 검증하는 것이다. 예를 들어, 학습능력검사가 읽기, 쓰기, 셈하기, 암기하기라는 구인으로 구성되어 있다면 각 구인에 의해 점수 간의 상관과 각 구인점수와 학습능력검사 총점과의 상관을 구할 수 있다. 이때 암기하기와 학습능력검사 총점과의 상관이 낮고, 다른 구인 간의 상관에 비해 암기하기와 각 구인 간의 상관도 낮다면 암기하기는 학습능력을 나타내는 구인이 될 수 없다고 판단하게 된다.

(3) 타당도의 적용과 논의

타당도가 보장되지 않은 검사도구로 얻은 자료로 인간의 심리적 증상을 진단하고, 인성을 측정하고, 학업성취를 비교하고, 교육효과를 확인하는 것은 잘못된 결론을 유도할 수 있으므로, 타당도 검증은 행동과학을 위한 자료분석의 기본적인 절차이다. 타당도 지수에 대한 절대적인 기준이 있는 것은 아니나 상관계수에 의해 추정되는 공인타당도와 예언타당도의 경우 .60 이상이면 타당도가 높다고 볼 수 있다(성태제, 1995).

한편 최근에는 타당도의 개념이 검사도구의 특성이라기보다 검사결과가 사회에 미치는 영향에 초점을 맞춘 결과타당도(consequential validity)로 확대되고 있다. 결과타당도는 검사가 목적에 얼마나 부합하는지, 즉 의도한 결과는 얼마나 달성하였으며, 의도하지 않은 어떤 결과가 나타났는지에 대한 검증이다.

2) 신뢰도

검사도구의 타당성이 입증되었다면 신뢰도를 고려하여야 한다. 앞서 타당도가 무엇(what)을 측정하고 있느냐의 문제임에 반해, 신뢰도는 어떻게(how) 재고 있느냐의 문제라고 할 수 있다. 신뢰도(reliability)란 측정하려는 것을 안정적이고 일관성 있게, 그리고 오차 없이 측정하는가의 문제다. 예를 들어,

신체검사에서 학생들의 키를 측정하는데, 동일한 기계로 두 번을 재었을 때, 첫 번째는 170cm로 측정되었고, 두 번째는 175cm로 측정되었다면, 이 기계는 믿을 만하다고 할 수 없다. 즉, 신뢰도가 낮다고 할 수 있다. 신뢰도 검증 방법에는 여러 가지가 있으나 대표적인 방법으로는 재검사 신뢰도, 동형검사 신뢰도, 반분검사 신뢰도, 문항내적 합치도, Cronbach α계수를 들 수 있다.

(1) 재검사 신뢰도

재검사 신뢰도(retest reliability)란 한 가지의 측정도구를 동일 대상 집단에게 두 번 실시한 다음, 첫 번째 점수와 두 번째 점수 간의 상관계수를 산출하여 얻는 신뢰도다. 그 측정도구가 얼마나 안정성 있게 측정하는가를 나타내기 때문에 안정성계수(coefficient of stability)라고도 한다. 재검사 신뢰도를 표시할 때는 실시간격을 명시해야 하며, 검사의 목적에 따라 달라야 하겠지만 대개 2~4주가 적당하다. 재검사 신뢰도의 장점은 추정방법이 간단하다는 점이며, 단점은 검사를 두 번 실시해야 한다는 것과 두 번 실시함으로써 생기는 연습효과나 기억효과가 있다는 점, 그리고 실시 간격에 따라 신뢰도계수가 달리 추정된다는 점이다.

(2) 동형검사 신뢰도

동형검사 신뢰도(equivalent-form reliability)는 미리 두 개의 동형검사를 제작하고, 두 개의 동형검사를 동일한 피험자에게 거의 연속적으로 실시했을 때 두 검사에서 받은 점수들이 일치되는 정도를 상관계수로 추정하는 방법으로, 흔히 이것을 동형성계수(coefficient of equivalence)라고도 한다. 동형검사란 표면적 내용은 다르지만 두 검사가 측정 이론에서 동질적이며 동일하다고 추정할 수 있는 문항으로 구성된 검사이며, 문항의 난이도 및 변별도가 같거나 비슷하고 문항내용도 유사한 것으로 구성된 검사다. 동형검사 신뢰도는 검사를 두 번 제작·시행해야 하는 어려움이 있으며, 더 큰 단점은 동일한 내용을 측정하면서 동일한 난이도와 변별도를 지닌 동형검사 제작이 쉽지 않다는 것이다.

(3) 반분검사 신뢰도

반분검사 신뢰도(split-half reliability)는 한 개의 평가도구를 한 피험자 집단에서 실시한 다음 그것을 적절한 방법에 의해 두 부분의 점수로 분할하고, 이렇게 분할된 두 개의 반분된 검사 점수 간의 상관을 산출하여 얻는 신뢰도다. 이것은 동질성계수(coefficient of homogeneity)라고도 한다. 반분검사 신뢰도에서 두 부분으로 분할하는 방법은 여러 가지가 있다. 주로 앞뒤로 정확히 반이 되게 하거나 짝수 문항과 홀수 문항으로 나누는 방법을 많이 사용하나, 검사의 문항 내용과 구성면에서 양분된 두 부분이 서로 비슷하고 동질적으로 계획하여야 한다.

(4) 문항내적 합치도

문항내적 합치도란 검사 속의 각각의 문항을 모두 독립된 한 개의 검사 단위로 생각하고 그 합치도, 동질성, 일치성을 종합하는 신뢰도로서, 한 검사에 포함된 문항 간 반응의 일관성은 문항의 동질성 여부에 의해 결정되므로, 한 검사의 문항내적 합치도를 구하려면 그 검사는 단일 특성을 재는 문항으로 구성되어 있어야 한다. 단일 특성을 재지 않거나 문항의 난이도가 일정하지 않을 때 문항내적 합치도로 신뢰도를 구하면 그 검사의 신뢰도는 과소평가될 우려가 있다. 문항내적 합치도를 추정하는 방법에는 쿠더와 리처드슨(Kuder & Richardson, 1937)이 개발한 K-R 20과 K-R 21이 잘 알려져 있다. K-R 20은 문항 형식에서 문항의 반응이 맞으면 1, 틀리면 0으로 채점되는 양분 문항(dichotomous item)의 경우에 사용하고, K-R 21은 문항 점수가 1, 2, 3, 4, 5점 등의 연속 점수일 때 사용한다(김석우, 2015).

(5) Cronbach α계수

한 개의 검사를 한 집단에게 실시하고 거기에서 오차 변량을 제외한 진점수 변량을 추정해 보려는 노력이 시도되면서, 피셔(Fisher)가 개발한 변량분석에 기초하여 Cronbach α계수가 개발되었다. 즉, 한 검사 속의 문항 사이의 신뢰도계수는 문항 간의 평균 공변량/문항 간 평균 변량의 비(ratio)로 나타내려는 개념이다. Cronbach α계수는 문항 형식에서 문항의 반응이 맞으면 1, 틀리면 0으로 채점되는 양분 문항뿐만 아니라 한 개의 문항이 여러 단계의 점수로 채점되는 연속점수의 경우에도 사용할 수 있으며, 흔히 급내상관(intraclass correlation)이라고 한다.

Cronbach α계수로 신뢰도를 추정할 경우 검사를 양분하지 않아도 되고, 문항 간의 일관성에 의하여 단일한 신뢰도 추정결과를 얻을 수 있다는 장점이 있는 반면, 검사도구의 신뢰도를 과소 추정하는 경향도 있다. 그러나 검사도구의 질을 분석함에 있어 어느 정도의 엄격성이 요구되기 때문에 과소 추정되는 정보가 더 바람직하다(성태제, 2002).

Cronbach α계수의 산출공식은 다음과 같다(Cronbach & Gleser, 1964).

$$\alpha = \frac{n}{n-1}\left[1 - \frac{\sum_{i=1}^{n} S_i^2}{S_x^2}\right]$$

- n: 검사 속의 문항의 수
- S_i^2: 각 단일 문항의 변량
- S_x^2: 전체 검사점수의 변량

그림 7-2 Cronbach α 계수의 산출공식

(6) 신뢰도의 적용과 논의

검사도구를 개발하거나 검사도구를 사용할 때 신뢰도에 대한 정보가 제공되어야 한다. 일반적으로 재검사 신뢰도가 가장 높고, 동형검사 신뢰도, 반분검사 신뢰도, 문항의 내적합치도, Cronbach α계수순인데, 재검사 신뢰도의 경우 과대추정과 과학성 결여로 최근에는 사용이 권장되지 않으며, Cronbach α계수가 가장 최근에 제안된 것으로 일반적으로 사용되고 있다.

검사 도구의 신뢰도는 문항 수가 많을수록, 즉 검사 길이가 길수록 높아지며, 검사도구의 측정내용이 좁아서 문항들이 동질적일수록 신뢰도가 높아진다.

타당도와 신뢰도의 관계에 대해 살펴보면, 타당도와 신뢰도는 다른 개념이라 할지라도 연관성이 있다. 검사도구에서 관찰된 점수는 진점수와 오차 점수

로 구분되며, 진점수는 타당한 진점수와 타당하지 않은 진점수로 구분된다. 이때 진점수는 신뢰도에 해당하는 부분이며, 타당한 진점수는 타당도가 된다.

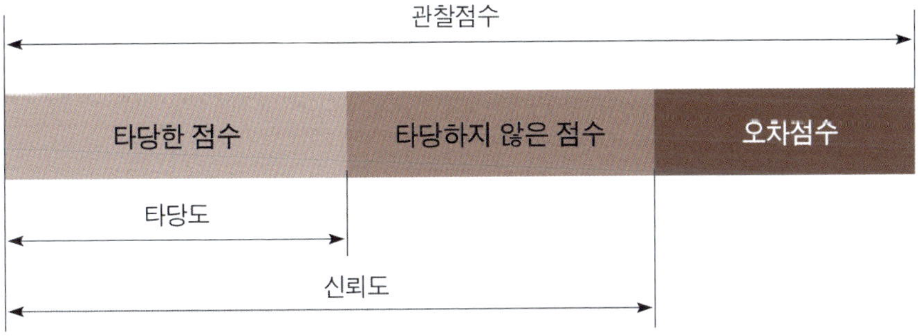

그림 7-3 타당도와 신뢰도의 관계(성태제, 2005)

따라서 타당도가 높기 위해서는 신뢰도가 높아야 하지만 신뢰도가 높다고 반드시 타당도가 높은 것은 아니다. 즉, 신뢰도와 타당도의 관계에서 신뢰도는 타당도를 위한 필요조건이지만 충분조건은 아니다. 즉, 적정 난이도와 높은 변별력이 있는 좋은 문항으로 구성된 검사는 신뢰도가 높을 가능성이 많으며 이는 타당도가 높기 위한 필요조건이 되는 것이다(김석우, 2015).

3) 객관도

객관도(objectivity)란 평가자 신뢰도라고 할 수 있는데, 검사의 채점자가 주관적 편견 없이 얼마나 공정하게 채점하느냐의 문제이다. 즉, 객관도 혹은 평가자 신뢰도는 채점자의 채점이 얼마나 신뢰성 있고 일관성이 있느냐로 평정자에 따라 결정되는 신뢰도인 것이다.

객관도는 평정자가 주관적인 편견을 얼마나 배제하였느냐를 보는 것이다. 한 채점자가 다른 채점자와 얼마나 유사하게 평가하였느냐의 문제와 한 채점자가 많은 측정대상에 대하여 계속적으로 일관성 있게 측정하였느냐의 문제로, 전자를 평가자 간 신뢰도, 후자를 평가자 내 신뢰도라고 한다. 평가의 결과가 등급으로 주어진다면 평정자 간 신뢰도 또는 평정자 내 신뢰도란 용어를 사용하고, 평가의 결과가 점수로 주어진다면 채점자 간 신뢰도 또는 채점자 내 신뢰도, 또 관찰에 의한 결과라면 관찰자간 신뢰도 또는 관찰자 내 신뢰도라는 용어를 사용한다.

(1) 평가자 내 신뢰도

평가자 내 신뢰도(intra-rater reliability)는 동일한 평가자가 모든 측정대상을 계속해서 일관성 있게 측정하였는지 혹은 시간의 흐름에 따라서도 평가기준이 변하지 않고 동일하게 측정하는지를 의미한다. 평가자 내 신뢰도는 개인의 일관성이 전제되어야만 추정이 가능하다.

(2) 평가자 간 신뢰도

평가자 간 신뢰도란 평가결과가 평가자 사이에서 얼마나 유사한가를 의미하는 것으로, 교육현장의 평가에서 평가자 간 신뢰도가 언급되는 경우는 예체능계 실기고사나 논술고사 등이다. 예를 들어, 대학입학 실기고사에서 동일한 미술작품을 보고도 채점자들이 서로 다른 평정을 하거나 체조경기에서 다섯 명의 심판이 전혀 다른 평정을 한다면 이는 객관도가 낮은 경우다.

평가자 간 신뢰도를 추정하는 방법은 양적 변수일 경우에는 상관계수법이나 일반화 가능도이론을, 질적 변수일 경우에는 일치도 통계와 코헨(Cohen)의 Kappa 공식을 사용한다.

① 상관계수법: 평가결과가 연속적인 점수일 때, 두 명 이상의 평가자가 동일한 평가대상자들에게 얼마나 유사한 점수를 주느냐를 분석하는 방법으로 피어슨(Pearson)의 단순적률상관계수를 구함으로써 추정한다. 여러 평가자 상호 간의 상관계수를 살펴봄으로써 평가결과의 유사성을 살필 수 있으며, 이때 상관계수가 .60 미만의 경우에는 부적절한 것으로 본다(성태제, 1998).

② 일반화 가능도이론: 고전검사이론의 신뢰도계수는 진점수의 분산을 관찰점수(진점수와 오차점수의 합)의 분산으로 나눈, 즉 여러 오차원을 하나로 묶어서 계산된 값이다. 반면 일반화 가능도(generalizability)이론은 오차 점수의 분산을 여러 개의 구성요소로 세분화하여 각 오차원의 분산성분을 추정하고 비교함으로써 각 오차원의 상대적 영향력이 평가되

고 어떻게 신뢰도를 향상할 수 있는가를 제안할 수 있는 것으로, 고전검사이론의 한계를 어느 정도 극복한 것이라 할 수 있다.

③ **일치도 통계**: 일치도 통계는 두 명 이상의 평가자가 하나의 평가장면에 대해 어떤 유목이나 범주로 평가해야 할 때, 평가자 간 상호 일치 빈도를 전체 빈도로 나눈 다음 평가자 수를 곱해서 계산한다.

$$\text{평가자 간 신뢰도} = \frac{\text{평가자 간 상호일치한 빈도}}{\text{평가자들의 총평가(관찰) 빈도}} \times \text{평가자 수}$$

표 7-4 평가자 간 신뢰도 예

관찰자 \ 범주	①	②	③
A	7	4	1
B	5	5	2
A와 B가 동의한 빈도	5	4	1

예를 들면, 두 명의 관찰자가 세 가지 범주로 구성된 평가도구로 평가한 결과, 관찰자 2인이 동의한 빈도는 10회, 전체 관찰빈도는 24이므로 약 0.83정도의 평가자 간 신뢰도를 보인다.

$$\frac{10}{24} \times 2 \fallingdotseq 0.83$$

④ Kappa 계수: 일치도 통계가 우연에 의하여 동일하게 평가되는 확률을 통제하지 못하여 평가자간 신뢰도를 과대 추정하므로, 이 문제를 해결하기 위하여 코헨(Cohen, 1960)이 우연에 의한 확률을 제거한 Kappa 계수를 제안하였다.

$$K = \frac{P_A - P_C}{1 - P_C}$$

- P_A : 일치도통계
- P_C : 우연에 의해 일치될 확률

Kappa 계수의 이론적 범위는 0~1.0이며, 우연에 의해 일치될 확률이 제거되었으므로 일치도 통계보다는 낮게 계산된다. 따라서 .60 이상만 되어도 어느 정도 신뢰도가 높다고 할 수 있다(성태제, 2002).

(3) 객관도의 적용과 논의

객관식 검사에서는 객관도가 문제되지 않지만 서답형 문항으로 구성된 지필검사나 평가자의 평정을 요구하는 관찰이나 면접에는 후광효과, 관용 혹은 엄격함의 오류, 집중경향의 오류, 논리적 오류, 근접의 오류, 대비의 오류 등이 작용하여 평정자 혹은 채점자로 말미암은 채점의 오차가 생긴다.

'후광효과'는 평가대상에 대한 평가자의 인상이 평정에 영향을 주는 것으로, 외모가 준수한 학생에게 성적평가를 높게 하는 것을 예로 들 수 있다. '관용 혹은 엄격함의 오류'는 평정자의 평정기준이 후하거나 인색하여 높은 혹은 낮은 점수를 주는 오류를 말하며, '집중경향의 오류'는 판정 내리기 어렵거나 잘 모를 경우 중간점수를 부여하는 오류를 말한다. '논리적 오류'란 평정할 문항들이 논리적으로 관련되어 있을 때 서로 유사하게 평정을 내리는 것으로, 예를 들면, 어휘력과 발표력은 다른 평정 내용인데도 평정자의 논리적 판단에 따라 유사하다고 생각되어 유사한 평정을 하는 경우를 들 수 있다. '근접의 오류'는 평정문항이 연이어 붙어 있을 경우 유사한 평정을 하는 것이며, '대비의 오류'는 평정자와 대비되는 특성을 지닌 평가대상에 대해 과대 혹은 과소평정을 하는 것을 의미한다.

일반적으로 객관도가 낮은 이유는 검사도구 자체가 불완전하거나 평가자의 소양이 부족하기 때문이다. 따라서 객관도를 높이기 위해서는 평가도구 및 평가기준을 객관화해야 하고, 채점자의 평가에 대한 소양을 높여야 하며, 가능하면 여러 사람이 공동으로 평가하여 그 결과를 종합하는 것이 좋다.

제 8 장

교육공학

현대의 학습자들은 모바일 스마트폰을 '나 자신'이라고 인식할 정도로 불가분의 관계로 보며 항상 '끼고 산다'. 모바일 학습은 현대의 교육이 당면하고 있는 가장 큰 시장이나 도전일 수 있으며, 교수설계의 지식확장의 기회이기도 하다. 소셜미디어나 가상의 세계도 이러한 '모바일 환경'이 배경이 된다. 교수설계의 영역이 모바일, 소셜미디어까지 확산되는 시점이 되었다. 오늘날 지식정보사회로 전환됨에 따라 지식과 정보의 중요성이 점점 심화되면서, 교육공학의 역할은 더욱 중요하게 부각되고 있다. 지식과 정보를 창조하고 운용하는 주체인 인간의 성장발달뿐 아니라, 기존의 패러다임이 바뀌면서 새로운 시대와 디지털 환경에 적절한 인재양성은 교육공학의 중요한 관심사이기도 하다.

여기에서는 교육공학의 개념을 살펴보고 아울러 교육공학의 역사적 발달, 교수매체 및 교수설계, 그리고 이러닝 관련 유사용어 설명과 함께 교육정보화 및 교육공학의 적용례에 대하여 논의하고자 한다.

1. 교육공학의 개념

공학(Technology)은 인간의 능력을 확장하고 인간의 요구를 만족시키기 위해 자원을 활용하는 과정으로, 우리의 삶을 더 쉽고 편안하게 만들도록 지식, 도구, 체제를 활용하는 것이다.

우리는 공학을 하드 테크놀로지(hard technology)와 소프트 테크놀로지(soft technology)로 나누어 정리할 수 있다. 하드 테크놀로지는 기계류와 같은 산출물, 즉 과학적·논리적 지식을 체계적·조직적으로 적용한 결과물을 말하며, 소프트 테크놀로지는 과학적·논리적 지식을 체계적·조직적으로 적용하는 것 자체를 말한다. 따라서 교육공학은 교육의 제반문제 및 교육환경을 개선하기 위하여 모든 공학적 수단을 활용하는 것이며, 교육을 효율적으로 수행하기 위한 각종 지식도 포함하고 있다.

1) 교육에서의 공학, 교수공학, 수행공학 그리고 교육공학

교육공학(educational technology)은 교육에서의 공학(technology in education)과 혼동되어 사용되었다. 교육에서의 공학은 교육사업을 수행하는 교육기관 운영의 모든 부분에서 테크놀로지를 적용하는 것이다. 또한 교육공학은 교수공학(instructional technology)과 구별하여 사용되기도 하고, 공통적인 의미로 사용되기도 하였다. 교수(instruction)의 사전적 의미는 '학문이나 기술을 가르치는 행위'이다. 이는 '가르치는 사람을 포함하여 모든 형태의 매체에 의하여 전달되는 학습경험(Gagne, Briggs, & Wager, 1992: Smith & Ragan, 1993)'으로서 '학습자들이 계획된 학습목표를 달성할 수 있도록 체계적이고 계획적으로 정보와 환경을 제공하는 일(Gagne, 1985)'이라 할 수 있다.

최근 들어 인간의 수행(performance)이 강조되면서 수행공학이란 용어도 널리 사용되고 있다. 수행공학은 '인간의 수행을 증진시키기 위하여, 인간 및 조직의 행동에 과학적 연구와 실제적 경험을 포함한 지식을 적용하는 일(Stolovitch & Keeps, 1992)'이며, 즉 '인적자원활동에 적용된 체제적인 사고(정재삼, 1996)'라고 할 수 있다. 이는 훈련뿐 아니라 인적자원관리, 조직개발, 교수설계, 행동심리학을 포함하는 수많은 관련 원리로부터 파생된 광범위한 중재안(intervention)을 활용한다. 즉, 수행증진을 위해서 현재의 수행수준과 이상적인 수행수준 사이의 엄격한 분석과 이들의 수행격차의 원인을 규명함으로써 이에 따른 중재안을 제공하고, 변화관리과정을 안내하며 그 결과를 평가하는 것이다.

수행공학과 교육공학, 교수공학 간의 관계는 그림 8-1과 같다.

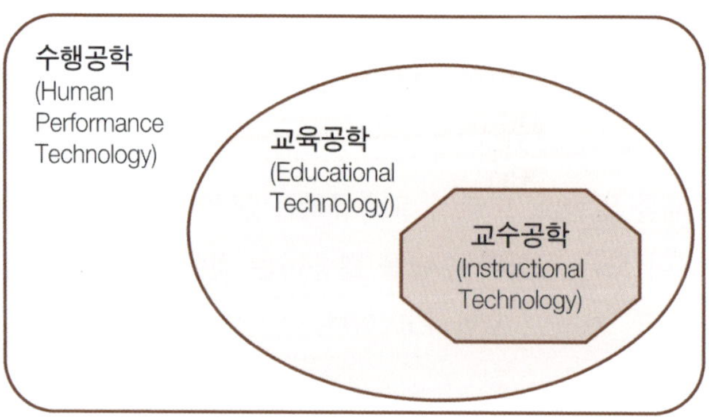

그림 8-1 교수공학, 교육공학과 수행공학의 관계

2) 교육공학의 새로운 정의

미국교육공학회(AECT: Association for Educational Communications & Technology)의 개념 및 용어위원회(Definition & Terminology Committee)에서는 2004년 6월에 교육공학의 정의를 새로이 발표하였다.

> 교육공학이란 적절한 공학적 과정과 자원을 창조, 활용 및 관리함으로써 학습을 촉진하고 수행을 증진하는 윤리적 실천과 학문이다(Educational Technology is the study and ethical practice of facilitating learning and improving performance by creating, using, and managing appropriate technological processes and resources.).

2004년 정의[5]의 특성을 이전의 정의들과 비교하여 간략히 살펴보면 다음과 같다.

첫째, 교육을 교수보다 좀 더 일반적이고 포괄적인 것으로 개념화하여 교육공학을 교수공학보다 상위의 개념으로 간주하고 있다. 더 나아가 훈련을 포함한 수많은 다른 수단을 통해서 업무환경에서의 수행을 증진시키는 총체적 접근에서의 수행공학(performance technology) 속에 교육공학 또는 교수공학을 그 하위 요소로서 포함시키고 있다.

둘째, '연구(research)' 대신에 '학문(study)'이란 용어를 사용하여 성찰적 실천을 포함한 다양한 형태의 탐구 관점을 더 넓게 내포하고 있다.

셋째, 윤리적 실천을 명확하게 밝혔다. 이로써 윤리적 실천의 의무와 책임을 강조하고 있음을 알 수 있다.

넷째, 교육공학의 목적을 '학습촉진(facilitating learning)'으로 천명하였다 이는 교육공학의 목적을 학습을 통제하고, 학습의 요인이 되게 하였던 과거의 주장보다 훨씬 온건한 주장이다.

다섯째, 의도적으로 '학습'을 개념 정의의 중심에 위치하도록 하여 교육공학에서 학습이 중심에 있음을 강조하였다. 이로써 수행공학이나 정보공학과 유사하면서도 다른 분야와 비교하여 교육공학 분야에서의 특징적인 목적을

5) 교수공학이란 학습을 위한 과정과 자원의 설계, 개발, 활용, 관리 및 평가에 관한 이론과 실제이다(Seels & Richey, 1994).

나타내도록 하였다.

여섯째, '수행증진'이란 용어를 사용함으로써 이전의 교육공학 접근보다 훨씬 더 나은 질적 준거와 학습촉진의 목적을 함축하고 있다.

일곱째, 설계과정에 대한 폭넓은 관점을 반영하기 위하여 이전의 정의보다 기술적 용어를 덜 사용하고 더 포괄적인 표현을 함으로써, 교육공학 분야의 주요 기능(창조, 활용, 관리)을 설명하고 있다.

여덟째, 도구와 방법이 '적절한 것'을 명시하여 이들이 적용될 조건이나 대상이 적절해야 함을 강조하고 있다.

아홉째, 도구와 방법이 교육공학 영역 바깥의 공학이 아니라, 영역 안에 있다는 이론적 설명을 할 수 있도록 '공학적(technological)' 특성을 명확하게 하였다.

2. 교육공학의 역사적 발달

교육공학의 역사적 기원을 원시인들의 동굴벽화에서 찾거나 그 철학적 기초를 고대 그리스 철학자들까지 거슬러 올라가 찾는 학자들도 있다. 그러나 여기에서는 시청각교육의 창시자라고 불리는 코메니우스가 활동한 17세기부터 교육공학의 이론적·철학적 뿌리를 살펴보고자 한다. 그리고 미국교육공학회(AECT)에서 제시한 시대적 변천에 따른 개념화에 초점을 맞추어서 기반확립기, 시각교육, 시청각교육, 시청각커뮤니케이션교육, 교수공학, 교육공학으로 나누어 살펴보겠다.

1) 기반확립기

교육공학의 사상적 배경은 코메니우스(J. A. Comenius, 1592~1670)의 감각적 실학주의에서 찾을 수 있다. 코메니우스를 시청각교육의 창시자 또는 교육공학의 선구자라고 부르기도 하는데, 그는 무의미하고 형식적인 언어편중주의에 반대하고, 자연현상을 있는 그대로 감각을 통하여 직접 경험하는 직관주의를 주장하였다. 그는 『대교수학』(Didactica Magna, 1632)을 통해 교육제도와 교육과정의 개혁을 시도하였으며, 그림을 삽입한 최초의 교과서인 『세계도회』(Orbis Pictures)를 저작함으로써 감각에 의한 획기적인 교수방법을 사용하였다.

코메니우스를 선두로 루소(J. J. Rousseau, 1712~1778), 페스탈로치(J. H. Pestalozzi, 1746~1827), 프뢰벨(F. Frobel, 1782~1852), 몬테소리(M. Montessori, 1870~1952), 듀이(J. Dewey, 1856~1952) 등과 같은 학자들이 직접적·실제적 감각경험을 통한 교육의 중요성을 역설함으로써 교육공학의 기초를 제공하였다. 손 다이크(E. L. Thorndike, 1987~1949)는 동물학습에 관한 실험연구를 기초로 한 연합주의(connectionism) 학습이론을 정립하여 교수공학의 기본원리인 교수의 과학화를 꾀하였다.

2) 시각교육

미국에서는 1918년 이후부터 공식적으로 시각교육운동이 시작되었다. 이는 추상적 언어로만 교육시키려 하지 않고, 다양한 시각자료를 보조적으로 제시해줌으로써 학습자들의 인지적 부담을 줄여주자는 운동이다. 시각보조물이란 추상적인 개념을 구체화하거나 보완하기 위해서, 그리고 학습자의 바람직한 태도를 개발시키고 학습활동에 대한 흥미를 자극시키기 위해서 학습자에게 제공되는 모든 그림, 모형, 사물 혹은 장치를 말한다.

이 시기에 출간된 대표적인 저서로는 호반과 그의 동료들(Hoban et al.)에 의한 『교과과정의 시각화』(Visualizing the Curriculum, 1937)가 있는데, 이 책에서는 최초로 시각자료와 교과과정의 통합이 시도되었나. 호반은 학습자에게 제공되는 경험이 구체적인가 추상적인가에 따라 시각자료를 다음과 같이 분류하였다(그림 8-2).

호반은 교수의 목적을 '경험의 일반화'에 두고 있으며, 이를 위해서는 학습자에게 시각자료와 함께 언어를 제시해야 한다고 하였다. 즉, 학습지도는 구체적인 것에서부터 시작해서 추상적인 것으로 갈 때 효과적일 수 있으며, 언어를 동반한 시각자료에 의해서 추상적인 개념을 구체적으로 경험할 수 있다는 것이다.

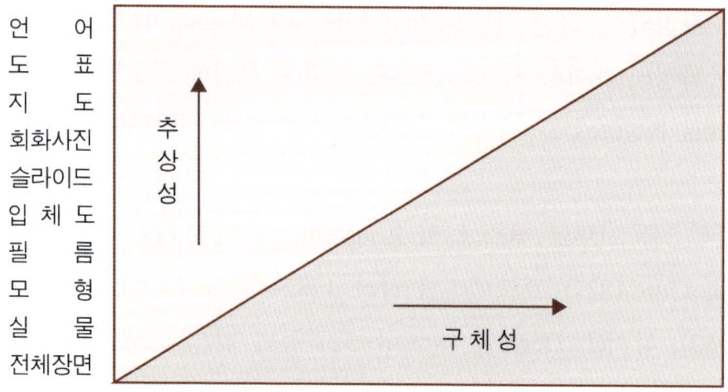

그림 8-2 호반의 시각자료 분류

3) 시청각교육

제2차 세계대전 직후 교사교육에 대한 요구가 증가하고 공학적 발달로 인해 시청각 기자재가 광범위하게 사용됨에 따라 시청각교육이 대두되기 시작하였다. 시청각교육은 다양한 시청각매체를 이용하여 학습자의 감각기관, 특히 눈과 귀를 통해 학습내용을 효과적으로 전달하기 위한 것이다. 언어적·상징적 경험을 강조하는 교수방법과는 달리, 시청각교육은 학습과정에서의 구체적인 경험과 비언어적인 경험의 가치를 강조하였다. 또한 시청각 교육은 하나의 교수방법만이 아닌, 시청각매체를 활용한 다양한 교수방법이 통합되어 교수학습과정에 사용되어야 함을 강조하였다.

시청각 자료를 추상성, 구체성 정도에 따라 유형별로 더욱 구체화하여 분류시킨 것이 시각교육과의 차이점이라고 할 수 있다. 이러한 개념은 데일(Dale)의 '경험적 원추'(Cone of Experience)에서 구체적인 형태로 나타나고 있다(그림 8-3).

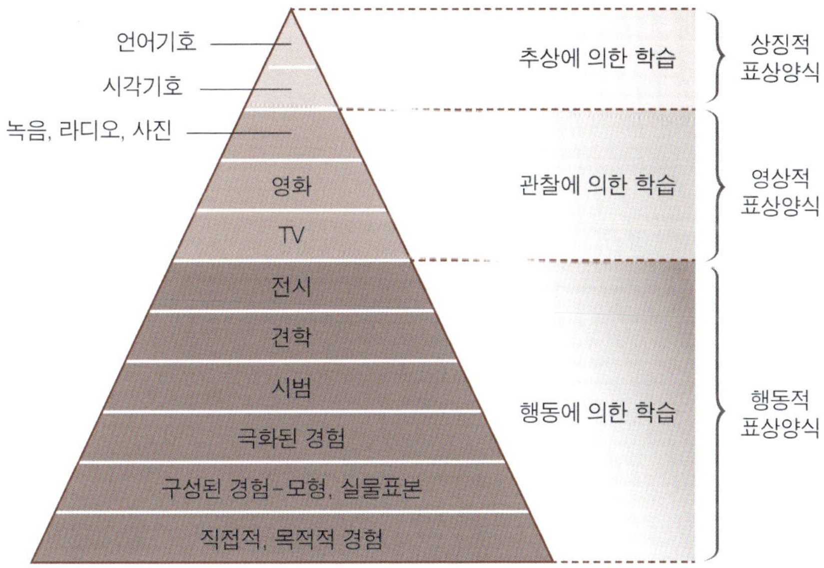

그림 8-3 데일의 경험의 원추

데일은 호반의 개념을 확장시켜 구체적인 것에서부터 추상적인 것으로의 개념형성을 강조하였다. 특히 개념형성 과정에 있어서는 '직접경험'과 '언어적 경험'을 연결하여 줄 수 있는 '관찰에 의한 경험'이 중요하다고 하였다. 즉, 학습자의 학습유형은 '행동에 의한 학습'(learning by doing), '관찰에 의한 학습'(learning by observation), '추상을 통한 학습'(learning through abstract)으로 분류할 수 있으며, 학습자는 실제 행동으로 경험하고, 매체를 통해서 보고 들으며, 언어에 의한 상징화 과정을 통해 개념을 형성할 수 있다는 것이다.

4) 시청각커뮤니케이션 교육

1950년대에는 교육 텔레비전, 교수기계, 커뮤니케이션 장치 및 다중매체 제시기법이 등장하게 되었으며, 수업통제의 도구로서 컴퓨터에 대한 관심이 시작되었다. 아울러 매체뿐만 아니라 시청각적 제시방법에 관한 모든 것, 즉 의사소통 과정의 모든 요소를 고려하기 위하여 커뮤니케이션 이론에 활발한 관심을 갖게 되었다.

시청각커뮤니케이션 교육은 사물(thing), 즉 시청각매체에 집중하는 대신

송신자(교사)와 수신자(학습자) 간에 이루어지는 커뮤니케이션의 전 과정에 중점을 두었다. 통신모형의 대표적인 예로는 벌로(D. K. Berlo, 1960)의 'S-M-C-R 모형'을 들 수 있다.

'S-M-C-R 모형'은 교육공학의 개념 발달과정을 설명하는 데 있어서 가장 단순하면서도 유용한 모형으로서, 송신자로부터 수신자에게로 메시지가 전달되는 통신과정과 그 과정에서의 요소들 간의 상호관계를 나타내고 있다(그림 8-4).

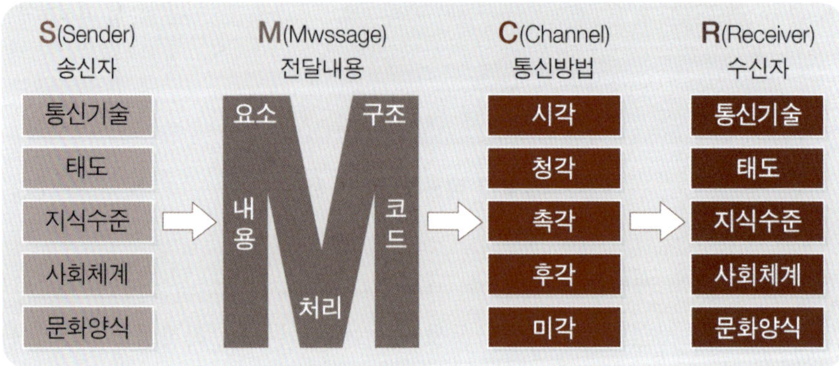

그림 8-4 S-M-C-R 모형

벌로(Berlo)가 제시한 커뮤니케이션의 제 요소는 각각 일련의 하위 요인으로 구성되어 있다. 즉, 교수-학습과정의 통신자인 송신자와 수신자, 즉 교수자와 학습자 요소에서는 이들이 지니고 있는 커뮤니케이션 기술, 태도, 지식수준, 사회체계, 문화양식이 하위 요인이 된다. 메시지의 경우는 하위 구성요인으로 메시지의 요소, 내용, 구조, 코드, 처리가 포함되어 있다. 메시지의 전달통로인 채널은 시각, 청각, 촉각, 후각, 미각이 하위 구성요인이 된다.

5) 교수공학

1970년대, 지식과 인구의 폭발적 증가 및 눈부신 과학의 발달 등으로 인해 공학이 교육에 적용되지 않을 수 없게 되었다. 이러한 변화의 과정에서 시청각커뮤니케이셔이론을 바탕으로 행동과학이론과 체제이론이 도입됨으로써 교수공학의 개념이 형성되었다.

행동과학이론은 학습이론에 그 기원을 두고 있으며, 특히 스키너의 조작적 조건형성이나 강화이론 등은 행동수정에 기초한 프로그램 학습자료의 개발이나 교수기계 개발의 기본원리가 되었고, 교육에 과학기술적 접근이 필요함을 암시하는 것이었다. 즉, 학습자의 행동 및 행동에 대한 강화를 강조함에 따라 자료와 장치가 특정한 형태의 행동을 이끌어내는 역할을 해야 한다는 점이 강조되었다. 이에 따라 프로그램 학습이나 교수기계와 관련되어 관찰 가능한 행동을 규명하고 세분화하는 행동적 목표의 필요성이 대두되었다.

또한 체제개념의 도입으로 교수공학은 '부분들의 집합체 이상의 것'이라는 개념을 암시하게 되었는데, 다시 말해 교수공학은 체계적 과정 속에서 모든 기능과 자원을 결합함으로써 이러한 요소들이 개별적으로 독립되어 적용될 때의 결과보다 더 나은 어떤 것을 창조해 낼 수 있다는 '통합적 상승작용(synergy)'을 강조했다.

행동과학이론과 체제이론을 토대로 형성된 교수공학의 이론체계는 행동목표, 준거지향평가, 인적·비인적자원의 활용, 개별학습 및 자율학습의 사용, 완전한 교수체제의 개발, 학습자에 대한 강조, 직접 시행·검증된 수업체제와 개발에 대한 평가 및 수정, 체제적 경영 등 주요 요소들 간의 관계를 확대하고 지적하는 데 도움이 되었다.

6) 교육공학기

통제된 상황 하에서의 실험을 바탕으로 한 행동주의에 대한 비판이 거세지면서 인지주의가 발달되었고, 이러한 인지주의 이론은 교육공학에도 영향을 미쳤다. 즉, 통제되고 계획된 상황에서만 교육이 이루어지는 것이 아니며, 또한 인간은 자극 및 강화에 대한 즉각적인 행동반응만을 보이는 존재가 아니라, 지식을 습득하고 사용하는 과정에서 능동적으로 참여하고 적극적으로 지식을 구성하는 존재라는 주장이 교육공학에도 반영되었다.

1980년대 초, 교육공학 분야에 대한 행동주의적 접근은 인지주의적 접근으로, 특히 교수설계 영역을 중심으로 대치되었으며, 인지주의적 관점에서는 교수설계 모형에 있어서 학습자에 의해 정보가 조직, 처리, 저장되는 것은 교수

개발의 결정적 요소가 된다고 보았다. 이러한 관점에서 인지주의 개념의 교육공학은 학습전략의 개념, 즉 학습자가 정보에 주의집중하고 지각하며 기호화하여 정보를 인출하는 자신의 내적과정을 통제하기 위해 사용하는 지적기능의 개념을 발달시켰다(P. Saettler, 1990).

3. 교수매체 및 교수설계

1) 교수매체의 개념

교수매체는 교사와 학습자 사이의 의사소통을 가능하게 하는 수단으로서, 학습내용이나 정보를 전달하고 상호작용이 일어나도록 한다. 다시 말해, 교수매체는 교수자료로서의 의미, 즉 교수내용을 담고 있는 소프트웨어로서의 매체와 전달수단으로서의 의미, 즉 테크놀로지의 발달과 함께 다양한 양상의 매개체적인 역할을 하는 하드웨어로서의 매체라는 뜻으로 사용된다. 이에 더하여 교육공학에서의 교수매체란 교수목표를 달성하기 위해 교수－학습 활동을 계획하고, 설계하며, 실행하고, 평가하는 과정에서 인적·물적 교수자원을 체제적으로 활용하는 것과 함께 이에 방법론적인 측면이 포함된 통합개념으로서 매우 광범위한 의미를 갖는다.

2) 교수매체의 기능

(1) 매개적 보조기능

교사가 학습자를 가르칠 때 매체를 보조수단으로 사용하는 것이다.

(2) 정보전달기능

한 사람의 교사가 동시에 많은 학습자를 대상으로 가르쳐야 하는 상황일 때 특히 유용한 기능이다.

(3) 학습경험 구성기능

매체 그 자체가 학습경험을 구성하는 기능을 하는 것으로, 구체적인 예로는 타자기, 피아노, 사진기 혹은 기기 등을 사용하는 것을 말한다.

(4) 교수기능

매체를 효과적으로 구성 및 활용하여 학습자의 지적 기능을 개발시키는 것이다. 이러한 교수기능을 발휘하기 위한 매체에는 컴퓨터, 교육텔레비전, 교육영화, 상호작용비디오디스크, 그리고 멀티미디어를 활용한 교수 프로그램 등이 있다.

3) 교수매체의 종류

교수활동에 사용할 수 있는 교수매체는 그 종류와 형태가 날로 다양해지고 있다. 다양한 교수매체를 구분해보면 표 8-1과 같다.

표 8-1 교수매체의 종류

구분	비투사시각자료	청각자료	투사시각자료	첨단매체
종류	• 칠판 • 융판 • 괘도 • 게시판 • 인쇄물 • 실물 • 표본	• 오디오테이프 • 오디오디스크 • 컴팩트디스크 • 라디오방송프로그램	• OHP용 TP자료 • Opaque 자료 • 슬라이드 • 파워포인트 프리젠테이션 • 교육영화	• 멀티미디어자료 • 교육 CATV • 인공위성을 통한 교육방송 • 웹을 통한 사이버 교육(이러닝)

4) 교수설계의 개념

교수설계(Instructional Design: ID)란 학습목표가 달성되도록 하기 위해서 수업을 어떻게 전개할 것인가를 결정하는 전문활동이다. 교수설계는 종종 교수개발과 혼용되어 사용되거나 혹은 교수체제개발(Instructional Systems Development: ISD)의 하위개념(단계)으로 간주되기도 한다. 일반적으로 교수설계(ID)를 협의의 교수설계, 교수체제개발(ISD)을 광의의 교수설계라고 정의하기도 한다. 이들을 구별하여 설명한다면, 교수설계는 단위수업 내의 교육목표를 달성하기 위해 특정 학습자에게 특정 학습내용을 학습하게 할 때에 어떤 자료와 매체를 활용해서 어떤 교수학습방법을 적용하는 것이 좋을지를 구상하는 것이라고 할 수 있다. 반면, 교수체제개발은 특정 교육목표나 교육문제를 해결하기 위해서 먼저 요구, 내용, 학습자, 환경 등을 분석하고 분석한 자료를 바탕으로 목표를 세우며 세부 교수설계를 수행하고, 이를 개발, 실행, 평가하는 일련의 조직적인 절차이며 체제접근에 의한 활동을 일컫는다.

(1) 교수설계의 변인들과 지식영역

교수설계의 이론은 교수의 조건, 교수방법 그리고 교수의 결과라는 세 변인들 사이의 관계를 규정하되, 교수의 조건과 결과를 종속변인으로 보고 그 방법을 처방하는 이론으로 규정된다(Reigeluth, 1983).

① 교수조건

교수조건은 교수방법의 효과와 상호작용을 하지만, 교수설계자나 교수자에 의해 통제될 수 없는 제약조건을 의미한다. 예컨대 교과내용의 특성, 교과목표, 학습자 특성, 제약조건 등이 있다.

② 교수방법

교수방법은 조직전략, 전달전략, 관리전략으로 구분되며 각각은 다음의 의미를 가진다. 첫째, 조직전략은 교과의 내용을 그 구조와 학습자의 수준에 적합하게 조직하는 방법을 뜻한다. 조직전략은 미시적 전략과 거시적 전략으로 나눌 수 있다. 미시적 전략은 단 하나의 아이디어를 가르치고자 할 때 그 아이디어에 관한 교수를 조직하는 방법이고, 거시적 전략은 복합적인 여러 아이디어를 가르치고자 할 때, 여러 아이디어를 선택·계열화·요약·종합하도록 조직하는 방법이다. 둘째, 전달전략은 조직한 내용을 효과적이고 효율적으로 학습자에 전달하는 방법이다. 셋째, 관리전략은 조직전략과 전달전략의 내용들을 언제, 어떻게 활용할 것인가를 결정하는 데 필요한 체계적인 정보를 제시하는 전략이라고 할 수 있다. 교수방법은 교수자가 필요에 따라 조정할 수 있으며, 교수자 간의 역량차이를 드러나게 하는 요인이기도 하다.

③ 교수결과

교수결과는 효과성, 효율성, 매력성으로 나눌 수 있다. 교수의 효과성은 학습자가 교수의 내용을 어느 정도 획득하였는지, 학습목표를 달성했는지 여부 측정함으로써 파악할 수 있다. 반면, 교수의 효율성은 목표달성을 이루는 데 가능한 최소의 비용과 노력이 드는 정도를 의미한다. 학습 성취보다는 교수자나 학습자의 학습측면에서 어느 정도의 노력, 시간, 비용을 들여 효과가 나타났느냐에 더 관심이 있다. 교수의 매력성은 학습자가 흥미를 느껴서 계속해서 공부를 하길 원하느냐의 여부에 따라 결정된다.

5) 교수설계모형

교수설계 모형의 대표적인 것으로는 딕과 캐리(Dick & Carey, 1990)의 모형, 가네와 브릭스(Gagne & Briggs, 1979)의 교수사태별 설계절차, 실과 리치(Seels & Richey, 1994)의 정교화된 ADDIE 모형 등이 있다. 최근에 발표되어 가장 널리 적용되고 있는 ADDIE 모형은 이 모형의 각 단계 – 분석(Analysis), 설계(Design), 개발(Development), 실행(Implementation), 평가(Evaluation) – 의 첫 음을 딴 것으로써, 이를 간략히 살펴보면 그림 8-5와 같다.

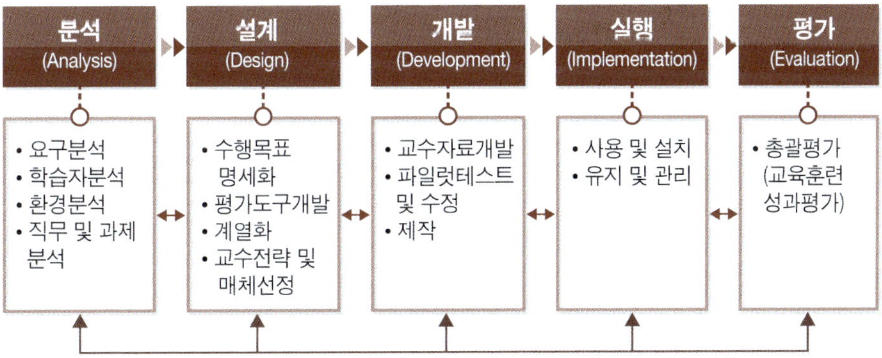

그림 8-5 정교화된 ADDIE 모형

(1) 분석과정(Analysis)

분석(Analysis) 단계에서는 학습자의 현재 상태와 기대되는 이상적인 상태 간의 격차를 분석하는 '요구분석', 수업목표를 달성하는 데 필요한 지식, 기술, 태도가 무엇인지를 파악하고, 학습내용을 규명하는 '과제분석', 학습과제의 학습을 위한 학습자의 동기, 인지능력, 학습태도 등의 특징을 파악하는 '학습자 특성분석' 그리고 학습과제의 학습을 위한 물리적인 환경과 학습자의 수행환경에 대해 분석하는 '학습환경분석' 등을 실시한다.

(2) 설계과정(Design)

설계(Design) 단계에서는 학습자가 학습을 마친 후 습득하게 될 학습성과를 진술하는 '행동목표 진술', 목표의 달성 여부를 평가하기 위한 도구를 개발하는 '평가도구 설계', 목표 달성을 위한 구체적인 교수-학습 방안을 구안하는 '교수전략 설계' 그리고 어떠한 매체를 사용할지를 계획하는 '교수매체 선정' 등을 수행한다.

(3) 개발과정(Development)

개발(Development) 단계에서는 수업의 효과성과 효율성을 높이기 위해 '교수자료 개발'과 '수정'을 실시한다.

(4) 실행과정(Implementation)

실행(Implementation) 단계는 수업 혹은 교육 프로그램을 직접 실시하는 단계이다.

(5) 평가과정(Evaluation)

마지막 평가(Evaluation) 단계에서는 교육목표, 내용, 방법의 적절성을 평가하기 위한 '형성평가'를 실시하고, 최종적으로 '총괄평가'를 실행한다.

결국 ADDIE 모형은 그 일반성으로 인해 가장 유명한 모형이 되었으면서도,

또 바로 그 일반성으로 인해 비판을 면치 못하는 모형이 되기도 한다. 그러나 분명한 것은 현 시점에서도 교수설계 분야를 대표하는 모형은 역시 ADDIE 모형이며, 많은 새로운 모형들이 시도되었으나 이들 역시 ADDIE 모형의 품안에 있거나 약간의 새로운 요소들을 도입하는 경우가 대부분이라는 것이다.

6) 교수설계모형개발 연구

모형개발 연구는 그 개발의 목적에 따라 크게 ① 교과서적 모형, ② 현장중심적 모형, ③ 주제중심적 모형, ④ 테크놀로지 중심적 모형 개발이라는 네 가지 방향에서 연구가 진행되어 오고 있다.

첫째, 교과서적 모형에 대한 연구이다. 이러한 모형은 주로 교수설계에 대해 소개하고 후진을 양성할 목적으로 교수설계 이론에 기반을 두고, 교수설계 분야 입문자들을 위해 만들어진 것들이다. 교과서적인 교수설계 절차모형들은 주로 체제적(systematic) 관점에서 개발되며, 논리적인 알고리즘과 절차적인 접근법을 중요시한다는 특징이 있다. 대개 이들 모형들은 교과서에 수록되고 시간이 흐름에 따라 버전업되면서 약간씩의 수정이 가해지는 특징이 있다.

둘째, 현장중심적 모형에 대한 연구이다. 유아에서 대학에 이르는 학교교육, 기업교육, 공학교육, 의학교육과 같이 특정 교수설계의 현장을 염두에 두고 개발된 모형들이 그것이다. 대개의 대기업들은 자체적인 교수설계모형들을 보유한 것으로 보아도 무방할 것이다. 우리나라의 경우에도 LG의 HPT-ISD 모형, 삼성의 교육체계설계모형(S-EDS) 등이 개발되어 지속적인 수정과정을 거쳐 활용되고 있다. 학교나 기업에서의 교수설계모형들은 현장의 특성을 반영하고 있는 까닭에 현장의 환경과 맥락이 변화하면, 그에 적응하여 함께 변화하여야 한다는 특성을 가진다.

셋째, 주제중심적 모형에 대한 연구이다. 이러한 부류의 연구에서는 문제해결, 케이스기반 학습, 시나리오기반 학습, 목표기반 학습, 플립러닝, 액션러닝, 창의성 개발, 상호작용 증진 등 바람직한 교육적 주제를 중심으로 교수설계모형이 개발되게 된다. 문제해결 교수설계모형은 문제를 중심으로 학습을 시작하는 교수설계모형이다(Barrow, 1985). 케이스 기반 학습에서는 구조화된 문제로 해결책을 찾을 수 있도록 하는 단서가 있다는 점이 문제해결과의 차이점이다.

시나리오기반 학습은 임병노(2008)가 온라인 탐구활동 활성화를 위한 시나리오기반 탐구 모델을 개발하는 연구를 수행하였으며, 목표기반 학습은 조규락, 조영환, 김미경, 성봉식(2004)이 'Goal - based Scenarios' 모형을 적용한 설계 연구를 진행한 바 있다. 플립러닝은 기존의 수업형식을 뒤집어 학생들이 교수자가 제작한 동영상을 수업 전에 미리 보고 오게 하고, 수업시간에는 질의응답이나 토론, 팀별활동 등 학생 중심 학습으로 바꾸어 학습하도록 하는 것이다(Bergmann & Sams, 2012). 플립러닝을 주제로 한 교수설계 모형개발은 주로 초중등교육과 대학교육에서 이루어져 왔다.

초중등교육의 경우, 학습자 중심 수업을 강조하는 측면에서 전희옥(2014, 2015)의 사회과 거꾸로 교실수업 모형이 개발된 바 있다. 대학에서는 다양한 교과목에 플립러닝을 적용한 모형개발이 활발하게 이루어지고 있다.

그러나 여전히 플립러닝과 관련된 연구는 교수설계모형개발보다는 교육 방법론의 측면에서 플립러닝이 지니는 의미와 역할에 대한 연구나 학업성취도 측면에서 기존의 수업방식과 비교하여 플립러닝의 효과성을 검증하는 연구들에 치우쳐 있다.

액션러닝을 위한 모형으로는 박수홍과 홍광표(2009)의 트리즈 원리를 이용한 사회과 창의적 문제해결 교수설계모형의 개념적 모형, 장경원(2011)의 대학교육을 위한 Action Learning 프로그램 설계모형 등이 있다. 창의력 개발과 관련한 교수설계 모형 개발은 주로 창의적 문제해결(CPS)을 중심으로 이루어져 왔다.

교수자와 학습자 간의 상호작용 증진 및 학습자들간의 상호작용 증진을 위하여 임철일(1999)의 상호작용적 웹기반 수업설계를 위한 종합적 모형의 탐색연구가 이루졌으며, 안성혜와 윤선화(2007)의 초등학생을 대상으로 한 한국 속담에 대한 인터랙티브 학습설계 모형 등이 개발된 바 있다. 김영수 외(2012)는 협력 중심의 창의적 지식구성을 위한 융합형 학습환경을 설계하고 효과를 분석한 바 있다.

넷째, 테크놀로지 기반 교수설계 모형 연구들이다. 이러한 모형들은 온라인러닝, 모바일러닝, 유비쿼터스러닝과 같은 학습환경 발달의 맥락을 반영한다.

4. 교육과 컴퓨터: 이러닝(e-Learning)

컴퓨터와 통신기술의 결합은 탈산업사회를 가속화하여 지식정보사회, 디지털사회로 진입하게 하였다. 교육분야에서도 인터넷은 기존 교육의 모습을 변화시키고 수많은 신조어를 나타나게 하였다. 최근 교육 관련자들이 가장 많이 사용되는 신조어 중 하나가 이러닝(e-Learning)이다.

1) 이러닝의 정의

이러닝의 개념의 뿌리는 1990년대 중반에 실시된 네트워킹된 컴퓨터를 활용한 온라인교육, 웹기반교육에 두고 있으므로 네트워킹된 컴퓨터, 즉 웹의 교육적 활용에 대한 정의에서부터 찾을 수 있다. 이에 대한 최근의 정의를 중심으로 살펴보면 여러 가지 웹의 특성 중, 어느 부분에 강조되어 있는지에 따라 매체적 성격, 상호작용성, 시공간을 초월한 접근성, 하이퍼미디어 특성 등을 강조한 정의로 나누어 볼 수 있다(표 8-2 참조).

표 8-2 이러닝의 다양한 개념 정의

학자/기관	정의	강조 측면
백영균(2003)	인터넷 보급이래 가장 쉽고 가장 빠르게 접속할 수 있는 방법인 웹을 교수매체로 하는 새로운 수업	매체성 강조
Ritchie & Hoffman(1996)	웹을 통하여 미리 계획된 특정한 방법으로 학습자의 지식 또는 능력을 육성하기 위한 의도적인 상호작용 활동	상호작용성 강조
e-러닝 백서 (2003)	인터넷 기반으로 학습자가 상호작용을 극대화하면서 분산형의 열린 학습공간을 추구하는 교육	
나일주(1999)	웹이 제공하는 풍부한 정보와 통합적 환경을 활용하여 이루어지는 원격교육의 일종	시공을 초월한 접근성 강조
Kahn(1997)	학습이 일어나거나 조장되는 유의미한 학습환경을 조성하기 위하여 웹의 특성과 웹이 제공하는 자료들을 활용하여 전개하는 하이퍼미디어 기반의 교수프로그램	하이퍼미디어 특성 강조
Rosenberg (2001)	지식과 성과를 향상시키는 다양한 종류의 해결책을 전달한 목적으로 인터넷 기술을 이용하는 것	인터넷기반 강조
Cisco Systems (2001)	훈련, 교육, 적시정보, 그리고 상호작용을 포함하는 인터넷 기반의 학습전략	

(계속)

ASTD(2001)	정보를 전달하거나 학습자의 기술 혹은 지식의 습득을 촉진하기 위해, 부분 혹은 전체적으로 전자적인 테크놀로지를 사용하는 것	전자매체 강조
송영수(2001)	작게는 컴퓨터보조학습부터, 넓게는 글로벌 학습공동체 구현의 차원까지를 의미한다고 주장하여 모든 종류의 전자매체의 교육적 활동	
e-러닝 산업발전법 제2조(2004. 1.)	전자적 수단, 정보통신 및 전파방송기술을 활용하여 이루어지는 학습	
교육인적자원부 (2004. 9.)	정보통신기술을 활용하여 학교, 가정, 지역사회를 유기적으로 연계하고 교수학습의 질을 제고하며, 학생들의 인성, 창의성, 자기주도적 학습능력을 신장시키는 학습체제	새로운 학습체제 강조

출처: 홍경선(2004) 재구성.

이와 같이 이러닝의 개념을 어디까지 확장할 것인가에 대한 논의가 많기는 하지만, 최근에 들어서는 거의 모든 전자매체와 테크놀로지가 인터넷으로 연결되는 추세이므로 인터넷, 즉 멀티미디어와 네트워크를 활용하여 교수-학습을 실시하는 의미로 폭넓게 사용되고 있다(Rosenberg, 2001; 이인숙, 2002).

용어가 시대에 따라 바뀌듯이 정의도 강조하는 측면에 따라 바뀌었다. 따라서 이러닝은 현재 그 자체가 정형화된, 어떤 일정한 완성된 모습을 갖는 것이 아니라 지속적으로 변화하는 발전과정에 있는 것이라 할 수 있다. 따라서 이러닝은 지금 현재 완벽한 정의가 내려져 있다기보다는, 진화적 성격을 가진 교육으로서 일반적으로 이러닝은 월드와이드 웹(World Wide Web)에 기반한 교육, 즉 월드와이드웹의 특성을 교육의 효과성과 효율성의 증진에 활용하는 교육을 일컫는다.

2) 이러닝의 특성

이러닝의 개념을 좀 더 잘 이해하려면 웹의 특성을 알아보아야 한다. 웹은 누구나 쉽게 활용할 수 있으며, 비동시적·동시적 상호작용이 가능하고 모든 형태의 디지털 멀티미디어자료의 생성, 교환, 활용이 가능하다는 등의 특성이 있다. 이러한 특성을 바탕으로 하는 웹기반교육은 다음과 같다.

첫째, 편의성이 있다. 학생들이 학습 가능한 때와 장소에서 웹을 활용하여 학습할 수 있으므로 편리하다. 즉, 수업계획서나 공지사항, 학습안내서 등을 학생 개개인에게 일일이 나누어주지 않아도 되므로 종이나 기타자료의 물량에 제한받지 않아도 되며, 교수자료나 매체를 비치하고 보관할 지장공간 등이 필요하지 않아서 편리하다.

둘째, 융통성이 있다. 시간과 공간의 제약에서 벗어난 것처럼 학생들은 원하는 시간만큼 학습할 수 있으며 학습자 수준과 특성 등에 맞추어 개별학습을 할 수 있으므로, 융통성 있게 학습할 수 있다.

셋째, 최신의 정보를 접할 수 있다. 웹에 정보를 올리기만 하면 정보를 올림과 동시에 웹에 연결된 전 세계인들이 접속하여 정보를 볼 수 있으므로 최신의 정보를 접할 수 있다.

넷째, 정보교류의 영역을 확대시킨다. 시공을 초월하는 웹은 결국 교육환경의 물리적 제한, 시간적 제한을 없애고 교실의 시공영역을 확장시켰다.

다섯째, 협동·협력학습을 효과적으로 할 수 있다. 웹의 비동시적·동시적 상호작용과 강력한 멀티미디어 자료교환 기능은 다수의 학생들이 협동학습을 원활히 할 수 있는 환경을 조성해 준다. 또한 문자, 그림, 사운드, 동영상 등 자료의 형태를 불문하고 서로 교환할 수 있다.

여섯째, 역동적인 지식구성을 할 수 있다. 최신의 방대한 정보를 접하고 또한 정보교류 대상의 영역을 확장함으로써 그리고 비동시적·동시적 상호작용과 정보형태를 초월한 자료교환을 통한 협동학습 등으로 학습자들은 역동적으로 지식을 구성할 수 있다.

이와 같이 웹은 누구나 사용하기 쉬울 뿐 아니라 모든 형태의 자료를 다룰 수 있기 때문에 거의 모든 기존매체의 역할을 대신할 수 있다 해도 과언이 아니며, 따라서 기존 매체의 장점을 실현시킬 수 있다. 이외에 하이퍼미디어환경, 문화적 이해를 도울 수 있는 탁월함, 다양한 전문가들과 접촉할 수 있다는 점을 장점으로 지적하는 학자들도 있다.

3) 유사용어 설명

이러닝(e-Learning)은 웹이라는 정보통신기술에 의존하고 있는 만큼, 정보통신기술의 발달에 따라 교육에 활용되는 형태 역시 그 모습을 달리하며 진화되어 왔다. 그동안의 발전에 따라 처음에 컴퓨터매개통신(CMC: Computer Mediated Communication)교육으로 시작되어 온라인교육, 사이버교육, 인터넷교육, 웹기반교육, 이러닝 등의 용어로 바뀌어 왔으며, 최근에는 m-Learning, b-Learning, u-Learning 등의 용어도 활용되고 있다. 이러한 용어들은 특정기술이 적용되었던 그 당시의 기술특성을 반영하고 있는데, 이를 살펴보면 다음과 같다.

(1) 컴퓨터매개통신(CMC: Computer Mediated Communication)교육

컴퓨터가 네크워크화되는 초기의 개념으로서 컴퓨터매개통신이라 함은 컴퓨터의 입력, 저장, 출력, 중개(routing)장치를 이용하여 메시지를 전달하고 받는 것을 말한다. 이는 정보검색, 전자우편, 게시판, 컴퓨터 회의를 포함하며, 이를 교수-학습과정에 활용하여 교육자료 또는 수업내용을 제공하고 의견을 교환하는 것을 컴퓨터매개통신교육이라고 한다.

(2) 온라인교육(Online Education)

컴퓨터통신망을 이용한 첨단 원격교육을 온라인교육이라고 불러왔으며, 온라인교육은 인터넷이나 웹이 교육분야에 도입되기 이전인 문자기반의 메일, 토론그룹, 고퍼(Gopher: 메뉴방식의 인터넷 정보검색서비스) 등이 주로 활용되던 시점부터 자리잡아 온 개념이다. 온라인교육은 특히 오프라인 속성과 대비되는 개념으로서의 교육을 부각시킨 용어라고 할 수 있다.

(3) 사이버교육(Cyber Education), 가상교육(Virtual Education)

물리적 교실환경 대신에 가상공간(Cyber Space)이 있어서 그 가상공간에서 교육이 이루어짐을 강조하여 대두된 개념이다. 이는 면대면 접촉 없이 웹을 통해 학교나 직장, 그리고 가정에서 학생들 자신의 속도와 편리한 시간에 교육내용을 자기주도적으로 학습한다.

(4) 웹기반수업(Web-Based Instruction)

'WBI(Web-Based Instruction, 웹기반수업)'이란 학습촉진 및 지원을 하는 의미있는 학습환경을 창출하기 위해서 월드 와이드 웹의 속성과 자원을 활용하는 하이퍼미디어 기반의 교수프로그램이다. WBI의 요소로 콘텐츠 개발, 멀티미디어 요소, 인터넷 도구(의사소통, 원격접근 및 탐색도구 등), 컴퓨터와 저장기기, 통신망 연결 및 서비스 회사, 저작프로그램, 서버, 브라우저 및 응용 프로그램을 포함시켰다.

웹기반 학습에는 웹브라우저 및 검색엔진을 활용하여 웹기반학습자료를 탐색하는 탐색수업과 자원기반수업이 있다. 웹퀘스트는 교사가 과제 시나리오와 학습자원 리스트를 미리 선정하여, 과다한 정보탐색 시간을 줄이면서도, 학습자 중심의 활동을 수행할 수 있도록 하였다. Webquest.org 사이트를 방문하면 전 세계의 교사가 자신이 개발한 웹퀘스트를 사이트에 올려 함께 공유하고, 커뮤니티에 참여하고 있다.

(5) e-Learning(Electronic Learning)

이러닝은 앞서 언급한 것처럼, 웹기반학습, 온라인학습과 용어가 호환적으로 사용되고 있다. 이러닝이란 인터넷 기술을 이용하여 지식과 수행을 향상시키기 위해서 다양한 유형과 범위의 학습활동과 자원을 전달하는 활동이다(Rosenberg, 2001).

웹기반학습과 구별되는 이러닝만의 특징을 다음 몇 가지 측면에서 논의할 수 있다.

첫째, 기술적인 측면에서 대부분의 이러닝 환경에서는 학습관리시스템(LMS) 또는 코스관리시스템(CMS)을 포함하고 있다는 점이다. 대부분 학습자 로그인이 필요하며, 강의계획서, 학습자료, 게시판, 학생출결과 과제제출 등 학사관리가 온라인으로 가능하도록 되어 있다.

두 번째, 이러닝은 웹기반 원격교육(Betrus, 2008; 290)이라는 용어로 사용될 만큼 원격교육과 연계되어 있다. 교수자와 학습자가 원격지에서 온라인을 통해 수업하는 경우가 많다.

세 번째, 이러닝의 디지털 자원은 대부분 설계에 의한 자원이 많다. 웹기반

학습의 경우에는 웹에 공개된 다양한 도구를 활용하는 반면, 이러닝 콘텐츠는 전문적인 설계팀과 설계절차에 따라 개발된다.

고등교육의 이러닝 사례는 교육공학의 실천 및 연구분야에서 중심이 되고 있는데, 일반 대학교의 온라인 강좌에서부터 사이버대학교에 이르기까지 운영목적과 방식에서 다소 상이하다. 많은 대학에서는 면대면 강의를 지원하거나, 면대면과 온라인 수업을 혼합하는 블렌디드 학습(blended learning)의 방식으로 이러닝을 채택하고 있다.

한편 초·중등 이러닝 사례는 국가교육정보화 정책과 맞물린 사이버학습[6]과 EBS 수능강의 인터넷서비스가 있다. 이 외에도 멘토링 제도, 창의적 체험활동 지원, 화상상담시스템 등 다양한 콘텐츠와 서비스를 추가 제공하고 있다(교육부, 한국교육학술정보원, 2013).

(6) b-Learning(Blended Learning: 통합교육)

집합형태의 교실수업(c-Learning: classroom learning)과 웹을 통한 이러닝 형태의 교수학습활동을 병행하는 교육을 브랜디드 러닝이라 이야기한다. 교실수업을 실시한 후 사이버공간에서 이러닝이 진행되거나, 반대로 사이버공간에서 먼저 시작한 후 교실수업에 연계하여 진행한다. 오프라인교육과 온라인교육의 결합이라고도 하는데, 국내대학이나 초·중등학교에서 지금까지 일반적으로 찾아볼 수 있는 이러닝은 거의 대부분 브랜디드형, 즉 b-learning이며, 교실교육의 장점과 이러닝의 장점을 취합하여 효율적으로 활용할 수 있는 장점이 있다.

(7) 원격교육(Distance Education)

원격교육의 기본개념은 학생과 선생님이 거리 또는 시간에 의해 분리되어 있다는 점을 부각시키고 있다. 원격교육은 물리적·시간적으로 떨어져 있는 학생과 선생님의 사이를 이어주는 기술을 적용한 매체를 사용하고 있는데, 학자마다 주장이 다소 다르기는 하나 일반적으로 정보통신기술의 발달에 따라

6) 2004년도에 시작한 사이버가정학습은 2013년도에 명칭이 사이버학습으로 변경되면서, 서비스 범위도 확대되었다(교육부, 한국교육학술정보원, 2013).

우편을 통한 제 1세대, 인쇄물, 라디오, 텔레비전, 비디오, 오디오, 컴퓨터 등 다른 매체를 활용한 제 2세대, 컴퓨터 통신과 양방향 CATV, 인공위성을 사용한 제 3세대로 분류하기도 한다.

온라인교육, 사이버교육, 웹기반교육, 이러닝은 모두 개념의 발전 측면에서 선생님과 학생이 동일한 시간과 공간을 공유하는 전통적인 면대면 교육과 대비된다는 점에서 원격교육과 상당 부분 뿌리를 같이하고 있다.

(8) m-Learning(Mobile Learning)

휴대폰이나 PDA 등 휴대할 수 있는 기기를 통해 시간과 장소에 구애받지 않고 손쉽게 학습할 수 있는 교육을 일컫는다. 모바일 컴퓨팅 기술의 장점인 이동성(mobility), 접근성(accessibility), 확장성(scalability), 신속성(speedliness)을 중심으로 학생들에게 무선 콘텐츠가 제공되며 각종 활동이 이루어질 수 있다. 모바일 원격강의, 모바일 학습정보, 모바일 학사정보, 행정정보, 도서정보, 입시정보 등의 제공이 가능할 뿐 아니라, 이외에도 모바일 수강신청, 모바일 출결관리, 모바일 학습평가, 모바일 증명서발급 등의 활동도 가능하다.

(9) u-Learning(Ubiquitous Learning)

유비쿼터스란 '언제 어디서나 존재한다'란 의미의 라틴어로써, 컴퓨터와 정보통신기술이 사용자들의 눈에는 보이지 않으나, 모든 사물에 내재되어 있어서 언제 어디서나 정보통신서비스 이용이 가능한 환경을 유비쿼터스 컴퓨팅 환경이라고 한다. 따라서 u-Learning이란 언제 어디서나 원하는 학습이 이루어지고, 일상생활에서 접할 수 있는 다양한 문제해결에 필요한 학습을 즉시 할 수 있는 교육환경에서 이루어지는 학습이다. 유비쿼터스 시대는 사람을 중심으로 컴퓨터가 인간의 생태환경에 통합되어 인간의 컴퓨터 활용을 지원하고 촉진하므로, 유비쿼터스 교육은 사람이 중심이 되는 교육, 실생활과 밀접히 관련되어 현실감이 증대되는 교육 그리고 참여와 상호작용이 활성화되는 교육(한국교육학술정보원, 2005)이라고 할 수 있다.

(10) 소셜미디어러닝

소셜미디어의 정의는 기술적 측면으로는 “사용자 제작 콘텐츠의 생산 및 교환이 가능한 웹 2.0의 개념적이고, 기술적인 기초에 세워진 인터넷 기반의 응용 프로그램의 집합”(Kaplan & Haenlein, 2010; 61)이라고 할 수 있다. 반면, 사회현상 측면에서는 “사용자가 만든 온라인 공동체를 통해 정보, 아이디어, 개인적 메시지 및 다른 콘텐츠(비디오 같은)를 공유하기 위한 전자적 의사소통의 형태”(Merriam-Webster, 2014)라고 할 수 있다.

이러한 웹 2.0을 통칭하는 소셜미디어 또는 SNS 기반의 학습을 소셜러닝 또는 소셜미디어러닝이라고 한다. 소셜러닝은 단지 소셜미디어를 사용한다는 기술적인 의미 이상을 지니며, 협력적 지식창출을 하는 비형식학습의 개념까지 포함한다. 사용자가 카페나 Facebook, 카카오톡 메신저, Twitter, Wikis 등 다양한 SNS서비스를 활용하여 정보를 공유하며 창출하는 행위 자체가 학습이라는 것이다.

2005년 이후 소셜미디어가 확산됨에 따라 단순히 웹브라우저를 활용하는 웹기반학습과 이러닝은 소셜미디어의 다양한 도구를 활용하여 소셜미디어러닝으로 통합되고 있다. 웹기반 토론, 웹기반 협력학습인 경우 대부분 위키, 구글드라이브, 네이버, 다음 등 SNS 서비스의 협력가능한 메뉴를 활용하고 있다.

(11) 지능적 첨단학습

지능적 첨단학습은 하드웨어로는 모바일기기 외에 로봇, 사물인터넷(The Internet of Things), 웨어러블 테크놀로지(Wearable Technology) 등이며, 인공지능 등 첨단기술이 포함되는 소프트웨어가 포함된다.

여기서는 로봇과 지능적 첨단학습의 예로 로봇학습에 대해서만 알아보자.

현대의 로봇의 정의는 ‘컴퓨터로 제어되고, 종종 인간이나 동물처럼 보이도록 만들어진 실물 또는 이미지 장치, 사람의 일을 할 수 있고, 자동적으로 컴퓨터의 제어에 의해 작동되는 장치’(Merriam-Webster, 2014)라고 정의된다.

로봇이 가진 교육적 특징은 다음과 같다.

첫째, 적시적(just-in-time)으로 맞춤형 콘텐츠와 활동을 지원할 수 있다. 지능형 서비스가 가능한 핵심기술은 학습자의 음성과 화상을 통해 요구사항을 즉시적으로 파악하여 맞춤형 콘텐츠를 제시할 수 있다. 또한 화상인식 기술이 더욱 발전되어 학습자의 얼굴표정과 학습자가 휴대한 물체인식을 통해서도 즉시적인 맞춤형 콘텐츠가 제공될 수 있다.

둘째, 로봇의 자율성과 지능성은 학습자가 자신의 학습요구를 모르거나 메타인지적 또는 인지적 역량이 부족할 경우에 능동적으로 학습컨설팅과 콘텐츠를 제시할 수 있다.

셋째, 로봇의 동적인 시스템을 상호작용을 통한 학습활동의 범위를 보다 확대할 수 있다.

넷째, 로봇의 감정표현이 가능한 기술은 학습자의 정서적 변화교육에도 효과적이다.

로봇을 교육에 활용하는 방법을 베이커(Baker)와 동료들(2012)은 세 가지 유형으로 정리하였는데, 학습목표로서 로봇교육, 학습지원으로서 로봇교육, 학습도구로서 로봇교육이다.

학습목표로서의 로봇교육은 인공지능 및 로보틱스 등 로봇 자체에 대해 배우는 공학 및 과학 강좌이다. 초·중등교육에서는 학생들이 프로그래밍을 통해 교구로봇을 제작하는 수업이 여기에 해당된다. 레고 마인드스톰, 피크프리켓, 로보로보, 전자키트 등 교구로봇이 활용되며, 많은 경우 STEAM, 실과, 과학, 창의적 체험활동 등 교과에서 활용되고 있다(김철, 2013).

학습지원 로봇은 보조교사로봇처럼 교사를 지원하는 로봇이다. 우리나라에서 시범적으로 개발되었던 한울 로보틱스의 '티로(Tiro)'는 초등학교 교실에 적합하도록 설계된 교사업무 보조 지능형 로봇이다. 티로는 엔터테인먼트 기능으로 재미있는 학습진행과 공지사항 전달 등 교육과 행정업무 보조기능을 수행하였다(이영준 외, 2007).

학습도구로서 로봇활용은 국어, 수학, 과학, 지리 등의 일반교과 및 문제해결, 의사결정 등 일반적인 학습을 위해 사용되는 경우이다. 로봇이 학습자의 특성과 수준을 지능적으로 판단하여 적합한 콘텐츠를 제공하고, 학습자의 행위에 지능적으로 반응하면서 학습을 보다 효율적으로 도울 수 있는 것이다. 우리나라의 경우 둘리로봇, 유진로봇, 하늘아니 멘토로 등 영어학습, 단어학습 및 동화구연 등의 서비스를 제공할 수 있다.

현재 우리나라의 로봇교육은 많은 경우 학습목표로서의 로봇인 경우가 대부분이다.

5. 교육정보화

1) 교육정보화의 개념 및 목표

교육정보화란 교육분야에서 정보화가 이루어지는 것으로서 정보화 사회로의 시대적 변화를 반영하고, 정보통신기술(ICT)을 도입해 교육시스템의 변화를 이끌어내 21세기 지식기반사회에 요구되는 인적자원을 양성하는 초석을 마련하는 것이다.

교육정보화의 목표는 지식정보사회를 이끌어갈 전문능력과 창의력, 문제해결력을 갖춘 인재의 육성에 있다. 따라서 교육정보화는 종래의 사이버공간을 통한 교육과 자기주도적 학습사회의 기반을 구축하는 활동이라는 좁은 개념에서 벗어나, 정보통신기술을 활용하여 교육혁신과 인적자원 개발을 위한 체제와 방법을 지식정보사회에 적합하도록 개선하는 총체적이고 체계적인 활동이라는 보다 넓은 개념으로 보아야 한다(교육인적자원부, 한국교육학술정보원, 2002).

2) 교육정보화의 추진과제

우리나라의 교육정보화는 크게 초·중등학교 교육정보화, 대학과 학술연구부문의 정보화, 평생교육정보화, 교육행정정보화 등을 축으로 추진되고 있다. 이들 각 사업은 상호보완적으로 전개되고 있으며, 각 영역별로 추진되고 있는 주요 내용은 다음과 같다.

(1) 초·중등학교 교육정보화

초·중등학교 교육과정에 정보통신기술 활용을 반영하는 교육과정 운영 및 지원, 교육정보개발 및 보급, 교원의 ICT 활용능력 강화, 교육정보화 기반구축 등의 과제가 추진되고 있다. 2011년에 제시된 스마트교육 추진전략의 경우, 교육내용면에서는 디지털교과서의 개발 및 적용을, 교육방법 및 평가측면에서는 온라인 수업 활성화와 온라인 평가체제 구축을, 그리고 교육환경면에서는 교육콘텐츠의 공공목적 이용환경 조성과 정보통신윤리교육 강화를 제시하고 있다. 또한 이를 위한 기반으로 교원역량강화와 클라우드 교육서비스기반조성을 제공하고 있다는 점에서 인프라 측면까지 함께 고려하고 있다.

(2) 대학과 학술연구 부문의 교육정보화

지식기반사회의 주체는 지식을 생산하고 이를 운용할 고등인력이므로, 지식정보사회의 국가경쟁력을 강화하기 위해서는 대학과 학술연구의 정보화가 중요한 과제라고 볼 수 있다. 현재 국가경쟁력 혁신을 목표로 하여 추진되고 있는 대학과 학술연구 부문의 정보화는 크게 학술연구 부문, 사이버대학 부문, 대학 교육정보화 부문, 그리고 교육전산망 운영 부문으로 구분되어 추진되고 있다. 또한 이의 원활한 추진을 위한 관련법과 제도의 정비, 이용환경 개선 등도 포함되어 있다.

특히 대학 내에서 교육공학 관련 전담부서로서 교수학습개발센터 역시 지속적으로 확장되어 왔다. 교수학습개발센터는 강의방법 및 환경이 변화하며 교육의 패러다임이 학생중심으로 변화함에 따라 대학교육의 질 향상과 교육의 수월성 제고가 관심사로 떠오르면서 1990년대 중반 이후 4년제 대학을 중심으로 설립되어 왔다.

우리나라 교수학습센터들은 크게 교수지원, 학습지원, 이러닝, 교수매체의 네 가지로 구분하여 프로그램들을 운영하고 있다.

(3) 평생교육정보화

인적자원은 21세기 지식기반 국가의 핵심역량으로, 인적자원의 개발은 중요한 과제이다. 그러나 인적자원개발은 학교교육만으로는 충분하지 않다. 정보화시대가 도래하면서 지식의 생명주기가 짧아졌고, 학교교육 이후에도 끊임없는 지식의 재충전, 자기주도적 학습이 요구되고 있어 이러한 요구를 충족시키기 위한 평생교육이 필수적이다. 이에 따라 평생교육의 정보화도 추진되어야 하는 과제가 되었다.

(4) 교육행정정보화

교육행정정보화에는 교원들에게 선진 교육행정 업무환경을 제공하는 전국 단위 교육행정정보시스템과 97년부터 교무학사 업무를 지원해 온 학교종합정보관리시스템, 교육통계정보를 제공하는 교육통계정보시스템, 교육과 관련된 각종 정책개발 시행, 민원업무를 지원하는 교육부의 교육행정 업무 등이 있다.

3) 교육정보화 관련 법제도의 개념

'교육정보화 관련 법제도'라 함은 교육정보화라는 하나의 사회적 추세에 대응하여 축적되는 규범의 집합이라고 정의할 수 있다. 교육정보화 부분에서도 이를 촉진하기 위한 규범 또는 정보화 추세에 따라 발행되는 제반 부작용에 대한 규제·예방 등에 관련되는 규범들의 집합이 나타나게 되는데, 이를 총괄하여 교육정보화 관련 법제도라고 한다. 이에 관련된 법은 「평생교육법」, 「정보화촉진기본법」, 「지식정보자원관리법」, 「저작권법」, 「정보격차해소에 관한 법률」 등이 있다.

6. 교육공학의 적용 예

1) 수학, 영어, 과학 등 주지교과 기반의 교육공학 적용

학교교육에서의 교육공학 접근이 가지는 또 하나의 특징은 수학, 영어, 과학 등 주지교과 중심의 접근이 이루어지고 있다는 점이다. 유아교육에서는 누리과정 중 수학, 과학, 논리, 컴퓨터 분야가 포함된 자연탐구 영역에서, 초등교육에서는 영어, 수학, 과학, 국어 교과에서, 중등교육에서는 과학, 영어, 사회, 수학 교과에서 많이 활용되고 있다.

2) 기업, 의료분야 등에서의 교육공학 적용

기업들은 구성원들을 위한 교육훈련과 HRD에 많은 시간과 비용, 노력을 기울이고 있다. 기업교육이 교육공학을 활용한 측면에서 가장 큰 영향을 받은 부분은 교수학습 방법이라고 할 수 있겠다. 기업교육의 방법은 크게 OJT (On-the Job Training)와 OFF-JT(Off-the Job Training)로 나눌 수 있다. 기업교육에서 사이버러닝도 비용효과와 교육적 효과의 논점이 남아있다 하더라도 지속적으로 확대 및 발전해 갈 것이라는 것에는 이론의 여지가 없다.

교육공학 전문가들의 연구와 개발활동에서 때로는 너무 과도한 관심을 받아 학문적 정체성에 착시현상을 불러일으키는 부분인 사이버러닝은 기업교육의 기법으로 꾸준하게 관심을 받고, 확대될 것으로 예측된다. 최근 정부기관과 대학을 포함한 연구기관 등에서는 융복합(convergence, or consilience)적 연구개발에 대해 매우 큰 관심과 재정적 지원을 아끼지 않고 있다. 기업의 경우 2045년 이후의 미래를 예측할 수 없다고 하는 것은 나노기술, 합성생물학, 특히 인공지능의 발달이 미래를 어떻게 바꿀지 알수 없기 때문이라고 한다(박영숙, Glenn, 2015).

최근에는 의료분야에서 기업교육 못지않게 교육공학의 이론과 접근방법에 대한 관심이 매우 높아지고, 연구개발에 참여하는 비중도 높아지고 있다. 예를 들면, 유엔미래보고서 2045의 메가트렌드에 의하면 2045년 「포춘(Fortune)」이 선정하는 500대 기업의 70% 정도를 현재 아직 태어나지도 않은 기업이 차지할 것이라고 한다. 현재 20억 명의 인터넷 인구는 2020년에는 70억 명으로 늘어날 것으로 예상되며, 인터넷이 일상적인 활동의 공간이 될 것이라고 한다(박영숙, Glenn, 2015).

3) 온라인 공개강좌(MOOC)의 교육공학 적용

묵(MOOC)의 발전 과정에서 확인할 수 있었던 잠재적 교육수요자는 공식적 교육기관 밖에서 개별적으로 학습을 요구하는 성인 학습자들이었다. 즉, 묵의 수강생들은 대학을 이미 졸업했거나 혹은 대학에 재학 중이면서 다른 대학의 개별 강좌에 관심을 보이는 학습자들이었다. 묵의 성공은 저명 대학의 특정 강좌에 대한 거대한 잠재적 수요를 온라인 강의 형태로 적절하게 대응했다는 데에서 찾을 수 있다. 비록 대부분 묵의 최종 수료율이 10% 이내라는 점이 문제점으로 지적되고는 있지만(Jordan, 2014), 개별 학습자들의 학습요구의 다양성에 비추어 볼 때 수료율이 높아야만 반드시 묵이 성공적이었다고는 볼 수 없다. 왜냐하면 묵의 원래 이념적 특성이 개방성에 있다고 한다면, 개별 학습자의 수료 여부와 상관없이 교육기회를 제공해 주어야 하기 때문이다.

그리고 묵(MOOC)의 강좌 운영 실제로부터 중요한 교육공학적 시사점을 확인할 수 있다. 묵의 발전 과정에서 주목할 만한 현상 중의 하나는 적게는 수만 명에서, 많게는 수십만 명의 학생들이 온라인상에 수강신청을 한 후 학습활동을 전개한다는 점이다. 이 과정에서 학습자들은 자신들의 학습과정과 결과의 흔적들을 플랫폼을 통하여 남기게 되는데, 이 자료들을 빅데이터(big data) 혹은 학습분석(learning analysis) 차원에서 탐구할 수 있는 가능성이 확인되었다(Breslow et al., 2013).

마지막으로, 묵(MOOC)이 기존 대학의 교육방식에 미치는 영향을 교육공학적 차원에서 분석할 필요가 있다. 묵은 원래 대학 밖에 있는 학습자들을 대상으로 개발되었다. 그러나 묵의 실제 전개 과정에서 예기치 못한 상황들이 나타났다. 묵을 대학의 기존 강좌에 통합하여 사용하려는 시도가 이루어진 것이다. 거꾸로 학습(flipped learning)방식으로 대학강좌를 운영할 때 묵(MOOC) 강의자료를 활용하거나(Lee, 2013), 선정된 묵을 수강할 경우 학점으로 상호 인정하거나(Kolowich, 2013), 묵 형태를 기반으로 하는 학위과정을 신설하는 경우가 나타나고 있다(Young, 2013). 특히 이 중에서 거꾸로 학습방식이 기존 대학교육 방식에 끼칠 수 있는 영향과 대응방안을 교육공학 측면에서 분석하는 것이 필요하다.

제 9 장

생활지도와 상담

1. 생활지도의 이해

1) 생활지도의 의미

학교는 학생들의 교과지도뿐만 아니라 학생들이 주변 세계를 보다 정확하게 이해하고 올바르게 적응할 수 있도록 돕고, 생활 속에서 직면하는 여러 문제들을 스스로 해결할 수 있게 하고 사회생활에 필요한 지식, 기능, 가치 등을 습득시켜 사회에 공헌할 수 있는 자질을 기를 수 있도록 하여야 한다. 생활지도는 학생들의 전인적 성장과 자기계발, 적응 및 문제해결능력의 향상과 같이 교과교육만으로 충족될 수 없는 교육적 요구에 따라 전문적인 지도영역으로서 그 중요성이 강조되고 있다.

생활지도는 영어의 가이던스(guidance)에서 유래되어 '지도하다', '이끌다', '안내하다', '조언하다' 등의 뜻을 가지며, 이는 학생들을 올바르고 바람직한 방향으로 이끌고 안내하며 지도하는 활동을 의미한다.

생활지도는 학생들의 직업진로 지도에서 시작되었으나 지금은 학업, 건강, 여가선용, 인성과 사회성 지도영역 등을 포괄하고 있다. 따라서 생활지도는 학생들이 학교나 일상생활에서 겪게 되는 여러 가지 문제들, 즉 교육적, 직업적, 인간관계적, 심리정서적 문제 등을 스스로 해결할 수 있도록 지도·안내함으로써 학생들의 성장과 적응을 돕기 위한 활동이다.

임창재(2005)에 의하면 생활지도는 학습자로 하여금 자기 자신의 능력, 흥미, 성격 등의 특성을 이해하도록 하여 이를 최대한 발전시켜 나가며, 자신의 생활목표와 결부시켜 바람직한 민주시민으로서 원만하고 성숙한 자기지도를 이루게 하는 과정이라고 하였다. 이재창(1988)은 생활지도는 개인으로 하여금 자기 자신과 주변 세계를 이해하여 현명한 선택과 적응을 하며, 건전한 사회구성원으로 성장·발달할 수 있도록 조력하는 과정이라 하였다. 이와 같이 생활지도는 학생들로 하여금 자신의 문제를 스스로 해결할 수 있도록 돕고, 자신의 잠재력을 이해하고 발견하여 최대한 발전시켜 나갈 수 있도록 하며, 보다 합리적인 사고와 의사결정을 통해 올바른 선택과 판단을 할 수 있게 한다. 여기에 나아가 자기개발과 자아실현을 통해 행복한 삶을 영위할 수 있도록 지원하는 지속적인 교육활동이라 할 수 있다.

한편 학교현장에서 생활지도가 효과적으로 이루어지기 위해서는 다음과 같은 기본 방향이 고려되어야 한다.

첫째, 생활지도는 전체 학생이 대상이 된다. 생활지도는 문제행동이나 부적응행동을 보이는 학생들뿐만 아니라, 일반의 모든 학생들을 대상으로 그들이 건전하게 성장·발달할 수 있도록 지원하는 활동이다.

둘째, 생활지도는 학생들이 자율성과 자기책임감을 기르도록 돕는 활동이다. 즉, 교사가 학생들의 문제를 대신 해결해주는 것이 아니라, 학생들 스스로 자신의 문제를 책임감을 가지고 해결해갈 수 있도록 지원하는 과정이다.

셋째, 생활지도는 학생의 전인적 성장에 초점을 둔다. 즉, 생활지도는 학생들의 발달의 제 측면들이 조화롭게 성장할 수 있도록 조력하는 활동이다.

넷째, 생활지도는 치료나 교정보다 예방을 목적으로 한다. 생활지도는 학생들 스스로 문제를 해결하도록 돕는 활동이지만, 문제가 발생하지 않도록 사전 예방활동을 더 중요시한다. 즉, 학생들의 문제행동이나 부적응행동에 대한 사후대처보다 그러한 문제가 일어나지 않도록 학생들을 미연에 지도하는 교육활동인 것이다.

다섯째, 생활지도는 과학적 근거에 기초한 판단에 역점을 두고 있다. 생활지도는 학생들에 대한 올바른 이해와 행동의 객관적이고 구체적인 자료에 기초를 두고 시작하여야 한다. 다양한 도구와 방법 등을 통해 학생들에 대한 보다 정확하고 객관적인 정보를 수집하고, 그것을 토대로 지도가 이루어질 때 더 나은 효과를 기대할 수 있기 때문이다.

따라서 생활지도는 모든 학생을 대상으로 학생 개개인의 자율성과 자기책임감을 기르며, 전인적 성장 및 발달에 중점을 두고 학생의 처벌이나 치료보다 선도나 비행의 예방에 초점을 두며 과학적인 근거를 토대로 추진되어야 한다. 이를 위해 생활지도에는 기본원리와 실천원리가 적용되어야 한다(표 9-1).

표 9-1 생활지도의 원리

원리		내용
기본 원리	존임성 인정과 수용의 원리	학생의 존엄성을 인정하고 어떤 경우이든 학생을 긍정적으로 수용
	자율성 존중의 원리	문제해결 과정에 있어 자율적인 판단과 결정을 존중
	적응의 원리	개인의 능력과 특성을 살려 적극적으로 자신을 이끌어 가도록 하여 전반적인 생활에 적응
	인간관계의 원리	교사와 학생 간에 참다운 인간관계 유지
	자아실현의 원리	개인의 자아실현 달성
실천 원리	계속성의 원리	한 번으로 끝나는 것이 아니라, 계속적인 추수활동 포함
	전인의 원리	개인의 특수한 영역이나 기능의 일부만 다루는 것이 아니라, 모든 측면을 통합적으로 지도
	균등의 원리	문제 학생만 대상으로 하는 것이 아니라 모든 학생을 대상으로 함
	과학적 기초의 원리	학생들에 대한 올바른 이해를 위해 구체적이고 객관적인 자료를 수집하고 활용함으로써 과학적으로 접근
	적극성의 원리	문제행동의 치료에만 국한하는 것이 아니라 예방에 더 초점
	협동성의 원리	담임교사나 생활지도교사만이 아니라 전 교직원, 부모, 지역사회 인사, 전문가 등의 상호협력

2) 생활지도의 주요 활동

생활지도활동은 학생조사활동, 정보제공활동, 상담활동, 정치활동 및 추수활동의 다섯 가지 주요활동으로 구성된다.

(1) 학생조사활동(Student inventory service)

학생조사활동은 학생이해활동으로서 학생들의 개별성을 파악하고, 그들을 이해하는 데 필요한 기초자료와 정보를 조사·수집하는 활동이다. 지도활동의 계획과 실천을 위해 보다 과학적이고 정확하게 학생들의 실태를 파악하거나 학생들의 자기이해를 돕기 위한 활동으로 각종 표준화검사, 학업성취도검사, 환경조사, 질병조사, 생활사 조사, 가족관계 조사, 교우관계 조사, 관찰에 의한 행동의 누가기록 등이 포함된다. 수집된 정보는 객관적이고 신뢰할 수 있어야 하며 문제해결에 필요한 사실과 요인이 포함되어 있어야 한다. 학생 개개인의 정보는 기록, 보관되어 이후 학생들을 위한 지도 및 상담에 활용된다.

(2) 정보제공활동(Information service)

정보제공활동은 학생들이 원하는 각종 정보 및 자료를 제공하여 학생들의 개인적 발달과 사회에 올바르게 적응할 수 있도록 돕기 위한 활동이다. 즉, 학생들에게 필요한 정보를 제공하여 문제해결을 위한 올바른 의사결정과 자신과 주변환경을 이해하는 데 도움을 주고자 하는 것이다.

학생들에게 제공되는 정보는 교육정보, 직업정보, 개인적·사회적 정보가 있다. 교육정보는 학습활동 수행과 관련된 정보로서 학교생활, 입학조건, 교육과정, 수강신청, 장학금 제도와 도서관 이용법 등에 대한 정보를 말한다. 직업정보는 직업과 관련된 일체의 정보로서 사회와 직업세계의 변화, 직업적성, 취업준비, 직업적 임무, 근로조건 및 미래의 전망 등에 대한 정보를 말한다. 개인적·사회적 정보는 자기 자신을 보다 잘 이해하고 다른 사람과의 관계 개선에 도움이 되는 정보로서, 자기이해, 대인관계, 여가활동, 행동규범, 성교육 등에 관한 정보를 말한다.

(3) 상담활동(Counseling service)

상담활동은 생활지도에 있어 핵심적인 활동이다. 상담은 그 분야의 전문지식을 갖추고 있는 상담자와 도움을 필요로 하는 내담자 간의 직접적인 대면관계를 통하여 학생들의 자율성과 문제해결력을 신장시키는 동시에, 학생들의 적절한 감정처리를 도와 정신건강을 향상시키고 현명한 선택과 적응을 돕는 활동이다. 상담활동은 상담자의 접근방식과 내담자의 요구나 문제에 따라 그 진행절차나 방법이 다를 수 있다. 그러나 상담의 기본목표는 내담자에게 영향을 주어 문제행동을 변화시킴으로써 보다 생산적이고 만족스러운 삶을 살아갈 수 있도록 하는 데 있다.

(4) 정치활동(Placement service)

정치활동은 수집된 정보와 상담결과를 토대로 학생들을 적재적소에 알맞게 배치하는 활동이다. 학생들이 취업, 진학, 교육과정, 교과 등의 선택에 있어 합리적이고 현실적인 의사결정을 하도록 돕고 의사결정에 필요한 정보를 제공하고 조정하는 활동이다. 즉, 취입지도, 진학지도, 진급지도, 교과지도 등에서 학생들이 자신의 능력과 적성을 파악하여 그에 따라 적절한 선택을 할 수 있도록 돕는 것이다.

(5) 추수활동(Follow-up service)

추수활동은 사후관리를 통하여 학생들의 추후 적응상태나 문제해결의 정도를 확인하고, 부적응에 대한 조력과 보다 나은 적응을 돕는 활동이다. 또한 추수활동을 통해 나온 자료는 학교의 생활지도 프로그램의 평가와 개선을 위해서도 활용된다. 따라서 추수활동의 목적은 학생의 지속적인 성장을 돕고 생활지도 프로그램의 개선점을 찾아 좀 더 효과적인 생활지도 활동이 이루어지도록 하는 데 있다.

표 9-2 생활지도 활동

구분	개념
조사활동	지도계획이나 실천을 위해 보다 과학적이고 정확한 학생들의 실태를 파악하거나 학생들의 자기이해를 돕기 위한 활동
정보활동	학생들이 필요로 하는 각종 정보 및 자료를 제공하여 학생들의 개인적 성장과 사회적응을 돕기 위한 활동
상담활동	상담자와 내담자 간의 관계에서 면접상담의 기술을 통해 학생들의 자율성과 문제해결력을 기르는 동시에, 학생들의 적절한 감정처리를 도와 정신건강을 향상시키고 적응을 돕는 활동
정치활동	자신의 적성 및 진로의 특성을 정확하게 이해하여 진로를 현명하게 선택하도록 돕는 활동
추수활동	지도를 받은 학생들의 추후 적응상태를 확인하고 부적응에 대한 조력과 보다 나은 적응을 돕는 활동

3) 생활지도의 영역

오늘날 학교교육에서 강조하는 전인교육이란 학생들이 원만한 인격과 능력을 소유하고, 자신의 잠재가능성을 발휘하고 교양 있는 인격체로 성장할 수 있도록 지도·안내해야 한다는 의미를 담고 있다. 따라서 학교에서는 교과지도와 생활지도가 포함되는 전체 교육 프로그램이 이루어져야 한다. 또한 생활지도는 학생들의 학업이나 품행만이 아닌 학생 개개인과 학교생활 전반에 걸쳐 이루어지고 있으며, 다음과 같은 여러 영역들을 포함하고 있다.

(1) 교육지도(Educational guidance)

교육지도는 학생들의 학업과 학교생활의 효과적인 적응을 돕는 영역으로 신입생 오리엔테이션, 학업지도, 진학 및 진로지도로 나눌 수 있다. 신입생 오리엔테이션은 신입생을 위한 특별 지도로서 학교생활의 신속하고도 효과적인 적응을 돕기 위함이다. 학업지도는 학력향상을 위하여 교과목 및 특별활동 선택, 효과적인 학습방법 등에 대한 지도를 말한다. 진학 및 진로지도는 학생의 적성과 능력에 알맞은 학과를 선택할 수 있도록 진학에 대한 조력과 기관에 대한 포괄적인 자료를 수집하여 정보를 제공하는 활동이다.

(2) 인성지도(Personality guidance)

인성지도는 학생 개개인의 심리정서적인 안정과 바람직한 품성을 형성하도록 돕는 영역이다. 인성문제는 인격, 정서불안, 욕구불만, 무기력, 과도한 열등감과 우월감, 대인관계, 불건전한 습관과 태도 등 개인적·심리적 적응문제를 말한다. 따라서 인성지도는 학생 개개인이 자신의 인격을 올바르게 인식하고 원만한 인격의 소질을 육성하도록 조언하여, 조화로운 발달과 건강한 인격체로서 성장할 수 있도록 지도해 나가는 과정이다.

(3) 진로지도(Vocational guidance)

학생들의 진로와 관련하여 직업에 관한 정보를 제공하고 취업희망 조사와 각종 직업세계에 대한 자료들을 수집하여 학생들의 직업선택과 준비과정을 돕는 영역이다. 즉, 진학 및 직업상담, 다양한 직업세계에 대한 정보와 자료 수집 및 제공, 직업적성 발견, 직업준비교육, 직업적 능력의 발달에 대한 지도를 통해 학생들이 자신의 적성과 능력에 알맞은 진로 및 직업선택을 할 수 있도록 돕는 것이다.

일반적으로 초등학교는 진로인식단계, 중학교는 진로탐색단계, 고등학교는 진로준비단계 그리고 대학교는 진로전문화단계로 구분하여 직업의 성질, 근로조건, 학력 및 훈련, 보수, 승진 및 전망, 직업수행을 위한 정보자료 등을 실제 학급에서 학습활동으로 전개하고 각 개인의 적성, 흥미, 능력에 알맞은 직업 적성교육을 실시한다.

(4) 사회성지도(Sociality guidance)

학생들이 타인과 올바른 관계를 맺고 유지하는 데 필요한 바람직한 행동과 가치, 태도 등을 발달시킬 수 있도록 지도하는 영역이다. 사회성 지도에는 도덕적 윤리관, 인간존중의 습관형성, 합리적인 의사소통방식, 원만한 인간관계의 형성 등에 대한 지도가 포함된다. 또한 민주시민으로서 갖추어야 할 자질과 의무, 권리와 책임을 이해하고 민주적인 태도, 습관, 협동정신 등의 함양도 지도에 포함된다.

(5) 건강지도(Health guidance)

학생들의 신체적·정신적 건강에 필요한 습관과 태도 등에 대한 적절한 안내와 지도를 통해 건강을 유지·증진할 수 있도록 돕는 영역이다. 신체적 건강을 위해 신체장애에 대한 상담, 질병예방 및 체질개선, 보건 및 건강교육, 안전교육 및 지도가 있다. 정신건강은 불안, 신경증, 정신질환에 대한 이해 및 예방을 위한 정신위생과 정신건강교육이 있다.

(6) 여가지도(Leisure time guidance)

학생들이 여가시간을 유용하고 의미 있게 보낼 수 있도록 돕는 영역이다. 개개인의 욕구, 흥미, 능력, 소질에 따라 다양한 과외활동을 할 수 있도록 조언하고 지도함으로써 자유시간을 효율적이고 생산적인 방법으로 활용할 수 있도록 한다. 즉, 취미활동, 오락활동, 감상활동, 창작활동, 봉사활동 등을 통해 다양한 경험과 폭넓은 교양을 쌓게 하고 학업스트레스를 해소하여 신체적·정신적으로 새로운 활력을 얻을 수 있도록 한다. 이를 위해 교사는 학생들이 자신에게 적합한 활동을 선택하고, 그 활동에 보다 숙련될 수 있도록 필요한 도움을 제공하여야 한다.

(7) 가정생활지도(Family guidance)

가족구성원들 간의 안정적이고 만족스러운 관계 형성은 개인의 성격과 정서, 사회적응에 중요한 영향을 미친다. 가정생활지도는 학생들이 가족과 원만한 관계 속에서 만족스러운 가정생활을 할 수 있도록 지도하는 영역이다. 여기에는 가족구성원들 간 가치관의 차이나 갈등, 욕구불만 등으로 부적응 상태에 있는 학생들의 문제해결을 위한 상담과 지도가 포함된다.

표 9-3 생활지도 영역

구분	개념	세부 활동
교육지도	교과과정 안내, 효과적인 학습방법 및 올바른 학습습관지도, 학습부진지도, 학습동기 유발을 포함한 학업지도, 진로선택 등을 위한 활동	신입생 오리엔테이션, 학업지도, 진로 및 진학지도
인성지도	학생 개인의 심리적·정서적 문제를 다루어 개인의 원활한 학교생활 적응을 돕는 활동	정서와 성격문제, 욕구불만의 진단과 해석, 습관교정, 심리적 장애진단과 치료
진로지도	학생의 요구, 적성, 능력, 흥미 등을 파악하고 그에 따른 상급학교 진학이나 자신에게 적합한 직업을 선택하도록 돕는 활동	진학관련 정보, 다양한 직업세계에 대한 정보제공, 진학 및 취업상담, 직업적성 진단
사회성지도	바람직한 대인관계의 형성, 민주시민으로서 갖추어야 할 자질과 태도함양지도	교우관계지도, 이성관계지도, 가족관계지도, 대인관계지도, 사회에 대한 봉사정신지도
건강지도	학생 개인의 건강에 관한 중요성을 인식하고 자신의 건강을 위한 적절한 대책을 세울 수 있도록 지도	보건 및 건강교육, 각종 질병 예방방법, 안전교육 및 지도
여가지도	학생의 욕구, 흥미, 능력, 소질에 따라 다양한 과외활동을 할 수 있도록 지도	스포츠활동, 취미활동, 독서, 음악 및 미술감상, 사회봉사활동, 놀이
가정생활지도	원만한 가족관계와 안정적인 가정생활을 보낼 수 있도록 지도	가정문제지도

2. 상담

1) 상담의 개념

상담(counseling)은 도움을 필요로 하는 내담자와 조력자로서 전문적 훈련을 받은 상담자가 직접적인 면접을 통해 문제를 해결한다는 의미로 사용된다. 또한 내담자의 행동을 바람직한 방향으로 변화시키기 위한 전문적인 조력과정, 내담자의 인간적인 성장을 위해 노력하는 학습의 과정으로 설명되고 있다.

교육학사전에서는 상담이란 전문적 지식과 기술을 갖춘 상담자가 도움을 필요로 하는 내담자로 하여금 자신과 환경에 대한 이해를 증진시키고, 합리적이고 현실적이며 효율적인 행동양식을 증진시키거나 의사결정을 내릴 수 있도록 원조하는 활동으로 정의하고 있다. 이장호(1988)는 상담이란 도움을 필요로 하는 사람이 전문적 훈련을 받은 사람과의 대면관계에서 생활과제의 해결과 사고, 행동 및 감정 측면의 인간적 성장을 위해 노력하는 학습과정이라고 하였다. 또한 박성수(1998)는 상담을 내담자와 상담자 간에 수용적이고 구조화된 관계를 형성하고, 그 속에서 내담자가 자기 자신과 환경에 대해 의미있는 이해를 증진하도록 함으로써 내담자 스스로 효율적인 의사결정을 하고 여러 심리적 특성을 긍정적인 방향으로 변화시키도록 도와 성장과 발전을 촉진하는 심리적 조력과정으로 정의하였다.

상담에 대한 여러 정의들을 토대로 상담의 개념을 다음과 같이 요약할 수 있다.

첫째, 상담은 개인 대 개인, 즉 상담자와 내담자가 얼굴을 맞대고 대화하는 대면적 활동이다.

둘째, 상담은 언어적·비언어적 수단에 의한 역동적 상호작용이다.

셋째, 상담은 전문적 조력과정이다.

넷째, 상담은 내담자가 현명한 선택과 결정을 할 수 있도록 돕는 관계이다.

다섯째, 상담의 궁극적 목적은 내담자의 자기성장이다.

이와 같이 상담은 상담자와 내담자가 대면적 상호작용을 통해 내담자로 하여금 문제해결을 위한 올바른 선택과 의사결정을 하도록 지원하고, 내담자의 성장과 발달을 촉진시키며 긍정적 변화를 가져오기 위한 전문적 조력과정이라 할 수 있다.

2) 상담의 목표

상담의 목표는 일차적으로 내담자가 호소하는 심리적 불편이나 증상을 경감시켜 주는 것이다. 이러한 일차적 목표는 '증상완화 또는 문제해결적 목표'라고 한다. 보다 궁극적으로는 내담자가 내면적인 자유를 회복하고, 자신이 가지고 있는 수많은 가능성과 잠재력을 발휘할 수 있도록 성격을 재구조화하여 인간적 발달과 인격적 성숙을 이루도록 하는 것인데, 이것은 상담의 이차적 목표로 '성장 촉진적 목표'라고 한다(이장호 외, 2001). 따라서 상담의 목표는 내담자로 하여금 자기 자신과 자신의 문제를 이해하고, 문제해결능력을 기르고 최대한의 자율적 성장을 할 수 있도록 돕는 것이다.

한편 상담의 보다 세부적인 목표로는 행동의 변화, 문제해결, 의사결정의 기초제공, 잠재력의 신장, 건전한 가치관의 확립 등을 들 수 있다.

(1) 행동의 변화

상담은 개인이 보다 생산적이고 만족스러운 생활을 하는 데 방해가 되는 행동을 감소시키거나 제거시키도록 도와주는 것이다. 예를 들어, 학교적응과 인간관계를 어렵게 만드는 원인으로서 자신의 행동특성을 파악하고, 그 행동을 긍정적인 방향으로 변화시켜 문제가 해결될 수 있도록 하는 것이다. 행동의 바람직한 변화는 학생들로 하여금 보다 안정적이고 만족스러운 생활을 누릴 수 있도록 하고, 그 변화과정에서 자기 가치감을 높일 수 있다.

(2) 문제의 해결

상담은 내담자의 문제해결을 목표로 한다. 상담자는 내담자의 문제와 욕구를 정확하게 파악하고, 그에 따라 적절한 상담기법을 활용하여 문제해결을 위한 적극적인 노력을 기울여야 한다. 이 과정에서 내담자 스스로 자신의 문제를 인식하고 문제해결을 위하여 노력할 수 있도록 돕고, 상담자와 내담자는 문제해결을 위해 서로 협력적인 관계를 유지하는 것이 필요하다.

(3) 의사결정의 기초 제공

상담의 목표는 내담자가 자신의 문제와 관련하여 올바른 선택과 결정을 내릴 수 있도록 하는 데 있다. 내담자의 자기이해와 더불어 선택과 결정에 영향을 미치는 정서와 태도를 인식하도록 하고, 자신이 처한 상황과 문제를 정확하게 파악하여 적절한 의사결정을 내릴 수 있도록 돕는 것이다. 상담자는 내담자의 선택과 결정에 필요한 정보를 제공하고, 의사결정에 영향을 미치는 정서적인 문제나 심리적인 특성을 확인하고 분석하며 장애가 되는 측면을 극복하도록 돕는다.

(4) 잠재능력의 신장

누구나 자신의 잠재적인 능력이나 재능, 적성 등을 잘 이해하여 파악하고 또 개발하기 위해 노력하게 되는 것은 아니다. 상당수 학생들이 자신의 적성이나 능력보다 부모의 기대나 사회적 기준에 맞춰 진로나 직업을 선택하는 경우가 있고, 결과적으로 그 삶에 만족하지 못하기도 한다. 상담의 목표는 내담자가 인식하지 못하는 자신의 잠재능력을 발견하도록 돕고, 최대한의 개발을 통해 스스로 자기를 실현할 수 있는 사람으로 성장할 수 있도록 하는 것이다.

(5) 건전한 가치관의 확립

상담은 내담자로 하여금 건전한 가치관을 확립하도록 돕는 활동이다. 개인의 가치체계는 그의 사고와 행동의 기준이 된다. 바람직한 가치관을 가진 사람은 개인적·사회적으로 올바른 판단과 행동을 할 가능성이 높지만, 가치관이 명확하지 않거나 부정적일 때는 일관적이고 올바른 판단과 행동을 하기가 어렵다. 특히 청소년 시기는 가치관의 혼란과 갈등을 경험하는 시기이기 때문에, 그들이 올바른 가치관을 형성할 수 있도록 돕는 것이 상담의 중요한 목표가 된다.

3) 상담의 기본원리

비에스텍(F. Biestek)은 도움을 요청하는 모든 내담자들에게 공통적인 기본 감정 및 태도의 유형이 존재하며, 이러한 기본적인 욕구를 충족시키고 원활한 문제해결을 위한 상담자와 내담자간 긍정적인 관계를 형성하기 위하여 상담의 7가지 기본원리를 제안하였다. 따라서 상담자가 상담을 전개함에 있어서 다음의 기본 원리들을 고려할 필요가 있다.

(1) 개별화(Individualization)의 원리

개별화는 내담자 개개인의 독특한 자질을 알고 이해함으로써 각 개인을 도와줌에 있어 상이한 원리나 방법을 활용하는 것이다. 즉, 인간은 불특정한 한 인간으로서가 아니라, 개별적 차이를 지닌 특정한 인간으로서 처우되어야 함을 말한다. 개별화의 원리가 지켜지기 위해서는 상담자는 다음을 고려해야 한다.

첫째, 상담자는 편견이나 선입견을 갖지 말아야 한다.

둘째, 인간행동의 유형과 원리에 대한 전문적인 이해를 갖추어야 한다.

셋째, 내담자의 말을 경청하고 세밀히 관찰하여야 한다.

넷째, 내담자의 보조에 맞추어 진행할 수 있어야 한다.

다섯째, 인간의 감정변화를 민감하게 포착해야 한다.

여섯째, 내담자와 견해차가 있을 때, 앞을 내다보는 능력을 갖고 적절한 선택을 해야 한다.

(2) 의도적 감정표현(Purposeful expression of feeling)의 원리

의도적 감정표현의 원리는 내담자의 자기감정, 특히 부정적 감정을 자유로이 표현하려는 내담자의 욕구에 대한 인식에서 비롯된다. 상담자는 내담자의 표현을 적극적으로 경청하고, 그의 감정표현을 비난하거나 낙담시켜서는 안 된다. 내담자는 적극적인 감정표현을 통해 긴장이나 압박감에서 벗어나, 자신의 문제를 좀 더 객관적으로 명확하게 볼 수 있기 때문이다.

(3) 통제된 정서관여(Controlled emotional involvement)의 원리

상담은 주로 정서적인 면과 관련되기 때문에 상담자는 내담자의 감정에 호응하기 위해 정서적으로 관여하게 된다. 상담자는 내담자가 표현한 감성에 민감하고 의도적으로 적절하게 반응해야 한다. 즉, 내담자의 정서변화에 민감하게 반응하여 이해하고, 적절한 대응책을 마련할 태세를 갖추고 적극적으로 관여할 필요가 있다.

(4) 수용(Acceptance)의 원리

상담자는 내담자에게 따뜻하고 수용적이어야 한다. 내담자를 하나의 인격체로서 존중하고 말로나 행동으로, 특히 비언어적 단서인 얼굴표정에서도 전달되어야 한다. 수용이란 상담자가 내담자의 장단점, 바람직한 성격과 그렇지 못한 성격, 긍정적 감정과 부정적 감정, 건설적 혹은 파괴적인 태도나 행동 등을 그대로 이해하고, 그 인격의 가치에 대한 관념을 계속 유지해 나가는 것이다. 그러나 수용은 정상에서 벗어난 태도나 행동까지 시인한다는 의미는 아니며, 그 대상은 선한 것이 아니라 참된 것이다.

(5) 비심판적 태도(Nonjudgemental attitude)의 원리

비심판적 태도의 원리는 문제나 욕구발생의 원인에 있어 내담자의 잘못이나 책임여부를 배제하는 것을 말한다. 내담자는 자기 잘못이나 문제에 대하여 결과를 나무라고 책임을 추궁하거나 잘못을 질책당하는 것을 두려워한다. 죄책감과 열등감, 불만 등으로 인해 타인의 비판에 예민하며 자기 자신을 방어하는 데 집착할 수 있다. 상담자는 내담자를 이해하기 위해 그의 태도나 행동에 대해 객관적인 평가를 하고 있되, 그들의 문제를 심판하려는 태도를 취해서는 안 된다.

(6) 자기결정(Self determination)의 원리

상담자는 개인의 가치와 존엄성을 존중하고 내담자가 자기선택과 결정을 내릴 수 있는 자유로운 권리와 욕구를 가지고 있음을 인식해야 한다. 즉, 내담자의 자기결정을 존중하며 내담자의 잠재능력, 즉 장점과 능력을 발견하고 활용함으로써 인격적 성장을 이룰 수 있도록 도와야 한다. 또한 내담자에게 법률, 제도, 사회시설 등 필요한 사회적 자원을 알게 함으로써 자기선택과 결정의 자료로서 활용할 수 있도록 한다.

(7) 비밀보장(Confidentiality)의 원리

상담은 본질적으로 내담자가 상담자를 신뢰하고 믿는 데서 이루어진다. 비밀보장은 내담자의 기본욕구이므로 상담자는 비밀보장의 윤리적 의무가 있다. 그러나 내담자의 비밀보장 권리는 절대적인 것은 아니다. 때로는 내담자의 비밀을 기관 내 다른 전문가들에게 밝혀야 할 경우가 있는데, 이 경우 비밀보장의 의무는 다른 전문가에게도 확대·적용된다.

표 9-4 상담의 기본원리

원 리	개 념
개별화	상담자는 내담자의 말을 경청하고 세밀하게 관찰하며, 내담자와 견해가 다를 경우 적절하게 선택하도록 해야 한다는 원리
의도적 감정표현	내담자의 감정을 솔직하게 표현하도록 상담자가 모든 노력을 기울어야 한다는 원리
통제된 정서관여	내담자가 표현한 감정에 민감하고 의도적으로 적절하게 반응해야 한다는 원리
수용	내담자에게 따뜻하고 명랑하고 친절하게 대해주고 내담자에게 수용적이어야 한다는 원리
비심판적 태도	내담자의 행위에 대해 상담자가 판단이나 비판을 하지 않는다는 원리
자기결정	상담자가 결정하는 것이 아니라 내담자가 선택하고 결정해야 한다는 원리
비밀보장	상담과정에 있었던 모든 사항에 대해 제3자가 알지 못하도록 한다는 원리

4) 상담의 기본조건

상담은 상담자와 내담자간에 구조화된 일대일의 인간관계이다. 상담의 기본적인 인간관계는 내담자의 성장과 발달을 촉진하는 심리적 조력의 과정으로서, 그 관계의 질에 따라 상담의 효과가 결정되기도 한다. 이처럼 상담자가 내담자를 심리적으로 조력하고 효과적이고 성공적인 상담이 이루어지기 위해서는 상담의 기본조건으로서 긍정적 존중, 수용적 태도, 공감적 이해 및 신뢰가 있다.

(1) 긍정적 존중(Positive regard)

상담자는 내담자의 자기 이해와 긍정적 변화를 위해 내담자를 전적으로 믿어주어야 한다. 상담자가 내담자를 신뢰하면 할수록 내담자는 더 자유롭게 자기탐색을 할 수 있다. 이 과정에서 내담자는 자신의 자아개념과 일치하지 않는 내적 경험과 그가 강하게 방어해 왔던 부분이 그의 의식과 행동으로 점차 받아들여지는 경험을 하게 되며, 내담자가 이전에는 허용할 수 없었던 느낌을 표현할 때, 그는 변화하는 새로운 자아의 긍정적 수용을 받게 된다.

(2) 수용적 태도(Acceptance)

수용은 인간의 가치와 존엄성에 대한 인식에서 출발하며, 상담자의 수용적 태도는 내담자의 여러 특성들을 있는 그대로 받아들이는 것을 말한다. 또한 내담자의 행동을 평가하기 이전에 그 행동을 과장하거나 왜곡시키지 않고 하나의 사실로서 받아들이는 것이다. 상담자가 내담자를 판단하고 평가하려는 태도는 내담자를 불안하게 만들며, 상담자의 수용적인 태도는 내담자로 하여금 평가에 대한 두려움없이 솔직한 자세로 상담에 임할 수 있게 해준다.

(3) 공감적 이해(Empathy understanding)

공감적 이해란 상담자가 내담자의 입장이 되어 내담자의 문제를 느끼고 이해하는 것이다. 즉, 내담자의 의견, 생각, 감정 등에 대한 공감을 의미한다. 상담과정에서 내담자에 대한 공감적 이해가 부족하면 의미 있는 관계가 만들어지기 어렵다. 내담자에 대한 공감적 이해가 가능할 때 상담자는 내담자의 문제나 고통을 자기체험으로 인식할 수 있고, 문제해결을 위한 진정한 노력을 기울일 수 있다.

(4) 진실성

진실성은 내담자와의 상담과정에서 느끼는 상담자의 감정이나 태도를 있는 그대로 솔직하고 정직하게 표현하는 진실한 태도를 말한다. 상담자의 내면의 사고와 행동이 일치하는 모습을 보일 때 내담자도 자신을 개방하고 보다 적극적으로 상담에 임하게 된다. 결국 상담자의 솔직하고 진실한 태도가 내담자의 자기탐색과 개방을 촉진하고 격려하게 되는 것이다.

3. 상담의 실제

1) 상담의 과정

일반적으로 상담의 과정은 초기, 중기, 종결의 세 단계로 구분한다. 상담의 초기단계는 내담자의 문제를 이해하고 평가한 후에 상담목표를 세워 구체적인 개입을 시작할 때까지를 말한다. 중기단계는 내담자 자신의 문제에 대한 심층적 탐색과 통찰이 이루어지면서 문제가 해결되는 단계로 심층적 공감, 감정의 반영, 재진술, 직면, 즉시성의 활용, 해석 등의 상담기법이 사용될 수 있다. 종결단계는 통찰을 바탕으로 현실생활에 적응할 수 있는 새로운 행동을 시험하고 평가하는 단계이다.

(1) 초기단계

① 상담접수

상담신청이 들어오면 상담자는 상담에 필요한 각종 자료, 즉 내담자의 인적사항, 생활기록부, 사례사, 각종 검사결과 등을 준비한다. 또한 내담자로 하여금 상담신청서를 작성하게 함으로써 내담자의 일반적인 배경을 파악할 수 있다.

② 상담관계의 형성

초기단계에서 상담자와 내담자간에 신뢰관계(rapport) 형성이 중요하다. 내담자는 상담에 대한 기대와 함께 불안감을 갖고 있다. 자신의 어려움을 낯선 이에게 표현한다는 것은 그 불안감을 더욱 증폭시킬 수 있다. 신뢰관계의 형성은 상담의 질적인 만족을 좌우한다. 내담자가 상담관계를 도움이 되는 것으로 받아들일 때 상담의 효과가 커지므로, 정보를 수집하고 상담계획에 대해 논의하면서 동시에 신속하게 친밀한 관계를 형성해야 한다. 상담 초기에는 적극적 경청, 공감, 수용적인 태도를 통해 신뢰감을 형성할 수 있도록 해야 한다.

③ 상담의 구조화

상담의 구조화는 상담과정에서 발생할 수 있는 일반적인 문제들을 줄이고, 좀 더 원활하게 상담이 진행될 수 있도록 해 준다. 구조화에는 상담자와 내담자의 역할, 상담시간, 상담료, 상담장소, 비밀보장의 한계 등이 다루어진다. 상담에서 상담자는 어떤 역할을 하며 내담자에게 어떤 기대를 가지고 있는지, 상담에 임하는 태도, 비밀보장의 확인 등 상황구성을 잘 설정해야 하고, 상담을 진행하기 전에 시간제한, 내담자의 행동제한, 상담의 진행과정 및 목표를 설정해야 한다.

④ 사례개념화

사례개념화는 내담자의 문제와 발달과정, 발달맥락, 가족사 등의 내담자로부터 얻어진 정보들을 종합하여 내담자를 보다 깊이 이해하고 이를 상담에 반영하기 위한 것이다. 즉, 사례개념화는 심리검사, 면접과 행동관찰, 내담자의 가족이나 관련인사로부터 얻은 정보 등을 통합하여 내담자의 문제에 대한 이론적 모형을 자기 나름대로 수집해보는 것이다(홍경자, 2001).

사례개념화의 목적은 내담자의 문제를 정확하게 이해하고 문제해결을 돕기 위하여 가설을 세우는 것이다. 이 가설은 추후에 탐색되고 보충되는 정보에 의하여 수정, 보완이 가능하다.

김진숙(1996)은 사례개념화의 목적을 내담자 문제의 성격과 원인에 대한 정확한 이해를 통해 상담목표와 개입전략 수립에 필요한 방향을 제시하는 것으로 보았으며, 다음과 같은 질문들이 사례개념화를 돕는다고 보았다.

- 상담자가 파악한 내담자 문제의 성격은 무엇인가?
- 문제가 생기게 된 경로나 원인은 무엇인가?
- 문제를 지속시키는 내적 역동은 무엇인가?
- 문제를 지속시키는 외적 역동은 무엇인가?
- 문제의 해결이나 극복을 위해 내담자가 필요로 하는 것은 무엇인가?

⑤ 상담계획의 수립

상담계획에서는 상담의 목표와 전략이 수립되어야 한다. 내담자가 건설적이고 성취할 수 있는 목표를 세울 수 있도록 돕고, 내담자와의 합의를 통하여 상담목표를 설정하는 것이 상담에 효과적이다. 내담자가 자신의 문제에 대해 스스로 무엇인가를 할 수 있다는 점을 알도록 돕고, 내담자가 상담 초기에 스스로 계획을 세우게 함으로써 상담목표를 공략하는 과정에서 더 큰 해결책을 기대할 수 있다는 희망을 가지게 할 수 있다.

(2) 중기단계

이 단계는 내담자가 당면하고 있는 문제를 해결해나갈 수 있도록 돕는 적극적인 원조의 과정이라 할 수 있다. 이 과정에서는 내담자가 자신에 대한 통찰과 이해를 촉진시킴으로써 문제해결의 실마리를 찾아내는 것이 요구되어진다. 자신의 문제에 대한 내담자의 탐색은 지금까지 진행되어 온 행동과 삶의 패턴의 변화에 대한 저항을 불러일으킬 수도 있지만, 궁극적으로는 통찰과 저항을 통해 자신의 문제를 보다 깊이 이해하게 된다.

상담자는 내담자의 문제해결을 어떻게 효과적으로 도울 수 있을지에 대하여 적합한 상담이론에 근거하여 구체적인 전략과 기술을 준비하고 상담에 임해야 한다.

상담자는 내담자의 변화를 위해서 내담자의 잠정적인 자원, 강점과 단점 등을 문제해결과정에 적극적으로 활용해야 한다. 그리고 이 과정에서는 매 회기마다 상담의 목표가 설정되어야 하며, 매 회기마다 적절한 문제해결방안을 모색하고 실제에 적용할 수 있어야 한다. 그리고 다음 상담에 올 때까지 적용하고 적용되어진 성과에 대한 부분을 다지도록 하는 것이 요구된다. 내담자는 상담장면을 통하여 자신이 통찰한 내용을 생활과 현실에서 경험하고 실습해 나가는 경험을 하게 된다. 따라서 상담의 전반적인 목표를 달성하기 위해서는 매 회기마다의 목표를 설정하고 목표달성을 이루어내는 과제가 뒤따른다 할 수 있다.

내담자의 통찰을 현실에 효과적으로 적용하기 위해 상담사는 공감, 반영, 재진술, 직면, 즉시성, 해석 등의 다양한 상담기법들을 활용하게 된다.

(3) 종결단계

상담에서 합의된 목표가 달성되면 상담은 종결된다. 상담이 성공적으로 종결되면 문제해결이 어느 정도 달성되었는지, 상담 전후에 있어서 내담자의 행동변화, 사고변화, 정서변화 등이 어떻게 이루어졌는지에 대한 구체적인 점검과 상담종결 후에 내담자의 생활에서의 대처방법이나 지도 및 조언을 제공할 수 있다.

또한 내담자는 그동안 의지해 온 상담자에 대하여 다양한 감정을 느끼게 된다. 따라서 종결시기에는 내담자의 의존, 이별에 대한 감정을 다루는 것 또한 중요하다. 종결 후에도 내담자가 잘 적응하고 있는지, 전화나 이메일을 통하거나 추후면담을 통하여 추수지도가 이루어질 수도 있다.

2) 기본적인 상담기법

상담과정에서 내담자의 자기통찰과 비합리적 사고와 부적응 행동에 대한 인식을 돕기 위해 활용되는 기본적인 기법들이 있다. 이 기법들은 상담자가 내담자를 심리적으로 조력하고, 성공적인 상담의 전개에서 필수적으로 요구되는 것이기도 하다.

(1) 적극적 경청

적극적 경청은 내담자의 이야기를 수동적으로 듣기만 하는 것이 아니라, 내담자의 언어적 요소와 비언어적 요소(표정, 음성의 변화, 몸짓)에서 전달되는 모든 것에 관심을 집중하는 것이다. 그러나 상담자는 내담자의 모든 말과 행동에 주목하여 반응할 수는 없다. 상담자가 상대적으로 더 비중을 두어야 할 내담자의 말과 행동을 선택해서 주목함으로써 내담자가 특정 문제에 대해 더욱 탐색하도록 할 수 있다.

내담자의 말과 행동에 대한 경청은 상담을 성공적으로 이끄는 주요 요인이다. 경청은 내담자로 하여금 자신의 생각과 감정을 보다 적극적으로 표현할 수 있게 하고, 그 과정에서 자신에 대한 반성적 사고와 통찰의 기회를 얻게 된다. 또한 상담자는 경청하는 과정에서 내담자의 심리적 어려움과 갈등의 본질을 알게 되고 그 의미를 파악할 수 있다.

(2) 반영

반영은 내담자의 말과 행동에서 표현된 기본적인 감정, 생각 및 태도를 다른 참신한 말로 부언해주는 것이다. 이때 상담자는 내담자 내면의 감정을 정확하게 파악하여 전달하는 것이 중요하다. 상담자의 적절한 반영은 내담자와의 의사소통을 촉진시키고, 내담자는 자기이해뿐만 아니라 상담자로부터 이해받고 있다는 인식을 갖게 되며, 이는 상담관계의 형성을 촉진한다.

또한 내담자의 언어표현과 행동단서가 서로 차이가 나거나 모순을 보일 때에는 이를 반영해주어야 한다. 상담자의 반영적 반응은 적절한 시기에 적절한 것을 선택해서 해주는 것이 중요하다. 선택의 기준은 내담자가 표현한 말과 행동에 담긴 감정과 생각 중 가장 중요하고 강한 것이 어떤 것이냐에 따른다. 이때 중요한 점은 내담자가 말로 표현한 수준 이상으로 깊이 들어가지 않는다는 것이다. 내담자가 표현하지 않은 것을 언급하는 것은 명료화나 해석이 되기 쉽다(김청자 · 정진선, 2015).

(3) 명료화

명료화는 내담자가 표현한 내용의 실체를 요약해 주는 것이다. 내담자가 막연하고 애매하게 표현한 것을 간결하고도 명확하게 말해줌으로써 내담자가 미처 자각하지 못하고 있던 생각과 감정을 인식할 수 있도록 하는 것이다. 이

때 상담자의 명료화 자료는 내담자의 표현 속에 포함되어 있다고 판단한 것이다. 즉, 내담자 자신은 미처 자각하지 못하는 의미 및 관계이다. 내담자가 애매하게만 느끼던 내용이나 불충분하게 이해한 자료를 상담자가 말로 정리해 준다는 점에서 명료화는 내담자에게 자기가 이해를 받고 있으며, 상담이 잘 진행되고 있다는 느낌을 갖게 해 준다. 그리고 본인은 미처 생각하지 못했던 부분을 다시 생각하도록 하는 자극제가 될 수 있다.

(4) 직면

직면은 내담자가 모르고 있거나 인정하기를 거부하는 생각과 느낌에 대해 주목하도록 하는 상담자의 언급이다. 직면은 내담자 스스로 깨닫지 못하고 있지만 그의 말이나 행동에서 어떤 불일치가 발견될 때, 내담자로 하여금 자신의 욕구에 의해서만 상황을 바라볼 것이 아니라 상황을 있는 그대로 볼 수 있도록 할 때 그리고 상담에서 어떤 화제를 피하거나 다른 사람의 의견과 생각을 받아들이려 하지 않을 때 사용될 수 있다.

직면은 단순히 내담자의 부정적인 측면에 초점을 맞추거나 내담자 자신의 한계를 깨닫도록 하는 것이 목적이 아니라, 내담자가 미처 깨닫지 못했거나 사용하지 않은 능력과 자원을 지적하여 주목하게 하는 것도 포함된다. 그리고 직면은 내담자가 상담자를 깊이 신뢰하고 있고, 상담자가 내담자의 성장과 변화를 진솔하게 배려하는 분위기에서 행해지는 것이 바람직하다(김청자·정진선, 2015).

(5) 해석

해석이란 내담자가 자기의 문제를 새로운 관점에서 이해하도록 그의 경험과 행동의 의미를 설명해주는 것이다. 또한 내담자가 지금까지 명확하게 의식하지 못하고 있는 어떤 사고, 감정, 또는 행동에 대해 내담자에게 이것이 어떤 의미를 지니는지 상담자 나름대로의 가설이나 추리를 해주는 것을 말한다. 즉, 내담자가 새로운 관점에서 자신의 문제를 보고 그 대안을 마련할 수 있도록 돕는 것이다.

해석은 내담자의 갈등의 원인과 부적응의 문제를 부분적으로라도 이해하고 있고, 자신의 참모습을 직면할 만큼 준비가 되어 있을 때 효과적으로 받아들이고 통찰과 이해를 증진시킨다. 또한 해석은 내담자와 라포형성이 되었을 때 신중하게 이루어져야 하며, 한 번에 여러 가지 해석을 하는 것은 바람직하지 않다.

제 10 장

학교폭력

1. 학교폭력의 개념

1) 학교폭력 개념의 대두

집단에 있어 구성원 중 약한 대상을 공격하고 괴롭히는 일은 자연에서는 흔한 일이다. 동물의 세계에서 한 어미에서 태어난 여러 마리의 새끼들 중에서도 가장 힘이 센 개체가 어미가 제공하는 음식의 많은 부분을 차지하며, 성장하여 무리를 이룬 다음에도 약한 개체는 강한 개체의 핍박에 시달리며 산다. 따라서 인간 역시 자연의 일부임을 감안할 때, 아동기와 청소년기의 또래들 사이에서 폭력이 발생하는 일은 아마 인류의 시작으로부터 머지않은 시점에서 시작되었을 것으로 추정된다. 하지만 이러한 아동·청소년집단 내의 폭력이 심해져, 이를 "학교폭력"이라고 규정하고 이에 대해 연구하기 시작한 것은 그리 오래되지 않은 것이 사실이다.

서양에서는 노르웨이의 올베우스(Olweus) 교수가 학교폭력에 관한 대규모의 연구를 시행하면서 학교폭력의 심각성과 이에 따른 학문적 연구의 필요성이 본격적으로 알려지기 시작했다. 그는 1970년대에 연구를 시작해서 1973년에 가해자 및 피해자에 대한 첫 과학적 연구결과를 자국어로 발표했고, 이어서 1978년에 『학교에서의 공격성: 가해자와 피해자(Aggression in the Schools: Bullies and Whipping Boys)』라는 책을 영어로 출판하여 이를 전 세계에 알렸다(청소년폭력예방재단 학교폭력문제연구소, 2014). 올베우스(Olweus) 교수의 연구는 전 세계가 학교폭력을 주시하고 이에 대해 연구를 시작하게 만든 계기가 되었으며, 1980년대 이후부터는 학교폭력과 관련된 연구가 폭발적으로 증가하기 시작했다.

국내에 학교폭력의 개념이 소개되기 시작한 것은 1980년대 후반 일본의 '이지메' 현상이 국내에 소개되면서부터였다. 이지메라는 형태의 학교폭력이 처음 국내에 소개되던 때, 국내에서는 '어떻게 일본에서는 학교에서 학생들끼리 그런 일이 있을 수 있는가?'라는 시선이 지배적이었다. 그러나 이같은 현상에 대해 본격적인 사회적 관심이 모아지고, 이것이 남의 나라 현상만이 아님을 인식하기 시작한 것은 1990년대 중반 이후이다(김혜원, 2013). 이 무렵부터 학교폭력에 관한 심각성이 높아지면서, '이지메'에 대응되는 '왕따'라는 단어가 사회적으로 본격적으로 통용되기 시작했다(김갑석, 2015).

2) 시대에 따른 학교폭력 개념

(1) 2000년대 이전의 학교폭력

학교폭력의 개념을 시대순으로 정리하면 이전의 학교폭력을 학교폭력이 아닌 다른 용어로 사용되었음을 알 수 있다(김갑석, 2015). 1990년대와 2000년대 초반에는 학교폭력이란 용어를 사용하기보다는 '학생의 문제행동'이라는 용어와 '학원폭력', '청소년폭력'(권이종, 1997)이라는 용어를 주로 사용하였다. 학교폭력이 예전에는 없었으며, 최근에 등장한 사회문제로 오해하는 경우가 있는데 실상은 그렇지 않다. 단지 용어의 사용에서 시대적인 사회현상에 따라 개념의 정립이 달라진 것이다.

(2) 2000년대 이후의 학교폭력

학교폭력의 개념은 2000년대 전에는 '학교나 학교주변에서 학생 상호간에 발생하는 고의적 괴롭힘이나 따돌림, 금품갈취, 언어적 놀림이나 협박과 욕설, 신체적 폭행이나 집단적 폭행'(임영식, 1998)이라고, 2000년대 초에는 '학교 교내, 주변, 등하교길, 집주변, 학원 주변 등 물리적인 장소는 물론이고, 교육과 관련된 장소 및 현장에서 부모와 교사를 제외한 모든 사람이 학생에게 행사한 정도가 심각한 유형 · 무형의 모든 폭력'(심정택, 1991)이라고 할 수 있다.

(3) 최근의 학교폭력의 개념

최근의 학교폭력은 집단 따돌림과 사이버 따돌림에 대한 문제가 증가하는 추세이다. 그래서 학교폭력에 '왕따'라는 용어와 '사이버'라는 용어가 추가되었다. 학교 내에서 자신의 정체를 숨기고 사이버상에서만 폭군의 형태로 돌변하는 경우가 늘고 있다. 최근 스마트폰 채팅어플에서 왕따를 당하고, 심각한 언어폭행을 당한 학생이 그 충격으로 자살하는 사건이 발생되기도 했다

(MBN뉴스, 2012.8.17.). 괴롭힘의 형태는 직접적인 말보다는 스마트폰을 이용한 채팅의 형태로 나타난다. 이는 학교폭력 가해자의 범죄지능이 발전한 것으로 보인다.

3) 장소에 따른 학교폭력 개념

(1) 학교 안의 폭력

최근에는 학교 안의 폭력의 모습이 많이 바뀌었다(김문호, 2014). 학교 안의 학생들은 싸움을 하기보다는 일방적으로 때리거나 맞는 형태가 주로 발생한다. 또 싸움 후에 보복을 위해 또 다른 싸움이 발생하기도 한다. 예전에는 의견의 충돌로 분쟁이 발생하여 싸움이 되면, 그 의견을 서로 조율하여 해결하였지만, 최근에는 의견충돌이 발생하면 학교에서는 서열이 높은 학생이 이기게 되는데, 만약 서열이 낮은 학생이 서열이 높은 학생의 의견에 반대하면 싸움이 발생한다. 이때 싸움에서 진 학생이 자신의 무리를 데려오거나 하는 등의 보복을 하게 된다면 살벌한 집단폭행으로 이어지게 된다. 특히 서열이 높은 학생이 싸움에서 지게 되는 경우가 발생되면, 그 주변인으로 구성된 무리가 집단으로 상대방을 위협하거나 공격하기도 한다. 마치 영화에서 조직폭력배가 서로의 이권을 위해 싸우는 형태와 비슷하다. 이렇게 집단으로 상대방을 위협하는 학생은 학교 안의 일정한 학생의 수로 구성되어 있으며, 이를 흔히 일진이라고 부른다.

일진이 구성되면 학교 안의 서열이 정해지고, 서열이 정해지면 그 안에서 분쟁은 줄어든다. 왜냐하면 더 높은 서열을 차지하기 위한 싸움이 끝나고 나면, 더 이상 싸움이 발생되지 않기 때문이다. 하지만 이러한 가운데 새로운 형태의 싸움이 발생되는데, 이것이 바로 집단따돌림이다. 구성된 서열을 인정하지 않은 학생이 발생하거나, 일진의 힘으로 제어하지 못하는 학생이 발생하면, 힘이 아닌 단체행동으로 상대에게 압박을 가한다. 마치 조직폭력배가 남의 영업장에서 합당하게 영업을 방해하는 행동과 유사하다. 특별한 피해를 주지 않으면서 한명의 학생을 정신적으로 힘들게 하는 행위가 발생한다.

학교 안의 폭력은 학생끼리의 폭력만 있는 것은 아니다. 학생이나 학부모가 교사를 폭행하거나 반대로 교사가 학생을 폭행하는 사건이 발생되기도 한다. 최근 학생인권조례의 영향으로 학교 내의 체벌이 금지되면서 교사가 학생을 신체적 체벌을 하는 것이 금지되고 있다. 교사의 체벌은 곧 폭행이 된다. 교사의 범위를 확대하면 학교안의 행정업무 종사자와 학생의 폭행도 발생될 수 있다. 미국의 경우에는 교직원도 학교폭력의 범주에 넣고 있다. 우리의 경우에도 현재 학생과 관련된 모든 사건은 학교폭력의 범주에 포함시키고 있다. 장소와 상관없이 학생과 관련이 있으면 학교폭력으로 보는 것이 현행법의 입장이다. 학교 안의 폭력의 범위도 넓고 이 범위를 다 다루기에는 「학교폭력예방법」이 너무 추상적이게 된다. 학교 안의 폭력 중에서도 학생 간의 폭력의 경우로 축소하는 것이 바람직하다고 본다.

(2) 학교 밖의 폭력

학교폭력은 학교라는 명칭과 달리 학교 밖에서 발생하는 경우도 많다. 학교 밖에서의 폭력은 주로 학생과 학생이 아닌 청소년이나 성인을 대상으로 이루어진다. 학교폭력이 학교 밖으로 나가는 이유는 첫째, 학교 내에서 교사에 의한 학생의 규제가 심하기 때문에 교사의 눈을 피해 밖으로 나가거나, 둘째, 학교를 마친 후에 시간의 자유로움이 많아 활동시간이 증가하기 때문이다. 이렇게 학생들이 학교 밖에서 문제를 일으키는 것은 오래전부터 있었다. 하교 후에 학생들이 많이 가는 학원이나 독서실과 같은 곳에서 학교폭력이 자주 발생되곤 하였다.

학교폭력의 형태가 조직화되기 시작한 후부터는 조직의 구성원이 한 학교에 국한된 것이 아니라, 여러 학교에 걸쳐서 구성되어 있다. 조직은 학교 밖에서의 모임을 갖게 되고, 조직 내에서도 폭력이 발생된다. 이 조직들이 조직폭력배와 연계되는 경우도 있어 학교 밖의 학교폭력의 문제가 매우 심각함을 보여준다. 학교 밖의 폭력은 학교 안의 폭력과 비교할 수 없을 정도로 그 형태나 심각성이 크다. 일단 학교 밖의 폭력은 학생의 신분을 가지고 행하거나, 교복을 입은 채 발생하는 것이 아니기 때문에 학생들의 절제성이 사라진다. 또 학교 안에서처럼 관리하는 교사가 없고 은밀한 장소에서 발생되기 때문에 더욱 심각하다.

물론 학교 안에서의 괴롭힘을 학교 밖의 장소로 나와 괴롭힌다면 학교 안의 모습과 같을 수도 있을 것이다. 하지만 학교 밖에서의 괴롭힘은 학교 안의 괴롭힘보다 관리자인 교사가 없는 장소에서의 괴롭힘이다 보니, 그 정도가 더 대담해지고 잔인해지는 것을 볼 수 있다. 이렇게 본다면 「학교폭력예방법」으로 학교 밖의 폭행을 다 적용하기에는 무리가 있는 것으로 보인다. 학교 밖의 폭력에서 학생이 폭력의 주체에 포함되기 때문에 학교폭력이라고 볼 수 있는 것이지, 이를 제외하면 이는 학교폭력이라기보다는 범죄에 가깝다.

4) 외국의 학교폭력 개념

(1) 미국

미국에서의 학교폭력의 개념은 학생, 교사나 교직원을 해하기 위해 상해를 입히거나 위협하고 학교를 대상으로 해를 끼치는 일체의 고의적인 행위라고 본다. 여기서 폭력의 대상은 학교와 관련 있는 사람과 학교라는 장소에 한정하고, 폭력행위의 주체는 학생인지의 유무를 고려하지 않으며 폭력의 범위는 상해, 위협, 해를 입히는 일체의 고의적인 행위이다(김문호, 2014).

미국에서의 따돌림의 개념은 약 30개의 주에 일정한 형태의 법률을 두고 있는데, 그중에 대표적인 법률이 'bullying'을 방지하자는 법이다. 미국에서는 'bullying' 이외에도 'mobbing'으로 보기도 한다. 'bullying'은 미국 델라웨어주의 불링방지법 제2조에 나오는 개념인데, '다른 아동·학생, 학교의 자원봉사자 또는 학교의 고용인에 대한 문서적·전자적이거나 구두의 또는 신체에 의한 의도적인 행위 내지 행동'으로서, 그 상대방에 대하여 다음의 4가지 효과를 당연히 알 수 있다. 첫째, 아동·학생, 학교의 자원봉사자 또는 학교의 고용자의 정신적 혹은 신체적인 건강에 대하여 실질적으로 위해가 발생하거나, 그들의 재산에 대하여 실질적인 손상이 발생할 우려가 있는 상당한 이유가 있는 공포적 상태에 그들을 두는 것, 둘째, 행동의 침투성 내지 집요성에 의하거나 또는 집단따돌림의 가해자와 피해자 간의 힘의 차이에 의하여 적대적·협박적·굴욕적·학대적인 교육환경을 형성하는 것, 셋째, 아동·학생이 가지는 교육실적, 교육기회 또는 교육효과를 촉진하기 위하여 필요로 하는 안전한 학교환경을 저해할 것, 넷째, 개인 또는 단체를 선동·교사 또는 강제함으로써 다른 아동·학생 및 학교자원봉사자 또는 피고용자의 품격을 손상시키고, 인간성을 박탈하며, 또는 그들에게 정신적·심리적·신체적 위해를 초래하는 행위·행동을 반복하는 것이라고 규정되어 있다(이상윤, 2008).

(2) 영국

영국에서는 1995년 교장이 학교 인근에서 집단폭력을 말리다가 흉기에 찔려 숨지는 사건이 발생하였고, 2006년에는 여고생이 교실에서 다른 여학생에 의하여 흉기에 눈을 다친 적도 있었으며, 2011년의 학교폭력건수는 지방교육청의 조사결과 8만 건, 집단따돌림이나 다른 학생의 괴롭힘으로 인하여 자살한 학생은 16명으로 집계되는 등 학교폭력이 발생되고 있다(김형섭, 2013). 이렇듯 영국의 학교폭력은 학교 내에서 학생과 교직원을 대상으로 가해지는 모든 종류의 폭력을 포함하여 학교폭력으로 본다(한국형사정책연구원, 2013). 또한 영국은 아동 중 31%가 또래집단으로부터 폭력을 경험한 것으로 조사되었고, 이 중 25%는 아동기에 경험한 또래집단의 폭력의 후유증을 성인기에 이르러서도 경험하고 있는 것으로 확인되고 있다(국회도서관, 2012). 영국의 학교폭력관련 법률은 1996년 영국 교육법에서부터 시작되는데, 이법에 의하면 학생의 불법행위와 개인에게 상해를 입히거나 개인의 물품파손, 수업이나 그 외의 시간 동안의 해로운 행위를 학교폭력의 유형으로 보고 있다. 이것으로 영국에서는 초기 학교폭력의 범위를 학교 내에서 학생과 학생, 학생과 교직원에서 발생하는 불법행위를 학교폭력으로 간주한 것으로 보인다. 영국은 사이버폭력의 증가로 인하여 사이버폭력에 대한 규제를 강화하였고, 교육법을 개정하여 사이버폭력을 제지하도록 하였다(한국형사정책연구원, 2013).

(3) 독일

초기 독일의 학교폭력의 개념은 학교 내에서 구조적인 불균형으로 인해서 발생되는 폭력으로 보고 있다. 1990년 10월 독일이 통일이 되면서 독일 사회는 지역, 출신 간의 경제적·사회적 불균형과 문화적 충돌, 인터넷과 미디어의 등장과 확산으로 인하여 학교 내에서 다양한 형태의 갈등이 생겨서 학교폭력이 발생한 것으로 보고 있다. 하지만 독일에서는 학교폭력의 문제를 크게 심각하게 보고 있지 않았다. 그러다가 2002년 독일 에어푸르트(Erfurt)의 한 학교에서 발생한 총기난사 사건을 계기로, 독일 사회 내에서 학교폭력예방과 관련한 대책을 발표하고 심각성을 인식하게 되었다.

에어푸르트(Erfurt) 학생 총기난사 사건

에어푸르트 구텐베르트-김나지움 학생 총기난사 사건은 2002년 4월 26일 구 동독지역에 위치한 도시인 에어푸르트의 한 인문계 고등학교에서 일어난 학생 로베르트 슈타인호이저(Robert Steinhäuser)의 총기난사 사건을 말한다. 사건 몇 개월 전에 대학입학자격시험에 실패할 것이 두려워 의사의 진단서를 위조하여 시험에 불참하는 등의 행동으로 인해 학교에서 퇴학당한 후 사격과 컴퓨터 게임으로 생활하던 19살의 로베르트 슈타인호이저가, 대학입학자격시험 실시되는 날 학교에 가서 14명의 교사, 2명의 학생 그리고 1명의 경찰관을 총기로 사살한 뒤 자살한 사건이다. 이 사건은 학교에서 일어난 학생의 독일 최초 총기난사 사건으로, 독일의 학교폭력 수준의 심각성을 사회여론화시키고 인식의 변화를 가져온 계기가 되었다. 이 사건은 연일 독일의 신문과 방송에서 이슈화되었으며, 원인진단과 해결책 마련을 위해 많은 토론회가 개최되었다. 이 사건 이후, 특히 컴퓨터 게임과 관련한 새로운 법적 제한을 두는 등의 청소년 보호법의 개정, 무기소유 제한연령 인상 등 무기소유법의 개정, 레알슐레 졸업시험의 의무화 등 튀링엔 주의 학교법이 개정되었다. 순찰 경찰대도 특수훈련을 받고 비상시에는 즉시 학교 사건현장에 투입될 수 있도록 하는 경찰법 개정 등이 이루어졌으며, 해당 학교는 3년간 문을 닫았다(형사정책연구원(2013); 김갑석(2015), 학교폭력개념의 법적정립을 통한 학교폭력 대응방안, 재인용).

(4) 일본

일본에서 학교폭력의 개념은 '학생이 고의로 유형력(눈에 보이는 물리적인 힘)을 행사하는 행위'로 정의하고 있으며, 폭력행위의 대상에 따라서 '대교사폭력(교사에 한정하지 않고, 교직원도 포함), 학생 간 폭력(일정한 인간관계가 있는 학생 간), 대인폭력(대교사폭력, 학생 간 폭력의 대상자를 제외), 학교의 시설·설비 등의 기물 손괴의 4가지 형태로 구분하고 있다. 특히 일본에서는 학교 내에서 발생되는 폭력행위를 '교내폭력'이라는 용어를 사용한다(공병호, 2012). 일본의 따돌림(이하에서 '이지메'라 한다)의 개념은 시기에 따라 변화해왔다. 일본문부과학성에 의한 이지메의 개념은 제1기 이지메가 발생한 1985년에 이지메의 조사시작 시기에 맞추어 책정되었는데, '자신보다 약한 상대에 대하여 일방적으로 신체적·심리적인 공격을 계속적으로 가해, 상대가 심각한 고통을 느끼고 있는 것'으로 학교는 이지메의 사실관계를 확인하여야 하며, 장소는 학교 내외를 불문하는 것으로 정의하고 있다(한국형사정책연구원, 2013). 2006년의 개념은 '자신보다 약한 상대에 대하여 일방적으로 신체적·심리적인 공격을 계속적으로 가해, 상대가 심각한 고통을 느끼는 것'으로 일반적인 정의는 같으나 그 내용에서 각각의 행위가 이지메에 해당하는지 아닌지의 판단을 표면적·형식적으로 하는 것이 아니라, 이지메를 당하고 있는 아동·학생의 입장에서 판단하게 되는 것이 이전과 달라진 내용이다.

또한 이지메의 개념은 논자에 따라 다양하게 정의되고 있는데, 그 대표적인 것을 보면, 첫째, '무시나 따돌림, 악질적인 욕설, 괴롭힘, 낙서, 물건 감춤. 등의 행동을 동반하는 것으로서 약한 자를 대상으로 한 게임의 심리 내지 경쟁자에 대한 질투심'으로 정의된다. 둘째, 동일한 집단 내의 상호작용과정에서 우위에 서 있는 한편이 의식적으로 혹은 집단적으로 상대방에 대하여 정신적·신체적 고통을 부여하는 것으로 정의된다. 셋째, 일정한 학생들의 행동에 의하여 다른 학생의 생명은 물론, 신체·정신·재산 등에 중대한 위해가 미치는 것이 현실적으로 예상되는 때로 정의되기도 한다(이상윤, 2008).

5) 국내의 학교폭력 법적 개념

2017년 현재 적용되고 있는 「학교폭력예방법」에서 사용하는 학교폭력에 관한 용어의 정의는 다음과 같다(이종근, 2013).

> 제2조(정의) 이 법에서 사용하는 용어의 정의는 다음 각 호와 같다. 〈개정 2009.5.8., 2012.1.26., 2012.3.21.〉
>
> 1. "학교폭력"이란 학교 내외에서 학생을 대상으로 발생한 상해, 폭행, 감금, 협박, 약취·유인, 명예훼손·모욕, 공갈, 강요·강제적인 심부름 및 성폭력, 따돌림, 사이버 따돌림, 정보통신망을 이용한 음란·폭력 정보 등에 의하여 신체·정신 또는 재산상의 피해를 수반하는 행위를 말한다.
>
> 1의 2. "따돌림"이란 학교 내외에서 2명 이상의 학생들이 특정인이나 특정집단의 학생들을 대상으로 지속적이거나 반복적으로 신체적 또는 심리적 공격을 가하여 상대방이 고통을 느끼도록 하는 일체의 행위를 말한다.

1의 3. "사이버 따돌림"이란 인터넷, 휴대전화 등 정보통신기기를 이용하여 학생들이 특정 학생들을 대상으로 지속적, 반복적으로 심리적 공격을 가하거나, 특정 학생과 관련된 개인정보 또는 허위사실을 유포하여 상대방이 고통을 느끼도록 하는 일체의 행위를 말한다.

사회학자 뒤르켐(Durkheim)은 폭력이란 사회적 기능이 약화되어 공통의 가치나 도덕기준이 불분명할 때 표출되는 법률파괴 행위라 정의하면서, 사회적 유대가 약해지는 곳에서 폭력이 빈발한다고 주장하였다. 폭력에는 심리적 요인이 중요하게 작용하는 바, 프로이트(Freud)는 폭력을 부상 혹은 파괴를 위한 물리적 힘의 행사로 보고, 두 가지 수준으로 폭력이 나타난다고 설명하였다. 하나는 억압되지 않는 본능의 표출이고, 다른 하나는 인간 상호 간 갈등의 문화적 표출이라 정의하였다(정재준, 2012. 재인용).

학교폭력의 개념은 일반적으로 학교에서 일어나는 폭력을 의미하지만, 학자에 따라 다소 차이가 있으며 학교폭력이 발생하는 장소, 가해와 피해의 대상, 학교폭력의 범위와 정도에 있어서 시각차를 보이고 있다.

학교폭력이 발생하던 초기에는 주로 학생과 학생 간, 학생을 대상으로 일어나는 신체적 및 언어적 폭력을 의미한다.

그러나 최근에는 심리적 위협과 집단으로부터의 따돌림을 포함한 다양한 형태의 폭력을 모두 포함한다. 즉, 힘의 우위에 있는 개인 또는 패거리들이 주위의 학생들에 대해 언어적 위협, 놀림, 소지품 은닉, 따돌림, 집단에 의한 무시, 신체적 폭력, 성추행, 금품갈취는 물론 기물손괴 등의 행동을 하고, 공포 분위기를 조성함으로써 주위 학생들이 심리적인 소외감과 극도의 불안감을 겪고, 신체적인 상처와 물리적인 손해를 감수하고 있는 상태라면 학교폭력이 발생된 것으로 판단하고 있다(양태규, 2012). 비록 타인의 입장에서 볼 때 하찮은 놀림이나 대수롭지 않은 행동일지라도, 그것을 당하는 사람이 그로 인해 심리적 또는 행동적 불편함을 느끼면 그것 역시 엄연한 폭력행위가 된다는 의미이다.

2. 학교폭력 발생원인

1) 학교폭력의 발생원인

학교폭력의 원인은 매우 다양하며, 경우에 따라서는 여러 요인들이 복합적으로 작용되어 나타나기도 한다. 최근 들어서는 학교폭력이 다양한 형태로 나타나기 때문에 어떤 특정한 요인으로 규정하기가 어려운 경향이 있다. 일반적으로 학교폭력의 근본적인 요인으로는 개인적 요인, 가정적 요인, 학교적 요인, 사회적 요인이 꼽힌다(조남두, 2014).

여러 학자들이 제시한 학교폭력의 발생 원인을 정리하면 표 10-1과 같다.

표 10-1 학교폭력의 발생요인

요인	발생요인
개인적 특성	• 잘못된 생활태도 • 충동적 · 공격적 인성 • 대인관계 능력의 부족 • 부정적 자아관 • 신체적 특징 및 신체적 · 정신적 장애 • 도덕성과 법의식의 미숙 • 가치관의 혼돈 • 건전하지 못한 교우관계 • 약물복용
가정의 문제	• 부모의 부적절한 양육태도 • 가족구조의 변화(맞벌이가정, 이혼가정, 다문화가정, 조손가정의 증가) • 가정교육의 기능 약화 • 가정 내 폭력
학교교육의 문제	• 입시 위주의 학교교육 풍토 • 시험 스트레스 • 여가활동 기회 및 시설 부족 • 지나친 경쟁 위주의 교육 • 교사폭력
사회적 환경	• 대중매체의 폭력보도와 방영 • 사회 전반적인 유해 환경의 확산, 향락 · 쾌락 추구적인 사회구조 • 도덕 윤리의 붕괴 • 유해시설 및 장소 • 경제위기에 따른 빈부격차 심화와 상대적 열등감 · 박탈감 증대 • 각종 폭력조직

(1) 개인적 요인

① 충동성과 공격성

살메이발리와 나이미넨(Salmaivalli & Nieminen, 2002)의 연구에 의하면, 폭력 가해학생들의 대부분이 상대방의 권리와 감정을 무시하고 친구를 지배하려는 강한 욕구인 공격성을 가지고 있었다.

또한 학교폭력 가해학생은 일반학생과 비교해서 친구관계를 형성하는 데 있어 품행에 문제가 있고 협동심이 부족하며, 상대방의 관점 수용능력, 공감, 도덕성 발달, 감정의 자기조절능력이 부족하였다(류영숙, 2012 재인용).

② 성별

일반적으로 남학생이 여학생보다 더 공격적이고 폭력적인 행동에 관여할 위험이 높다. 청소년 위험행동 감시조사(Youth Risk Behavior Surveillance Survey)에 의하면, 남학생(23.5%)이 여학생(8.6%)보다 학교에서의 신체적 싸움에 더 많이 관여했으며, 폭력피해도 훨씬 더 많이 입는 것으로 밝혀지고 있다. 우리나라에서 실시된 학교폭력 실태조사(청소년폭력예방재단, 2011)에서도 학교폭력 피해와 가해를 경험한 학생의 비율이 여학생(28.8%)보다 남학생(71.2%)이 더 높은 것으로 나타났다(정종진, 2012 재인용).

③ 개인의 신체적 · 인지적 · 심리사회의 특성

또래보다 키가 작거나 체격이 작은 학생, 힘이 약한 학생들이 학교폭력의 피해를 당하기 쉽다. 반면에 동일 연령의 학생들보다 키가 크고 힘이 강한 학생들이 학교폭력 가해를 보이는 경향이 있다(Olweus, 1993).

④ 신체적 · 정신적 장애

학생이 정신적 장애, 특히 품행 장애, 반항성 장애, 주의력결핍 및 과잉행동 장애 등을 갖고 있는 경우, 신체 및 지적 장애를 가지고 있는 경우, 특수교육을 받고 있는 경우에 학교폭력의 가해 및 피해학생이 될 위험성이 높다.

이상에서 살펴본 바와 같이 공격성과 충동, 성별, 신체조건, 불안과 우울 및 낮은 자존감, 인지적 대인문제해결 기능의 부족, 신체적·정신적 장애 등이 학교폭력을 유발하는 개인적 위험 요인으로 작용한다.

(2) 가정적 요인

가정은 개인의 성격과 행동유형을 형성하는 데 매우 중요한 영향을 미친다. 많은 연구들은 부적절한 가정환경이 학교폭력을 유발할 수 있는 중요한 위험 요인이라고 지적한다.

① 가정의 구조적 특성

가정의 구조적 특성 중 빈곤은 학교폭력의 한 원인이 될 수 있다. 학교폭력과 가정의 빈곤과의 관계를 밝힌 연구에 의하면, 빈곤가정의 자녀들은 일반가정의 자녀에 비해 적절한 지지적 환경을 제공받지 못하고, 범죄와 연관된 일에 관여할 가능성이 높았다(이병환, 2010).

② 가정의 기능적 특성

학교폭력과 관련된 가정의 기능적 측면으로 부모의 자녀양육방식을 들 수 있다. 부모가 권위주의적이고 강압적인 양육방법을 사용하여 자녀를 통제하고 거부하는 가정에서 자란 학생은 학교폭력을 가할 가능성이 높은 것으로 밝혀졌다.

올베우스(Olweus, 1993)는 가해행동에 영향을 미치는 자녀양육 요인들을 밝혀냈다.

첫째, 자녀를 온정적이고 관심어린 태도로 대하지 않는 부모는 자녀를 충동적이고 공격적이게 할 위험성을 증진시킨다.

둘째, 어떤 행동이 수용되고 수용되지 않는지 명확한 규칙을 설정하지 않거나 자녀의 공격적 행동을 묵인하는 부모, 자주 체벌과 같은 물리적 방법을 사용하는 부모는 자녀가 학교폭력 가해자가 되도록 할 위험성을 증진시킨다.

다시 말해, 가정 내에서 폭력을 보며 자란 학생은 폭력행동을 할 가능성이 매우 높으며, 자녀가 부모와 개방적인 의사소통이 이루어지지 못할 때 폭력의 위험성은 증가하며, 가족의 반사회적 가치나 규범도 자녀가 폭력행동을 일으키고 성냥화하도록 만드는 요인이 된다.

이상에서 살펴본 바와 같이 처벌적이고 권위주의적인 부모양육방식, 부모와 자녀의 부정적 관계와 태도, 가족구성원 간의 불화, 위협적인 가정 분위기, 부모의 지시와 감독의 부재 등이 학교폭력을 유발할 수 있는 위험요인으로 작용한다.

(3) 학교 및 친구관련 요인

오늘날 학교에서 교사와 학생 간에는 사회적 거리감이 있어 마음의 교류나 인격적 교류가 거의 없거나, 심지어는 교사폭력 또한 그 위험수위를 넘어서서 학교폭력의 발생요인이 되고 있다. 학생 간에도 우정보다는 경쟁관계가 팽배한 실정이다. 심리적으로 반항기이며, 소속에의 이탈 등 정서적 불안정기인 청소년들이 불안과 고민을 서로 동감하면서 기탄없는 대화를 통해 서로의 고민을 상의할 수 있어야 하는데, 그러지 못하기 때문에 폭력을 유발시키는 요인이 되고 있다(오영종, 2008).

① **교사와 학교, 또래의 폭력에 대한 인식과 반응**: 학교폭력은 교사와 학교 당국의 폭력에 대한 인식과 반응이 학교폭력 유발에 영향을 미치는 요인으로 지적되고 있다.

② **학교분위기**: 긍정적인 학교분위기를 조성하는 것이 학교폭력을 감소시키는 데에 중요하다.

③ **학교규모와 학급의 학생 수**: 학교폭력은 학교규모가 크고 학급당 학생 수가 많을수록 더 많이 발생한다. 담임교사의 역할은 먼저 학급 내에 학교폭력이 발생하는지를 예방적인 면에서 점검해야 한다.

④ **또래집단**: 일반적으로 인기 있는 학생들은 또래들로부터 수용되고 지지를 받지만, 인기 없는 학생은 거부되고 배척되어 따돌림과 괴롭힘을 당하기 쉽다.

정리하면, 학교폭력은 대부분 학급구성원의 사회적 관계 속에서 발생하므로 학급분위기, 학급응집력, 담임교사의 지도성, 학교생활 만족도가 학교폭력 발생과 밀접한 관련이 있다.

교사가 학급에서 감지할 수 있는 학교폭력 징후

- 학생들이 수업시간을 엄수하지 않는다.
- 학생들 간에 언어폭력과 신체폭력이 일어나고 있다.
- 학교규칙을 위반하는 학생이 있다.
- 지각과 결석을 자주하는 학생이 있다.
- 학교물건을 파손하는 학생이 있다.
- 물건을 도둑맞는 경우가 종종 있다.
- 학생들 간에 힘 싸움이 있다.
- 교복이 찢겨 있거나 상처, 멍자국이 발견되어 물어보면 별일 아니라고 대답하는 학생이 있다.
- 안색이 안 좋고 평소보다 기운이 없어 보이는 학생이 자주 있다.
- 교복 뒤에 낙서, 욕설이나 비방이 담긴 쪽지가 붙어 있는 학생이 있다.
- 주변의 학생이 험담을 해도 반발하지 않는 학생이 있다.
- 지속적으로 성적이 떨어지는 학생이 있다.
- 비싼 옷이나 운동화 등을 자주 잃어버리는 학생이 있다.
- 교과서나 일기장에 '죽어라' 또는 '죽고 싶다'와 같은 폭언이나 자포자기식의 표현이 있다.

➡ 이상의 14개 중에서 한 학급에서 체크된 항목 수가 7개 이상이면 그 학급에 학교폭력에 노출된 학생이 많은 고위험 집단으로 보고 즉각 이에 대한 대처가 있어야 한다.

출처: 교육부 학교폭력종합포털사이트.

(4) 지역사회 요인

사회적 요인의 하나로 도시화 및 산업화되면서 전통사회의 사회규범이나 도덕윤리가 붕괴 내지 약화된 것도 청소년 범죄를 가져오는 요인이 되었다. 다시 말해, 외국문화가 급격히 소개되면서 이는 전통문화와 도덕을 더욱 약화시켰다. 따라서 청소년 세대들은 도덕적 규범이 무엇인지 가정과 학교, 사회의 어느 곳에서도 확고하게 학습할 기회를 갖지 못했다(조화정, 2002).

① 대중매체

학교폭력을 유발하는 지역사회 요인으로 대중매체의 폭력성과 선정성을 들 수 있다. 텔레비전, 만화, 컴퓨터 게임 등 다양한 경로를 통해 대중매체가 확대·보급되고 있는 요즘 학생들이 폭력 프로그램에 노출될 위험성은 더욱 커지고 있다.

조사에 의하면 폭력적이고 범죄적인 매체에 빈번히 접촉한 청소년일수록 비행을 많이 일으키는 것으로 나타났다(원명희, 2002 재인용). 이는 대중매체의 역기능을 보여 주는 측면이다.

② 유해환경

지역사회의 퇴폐폭력 문화를 조장하는 유흥업소, DVD방 등 청소년 유해환경에 노출되는 것은 학교폭력과 범죄의 위험성을 증가시킨다. 해체된 지역은 전체적으로 범죄가 많이 발생하기 때문에 청소년들에게 유해한 지역이 된다는 사회해체이론(이병환, 2010)이나 깨진 유리창 법칙(Broken Window Theory)도 유해환경이 주는 부정적인 결과를 말해준다.

깨진 유리창 법칙(Broken Window Theory)

깨진 유리창 이론은 미국 범죄학에서 연구되어 정리된 법칙으로 도시의 슬럼화가 어떻게 발생하는가에 대한 원리를 말해준다. 깨진 유리창 하나를 방치해 두면, 그 지점을 중심으로 범죄가 확산되기 시작한다는 이론이다.

1965년 스탠퍼드 대학의 심리학자 필립 짐바르도 교수는 골목에 보존상태가 비슷한 자동차를 보닛을 열어둔 채로 일주일간 방치하는 실험을 했다. 한 대는 보닛만 열어두었고, 다른 한 대는 고의적으로 창문을 조금 깬 상태로 놓아두었다. 한 대는 그대로였지만, 창문을 깬 상태로 두었던 자동차는 10분 만에 배터리와 타이어가 없어졌다. 그리고 낙서와 파괴 등이 일어났고 1주일 후엔 심하게 파손되었다. 이러한 사례는 사회현상이나 우리 삶에서도 엿볼 수 있다. 사소한 것을 그대로 방치할 경우 더 큰 문제로 이어질 가능성이 있음을 말해준다.

학교폭력의 해결책을 찾기 위해서는 먼저 학교폭력의 구체적인 사례를 바탕으로 학교폭력의 특성과 유형을 이해하여야 할 것이다.

3. 학교폭력의 특성과 유형

1) 학교폭력의 특성

최근 학교폭력은 물리적 폭력을 넘어 다수의 학생이 한 학생을 지속적으로 괴롭히는 집단적·정신적 괴롭힘으로 이어지는 추세를 보이고 있다(김창균, 임계령, 2010; 정재영, 2012).

일반적으로 학생 간 발생하는 폭력행위 중 학교폭력으로 규정할 수 있는 행동에는 세 가지 성립요건이 있다. 다음의 세 가지 항목 중 하나 이상의 요건이 성립된다면, 그 행동은 학교폭력이라고 볼 수 있다(송재홍 외, 2012).

- 고의성(Intentional): 실수가 아닌 고의적으로 해를 입히거나 괴롭히는 말과 행동
- 반복성(Repeated): 어쩌다 한 번 일어난 행동이 아니고 반복적으로 되풀이 하는 행동
- 힘의 불균형(Imbalance): 힘이 더 센 학생이 약한 학생을, 상급생이 하급생을, 다수의 학생이 한두 명의 소수의 학생을 괴롭히는 것.

최근 조사에 의하면, 폭력을 행사하는 가해학생들은 피해학생과 주로 면식관계에 있는 동급생이거나 선배와 같은 학교 학생인 경우가 52.9%로 가장 많았다.

이해경과 김혜원의 연구(2001)에 의하면, 피해를 입은 초등학생의 경우 이후 가해학생으로 변하는 사례가 더 많았다. 이는 또래폭력의 가해와 피해를 순환적으로 경험함으로써 상당수의 피해자가 폭력을 학습하여 가해자로 변하고, 심각한 범죄행위로 발전할 가능성이 있음을 시사한다.

그러나 많은 학생들(30.6%)이 보복 등 자신이 또 다른 학교폭력의 피해자가 될 지 모른다는 두려움으로 피해학생을 지지하지 않는 것이 현실이다.

우리나라 학교폭력에서 발견되는 주요 양상을 살펴보면 다음과 같다(노혜련, 김형태, 유서구, 2006; 이현림, 김말선, 박춘자, 2012; 청소년폭력예방재

단, 2012).

첫째, 가해자의 연령이 점점 더 낮아지고 있다. 최근의 조사(청소년폭력예방재단, 2012)에 의하면, 학교폭력은 중고등학생들의 문제를 넘어 초등학생으로까지 확대되고 있다. 학교폭력의 최초 발생연령과 학년이 점점 낮아져 초등학교 4~6학년의 비중이 47.8%로 가장 높으며, 초등학생 피해자가 전체 피해학생의 78.3%를 차지하고 있다. 이러한 현상은 외국의 경우도 유사하다.

둘째, 학교폭력이 단순한 탈선의 차원을 넘어 흉포화·조직화·집단화하는 심각한 범죄의 단계에 이르고 있다. 학교폭력이 신체적 폭력은 물론 금품갈취, 강도, 절도 등에서 집단성폭행, 살인, 사이버폭력에 이르기까지 이전보다 훨씬 심각한 양상을 보이고 있다.

셋째, 학교폭력이 범죄라는 인식이 결여되어 있다. 우리나라 아동과 청소년들은 학교폭력 가해이유에 대해 절반이 넘는 학생들이 '장난으로(34%) 혹은 이유 없이(18%)' 남을 괴롭히고 있는 것으로 나타났다. 또한 폭력을 행사하거나 괴롭혀도 죄의식이나 죄책감을 별로 느끼지 않는 것으로 나타났다(청소년폭력예방재단, 2012). 폭력사용 후에도 매우 또는 약간 쾌감을 느꼈다고 응답하여 폭력을 욕구 스트레스 해소의 수단으로 사용하고 있음을 보여 주었다.

특히 아동기의 공격적인 행동이 청소년기와 성인기에 비행, 알코올중독, 우울, 학교중도탈락, 미혼 부모를 예언한다. 한국청소년상담원(2009)의 연구결과에서도 초등학생의 학교폭력에 대한 경험은 향후 중등학교를 거쳐 성인기로까지 이어져, 폭력의 시발점이 될 가능성이 높다고 보고하였다.

2) 학교폭력의 유형

일반적으로 학교폭력이란 학교에서 일어나는 폭력을 의미하지만, 폭력의 가해자와 피해자, 폭력의 발생장소, 폭력의 원인에 따라 다양하게 접근할 수 있다. 학교폭력의 유형은 다양하나 학생들이 교내외에서 가장 많이 경험하는 폭력을 중심으로 살펴보면 다음과 같다(김규태 외, 2013; 박성기, 2008; 송재홍 외, 2012).

(1) 신체폭력

신체적 폭력은 신체적 고통이나 상해를 가할 의도나 그러한 의도가 있다고 인식된 행위를 의미한다. 신체를 손, 발로 때리는 등 고통을 주는 행위(상해, 폭행), 강제로 일정한 장소로 데리고 가는 행위(약취), 일정한 장소에서 쉽게 나오지 못하게 하는 행위(감금), 상대방을 속이거나 유혹해서 일정한 장소로 데리고 가는 행위(유인)를 말한다. 예를 들어, 때리기, 장난을 빙자하여 꼬집기, 발 걸기, 밀치기, 도구나 흉기로 때리기, 가혹행위, 감금 등이 있다.

(2) 언어폭력

언어적 폭력은 여러 사람 앞에서 상대방의 명예를 훼손하는 구체적인 말(성격, 능력, 배경 등)을 하거나 그런 내용의 글을 인터넷, SNS 등으로 퍼뜨리는 행위(명예훼손), 여러 사람 앞에서 모욕적인 언어(생김새에 대한 놀림, 병신, 바보 등 상대방을 비하하는 내용)를 지속적으로 말하거나 그런 내용의 글을 인터넷, SNS 등으로 퍼뜨리는 행위(모욕), 신체 등에 해를 끼칠 듯한 언행(죽을래 등)과 문자메시지로 겁을 주는 행위(협박)를 말한다. 예를 들어, 욕설, 비웃기, 은어로 놀리기, 겁주기·위협·협박, 별명 부르기, 신체의 일부분을 장난삼아 놀리기 등이 있다.

(3) 금품갈취

금품갈취는 학교 내외에서 약한 자를 위협하여 돈이나 물건을 아무 이유없이 빼앗는 행위를 말한다. 혼자서 혹은 여럿이 어울려서 하며, 폭행이나 협박을 동반하는 경우가 많아 폭력범죄의 형태를 띤다. 예를 들어, 돌려 줄 생각이 없으면서 물건이나 돈을 요구하는 행위, 옷·신발·가방·문구류 등을 빼앗는 행위, 피해자를 협박해 집에서 돈을 훔쳐오게 하는 행위, 일부러 상대방의 물건을 망가뜨리기 등이 있다.

(4) 괴롭힘

괴롭힘은 남을 해치려는 의도를 가지고 상대적으로 힘이 있는 사람이 힘이 약한 사람을 지속적으로 여러 가지 방식으로 괴롭히는 행위를 말한다. 즉, 상대방이 원하지 않는 행동을 강요하는 행위(과제 대행, 게임 대행, 심부름 강요), 폭행 또는 협박으로 상대방의 권리 행사를 방해하거나 의무 없는 일을 하게 하는 행위를 말한다. 집단따돌림이나 왕따 등의 현상도 이 개념에 포함되므로 괴롭힘은 포괄적인 개념으로 볼 수 있다. 예를 들어, 강제적인 심부름, 청소시키기, 돈을 훔치게 하기, 가방 숨기기, 빵셔틀, 와이파이셔틀 등이 있다.

- 빵셔틀: 힘센 학생들의 강요에 의해 빵을 사다 주는 등의 잔심부름을 하는 학생이나 그 행위 자체를 일컫는 말이다. 이는 '빵셔틀'이 그 명령을 거부하면 폭력적인 보복이 뒤따르기 때문에 단순히 빵을 사오는 개념이 아닌 일종의 학교폭력이다.
- 와이파이셔틀: 학교 일진 학생들이 괴롭힘의 대상이 된 학생에게 무선데이터 무제한 요금에 가입하게 한 뒤, 스마트폰 '핫스팟' 기능 등을 통해 자신들은 공짜로 인터넷을 사용하는 것을 말한다. 와이파이셔틀이 된 학생은 자신의 의도와는 상관없이 일진들에게 무선 와이파이 인터넷을 제공해야 하고, 어떠한 이유로 와이파이가 끊기게 되면 폭행을 당하기도 한다.

(5) 따돌림

따돌림이란 학교 내외에서 두 명 이상의 학생들이 특정인이나 특정집단의 학생들을 대상으로 지속적이거나 반복적으로 신체적 또는 심리적 공격을 가하여 상대방이 고통을 느끼도록 하는 일체의 행위를 말한다. 왕따, 집단괴롭힘, 집단따돌림의 용어와 혼용되어 사용하며, 어떤 방식으로든 또래를 의도적으로 격리시킬 때 사용되는 말이다. 괴롭힘이나 폭행은 혼자서 할 수 있어도 따돌림은 집단행동의 효과가 나타나는 것이 특징이다. 예를 들어, 왕따시키기, 싫어하는 말로 바보 취급하기, 빈정거림, 면박이나 핀잔주기, 비웃기, 다른 학생들과 어울리지 못하도록 막기, 말을 따라 하며 놀리기 등이 있다.

(6) 성폭력

성폭력이란 상대방의 동의 없이 폭행과 협박을 하면서 강제적인 성행위를 하거나 신체적인 접촉 등을 하는 것, 성적인 말과 행동으로 상대방이 성적 굴욕감과 수치감을 느끼도록 하는 행위를 말한다. 상대방의 의사에 반하여 가하는 성적 행위, 신체적·언어적·정서적 폭력을 포괄하는 광범위한 행위를 의미한다. 예를 들어, 강간, 성추행, 성희롱, 음란전화, 언어적 희롱, 성기노출, 강요된 키스, 신체 일부분의 애무 등이 있다.

(7) 사이버폭력

사이버폭력이란 특정인에 대해 모욕적인 말이나 욕설 등을 인터넷 게시판, 채팅, 카페 등에 올리는 행위, 특정인에 대한 허위 내용의 글이나 사생활에 관한 사실을 인터넷이나 SNS, 카카오톡 등으로 불특정 다수에 공개하는 행위, 성적 수치심, 위협·조롱하는 글이나 그림 혹은 동영상 등을 정보통신망을 통하여 유포하는 행위, 공포심이나 불안감을 유발하는 문자나 음향 혹은 영상 등을 휴대전화와 정보통신망으로 반복적으로 전송하는 행위를 말한다. 예를 들어, 인터넷이나 휴대전화 등으로 협박·비난·위협하기, 헛소문 퍼뜨리기, 사이버 따돌림, 사이버 머니나 아이템 훔치기, 악성 댓글달기, 원치 않는 사진이나 동영상을 찍거나 유포시키기 등이 있다.

(8) 폭력서클

폭력서클은 신입생에게 서클에 가입하도록 강요하는 것, 다른 학교 일진들과 정기적으로 모이고 세력다툼을 하는 것, ○○파 △△파 이름을 붙이고 몰려다니면서 위화감을 조성하는 것 등이 이에 속한다.

학교폭력에 대한 진실과 거짓

학교폭력에 대해 잘 알고 있는 것 같지만 잘못된 인식으로 오히려 피해 청소년을 절망감 속에 빠뜨릴 수도 있습니다. 혹시 내가 잘못 알고 있는 것은 없는지 한 번 더 확인하는 마음으로 꼼꼼히 읽어 주세요.

1. 괴롭힘은 단순히 곯리는 행동이다?
   - 아니다. 곯리는 행동은 재미삼아 하는 경우가 많지만 괴롭힘은 의도적으로 하고, 피해자의 마음에 깊은 상처를 준다.
2. 누군가를 괴롭히거나 따돌리는 것은 성장하면서 나타나는 자연스런 행동이다?
   - 아니다. 그럴 수도 있다는 생각이 괴롭히는 행동을 조장할 수도 있다.
3. 친구들끼리 서로 치고 박고 때릴 수도 있는데, 이것을 학교폭력으로 보는 것은 너무 심

하다?
- 아니다. 폭력은 폭력을 낳고, 이에 대한 부작용이 심각하다.
4. 따돌림을 당할 만한 사람은 따로 있다?
- 아니다. 당연히 당해야 할 사람은 없다. 가해자들이 하는 변명에 지나지 않는다.
5. 남자들만 괴롭히는 행동을 한다?
- 아니다. 여자들도 많이 한다.
6. 괴롭힘을 당한 상황이나 사건을 덮어두고 지내면 더 이상 괴롭히지 않을 것이다?
- 아니다. 괴롭히지 않을 수도 있지만 가해자가 원하는 반응을 피해자가 보일 때까지 더 집요하게 괴롭힘이 계속될 수 있다.
7. 괴롭힘 당한다는 것을 어른에게 말하는 것은 고자질이다?
- 아니다. 피해에 대해 도움을 요청하는 것은 현명한 행동이다. 또한 다른 사람이 당하는 것을 말하는 것도 옳은 일이다.
8. 괴롭힘에 대처하는 가장 좋은 방법은 맞서거나 되갚아 주는 것이다?
- 아니다. 가해자와 싸우다가 심하게 다칠 수도 있으며, 오히려 가해학생의 보복심을 유발하기 때문에 상황을 더 악화시킬 위험이 많다.
9. 괴롭힘을 당하는 사람은 한동안 상처를 입히지만 곧 극복할 수 있다?
- 아니다. 괴롭힘을 오랫동안 당하면 극복할 수 있는 힘마저 사라진다.
10. 한 번 괴롭힘을 당하면 계속 그렇게 살 수밖에 없다?
- 아니다. 얼마나 적극적으로 자기 자신을 보호하려는 의지가 있는가에 달려 있다. 주위에 도움을 청할 수 있는 용기가 있다면 당연히 좋아질 수 있다.

출처: 교육부 학교폭력예방 종합포털사이트.

4. 학교폭력의 예방대책

1) 가정에서의 대책

(1) 학부모의 대응책

학교폭력 상황에 관련된 자녀에게 부모가 할 수 있는 최선의 방법은 자녀의 자신감과 독립심을 길러주고, 필요한 경우에 기꺼이 관여하는 것이다(조남두, 2014). 자녀들이 학교에서 경험하는 갈등상황에 대해 부모가 취할 수 있는 적절한 대응 방안들을 제시하면, 학생이 자기 자신에게 어떤 결함이 있다거나 하여 폭력을 당하는 것이 아니라는 마음을 갖도록 주의해야 한다. 학생이 친구들에게서 학대를 받을 때, 그 학생의 사회적 기술을 탓하는 것은 공정하지 못하다. 그러므로 자녀에게 자신이 문제가 있는 것이 아니라, 가해학생에게 문제가 있다는 사실을 깨닫게 해주어야 한다. 자녀가 가해학생이건 피해

학생이건 학교폭력에 관여되어 있다면, 학교에 연락하여 학교 교직원과 협력해서 문제를 해결하도록 해야 한다(최규영, 2005).

(2) 가정에서의 대응책

좋은 가정이 이룩될 때 좋은 이웃사회가 만들어지고, 좋은 이웃사회가 모여 좋은 국가사회, 인류사회가 형성되는 것이다. 가정에서의 학교폭력 방지를 위한 대안을 열거해 보면 다음과 같다.

첫째, 부모의 바른생활 태도가 중요하다.

둘째, 부모와 자녀 간의 자유로운 의사소통이 필요하다.

셋째, 부모의 이혼율을 줄여야 한다.

넷째, 과보호, 과간섭에서 벗어나 자녀의 자율성·독립심을 키워주어야 한다.

다섯째, '내 자녀에서 우리의 자녀로'라는 사고의 전환이 필요하다.

2) 학교에서의 대책

학교폭력에 대처하기 위해서는 교사들의 예방지도가 중요하다. 교사들은 학생들의 생활을 세심히 관찰하고, 학교폭력의 징후가 있을 때에는 적극 개입해야 한다. 최근에 발생한 상당수의 학교폭력 사태에서 교사들의 소극적이고 의례적인 태도가 문제가 되고 있음을 볼 수 있듯이, 학교 차원의 생활지도가 강화되어야 한다. 학교폭력에 대처하기 위한 학교 차원의 실천방안을 열거하면 다음과 같다.

첫째, 학생상담을 강화하고 문제가 발견되면 유관기관의 협조를 통해 학교폭력의 징후를 사전에 차단하여야 한다.

둘째, 학교 내 대안교실을 운영하거나 인성함양 전문기관에 도움을 의뢰하는 일도 중요하다.

셋째, 학생들의 학교폭력 정보를 체계적으로 관리하여야 하며, 학교폭력 대처역량을 강화하기 위한 교원연수도 확대되어야 한다(김규태 외, 2013).

(1) 가해학생을 위한 대책

교사는 다음과 같은 기준을 통해 가해학생을 지도하도록 해야 한다.

첫째, 교사는 가해학생의 폭력행위 유발원인이 무엇인가 정확히 파악해야 한다.

둘째, 폭력행동에 대한 가해학생의 변명을 들어주면서 방법상의 불의한 점과 피해학생의 괴로움에 대해 객관적인 증거와 함께 설득한다.

셋째, 역할연극을 실시하는 방법도 있다. 흥미롭게 지켜보는 학생, 보고도 못 본척하는 학생의 역할을 설정하고 실제로 각각의 역할을 연기하고 나서 각자가 생각을 말하게 하는 방법이다.

학교폭력은 가해한 학생 중에는 죄책감을 갖지 않는 경우도 있다. 지도에 앞서 그 학생이 학교폭력을 한 원인을 바르게 파악해야 한다. 다음 개개인의 인격을 인정하는 바탕 아래 남을 생각하는 배려와 정의감, 판단력 등에 호소하면서 인권의식을 키워주는 것이 중요하다(원명희, 2002). 학교폭력은 대체로 자기중심적인 생각으로 가해지고 있으며, 가해자들은 학교에서 별로 처벌을 받지 않거나, 적절한 지도가 이루어지지 않고 있다.

가해학생의 문제는 사법적인 처벌보다는 학교 내에서 우선 해결하도록 하며, 학교폭력이 지속적으로 반복되지 않도록 하기 위하여 가해학생에 대한 학교폭력 치료프로그램의 개발과 보급 및 종합치료센터를 설립하여야 한다. 이를 위하여 지방자치단체와 정부는 재정적·행정적 지원을 아끼지 않아야 할 것이다(박상천, 2009).

(2) 지역사회의 학교폭력 예방대책

지역사회의 구체적인 대책은 다음과 같다.

첫째, 지역사회 및 학교주변의 비교육적 환경과 청소년 유해환경을 제거 정비해야 한다.

둘째, 청소년기의 정신적 갈등을 해소하고 정서적 안정을 위하여 건전한 놀이 문화의 정착을 유도하는 것이 요구된다.

셋째, 사회의 전반적인 건전성을 회복해야 한다.

넷째, 가정의 부모나 학교, 교사 모두가 21세기를 살아가는 학생의 의식수준에서 학생들의 불안, 불만사항 해소를 위한 상담활동과 가정에서의 자녀 이해, 자녀와의 대화의 기회를 마련하도록 해야 하며, 지역사회 내에서 이러한 대화와 토론의 장을 마련하여야 할 것이다.

다섯째, 일시적인 사정이나 유혹에 의해 학교를 중간에 그만둔 청소년에 대해 학교, 가정, 사회에서의 새로운 노력이 요구된다. 즉, 이들 학교폭력에 관계되어 있는 청소년들뿐만 아니라, 비행청소년들에게 기회를 다시 부여하여야 한다는 것이다.

여섯째, 미래의 폭력을 예방하기 위해서는 아동기 초기에 개입하는 것이 중요하다. 따라서 지역사회 내에 있는 하류층 가정의 교육기능을 높이기 위해서는 복지적인 차원에서도 보조를 증대할 필요가 있다(원명희, 2002).

(3) 주요 선진국의 대책

선진국에서는 어릴 적부터 여러 예방교육을 학교기관에서 실시하여 학교폭력방지에 기여하였고 우리나라보다 좀 더 앞서 시행하고 있었다. 여기서는 폭력예방과 방지사례와 방안들을 선진국 중에서 미국, 영국, 일본 세 나라를 중심으로 살펴보기로 한다(양수영, 2012).

① 미국

미국 정부는 학교 및 지역사회에서의 청소년의 폭력 및 마약문제에 대처하기 위해 1994년에 '안전하고 마약이 없는 학교와 지역사회를 위한 법령'을 제정하였다. 이 법에서는 학생들을 대상으로, 술, 담배, 마약의 사용, 소유, 판매 등을 예방하고 폭력을 예방할 수 있는 프로그램을 의무적으로 실시하도록 규정하고 있으며, 동시에 교사 및 직원들을 대상으로도 학교폭력 방지 및 마약 남용예방 프로그램 등을 실시하도록 규정하고 있다(박정희, 2006).

미국은 학교 내부적인 노력만으로 학교폭력을 줄이는 것에는 한계가 있음을 인식하고, 국가 및 학교폭력근절 망을 구축해서 해결하고자 노력하고 있다.

미국의 학교폭력 예방대책을 간략하게 살펴보면 다음과 같다.

첫째, 아동낙오 방지 법안이다. 주요 정책은 학력차이 극복, 읽기능력 강화를 통한 문해능력 강화, 관료주의의 개선과 융통성 강화, 성공에 대한 보상과 실패에 대한 제재, 학부모의 선택권 강화, 교사의 질 향상, 21세기를 위한 안전한 학교 등을 포함한다.

둘째, 안전한 학교 만들기이다. 1999년 미국 콜로라도 주에 있는 콜럼바인 고등학교에서 총기사고가 일어난 후 미 교육부와 대통령 경호실에서는 '안전한 학교 만들기' 프로젝트를 실시하였는데, 내용은 학교폭력의 가해자였던 학생들을 대상으로 그들의 생각과 계획, 그들의 사전 행동들을 연구하는 것이다. 특히 공격적인 행동을 하기 전에 나타나는 행동을 확인하여, 사전에 그런 행동을 찾는 데 역점을 두었다.

셋째, School Cop 프로그램이다. School Cop 프로그램은 학교행정가, 청원경찰, 학교안전요원 등을 위해 고안된 소프트웨어 프로그램으로, 학교폭력과 관련하여 학생들의 잘못된 행동과 비행에 대해 기록한다든지, 일련의 행동목록 중 해당 유형을 선택하도록 하여 일관성 있는 정보기록이 가능하고, 쉽게 정보를 찾을 수 있으며, 학생들을 쉽게 파악할 수 있다(윤석진, 2007).

② 영국

영국도 근래 들어 다른 나라와 같이 청소년 범죄율이 증가하고 있어 사회문제화되고 있는 실정이다. 이런 이유로 영국 정부는 청소년 범죄증가가 국민의 역량을 약화시킨다는 관점 아래, 청소년 범죄와 비행을 줄이기 위해 법과 제도를 보강하고, 정부예산을 획기적으로 투입하는 등 총체적인 노력을 기울이고 있다(박정희, 2006).

학교폭력 예방을 위한 지역학교의 활동은 친구되어 주기, 가정방문, 분노조절프로그램, 위기관리프로그램 활용, 학교를 다니지 않는 청소년을 위한 프로그램, 재입학을 위한 튜터링, 멘토링프로그램, 부모와의 관계설정프로그램 등 다양하게 진행되고 있다.

또한 교육부는 가해학생 문제를 사법부와 긴밀히 협조하여 가해학생에 대한 맞춤형 프로그램을 개발·적용하고 있다. 이외에도 법령에 의한 부모책임에 대해서 16세 이하인 자녀가 반사회적 행위를 하였을 때, 범죄 및 무질서 법령에 의거하여 그 부모에게 최대 3개월 동안 상담이나 생활지도에 대한 교육을 받도록 할 수 있다. 또한 학교출석 동행, 감시 등 학생에 대한 통제조치를 행사하도록 명령할 수 있다. 이를 불응하거나 어길 시에는 약식기소에 따라 벌금을 물게 하고 있다.

중앙정부는 학생들의 무단결석과 퇴학·자퇴생의 증가가 청소년 범죄의 증가를 가져오는 직접적인 원인이라 보고, 연 1만여 명에 이르는 퇴학 및 제적생들을 줄이겠다는 목표를 세워놓고 학교측에 폭력에 대처하는 학교 운영계획을 수립하고 있다. 또한 학생 출결문제를 담당하는 별도 직원을 두며, 문제 학생들을 가르치는 시설을 설치하고, 문제 학생들을 위한 교육활동 프로그램을 개발·운영하며, 제적생을 수용하도록 요구하고 있다.

③ 일본

일본은 주로 이지매나 야쿠자를 모방한 범죄가 있으며, 특히 살인, 강도, 방화 등의 흉악범죄를 비롯한 사회 전체에 악영향을 주고 있는 청소년 범죄가 증가하고 있다. 일본 학교폭력 예방 프로그램 중에 학생이 안고 있는 마음의 문제와 학생의 사회성을 기르는 교육 전개, 학교·가정·지역사회기관과 연결되는 '형동연계'의 시스템 만들기의 예방프로그램을 개발하여 운용하고 있다(이동훈 외, 2013).

경찰, 검찰, 법원은 학교폭력을 포함한 청소년 범죄에 대해 강력한 처벌을 원칙으로 하고 있고, 집단폭력에 대해서는 구속기간을 연장해서까지 철저히 수사하고 있다(송미경·최윤희, 2013). 또한 일본의 집단폭력은 흔히 우리가 알고 있는 '이지메'인데, 이 유형은 우리나라의 '집단따돌림'과 유사하며 상당히 심각하여 우리나라에도 널리 잘 알려져 있다. 이런 집단폭력을 방지하고 예방하기 위해 결성한 단체에서는 부모를 중심으로 청소년을 지키는 아버지반을 운영하고 있다. 오키나와에서는 소년들의 심야 배회 방지대책의 일환으로 아버지회가 야간순찰을 실시하고 있다고 한다.

일본은 범죄 예방뿐만 아니라 지진이나 해일이 자주 일어나기 때문에 재해·재난방지 대피요소에도 경호보안안전을 병행하여 시행하고 있다. 그래서 일본은 학교폭력의 예방과 방안에 대한 대응책뿐만 아니라, 각종 사고나 재해재난에 대한 안전, 방범의 대응과 계획이 잘 짜여 있다. 적외선 센서 등에 의한 전자경비 및 CCTV 영상심사 시스템 활용이 강조되고 있으며, 사건사고 발생 시 신속한 통보체계에 대한 강조를 특징으로 볼 수 있다(이동훈, 2013).

(4) 선진국 사례의 시사점

선진국의 정책과 입법을 살펴본 결과, 학교폭력에 대해 정부의 관할 아래 학교, 학생, 학부모, 지자체, 경찰 등이 역할을 분담하여 국가적인 차원에서 종합적인 노력을 기울이고 있는 것으로 분석되었다. 이 중 가장 눈여겨보아야 할 것은 바로 입법과정에 학교폭력에 대한 학교, 학부모, 지자체, 경찰의 책임과 역할을 각각 명시함으로써 이에 효율적으로 대처할 수 있도록 하고 있다. 이를 정리하면 다음과 같다(최정윤 · 박경 · 서혜희, 2006).

첫째, 학생, 교사, 학부모를 대상으로 학교에서의 폭력에 대한 인식과 책임감을 향상시키고, 이에 대한 명확한 지침을 법령을 통해 마련하고 있다.

둘째, 학교폭력이 발생하기 전, 발생하는 과정, 그리고 후속조치에 대한 명확한 지침이 학생 및 학부모들에게 전달된다.

셋째, 법령을 통해 교사, 학생, 학부모가 함께 참여하도록 개입 프로그램을 만들고 있으며, 개입 프로그램이 학교의 일상적 흐름 및 학교의 목표에 적합하게 구성되어 있다.

넷째, 교실 밖에서의 활동에 대한 지도감독 및 모니터링의 강화방안이 포함되어 있다.

5. 학교폭력 예방교육

우리나라와 외국의 대표적인 학교폭력 예방교육 프로그램을 살펴본다.

1) 학교폭력 예방교육의 필요성

학교폭력이 심각해지기 전에 그리고 학교폭력의 악순환에서 벗어나는 방법은 어린 시기부터 친사회적 행동, 분노 통제기술, 다른 사람에 대한 존중감 등을 가르치는 것이 중요하다고 본다.

2) 우리나라 학교폭력 예방교육프로그램

교육부의 경우 학생안전통합시스템인 Wee(We Education Emotion) 프로젝트를 통해 학교폭력뿐 아니라 위기에 처한 학생에게 도움을 주고 있다. Wee클래스, Wee 센터, Wee 스쿨은 학교폭력 가해자를 교육하고 선도하기 위한 기능을 수행한다.

교사의 학교폭력 대응기법

[신뢰형성과 문제해결의사 표시]

- 초기 괴롭힘 발견 시 명확한 대처와 사실조사: 무기명 학교폭력 설문을 통해 괴롭힘 사실과 대상을 조사한다. 누가, 언제, 누구에게, 어떻게 피해를 당했는지에 관해 조사한다.
- 신뢰감 형성과 피해자 신변보호: 피해학생이 교사에게 도움을 요청할 수 있도록 신뢰감을 심어주어야 한다. 이러한 신뢰감은 교사가 문제에 적극 대처할 의지를 보여줄 때 가장 확실하게 만들어진다.
- 반 전체교육: 반 전체를 대상으로 학교폭력에 관한 교육을 실시한다. 가해학생은 장난으로 한 행동이지만, 피해학생은 엄청난 고통을 느낀다는 사실을 입장 바꿔 생각해 볼 수 있도록 내용을 구성한다.

[집단따돌림 발생 시 대응]

- 따돌림 발견 시 사실조사: 평상시 친하게 지냈는데 최근 사이가 소원한 학생들이 있는지, 별일 아니라고 하지만 위축되어 있는 학생이 있는지 살펴본다. 따돌림 사실을 조사할 때는 반드시 반 학생들이 눈치채지 않게 관망하며, 무기명 설문을 통해 확인한다.
- 가해 - 피해학생 부모에게 확인한 사실 통지: 집단따돌림 징후 발견 시 교사는 이 사실을 가해 - 피해학생 부모에게 알려야 한다. 교사 혼자서 조용히 해결하려고 노력하다 자칫 큰 사고라도 발생하게 되면 그 책임을 면하기 어렵다.
- 부모의 재발방지 각서: 부모가 자녀의 잘못을 인정하지 않아 문제가 커지는 경우가 많다. 재발방지 각서를 부모가 작성하도록 하는 것은 부모가 관리의 책임을 져 학생들의 피해를 최소화하려는 것이다.
- 반 전체 교육 실시: 집단따돌림으로 인한 피해와 그것이 학급이나 개개인의 인생이 미치는 파괴적 결과에 대해 학급에서 교육을 시킨다.

학부모의 학교폭력 대응기법

- 자녀의 불안과 두려움 이해하기: 피해 징후를 인식하고 자신의 무지에 대한 화가 엉뚱하게 자녀에게 향하게 되는 경우도 발생한다. 하지만 피해학생은 직간접적 폭력을 매일 경험했다면 보복의 두려움에 무기력해져 적절한 대처를 하기 어렵다. 이때 부모가 따뜻

하게 안아 주며 자녀의 고통을 미리 알고 대처해 주지 못해 미안하다고 사과하는 행동이 필요하다.

- 자녀와 대화하며 피해 사실에 대한 부인 수용하기: 부모는 비난이나 보복이 두려워 피해 사실을 부인하는 자녀에게 이 세상에서 지켜 줄 수 있는 사람은 부모라는 인식과 문제를 반드시 해결해 주겠다고 말한다.
- 부모의 적극적인 문제해결의지 보여 주기: 평상시 부모와 자녀 간의 의사소통이 원활하거나, 자녀의 친구들을 알고 있는 경우라면 사실을 확인하고 적극적으로 대처한다. 자녀의 등하교 길에 동행하거나 주변 친구나 그 부모들과 관계를 형성하여 지지 세력을 구축한다. 이러한 노력은 지속적으로 해야 한다.
- 교사에게 알리기: 자녀의 피해 사실을 교사에게 알려 교실 내에서 더 이상 피해가 발생하지 않도록 개입을 요청한다. 이때 교사가 적절하게 개입할 수 있도록 대처방법에 대한 주의사항과 대처기술을 나눈다. 경험이 없어 당황하는 교사의 잘못된 대처는 일을 확대시킬 수 있기 때문에 피해방지 차원에서 전문가의 조언을 받을 수 있도록 안내한다.
- 가족과의 공유시간 계획하기: 자녀가 관심을 가지는 활동을 지원하고 가족이 함께 여가 활동이나 여행을 함으로써 가족에 대한 사랑과 믿음을 확인한다. 함께하는 시간 속에서 가족이 자신의 지지자 혹은 지원자가 될 수 있다는 믿음을 갖게 되면, 자녀는 자신의 내면 갈등을 가족에게 드러낼 수 있게 된다.

3) 외국의 학교폭력 예방교육 프로그램

따돌림 등 학교폭력 문제는 비단 우리나라만의 문제가 아니라, 이미 다른 나라에서도 오래전부터 겪고 있다. 20~30년 전부터 국가 차원에서 주기적으로 전국 학교폭력의 실태조사를 시행하고, 이를 토대로 다양한 예방 프로그램을 개발하여 현장에 시행하는 등 학교폭력 문제해결을 위해 꾸준히 노력해왔다(박효정, 2012).

(1) 노르웨이

노르웨이 정부의 폭력근절 노력을 촉발시킨 것은 1982년 3명의 학생이 학교폭력을 견디다 못해 자살을 시도하면서 사회적 파장을 초래했던 사건이었다. 이 사건을 계기로 노르웨이 정부는 학교에서의 폭력행동을 엄격히 감시하고, 이를 강하게 제재함으로써 학교폭력을 예방하고 학교를 안전한 곳으로 만들자는 취지하에 집단괴롭힘 등 학교폭력에 대처하기 위한 국가수준의 캠페인을 전개하였다.

노르웨이에서는 학교폭력 문제가 학령기 이전에도 발생한다고 보고, 어린 시기부터 친절, 상호존중, 인간존중 등의 가치에 높은 비중을 두어 가르치고 있다.

① 올베우스의 학교폭력 예방 및 근절 프로그램

올베우스의 '학교폭력 예방 및 근절 프로그램(Bullying Prevention Program)'은 노르웨이의 대표적인 학교폭력 예방 및 근절 프로그램으로, 베르겐 대학의 심리학 교수인 올베우스의 주도하에 1970년대 초부터 수행되었다. 이 프로그램은 집단따돌림의 감소와 함께 새로운 문제의 발생을 예방하기 위해 개발된 최초의 프로그램이다.

이 프로그램은 학교구성원인 교장, 교사 및 직원들의 절대적인 협조와 역할이 필요하다는 전제하에 학교, 학급, 개인적 수준에서 예방활동과 대책을 강구하고 있다.

- 〈대상〉: 초·중·고등학생
- 〈목적〉: 적극적으로 학생들의 동료관계를 개선하고 학교를 안전하고 즐거운 장소로 만들 책임이 학교 당국에 있다는 전제하에 학생들이 안심하고 다닐 수 있는 학교를 만드는 데 목적이 있다.
- 〈기본원칙〉

첫째, 기존의 학교환경을 재구성하고 바람직하지 않은 행동과 태도를 감소시킴으로써 친사회적 관계 및 행동을 향상시킨다.

둘째, 성인들이 학교 내 모든 장소를 철저하게 감독한다.

셋째, 괴롭힘이 발생하였을 경우 그에 대한 책임의식을 증가시킨다.

넷째, 괴롭힘은 용납되지 않을 것이라는 메시지를 학생들에게 분명하게 전달한다.

② Zero 프로그램(반 학교폭력 프로그램)

노르웨이의 "Zero 프로그램"은 학교폭력 방지를 위한 정부의 지원으로 2003~2006년까지 수행된 프로그램이다. 중앙정부로부터 경제적 지원을 받아 스타방게르(Stavanger) 대학 행동연구센터에 의해 운영되었다.

• 〈기본원칙〉

첫째, 집단따돌림에 대한 무관용 원칙: 학생들과 부모들, 학교관계자는 집단따돌림을 묵인·은폐하지 않으며 오히려 괴롭힘을 중단시킨다는 확신을 가진다.

둘째, 프로그램에 대한 적극적인 참여: 프로그램 운영과 관련된 모든 사람은 프로그램에 참여해야 하며, 무관용의 원칙에 따라 행동을 한다.

셋째, 학교폭력 대처 방안의 지속성: 괴롭힘에 대응하기 위한 학교의 노력은 Zero 프로그램이 끝난 이후에도 지속되어야 한다.

이 프로그램은 초·중·고등학생을 대상으로 한다.

③ 노르웨이 학교폭력 예방 프로그램 평가

노르웨이의 학교폭력 예방 프로그램은 학교폭력에 대한 국민의 인식 재고, 학교폭력 사안에 대한 법제화, 학교폭력 발생을 감소시켰다는 평가를 받았다. 올베우스 프로그램이나 Zero 프로그램을 시행한 학교의 경우, 학교폭력 발생 비율이 30~50% 이상 감소하였다.

(2) 핀란드

① 끼바 코울루 프로그램

핀란드의 끼바 코울루(KiVa Koulu) 프로그램은 학생들의 왕따(괴롭힘)를 방지하기 위한 학교차원의 프로그램이다. “KiVa”라는 말은 핀란드어 ‘왕따(괴롭힘)에 맞서다(kiusaamista Vastaan)’라는 말에서 두 글자씩을 따서 만들어졌고, ‘Koulu’는 핀란드어로 ‘학교’라는 뜻이다. 그래서 ‘KiVa Koulu’는 ‘왕따(괴롭힘)에 맞서는 학교’라는 의미를 가지는데, KiVa라는 말 자체가 핀란드어로 ‘좋은’ 이라는 의미를 가지고 있기 때문에 ‘끼바 코울루’는 ‘좋은 학교’로 해석되기도 한다(한국교육개발원 교육정책네트워크연구실, 2012). 현재 핀란드 초·중학교 90% 이상이 끼바 프로그램에 참여하고 있다.

끼바 코울루 프로그램의 주요 특징은 다음과 같다.

첫째, 학교 교직원에게 단순히 학생 왕따 관련 지도지침을 하달하는 것이 아니라, 전문가들이 만든 광범위하고 포괄적이고 구체적인 자료를 학생, 교사, 부모들에게 제공하고 있다.

둘째, 인터넷 교재를 통해 가상학습공간을 제공하는 등 미디어를 효과적으로 이용하고 있다.

셋째, 단순히 왕따 피해학생과 가해학생에만 초점을 맞추지 않고 학교 전체 학생을 대상으로 한다.

- 〈대상〉: 초등학생 및 중학생(만 7~16세)
- 〈내용 및 방법〉
  끼바 프로그램에서는 학교구성원들에게 왕따나 괴롭힘이 발견되었을 때 해결을 위한 구체적인 전략과 방법을 익히는 데 초점을 두고 있다. 교사들만 교육시키는 것이 아니라 학생들에 대해서도 무엇을 해야 하고, 언제 해야 하고, 어떻게 해야 하는지에 대해 구체적으로 가르쳐 준다. 끼바 프로그램은 학교폭력에 관한 예방교육을 정규 수업시간을 통해 학습한다.
- 〈핀란드 학교폭력 예방 프로그램 평가〉
  정부의 적극적 개입과 철저한 연구에 기반을 두고 장기간 개발된 끼바 프로그램은 학교폭력 근절과 예방에서 상당히 긍정적인 결과를 거둔 것으로 보고되고 있다. 2009년 끼바 프로그램이 도입된 이후, 핀란드에서는 괴롭힘 현상도 줄어들었을 뿐아니라 학생들의 스트레스와 우울증도 함께 줄어든 것으로 보고되었다. 이 프로젝트 실시 후 학생들의 사회성은 더 좋아졌으며 학교생활에 대한 만족도, 학습동기 및 의욕도 함께 향상된 것으로 나타났다.

(3) 미국

최근 미국의 자료에 의하면 유치원 혹은 초등학교 저학년 아동 중 반복적으로 놀림 및 위협을 받거나 공격당하는 아동은 10~20% 정도에 이른다. 상당수의 아동들이 이러한 행동의 가해자나 피해자가 될 뿐 아니라, 공격행동이나 피해행동은 또래관계문제, 정서적 어려움, 학습장애와 밀접하게 관련된다. 특히 반사회적 행동을 보이는 청소년 중에는 이미 유치원 연령부터 공격행동이 나타나기 시작해서 점차 심각한 수준으로, 더 나아가 극단적 수준의 문제 행동으로 악화된다고 보고하였다. 따라서 유치원 시기부터 예방과 초기 개입이 있어야 심각한 수준의 행동으로 악화되는 것을 막을 수 있다는 데 공감하고 있다(문용린 외, 2006).

① RCCP

RCCP(Resolving Conflict Creativity Program)는 뉴욕시의 공립학교들과 '사회적 책임을 위한 교사모임(ESR: Educators for Social Responsibility)'이 공동으로 운영·지원하는 갈등해소 및 중재 프로그램이다(노혜련 외, 2006).

이 프로그램의 핵심요소인 학교중재 프로그램은 갈등해결에 폭력 대신 새로운 대처기능을 제공하고, 학생 간 폭력의 수를 감소시킴으로써 안전한 학교 분위기 조성에 중점을 두고 있다.

② Second Step

세컨드 스텝은 학생들의 사회성과 공감능력을 키우기 위한 프로그램으로, 비영리단체인 '아동을 위한 위원회(Committee for Children)'가 아동 성폭력 방지 프로그램 '퍼스트 스텝(First Step)'을 개발한 이후에 만들어져 세컨드 스텝이라는 이름이 붙었다.

세컨드 스텝은 공격적인 행동이 사회적 기술의 결여에서 기인되었다는 연구결과에 기초하며, 생태학적 접근방법을 프로그램에 적용하고 있다. 프로그램의 각 단계에는 5가지의 주제인 공감과 의사소통, 학교폭력의 예방, 감정조절, 문제해결능력, 약물남용 예방을 포함한다.

이 프로그램의 효과성을 평가한 에스펠라지 교수에 의하면, 세컨드 스텝 프로그램에 참여한 학생들은 비참여 학생들에 비해 사회적 능력에서 유의한 향상을 보였으며, 반사회적 행동도 감소하였다(Espelage, 2012).

제 11 장

교육과 사회

1. 교육의 사회적 기능

교육은 사회적 현상이라 볼 수 있다. 교육은 아무런 사회적 환경의 조건 없이 발생한 것인 아니라, 사회인으로 살아가는 사람들의 활동에 의해서 발생했다고 볼 수 있다. 그러므로 교육은 가능한 한 사회적 시각에서, 사회적 입장에서, 그리고 사회라는 환경에서 볼 필요성이 있다. 무엇보다 사람은 환경, 특히 사회라는 관계적 환경에 영향을 받고, 자신의 사회적 위치와 자리를 정하는 경우가 많다. 사람이 살아가면서 행하는 모든 일들은 의도적, 비의도적, 무의도적, 형식적, 비형식적, 무형식적인 형태로 교육을 받거나 교육을 하는 일과 연결되어 있다. 즉, 사람의 삶(생활) 자체가 교육이라 할 수 있다.

교육은 사회에서 어떤 기능을 하는가? 이 물음에 대한 답은 개인마다, 시대마다, 환경마다 다르다. 또 그 상황과 입장에서 어떤 가치관을 가지고 있으며, 어떤 만남을 형성하는가에 따라서도 달라진다. 결국 교육철학적으로 볼 때 존재론적, 가치론적, 인식론적, 사회론적, 상황론적 입장이 있다는 말이기도 하다.

사회에서 교육은 교육적 기능을 다음과 같이 수행(교육의 사회화)한다.

① 사회화 기능

② 문화유산 전달 및 창조의 기능

③ 사회통제 및 통합의 기능

④ 선발, 배치, 그리고 이동의 기능

⑤ 사회변화 및 개혁의 기능

⑥ 교육 및 훈련의 기능

사회적 관점에서 볼 때 교육은 '사회화'의 과정이라고 볼 수 있다. 사회화는 개인이 사회의 행동양식(생활양식)을 습득하고, 내면화하는 과정이라 할 수 있다. 교육을 통해 개인은 점차 사회적·문화적 존재로 성장하면서 그 사회의 또 다른 구성원들과 상호작용을 통해 다양한 지식과 기술, 규범, 가치 등을 학습하게 된다. 이러한 일련과 과정과 삶을 사회화과정이라 할 수 있다. 사회회는 보편적 사회화, 특수적 사회화로 구분될 수 있는데, 교육은 곧 사회화이다(Durkheim). 학교교육은 사회화를 정착시키기 위해 독립성, 성취성, 보편성, 특수성이라는 성격을 갖고 규범의 사회화 담당한다(Dreeben). 이런 의미에서 볼 때, 사회화란 학교교육을 통해 사회적 연대를 강화하는 과정이다(Hargreaves). 학교가 자아실현이나 개인의 성장을 주장하며 개인주의를 가르친 결과, 무규범 상태가 만연하기에 이러한 학교교육의 문제를 극복하기 위해 사회적 연대를 강화하는 교육이 필요하다. 교육을 통해 공동체 의식함양을 위한 교육활동을 강조하게 된다.

사회화는 ① 독립성(자신의 선택과 행동에 대해 책임), ② 성취성(성공하기 위해서는 많은 노력을 해야 한다는 인식), ③ 보편성(동일한 교육내용을 통해 보편적 가치를 획득), ④ 특정성(학년이 높아지면서 학생이 적성에 맞는 분야를 집중적으로 학습)이라는 네 가지 사회적 규범성(Dreebeen)의 성격이 있다(최병옥, 2009).

또한 사회화는 개인의 노력과 결정으로 되는 것이 아니라, 다양한 사회화 기관을 통해 형성된다.

① 가정은 1차적, 수직적, 비형식적 사회화를 담당한다.

② 또래집단은 수평적 사회화 담당하는데, 이는 놀이집단(play group), 동인집단(clique), 도당(gang)이다.

③ 학교는 2차적, 의도적 사회화를 담당한다.

④ 대중매체

그리고 사회화는 모방학습, 모형학습(modeling, 동일시, 중요한 타인), 역할학습을 통해 형성된다.

2. 교육을 보는 관점

이러한 교육은 결국 사람에게 어떠한 형태로는 영향을 끼치려고 한다. 시회적 이동, 계층 등 다양한 영역에서 교육을 통한 결과들을 생활에서 확인하게 된다.

교육은 단순히 '교육을 받았다', '교육을 받고 있다', '교육을 받고 싶다' 등과 같은 문제가 아니라, 누군가의 삶, 위치, 삶의 질을 결정하는 것과 관련이 있기에 어떻게 인식할 것인가가 매우 중요하다. 이러한 교육을 바라보는 관점에 따라 교육을 대하는 태도(철학적, 정치적, 문화적 등)가 달라진다. 달라진 태도는 제도를 통해 나타나기에 어떤 입장으로 교육을 읽을 것인가는 매우 주요한 문제이다.

일반적으로 교육을 바라는 관점은 거시적(기능론, 갈등론) 입장과 미시적(신교육사회학, 해석학) 입장으로 구분된다.

거시적 입장은 개인을 사회의 영향 하에서 활동하는 수동적 존재로 본다. 사회는 하나의 실체이며, 사회구조의 분석을 통해 사회의 한 부분인 교육을 파악하려고 한다. 거시적 입장의 유형에는 기능이론과 갈등이론이 대표적 이론이다.

미시적 입장은 사람은 수동적 존재가 아니라 스스로 의미를 부여하고 활동하는 능동적인 존재로 본다. 그래서 사회구조보다는 학생의 입장, 행위자의 입장에 의미를 부여하고, 그러한 행동들을 관찰하여 교육현상을 설명하려고 한다. 미시적 입장의 유형은 해석적(언어학, 지식사회학, 민속지학, 상징적 상호작용 등) 접근, 신교육사회학이 대표적 이론이다.

1) 기능론

첫째, 사회는 통합과 분화 그리고 재통합을 거치면서 발전한다. 교육은 근대적 가치(사회화)의 습득과 직접적으로 연관되어 있다. 이런 측면에서 볼 때 학교는 사회가 요구하는 지식과 태도를 가르치고 육성한다. 학교는 사회가 교육적 역할을 기능적으로 수행하도록 만든 사회제도이다. 그리고 학교는 현대

사회의 기능적 분화와 전문화에 대응하기 위한 효율적 교육기관으로서 지식과 기능의 분배기구이다.

둘째, 교육과 국가와 사회의 발전은 연결되어 있다. 그러므로 교육의 양적 질적 성장을 의도적·과학적으로 계획하여 조절한다. 능력주의(업적주의)에 기초하여 교육을 통해 경제발전을 위한 인력을 양성하고, 사회발전을 위하여 근대적 가치관을 함양하도록 한다(박영진 외, 2015). 선발과 배치기능을 하는 학교는 과열(능력주의와 경쟁)기능과 냉각(보상과 배치의 희소성)작용을 규범에 따라 시험제도를 통해서 한다.

교육선발과 관련하여 기능론은 능력주의(업적주의)에 두고, 개인의 능력과 노력에 따른 선발을 한다. 교육선발은 공정한 사회적 지위를 배분하는 기능을 하기에 공정하다고 본다. 이런 선발을 통해 사회계층 간의 이동이 활발하게 일어나도록 한다.

일반적으로 교육선발에는 엘리트주의의 선발과 평등주의의 선발이 있다.

(1) 엘리트주의의 선발관

① 유전론: 개인의 지적 능력은 타고 난다.

② 조기선발: 그러므로 능력에 맞는 교육을 위해 엘리트가 될 사람을 조기에 선발하여 그렇지 않은 사람과 구분해서 교육한다(복선형 교육선발 유인체제).

(2) 평등주의의 선발관

① 평등주의: 누구에게나 가능한 한 오랫동안 교육을 받을 수 있는 권리가 있다.

② 환경론: 지능과 학습능력은 환경적 요인에 의해 많은 영향을 받으므로, 개인에게 적절한 교육을 실시하여 능력을 극대화할 수 있도록 해야 한다.

③ 만기선발: 능력이 환경적 요인의 영향을 더 많이 받으므로, 장기간의 교육 후 직업선발이 이루어져야 공정한 선발이 될 수 있다(단선형 교육선발 유인체제).

그렇다면 시험은 어떤 교육적 기능이 있는지 살펴보자. 시험은 학업성취의 확인과 미래학습을 예언하게 한다. 시험을 통해 사회가 필요로 하는 인재를 선발하고 학습자에게 최저 학습목표를 제시해주며, 경쟁을 촉진하여 학습활동이 활발하도록 동기부여를 하고 교육과정을 결정하는 기능을 한다.

또한 시험은 능력주의 사회에서 능력을 증명하는 증거가 되어 사회적 가치를 배분하게 한다. 시험을 통해 사회가 인정하는 공식적 지식이 무엇인지 알려주고, 지식의 위계를 만들며 사회를 통제하는 기능을 한다. 동시에 기존 질서를 정당화하고 재생산한다.

하지만 이런 시험의 기능이 오히려 입시 위주의 한국교육을 경쟁을 증폭시키고, 시험에 출제될 만한 문제와 지식만을 가르치는 등의 부작용을 낳았다. 이로 인해 우선적으로 교육과정과 교과서 개편보다도 입학시험의 개편이 시급하다.

시험은 교육적 기능 외에 사회적 기능도 가지고 있다. 이는 그 사회가 가지고 있는 지식과 가치관의 가장 명시적인 공식화절차이기 때문이다. 시험의 사회적 기능은 교육자들이 흔히 간과하는 기능이지만, 사회 전체의 시각에서 보면 시험의 교육적 기능보다도 오히려 훨씬 더 중요한 의미를 지니고 있다. 시험은 상급학교 진학을 위한 선발에 있어서 결정적 역할을 담당하고 있는데, 학력의 사회적 가치가 높은 '학력사회'에서는 시험이 결과적으로 사회적 선발의 핵심기제가 되므로, 그것이 지니는 사회적 의미는 대단히 중요할 수밖에 없다.

사회적 선발기제로서의 시험의 절차, 방법, 내용 및 측정방식의 성격에 따라 전체 사회의 성격이 결정될 수 있다. 대학입학선발을 위한 시험이 교육적 관점보다 사회적 관점에서 더욱 문제시되는 것은 바로 그 때문이다.

시험은 그것이 지니고 있는 사회적 기능 때문에 교육적 기준에 의해서만 좌우되지 않는다. 각종 시험은 오히려 정치적 요인, 경제적·기능적 또는 문화적 기준에 의하여 지배되는 경우가 더 많다. 정치적 변화가 시험의 제도와 방법, 내용에도 많은 변화를 가져오는 것은 여러 나라에서 흔히 볼 수 있는 현상이다.

"시험의 사회적 · 경제적 중요성이 높아짐에 따라 시험에 관련된 사람들의 비정상적 행위가 발생한다는 지적은 시험이 조성할 수 있는 비교육적 결과를 종합적으로 표현한 것이다. 시험의 당사자인 학생뿐만 아니라 교사, 학부모, 교육 행정가들에게도 온갖 비정상적 현상이 발생한다. 교사들은 우선 시험 준비가 정상적 교육이 아닌 줄 알면서도 학생들에게 시험에 필요한 교육을 시킨다. 학부모들은 자녀의 성적에만 관심을 두고, 오로지 성적을 올리기 위하여 온갖 수단방법을 마다하지 않는다. 학생들의 성적이 자신에 대한 능력평가로 되돌아올 수 있기 때문에, 때로는 비정상적 방법까지 동원하여 성적 올리기에 모든 노력을 쏟기는 마찬가지이다. 시험의 역기능 가운데 앞에서도 지적된 것이지만, 시험이 교수내용과 학습내용을 결정함으로써 정상적 교육과정 운영을 방해한다는 사실이다. 우리나라처럼 시험의 영향력이 큰 경우 그 여파는 대단히 심각하다. 그러므로 각 학교의 시험이 어떤 내용과 어떤 수준으로 이루어져 있는가를 분석하는 것은 필요하다. 시험을 출제하기 위하여 교육과정을 분석하는 일도 중요하지만, 시험문제를 분석하여 실제로 가르치고 있는 교육내용이 무엇인가를 규명하는 일은 더욱 중요하다. 시험의 '지식의 공식화의 위계화' 기능은 시험에 출제되고, 더욱이 정답으로 규정되는 지식은 사회가 공식적으로 인정하는 지식이 되게 한다"(유네스코 아시아보고서).

일반적으로 시험에 대한 순기능과 역기능은 다음과 같다(아시아 유네스노 보고서 참고).

(3) 순기능

① 질적 수준을 유지한다.

② 학교 간 비교를 가능하게 한다.

③ 각 단계별로 이수해야 할 최저학습수준을 지시한다.

④ 교수의 개별적 평가가 범할 수 있는 편견에서 탈피할 수 있다.

(4) 역기능

① 암기력을 주로 테스트한다.

② 교육과정의 일부분만을 다룬다.

③ 선택적 학습과 선택적 교수를 부추긴다.

④ 시험기간에 공부를 집중시켜, 정상적 공부습관을 약화시킨다.

⑤ 시험의 결과가 사회적으로나 경제적으로 중요해짐에 따라, 학생들의 불안감을 조성하고 시험에 관련된 사람에게 비정상적 행위를 유발시킨다.

⑥ 교육과정, 교수방법 등에 관한 교육개혁을 가로막는다.

셋째, 교육을 목적이 아닌 수단으로 사용한다.

넷째, 사회를 안정과 질서를 강조하는 하나의 유기체로 본다. 합의이론 및 균형이론으로써 교육의 사회화 기능을 강조하여 사회의 체제에 적응하는 하는 적응체제로 기능을 한다(꽁트, 스펜스, 뒤르켐, 파슨스).

뒤르켐은 "교육이란 성숙한 세대에 의해서 아직 사회생활에 익숙하지 못한 세대에 주어지는 영향이다"라고 하였다.

또한 기능론은 교육을 통해 사회평등에 기여한다고 본다. 기술기능론(헤비거스트)은 교육을 받을수록 직업구조의 상승, 직위의 상승으로 인한 계층상승을 가능하게 한다. 하지만 과잉학력 현상을 초래하여 사회계층 간 이동과 상승을 용이하게 할 것이라는 교육이 오히려 이동을 어렵게 하는 작용을 하게 된다. 개인이 받은 교육과 초기의 경험(학력)이 직업지위획득에 가장 큰 영향을 미친다(블로와 던컨의 지위획득 모형). 그래서 기능론은 근대화이론, 발전교육론, 인간자본론을 주장한다.

기능이론에는 합의론적 기능론, 기술기능이론, 인간자본론, 발전교육론, 근대화이론이 있다.

첫째, 사회의 본질은 구조와 기능, 통합, 안정, (이성적)합의로써 '사회는 하나의 유기체(system)'라고 본다.

둘째, 학교교육의 기능은 사회화, 선발과 배치이며, 교육은 사회유지 활동, 학교교육의 순기능을 한다고 본다. 교육제도는 안정된 사회를 유지하는 데 필요한 태도, 가치, 기술, 규범 등을 다음 세대에 전수한다. 교육은 지적 목적을 추구하며, 사회통합을 위한 정치적, 경제적, 사회적 목적을 추구한다. 이러한 목적을 추구하기 위해 인재를 선발하고 훈련하고 배치하는 기능을 수행한다. 그래서 교육은 평등화 장치로써 사회적 지위를 획득하게 하는 공정한 게임이라고 본다(김병욱, 2010).

셋째, 대표적인 인물은 뒤르겜(사회화), 파슨스(선발), 드리븐(규범의 사회화)이다.

(5) 기능론 비판

첫째, 사회의 질서와 통합을 강조하지만, 사회의 변화를 부정적으로 본다.

둘째, 교육에 있어서 집단 간의 갈등을 외면한다. 이 결과, 교육과 관련된 정책이 결정되는 과정에 대한 분석이 소홀하다.

셋째, 교육과 관련된 다양한 의견들보다는 질서와 안정을 강조한 나머지 형식화 및 획일화가 될 가능성도 있다.

넷째, 인간자본론은 과잉학력 현상, 학력인플레 현상(학력사회, 학벌사회, 졸업장 병)이 발생한다.

다섯째, 학력은 실질적 생산성에 영향을 미치지 않는다. 단지 선발(screening) 장치로서 작용한다. 학력과 직업이 일치한다고 보기 어렵고, 교육투자가 수입과 직접적인 연결이 된다는 명확한 증거가 없다.

교육적인 관점에서 볼 때, 기능론은 출발선상의 학생들이 모두 동등하고 공정하며 평등한 선상에서 교육을 받지 않는다는 사실을 쉽게 생각한다. 기능론적 교육은 사회화만 목적으로 하는 것이 아니라 순수하게 개인적인 다양성, 개성, 자유, 학습의 즐거움 등을 무시한다. 학생은 수동적으로 배우기만 하는 존재가 아니라 때로 저항하기도 한다. 학교는 사회의 종속변수로만 자신의 기능을 수행하는 것이 아니라, 능동적으로 역할을 하기도 한다.

여섯째, 학교교육은 불완전한 기회균등의 도구가 되고 있다. 교육은 결국 개인의 생산성에 기여하기보다는 기득권 및 자본가들의 이익을 위한 대중 교화의 도구가 된다. 학교교육은 학생들로 하여금 비판적 사고, 창의성을 갖도록 하기보다는 규율과 질서를 가르치는 것에 집중하는 경향이 강하다(박영진 외, 2015). 학교교육은 기회균등 장치라고 하지만, 다양한 요인에 의해서 학업성취의 격차문제를 만든다.

학업성취 격차는 ① 학생들의 사회문화적 환경의 차이(문화실조론)에서, ② 그리고 특정 계층의 문화를 가르침으로써(문화재생산론) 그 문화와 다른 문화권에서 자란 학생들이 피해를 본다는 것에서 나타난다. 상대적으로 불리한 입장에 있는 학생들을 지원함으로써 교육평등에 대한 결과적 평등장치를 마련하려는 노력을 하지만, 학업성취의 격차는 오히려 더 크게 발생하기도 한다. ③ 학교의 교육조건의 차이에서 학업성취의 격차를 만들어 교육불평등을 만든다. ④ 상징적 상호작용이론에 근거하여 볼 때, 교사의 기대효과－낙인이론－피그말리온 효과－자성적 예언(로젠탈과 제이콥슨의 연구)이 교육불평등과 학업성취의 격차에 영향을 미친다. ⑤ 학급의 규모, 학생문화, 학교풍도가 영향을 미친다. ⑥ 유전적 요인(지능결핍론)과 사회적 배경(교육과정의 계급적 요인, 교사의 기대효과, 학생의 기대수준 등), 그리고 사회문화적 및 정치경제적 환경요인이 영향을 미친다.

2) 갈등론

사회는 안정과 질서를 유지하지만 변화한다. 변화는 결국 모든 갈등(개인 간, 집단 간)을 전제로 한다. 그런데 질서를 강조하는 기능론은 지배집단의 가치관을 유지하고 정착시키기 위해서 교화(설득)를 위한 교육을 도구로 사용한다. 교육을 통하면 정당화되기도 하고 합리성을 가장하게 된다. 갈등론은 이러한 기능론의 입장이란 사회안정과 질서를 강조하고 구성원 간의 합의에 기초한다고 하지만, 그건 지배집단의 보이지 않는 어떤 자신들만의 규정(규례, 법 등)을 사용한다고 본다(박영진 외, 2015). 교육을 통해 기회균등을 주장하고 사회이동을 촉진한다고 하여 평등화에 기여한다고 하지만, 특정 집단의 이익과 권력을 유지하려고 한다. 결국 교육은 불평등의 재생산과정(막스, 부르디외, 알뛰세르, 애플 등)이라고 주장한다. 학교교육은 기존의 질서, 이념, 가치 등을 중요한 교육내용(과정)으로 보고 있기 때문에 보다 평등하고 인간적이며 자유로운 교육을 실현하는 데 한계가 있다고 본다.

그러므로 학교교육은 전인교육(발달)을 제대로 수행하지 못하기 때문에 학교무용론 내지는 탈학교사회(일리치), 학교는 죽었다(라이머)라는 학교폐해 앞에 놓이게 되었다. 학생들에게 단순히 복종하고 규율을 지키며 도덕적인 인간이 되도록 하는 것에만 중점을 두기에, 아동들은 교실에서 정신적인 불구가 되고 있다(실버맨의 교실의 위기). 교육은 학교교육의 독점물이 아님에도 학교만이 교육을 할 수 있다는 논리에서 벗어나지 못하기에, 성인들의 문화에서 해방되기 위해서 대중문해교육(프레이리의 페다고지－비압박자의 교육)을 실시해야 한다. 기존의 교육과 관련된 문화는 '침묵의 문화'이며 '은행예금식 교육'이기 때문이다.

교육선발과 관련하여 갈등론은 선발은 불평등 재생산 도구라고 본다. 갈등론에서는 교육선발의 기준이 지배계급에 유리한 것이어서, 사회평등의 실현에 도움을 주기보다는 사회적 불평등을 재생산한다고 본다. 교육선발은 상류층에게만 유리하도록 되어 있다. 교육선발의 기준이 되는 능력과 노력이 개인적 특성보다 개인의 사회경제적 배경의 영향을 더 크게 받으며, 교육내용 또한 상류층의 문화를 담고 있어서 하류층 학생에게는 불리하다. 능력주의 선발은 허구이다. 따라서 능력주의에 따른 교육선발은 사회적 불평등의 재생산을 합리화하는 데 이용되고 있는 허구에 불과하다고 주장한다.

갈등이론에는 경제적 재생산이론, 문화재생산이론, 종속이론, 급진적 저항이론 등이 있다.

첫째, 사회의 본질은 갈등, 변동(변화), 불일치, 강제, 강압이라 할 수 있다.

둘째, 학교교육의 기능은 자본주의사회의 불평등한 계급구조 재생산, 지배집단의 이익을 정당화한다. 그래서 학교교육의 역기능을 비판하고, 사회개혁을 통한 학교개혁을 주창한다.

셋째, 대표자적 학자들은 베버, 마르크스, 보울스와 진티스, 카르노이, 일리히, 라이머, 프레이리, 애플 등이다.

넷째, 주요 이론은 다음과 같다.

(1) 경제적 재생산이론(Bowles & Gintis – 자본주의 미국의 학교교육)

학교교육은 불평등한 계급구조(사회경제적)를 재생산하는 도구이다. 교육은 사회적 불평등을 반영하여 이를 재생산하는 조직체이므로, 교육기회의 균등만으로는 사회적 불평등을 개선하지 못한다. 한 개인의 가정적 배경이 학교교육에 영향을 주어 개인의 사회적 지위 결정에 영향(지위획득모형)을 준다. 하부구조인 경제구조가 상부구조를 결정한다는 마르크시즘의 경제적 결정론의 입장을 따른다. 이때 재생산의 근거로 대응이론을 말한다. 생산현장과 학교교육의 관계가 구조적으로 대응적 관계에 있다고 본다. 학교는 생산수준에서 필요한 태도와 행동양식을 주입시킴으로써 자본주의 질서에 순응하도록 한다. 노동자들이 지시에 충실하고 시간을 잘 엄수하며, 기계적인 작업방식에 익숙하도록 하는 피지배집단교육을 실시한다고 본다. 이에 반하여 지배집단은 독립적인 사고와 리더십을 발휘하도록 교육한다.

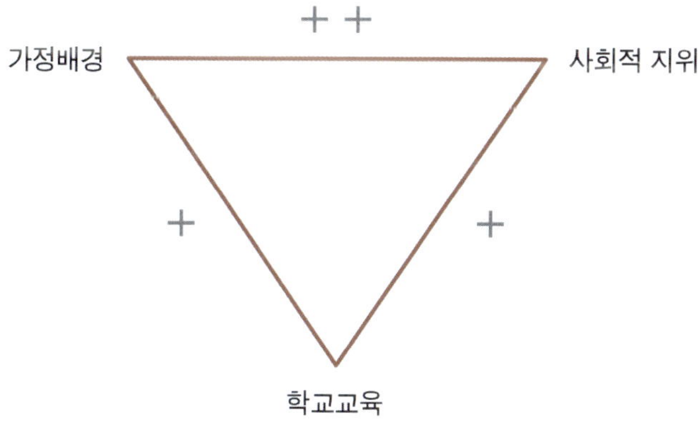

갈등이론에서는 학업성취에서 사회경제적인 배경의 영향이 가장 크기 때문에 배경이 좋은 상류층의 아이들은 더 높은 성적을 얻게 되고, 결국 교육은 계층 간 격차가 줄어들기는커녕 재생산되거나 심화되는 결과를 초래하게 된다 말한다.

이렇게 가정배경은 아동의 사회적 성취에 결정적인 역할을 한다. 이러한 관점에서 교육의 부정적 효과는 보울스와 진티스, 카노이, 라이트와 페론의 연구들이 주장한다.

가정배경(인간자본, 문화자본, 경제자본, 사회자본)은 자녀의 학업성취에 영향을 미치는 요인이 된다. 결국 사회자본－자녀의 교육에 대한 관심, 교육적 노하우, 가족 간의 신뢰와 유대감이 가장 큰 영향을 미친다(Coleman). 이런 요인들이 원인이 되어 교육에 있어서 신분에 따라, 계층에 따라 차별적인 교육(차별적 사회화)을 하는 경우가 있다. 차별적 사회화는 상류층계급 아이들에게는 진취적이고 성공지향적인 측면을 가르치고, 하층아이들에게는 순종적인 것들을 가르치는 것이다(보울스와 진티스). 학교교육은 개인의 사회적 진출에 어느 정도 영향을 미친다. 가정배경은 학교교육에는 어느 정도 영향을 미치지만, 사회적 진출에는 결정적인 영향을 미친다.

교육수익률(들어가는 비용에 비해 얻는 이득)과 학교의 성장단계에 있어서,

학교교육이 지배계층의 이익에 봉사한다(카노이). 고등교육은 교육수익률이 처음에 아주 높다. 교육수익률이 높을 때는 입학경쟁이 심하다. 그래서 상류층이 유리해지고, 상류층에서 많이 입학을 하게 된다. 그러다가 교육수익률이 낮아질 때는 입학경쟁이 낮아지게 되고, 그때서야 하류층이 입학을 하게 된다. 결국 교육수익은 상류층이 더 많이 받게 된다.

즉, 교육이 상층집단에게는 도움이 되지만 하층집단에게는 큰 의미가 없다(라이트와 페론). 그러므로 계급이 소득의 차이에 미치는 영향과 교육과 소득 간의 관계에 미치는 영향이 크다. 결국 교육은 하층보다 상층에게 더 큰 도움을 줌으로써 양극화를 심화시킨다.

(2) 종속이론(Carnoy)

교육은 제국주의 국가에 의해 정치적·경제적으로 종속되어 있다고 본다.

(3) 급진적 저항이론(Illich, Reimer, Freire, Silberman)

자본주의 사회개혁을 통한 학교개혁을 주장하여 탈학교 운동을 한다.

- 일리히(Illich)의 「학교 없는 사회」 – 학교교육의 무용론
- 라이머(Reimer)의 「학교는 죽었다」 – 학교사망론(학교유해론)
- 프레이리(Freire)의 「페다고지」 – 적금식 교육이 아닌 삶의 해방을 위한 교육
- 실버맨(Silberman)의 「교실의 위기」

(4) 문화적 재생산론

부르디외(P. Bourdieu, 교육, 사회 및 문화적 재생산, 1977)와 번스타인(Bernstein, 계급, 규칙 및 통제, 1977)은 문화적 재생산론의 대표적인 사람들이다. 학교는 교육과정에서 지배계급의 문화를 가르친다. 이로 인해 학교는 사회적 불평등을 재생산하는 도구이며, 그것을 또한 정당화하는 장치이다. 문화는 하나의 자본으로 역할을 한다. 체득된 문화자본(지식, 교양, 기능, 취미, 감성 등), 객체화되 문화자본(책, 상품, 기계 등), 제도화된 문화자본(학교졸업

장, 자격증 등)이 있다. 학교지식은 그것과 관련된 문화자본을 이미 습득하고 있는 문화자본의 상속자들이 이해하기 쉬운 코드로 전달이 된다. 이러한 자본들은 자본의 전환을 만들어낸다. 문화자본은 경제적 자본으로, 경제석 사본은 문화자본으로 전환을 하는데, 이른 전화는 돕는 제도적 장치가 학교이며 교육이다. 사회적으로 구성된 인지구조체계라 할 수 있는 아비튀스(habitus)는 문화적 재생산과 연관되어 있고, 문화자본은 상징적 폭력을 만들어 내기도 한다.

(5) 문화적 헤게모니

학교의 교육과정, 교과서, 교사에 대한 분석을 통해 학교가 문화적 헤게모니(Apple)의 매개자 역할을 하고 있다고 본다. 헤게모니(hegemony)란 일상생활과 사회의식 속에 스며 있는 지배집단의 상징적 체계와 가치체계를 말한다. 헤게모니이론은 상부구조(정치, 종교, 문화, 교육 등)와 하부구조(경제적 생산관계)라는 대응적 관계를 반대하고, 두 구조 간에는 상대적 자율성이 존재함을 강조한다.

표 11-1 주요 갈등이론

이론	특징
알튀세르 (Althusser)	• 억압적 국가: 사법제도, 군대, 경찰, 정부 등 • 이념적 국가: 종교, 교육, 법률, 정치, 문화, 언론 등으로 규범과 가치 • 학교가 억압적 국가기구와는 달리, 언론매체와 유사한 기능을 수행하는 것은 강제력보다는 동의를 통해 그 구성원들에게 영향력을 행사한다는 의미 • 학교교육의 재생산 기능에 있어서 종속집단을 억압하는 국가기구의 중요성을 부각 • 의무교육제도를 통해 지배이데올로기를 국민에게 전파하고 내면화
부르디외 (Bourdieu)	• 학교교육은 상징적 폭력(지배계층의 문화를 내면화)을 통해 자본주의 사회의 구조적 모순과 불평등을 정당화하고 재생산 • 하비투스적 문화자본 – 어렸을 때부터 계급적 배경에서 획득한 지속적인 성향 • 객관적 문화자본 – 책, 예술품 등과 같이 객관화된 것 • 제도화된 문화자본 – 졸업장이나 자격증과 같은 제도화된 상태로서의 문화자본
애플 (Apple)	• 헤게모니란 일상생활 사회의식 속에 스며있는 지배집단의 의미체계와 가치체계 • 상부구조와 하부구조 간의 상대적 자율성 인정 • 학교, 매스미디어, 예술, 문화 등과 같은 사회적 양식도 재생산의 기능

(계속)

보울스와 진티스 (Bowles & Gintis)	• 학교는 자본주의의 불평등한 경제적, 사회적 구조를 재생산 • 생산현장에서의 관계를 지배하는 사회적 관계와 학교교육에서의 사회적 관계가 그 형식에 있어서 일치하기에 대응관계가 된다. • 학생들이 스스로 교육과정을 결정하지 못한다. • 교육은 수단이다. • 과목 간에 지식 간에 계열별로 구분되어 있다. • 학년에 단계가 있다.
윌리스 (Willis)	• 노동자 계급이 학생들은 교육이 자신들에게 불리함을 간파한다. • 그러므로 학교문화에 저항한다. • 남성우월주의적인 육체노동문화를 자신의 이상적 가치관으로 받아들임으로써 기꺼이 노동자의 길을 선택한다.

출처: 최병옥(2009).

갈등론의 입장에서 볼 때, 교육은 지배계급의 이데올로기를 보전하고 재생산하는 제도로 여겨진다. 학교는 알아야 할 기존의 규율, 가치 등을 가르친다고 본다. 학교는 자본축적을 위한 행정적·기술적 기능을 전수하는 곳이다(M. Apple). 그래서 학교는 객관적·중립적 기관이 아니라, 지배집단의 가치를 재생산하는 불평등을 심화시키고 고착화시키는 구조적으로 제도화된 기관이다.

이런 관점으로 인해, 갈등론적 입장의 교육관은 어느 개인의 실패의 원인을 구조적, 사회적, 제도적인 문제와 탓으로 돌리는 경향이 강하며, 합리화의 오류를 범한다. 학교를 단순하게 재생산의 도구로만 보는 문제점이 있으며, 학교가 변화를 주도하는 주체성과 주도성을 가지고 있다는 것을 소홀하게 여긴다. 실제로 학교가 가진 문제점들이라고 지적한 것들에 대한 실증적인 증거를 찾기가 어렵다.

이러한 기능이론과 갈등이론의 공통점과 한계는 다음과 같다.

거시적 입장에서 교육은 사회질서를 유지하는 중요한 수단으로 보고, 교육을 통해 사회질서를 재생산한다. 다만, 사회질서는 기능론입장에서 볼 때 보편적이지만, 갈등론에서 볼 때 지배계급에게만 유리하다고 본다. 거시적 입장에서는 학습자를 수동적으로 보며, 지나치게 사회구조에 몰입되어 있다. 그래서 교육을 정치적·경제적 종속변수(교육의 수단적, 외재적 가치 중시)로 본다. 그리고 교육의 내적 과정을 암흑상자로 취급한다.

3) 신교육사회학(교육과정사회학)

교육과 사회와의 관계에서 거시적인 입장보다는 미시적인 입장을 견지하고 이와 관련된 문제를 다룬다. 교육에서의 불평등 문제는 거시적인 관점에서만 발생하는 것이 아니라, 학교에서 가르치는 교육과정(내용, 지식)이나, 교사와 학생의 상호작용(Hargreaves)이 원인이 되어 작용하기도 한다.

교사의 차별적 기대는 학생의 지각에 영향을 미치며, 근거 없이 학생을 평가하는 것은 낙인효과를 만들어 낸다. 교육외적인 접근에서 교육내적인 접근을 통해 교육과정은 사회적 산물이기에 비판적인 입장에서 보려고 한다. 사회적 산물로서 누군가의 입장을 대변하고 있는 내용들이 대부분이라고 본다. 즉, 지배계급의 이데올로기를 담고 있다고(Young, Bernstein) 사용하는 언어나 어법(Bernstein)도 그러하다고 본다.

언어를 사회화하는 데 있어서 가장 큰 영향을 미치는 곳은 '가정'(가족)이다. 그런데 개인이 언어를 사회화하는 데 많은 영향을 행사하는 것은 그 가족이 점유하고 있는 '계층'이다. 그 결과 교육과정은 사회적 불평등을 만들어내는 도구가 되고 있다. 그래서 교육과정 사회학자들은 이 내용의 문제를 아주 중요하게 비판적 교육과정 입장에서 다룬다. 기존의 교육과정은 합리성만을 강조하고, 탈정치적이며, 탈역사적인 입장을 취하고 있어 교육과정 배경에는 복잡한 정치적 관계가 있는데 그것들을 무시하거나 간과한다고 본다. 그래서 기존의 교육과정을 다시 정립하고 비판하기에 '교육과정 재개념주의자'라고도 한다. 이는 언어학(지식과 통제 –Young), 지식사회학(Bernstein), 상징적 상호작용(Blumer & Goffman), 현상학(Gadamer), 민속방법론(Garfinkel) 등을 사용하여 해석학적 접근을 한다. 학교에서 가르치는 교육은 가치중립적인 것이 아니라, 기득권과 지배계층의 문화가 재생산된다고 말한다. 학교교육과정에 있어서 언어와 사회구조와의 관련성에 대하여 관심을 가지고 있다. 학교에서 사용하는 지식전달 매체는 언어이다. 그런데 학교에서의 언어는 지배 계급의 언어이다. 즉, 교육과정 사회학 중에서도 지식의 매체가 되는 언어의 분배, 조직, 계층에 관심을 갖고 있기에 '교육과정 언어사회학'(번스타인)이라고 한다. 그래서 신교육사회학은 교육의 자율성을 확보하고 교육내용의 균등화 및 불평등을 해소하기 위해 현대교육에서 그 중요성이 부각되고 있다(박영진 외, 2015).

해석적 관점은 거시적 관점이 쉽게 간과한 구체적이고 미시적인 사실들을 자세히 살펴봄으로써 무시되기 쉬운 개인, 약자, 일상 등의 중요성을 부각시켰다. 그러나 해석적 관점은 미시적 관점을 부각시키다보니 주관적인 경향으로 흐르고, 사회구조나 체제에 대한 영향력을 과소평가하는 우려가 있다. 개인도 중요하지만 개인이 속한 사회와 그 구조를 결코 무시할 없다는 사실을 잊어서는 안 된다. 또한 여기에서는 사용하는 개념들이 명확하지 않다. 개인적인 주관적 측면들과 나타는 사실들에 중점을 두다보니 심리적, 정신적, 종교적 현상들을 소홀하게 다룬다. 일상적인 현상에 집중하다보니 사회가 당면한 사회적 문제, 정치적 문제들을 간과하기도 한다. 개인의 문제가 결코 사회적 문제와 깊게 연결되어 있다는 것을 안다면, 이렇게 접근하는 것을 극복할 수 있다. 오랜 시간 동안 내재된 구조적인 문제가 지금 특정 또는 어떤 개인에게 나타나는 것일 수 있다.

이처럼 해석적 관점, 미시적 관점에서 볼 때 교육은 구성원들의 상호작용을 통해 다양한 의미를 생산하고 만들어 간다는 것을 알게 한다. 학생을 단순히 또는 일방적으로 사회화되는 것이 아니라, 자기 주체적 확립을 통해 자신의 가치를 만들어 간다. 그러하기에 교육은 다양한 현장에서 다양한 이야기(담론)들에 의해서 형성되고 한다.

그러나 해석적 입장의 교육관은 상당한 영역에 있어서 일관성과 객관성이 부족하기에 분명한 목적, 방향, 가치를 정하기 어렵다. "그래서, 어쩌라고……"라고 하는 말을 듣는 경우가 있다. 사회가 교육에 영향을 미치고, 교육이 사회에 영향을 미친다는 상호작용성과 다양한 영역의 정치적·경제적·사회적 영향력을 약화시키는 경우가 많다. 사실 교육에 있어서 학습자가 가진 내적 욕망이 중요하게 다루어져야 함에도 주체자로서의 내적 욕망들은 소홀하게 다루어진다.

표 11-2 사회학이론 모형

	기능론	갈등론	해석적 관점	비판이론
연구의 초점	사회체제의 질서, 합의, 균형 유지 등	사회체제 안의 갈등, 억압, 변화 등	사회적 실재의 구축 과정과 그 본질	억압의 원천, 존재 조건의 개선을 위한 노력
연구의 목표	사회체제의 구성 요소와 그 작용	변화, 분열, 갈등 등의 구체적 실태	의미의 구축과정과 그에 따른 행동방식	억압의 원천과 결과, 해방을 위한 참여
주요 개념	체제, 기능, 목표의 잠재 기능과 드러난 기능, 적응, 통합, 질서, 구조, 규범, 가치, 문화, 균형 등	합법성, 의식, 강제성, 예속, 모순, 변증법, 상응, 이데올로기, 긴장, 일탈, 변화 등	자아, 자아개념, 마음, 상징, 의미, 상호작용, 역할, 행위, 의사소통, 텍스트	서항, 주체적 행위, 억압, 헤게모니, 지배, 종속, 주체성, 의식화, 해체에 의한 힘의 계층화
분석의 기준	거시적 차원(집합체와 그들 간의 구조적 관계)	거시적 차원(집합체와 그들 간의 구조적 관계)	미시적 차원(개인과 소집단내 상호작용)	거시적, 미시적 차원, 상호작용과 텍스트의 의미탐구
연구의 주제	• 사회제도를 구성하는 구조와 요소는 무엇인가? • 구조와 제도는 어떻게 서로 연결되며, 질서를 유지하기 위해 어떻게 하는가?	• 사회제도 속의 갈등원인과 결과는? • 서로 대립되는 집단들의 존재방식은? • 불평등의 원인은? • 사회제도 자체를 변형시킬 방법은?	• 상황에 따라 행동은 어떤 의미를 지니는가? • 의미를 구성하는 과정은 어떻게 일어나는가? • 상징과 관습이 상호작용을 구성하고 그 개인에게 영향을 주는 방식은?	• 억압과 불평등의 원인은 무엇이며, 그 속에서 자율성은 어떻게 획득되는가? • 사회구조 안에서의 개인 경험과 긍정적, 부정적 정체성이 형성되는 방식은? • 언어, 의사소통, 상호작용이 억압을 낳은 방식은?
비판점	• 현상과 질서 유지에만 관심을 집중하고 갈등과 변화는 간과함 • 완전 합의된 가치를 전수하는 사회는 없음	• 갈등을 지닐 수 밖에 없는 사회가 어떻게 해야 안정과 질서를 유지하는지에 대한 답을 주지 못함	• 미시적 차원만 강조하다보니 거시적 세계와 연계짓는 일을 소홀히 함	• 억압받는 사람들을 옹호하다 보니 객관성과 가치 중립성을 잃을 우려가 있음
학자	• 뒤르켐(Durkheim) • 파슨스(Parsons) • 드리븐(Dreeben) • 메이어(Meyer)	• 마르크스(Marx) • 웹스(Webs)	• 미드(Mead) • 쿨리(Cooley) • 고프만(Goffman) • 가핑클(Garfinkel) • 듀이(Dewey)	• 지로(Giroux) • 애플(Apple) • 프레이리(Freire) • 일리히(Illich)

출처: 김병욱(2010).

3. 교육개혁과 교육의 재구조화

교육체제와 구조에 있어서 전체적인 변화를 추구하는 정치적(정책적) 실천을 교육개혁이라 한다. 이는 교육의 재구조화로서 교육분야의 전반적인 변화이며, 교육의 효율성을 높이고자 하는 교육의 질 개선 노력을 의미한다. 교육이 학생 개개인에게 맞는 학습방식을 통해 학습자체에 대한 흥미를 이끌어내고, 개별학습을 지원하는 체제를 구축하도록 한다.

교육 재구조화는 효율성의 원리, 즉 학교의 성과에 입각하여 재정을 지원한다. 또한 학부모 및 학생의 학교선택권을 확대하여 학교 간 경쟁을 지원한다. 단위학교 책임경영을 통해 학교의 자율권을 확대한다. 이때 교사의 책임과 권한을 확대하는 것을 기본 방향으로 한다.

앞으로의 교육개혁과 변화는 대안교육운동과 지식기반사회로의 교육적 변화를 통해 나타난다. 첫째, 인지학과(루돌프 쉬타이너)과 인본주의 심리학(니일)의 영향을 받은 대안교육운동은 경쟁적, 근대적 가치, 신자유주의적 가치에 반대하는 인간성 회복운동과 연결된다. 대안교육운동은 인지중심의 교육과정을 비판하고 체험위주의 노작교육과 공동체 중심의 인간화교육을 강조한다. 둘째, 지식기반사회로의 교육변화는 평생교육과 학습을 강조한다. 경험이나 실습을 통한 상황학습으로 발전하게 된다. 학습능력으로 학습자의 자기주도성을 요구한다. 학습의 효율성을 높이기 위해 다양한 매체의 활용을 통해 교육방법의 다양성을 추구한다.

1) 평생교육

평생교육에서 말하는 자기주도적 학습은 자신의 학습을 목적 및 수단에 대한 타인의 통제로부터의 독립성, 자신이 학습을 선택하고 실행하며 학습결과를 평가하는 주도성, 학습을 통해서 실현하고자 하는 자율성의 요건을 갖추고 있다. 그러나 자기주도적 학습은 학습에 관한 개인의 책임을 지나치게 강조함으로써 사회나 환경의 영향을 감추는 결과를 초래하기도 한다. 이는 개인의 능력과 노력만을 부각시키는 또 다른 올무가 될 수도 있다. 그래서 학습이 이루어지는 풍토와 환경을 충분히 고려해야 한다. 평생교육은 '학습자가 자기주도적 학습을 얼마나 잘하느냐'라고 할 수 있다(박성희 외, 2012). '학습활동에 참여하고 전념할 수 있는 환경을 얼마나 조성해 줄 수 있는가'라는 문제와 연결된다. 좋은 환경을 제공하고 구조적으로 마련해주는 것은 삶의 부담과 이를 다루는 힘 사이의 균형, 즉 힘으로부터(짊어져야 하는 다양한 짐으로부터-내적 부담, 외적 부담 등) 부담을 뺀 나머지 에너지인 삶의 '여유'(McClusky, 1973: 여유이론)를 가질 수 있도록 해주는 것이다. 그럼에도 자기주도적 학습은 학습활동에 있어서 자기주도성을 향상시키고, 학습자의 관점을 변화시키는 전환학습(Mezirow, 의미부여와 반성적 담론)을 하게 하는 기회를 제공하며, 학습의 실천 가능성을 증진시키려고 한다(김한별, 2014)

학습의 발생 및 학습이 이루어지는 시간성, 공간성, 대상성, 내용성, 방법성 등을 확대시키는 '언제나', '어디서나', '누구나', '무엇이나', '어떻게나'라는 가치를 추구하는 평생교육이 강화된다. 평생교육은 학습의 기회를 시간적, 공간적, 형식적 측면에서 확장하는 시도라고 할 수 있다. 언제, 어디서나, 누구든지, 무엇이든지, 어떤 방법으로든지, 자신이 배우고자 하는 교육과 학습의 기회를 누릴 수 있도록 하는 것이 평생교육이라 할 수 있다. 이를 위해 제도적, 정치적, 사회적, 문화적으로 시스템을 재구조화할 것을 요구한다. 바로 이런 것들이 '구현된 사회문화 체제'의 '평생학습사회(도시)'라고 한다(김한별, 2014).

"평생학습도시란 개인이 자아실현, 사회적 통합 증진, 경제적 경쟁력을 제고하여 궁극적으로 개인의 삶의 질 제고와 도시 전체의 경쟁력을 향상시킬 수 있도록 언제, 어디서, 누구나 원하는 학습을 즐길 수 있는 학습공동체 건설을 도모하는 총체적 도시 재구조화 운동이자, 지역사회의 모든 교육 자원을 기관 간 연계, 지역사회 간 연계, 국가 간 연계시킴으로써 네트워킹 학습공동체를 형성하려는 지역사회 주민의 의한, 시민을 위한, 시민의 지역사회 교육운동"이라 할 수 있다(양병찬, 2012; 김한별, 2014).

교육은 한 사람의 인격적인 개성을 회복시키고, 인간다운 삶을 영위하도록 하며, 그가 살아가는 사회적응을 도움으로써 궁극적으로 인간의 삶의 질과 행복을 증진한다. 이를 위해서는 교육체제의 제도적인 재구조화가 필요하다.

평생교육은 다음과 같은 확장의 성격이 있다.

① 교육이념의 확장

② 교육시기의 확장

③ 교육공간의 확장

④ 교육형식(Coombs & Ahmed, 1974: 형식교육, 비형식 교육－형식교육의 보완적, 대안적, 추가적 성격, 무형식 교육－무의도성 및 우연적 학습)의 확장이다.

교육이념의 확장은 교육의 민주화를 실현시키는 평생교육의 이념적 확장이다. 교육을 통해서 자기 시대를 살아가는 모든 사람들의 삶을 돕고 주체자로 생활할 있도록 그를 억압하는 현실적 문제들을 해결하는 것까지이다. "존재를 위한 학습"(Learning to Be, 포레보고서, 1972)과 "학습: 그 안에 담긴 보물"(Learning: The Treasure Within, 들로르 보고서, 1996)이라는 평생교육은 알기 위한 학습, 행위를 위한 학습, 더불어 살아가기 위한 학습, 그리고 존재를 위한 학습이다.

유네스코는 평생교육과 관련하여 전 세계적으로 국가 수준에 따라 기본적인 교육을 충분히 제공받지 못하는 개인이 무수히 존재하기 때문에, 이들이 인간으로서 누려야 할 권리와 존엄성을 보장받도록 범세계적 차원에서 교육적 지원을 수행해야 한다고 말한다(김한별, 2014). 즉, 세계적으로 해소되지 않는 불평등의 원인이 무지에서 발생하며, 모든 인간의 자유를 보장하기 위해서는 교육적으로 소외된 계층에 대한 기본적 교육이 필수적으로 제공되어야 한다(김종서 · 김신일 · 한숭희, 2009; 김한별, 2014).

2) 대안적 교육활동

교육개혁과 관련된 다양한 대안적 교육활동에는 다음과 같은 학교가 있다.

① 자유학교(써머힐)

② 개방학교(무형식학교)

③ 지역사회통제학교(판티니－분권적 지역사회 통제학교) 등이 있다.

그리고 학교선택정책과 관련된 정책들은 다음과 같다.

① 특성화 학교(마그넷 학교)

② 헌장학교(차터 스쿨)

③ 자유취학제

④ 교육비 지급보증제도(바우처 제도)

⑤ 홈스쿨링

⑥ 자유학기제(전환 학년제) 등이 있다.

대안교육 및 학교의 이념은 다음과 같다.

① 평화교육(대아관계－대인관계－대물관계－대신관계의 평화)

② 노작교육(페스탈로찌－일하면서 배우고 배우면서 일한다.)

③ 인간화교육(환경교육, 미래교육, 인권교육 등)

대안학교의 유형은 다음과 같다.

① **자유학교형**: 써머힐

② **생태학교형**: 영국 하트랜드 지방의 작은 학교

③ **재적응학교형**: 생활학교와 성지고등학교

④ **고유이념 추구형**: 슈타이너의 독일 발도르프 학교

대안학교는 기존의 학교교육 중심의 교육의 한계를 극복하고자 한다. 기존 학교교육으로부터 벗어나고자 하는 탈정형화운동이며, 자유와 개방교육이고, 인간중시와 학생중심의 교육이며, 노작교육과 현장중심의 교육을 강조한다. 우리나라는 「초·중등교육법」에서 자연친화적이고 공동체적인 삶의 전수를 추구하는 학교로 정의하며, 이를 자율학교로 규정한다. 자율학교는 교장의 자격요건, 교육과정의 운영, 학생의 선발, 시설기준 등에 있어서 어느 정도의 자율성을 허용한다.

여기에는 다음과 같은 대안학교 형태가 있다.

① 정규학교형태(거창고등학교, 풀무농업기술학교, 간디학교, 부천실업학교, 영산성지학교 등)

② 계절제 프로그램형(민들레학교, 두밀리 자연학 등)

③ 방과 후 프로그램형이 있다.

4. 학교교육의 팽창과 학력상승의 원인

1) 학습욕구이론

배우고자 하는 사람의 학습욕구에 의해서 학교가 등장하고, 이러한 욕구가 인구의 증가와 함께 나타나는 현상이 팽창이라 할 수 있다. 팽창과 상승은 시간의 변화에 따라 수요와 공급에 문제를 일으키게 된다. 하지만 학교가 학습욕구를 충족시켜 주지 못하고 있다는 것이 현실이다. 학교는 보호, 선발, 교화, 학습 등의 기능 중에서 가장 중요하게 해야 할 학습의 기능을 소홀히 하고 있는 경우가 더 많다(Reimer, Illich).

2) 기술 및 기능이론

지족적인 사회의 변화와 분화는 과학기술의 발전을 가져오고 전문성을 끊임없이 높인다(R. Collins). 그 결과 전문적인 직업기술의 교육수준을 높이고 학교교육이 장기화되고 학력을 상승시키는 결과를 가져온다. 과잉학력, 학력인플레 현상을 만들고 있다. 직업기술수준과 학력수준이 일치하는 것이 아니기에 학력상승으로 직업기술 수준을 설명하기 어렵다.

3) 지위경쟁이론

학력이 사회적 지위획득의 수단이기에 사회의 다양한 영역에서 교육과 관련된 제반 사항들은 불가불 문제를 일으킬 가능성이 높다. 그래서 경쟁은 심화되고 더 높은 학력을 요구하는 결과만 초래한다. 학력은 단순한 현상이 아니라 경제적, 정치적, 신분적 계층에까지 영향을 미친다. 그래서 높은 학력을 얻기 위해 끊임없이 경쟁하는 졸업장 병(Dore)이 생기고, 지위획득의 수단으로써 학력이 사용되면서 진학률을 상승시켜 많은 사람들이 몰리게 됨으로써 학력의 가치가 떨어지는 학력 인플레이션이 발생하게 된다. 결국 이런 문제를 해결하기 위해 정부는 교육기회 확대정책을 실시하게 되지만, 현실은 상급학교 입시경쟁이 심화되는 사회문제를 만들게 된다. 즉, 대학의 서열화, 학벌사회가 발생하게 되고 학문 간에도 당장 사용하거나 취업이 되는 학문으로만 투자를 하게 되는 일이 일어나게 된다. 고등교육이 대중화 및 일반화되면 학력의 가치가 떨어져 고학력자의 교육수익률은 하락하게 된다. 또한 교육을 통한 사회이동 및 계층이동의 상승효과가 감소한다. 지위경쟁이론은 경쟁의 부정적 측면만 강조하고 정부의 교육기회의 확대에 대한 기대치가 별로 없다. 마르크스 이론에 기초하여 학교제도는 자본주의 경제체제를 정당화(경제적 재생산론, S. Bowles & H. Gintis)하고 유지(문화재생산)하기 위하여 그에 맞는 지식과 기술과 인력을 선발 및 배치를 한다고 본다. 자본가 계급의 이익만을 위한 교육으로 단정하고, 학습자 자신의 이익이라는 측면은 무시한다. 즉, 학교를 교육을 위한 도구로만 파악한다.

5. 교육평등(관)

교육에 있어서 평등문제는 매우 중요할 뿐 아니라 교육기회의 문제와도 관련되어 있다. 교육의 기회균등은 사회적 계급(신분적, 귀속적)에 상관없이 개인의 재능을 높이기 위해 보다 나은 교육을 제공하고 다양한 자료를 제공하는 것이라 할 수 있다. 교육평등을 실현하기 위해 의무교육의 도입, 능력에 따라 다양한 교육기회 제공, 비슷한 시설 및 교사의 자질보장 그리고 교육이 결과면에서 동등할 수 있도록 교육결과의 평등까지 고려하도록 한다. 사실 교육기회의 평등, 기회의 균등은 교육을 위협하거나 방해하는 다양한 환경의 영향이 제거될 때 가능하다. 교육 불평등은 다른 요인들보다도 학생의 사회적, 경제적 배경에 의해 좌우되는 경우가 더 많다(콜맨 보고서). 단순히 앞에서 언급된 시설이나 외적 조건들을 충족시켜 주는 문제가 아니라, 사회 내에 존재하는 정치적 권력이 재구조화 내지는 재분배되는 변화가 반드시 수반되어야 한다(보울즈). 교육평등은 교육과정의 불평등 요소를 제거하고, 결과의 평등 및 경제적 보상의 평등을 제공하는 것까지를 포함한다. 투입의 평등뿐 아니라 결과의 균등까지 의미하며, 이제는 평등 및 균등 개념은 양적 균등에서 질적 균등의 개념으로 발전하고 있다.

교육기회의 평등은 허용적 평등, 보장적 평등, 조건 및 내용적 평등, 결과적 평등으로 확증된다.

1) 허용적 평등

모든 사람은 동등한 기회를 가져야 한다. 기회는 개인이 가진 재능과 노력 여하에 달린 문제이지, 법이나 제도, 귀속적 사회의 신분으로 제한되어선 안 된다. 교육기회의 제도적 차별을 철폐함으로써 교육기회가 확대되도록 한다. 이때 기회는 공정해야 하고 공개적이어야 한다. 모두가 같은 수준의 교육을 받아야 한다는 것은 아니다. 그래서 제도를 통해 선발과 배치를 규정하도록 한다. 단순한 차별이 아니라, 개인이 가진 재능에 따라 교육의 기회가 충분히 주어질 수 있도록 한다.

법적 규정은 다음과 같다.

(1) 「헌법」 제31조 제1항: 모든 국민은 능력에 따라 균등하게 교육을 받을 권리를 가진다.

(2) 「교육기본법」 제4조: 모든 국민은 성별, 종교, 신념, 사회적 신분, 경제적 지위 또는 신체적 조건 등을 이유로 교육에 있어 차별을 받지 않는다.

2) 보장적 평등

교육을 받을 수 있는 기회는 개인의 노력만으로 되는 것이 아니다. 개인이 아무리 뛰어난 능력을 가지고 있다고 하더라도, 진입장벽이 높으면 불가능하거나 어렵다. 그러므로 교육기회를 가로막는 경제적, 지리적, 사회적 장애들을 제거해 주어야 한다. 이는 무상교육, 무상급식, 그리고 저소득층 자녀들이 고민 없이 학업에 집중할 수 있도록 해주는 일련의 일들과 관련이 있다. 보장적 평등은 교육기회의 확대와 교육의 보편화를 마련하는 데 크게 기여하였지만, 교육기회의 분배구조를 획기적으로 바꾸는 데에는 한계가 있다.

대표적인 운동은 영국의 '1994년 교육법'이다. 중등교육을 보편화하고 무상교육을 실시해 불우층 자녀에게 의복 및 점심, 학용품 등을 지급했다.

보장적 평등에 관한 법률적 규정을 다음과 같다.

(1) 헌법

- 제31조 제2항 – 모든 국민은 그 보호하는 자녀에게 적어도 초등학교의 법률이 정하는 교육을 받게 할 의무를 진다.
- 제31조 제3항 – 의무교육은 무상으로 한다.

(2) 교육기본법

- 제8조 – 의무교육은 6년의 초등교육 및 3년의 중등교육으로 한다. 다만, 3년의 중등교육에 대한 의무교육은 국가의 재정여건을 고려하여 대통령령이 정하는 바에 의하여 실시한다.
- 제28조 – 국가 및 지방자치단체는 경제적 이유로 인하여 교육을 받기 곤란한 자를 위한 장학제도 및 학비보조제도 등을 수립 실시하여야 한다.

(3) 초 · 중등교육법

- 제12조 제1항 – 국가는 교육기본법 제8조 제1항의 규정에 의한 의무교육을 실시하여야 하며, 이를 위한 시설의 확보 등 필요한 조치를 강구하여야 한다.
- 제16조 – 국가 및 지방자치단체는 의무교육대상자의 친권자 또 후견인이 경제적 사유로 의무교육대상자를 취학시키기 곤란할 때에는 교육비를 보조할 수 있다.
- 제52조 제1항 – 산업체에 근무하는 청소년에 대한 중학교 및 고등학교과정의 교육을 위해 산업체에 인접한 중학교 및 고등학교에 야간수업을 주로 하는 특별학급을 둘 수 있다.

3) 교육조건 및 내용의 평등

교육은 법적이 문제만 해결하면 평등이 자연적으로 성취되지 않는다. 교육이란 실제적으로 무엇을 배우는가, 어디서 배우는가, 누가 가르치는가와 밀접한 연관성을 가지고 있다. 이런 것들과 학교 간 차이가 없어야 한다. 학교 간의 차이는 결국 사회이동 및 계층 간의 불균형을 만들 가능성이 높다. 이는 상급학교 진학의 차이를 만들어낼 수 있기 때문이다. 그러므로 학교의 교육과정과 조건과 여건들이 평등하게 이루어지도록 해야 한다.

콜맨(Coleman)의 보고서는 제반교육여건이 학업성취에 차이를 만들기보다는 학생들의 가정배경과 친구집단이 영향을 미치는 것으로 보고한다.

우리나라의 고교평준화는 교육조건의 평등의 실현이라 할 수 있다. 고등학교 간의 학교차를 해소하는 교육정책이다. 그러나 입시제도적 관점에서 시행된 것이기에 학생들을 학교 간에 균등하게 배정한 것에 목적이 있었다.

4) 결과적 평등

교육의 차이는 당연히 교육결과, 보상의 차이를 만들어 낸다. 그러므로 다른 능력과 재능을 가진 학생이 차별을 받거나 평등으로부터 소외되지 않을 수 있는 다양한 방법을 동원하도록 한다.

> "정의는 평등한 자유의 원칙을 기초로 한다. 모든 사람은 기본적 자유와 관련하여 평등한 권리를 갖는다. 기회평등이 원칙으로 제공되어야 한다. 모든 사람에게 공정하게 공평하게 공개적으로 공의롭게 기회가 주어지는 것을 말한다. 접근의 기회가 차별적으로 제공되지 않는 것을 의미한다. 출생이나 개인이 가진 천부적 재능은 부당한 것에 해당하므로 어떤 식으로든 보상, 즉 차등적 보상이 되는 것이 정의이다. 자신의 의지, 자신의 노력과 상관없이 자연적으로 주어진 환경적·신체적 여건의 불리에 대하여 불편·부당성은 보상을 해 주는 것이다. 그리고 사람들은 각기 다른 잠재능력을 가지고 각기 다른 환경에서 태어난다. 그런데 누가 어떤 잠재력을 가지고 어떤 가정에 태어나느냐는 순전히 우연의 결과로, 마치 '자연의 복권추첨'과 같은 것이다"(존 롤스, 1971).

상대적으로 학습능력이 열등한 학생에게는 개인적인 관심과 노력을 개인적 및 구조적으로 제공하는 보상교육 시스템이 실시되도록 한다. 학생 간의 격차를 줄이기 위해서 능력이 부족한 학생에게 더 좋은 교육조건을 제공하며, 학습부진아에게는 보충학습을 지도한다. 계층 간 격차를 해소하기 위해서 저소득층에게 보상교육을 실시한다. 이 외에도 지역 간 격차를 좁히기 위해서 의무교육과 특별전형 등의 제도적인 노력을 해야 한다.

제 12 장

교육행정

1. 교육행정이란?

사실 '교육이 무엇이다'라고 정의하고 개념적인 명확성을 만들어내는 것이 필요한 경우가 많다. 그럼에도 불구하고, 정의하고 개념을 정하는 것은 더 다양하고 속 깊은 이야기를 가로막는 경우가 많음을 안다. 그래서 정의하기보다 설명을 하는 것이 필요한듯 싶다.

교육에 대하여 할 말이 많고 할 수 있는 주제나 사건도 너무 많기에 설명이 필요할 듯하다. 이 세상에 존재한 사건과 역사만큼, 또는 사람만큼 교육은 수없이 일어나고 교육은 발생한다. 이러한 교육은 특정 개념과 정의로 정하는 것은 쉬운 일이 아니다. 그럼에도 교육행정과 경영적 의미에서 교육을 접근하고자 하기에 합리적이고 동의를 얻을 수 있는 행동적인 방식에서 설명을 하면, 교육은 "바람직한 인간형성을 위한 계획적인 변화"를 만들어내는 것이라 할 수 있다.

이 내용을 중심으로 교육을 설명하고, 교육행정과 경영에서 이렇게 설명되는 교육과 어떤 연결성이 있는지 살펴보고자 한다.

• 바람직한 교육

교육은 바람직한 성격을 가지고 있으며 그러해야 한다. 어떤 누군가가 어떤 누군가를 가르치거나 교육하는 일이기 때문이다. 즉, 사람에게 대한 사람의 일이기에 더 신중해야 하고 바람직해야 한다는 의미이다. 바람직하다는 것을 규정하기가 쉽지 않다. 그러나 바람직함은 기본적으로 ① 인간존중(인권), ② 상식적, ③ 헌법적 가치와 법 준수에 위배되지 않다는 것을 말한다.

• 인간형성을 위한 교육

어떤 형태의 교육이든 교육이 하는 사람이든 교육을 받는 사람이든, 바라는 바대로 인간형성 및 자아형성이 이루어지도록 배움과 가르침이 일어나도록 한다. 인간형성이란 전통적인 관점에서 볼 때 그 형성이란 지, 정, 의, 체가 잘 조화된 인간을 말할 수 도 있다. 전인적 성장이거나 발달을 말하기도 한다. 교육이 발생하는 그 상황에서 요구하는 바대로의 사람을 양육하는 교육을 말하는 경우도 있다. 하지만 어떤 형태의 인간형성이든 바람직성에 의해서 인간형성을 위한 교육은 설명되어야 한다.

- 계획적인 교육

바람직한 인간을 형성하기 위한 일련의 다양한 시도들이라고 할 수 있다. 이 시도는 과학적이며, 합리적이며, 합법적인 것이다. 교육학적인 영역에서 볼 때 계획적인 교육은 교육심리, 교육행정 및 경영, 교육방법, 교육과정 등이 여기에 속한다. 조직적인 관점이든, 사회적인 관점이든 교육을 실시할 때는 분명한 목적이 있기에 계획적이어야 한다.

- 변화를 추구하는 교육

양적인 변화이든, 질적인 변화이든, 행동적인 변화이든, 정신적이고 내면적인 변화이든 교육은 어떤 형태로든지 변화를 추구하고 만들어 낸다.

시공간 안에서 발생하는 어떤 시도들은 반드시 변화를 겪거나 변화를 일으킨다. 바라는 대로의 변화가 일어나도록 하기 위해서 계획적인 교육을 시도한다.

바로 이러한 관점에서 볼 때, 교육행정 및 경영은 계획적인 변화라는 교육적 목적을 위한 교육의 한 영역이라 할 수 있다.

교육행정 및 경영을 교육과의 관계에서 주도적으로 볼 것인지, 수단적으로 볼 것인지는 접근하고 읽어내는 관점의 차이에서 다르게 보인다. 그럼에도 교육행정 및 경영은 분명히 교육이 추구하는 변화를 위한 계획적인 영역에 속한다고 볼 수밖에 없다.

특별히 교육행정 및 경영은 효과적인 변화, 계획적인 변화, 바라는 바대로의 변화를 만들어내기 위해서 교육이 발생하는 ① 조직(학교와 학급), ② 조직 구성원(학생)과의 관계와 리더십(교사와 교장), ③ 원하는 목표를 달성하도록 구성원들로 하여금 행동하게 하는 동기부여, ④ 지속적인 자기발전을 통하여 구성원인 학생들을 잘 가르치도록 교사를 돕는 장학, ⑤ 의사소통과 의사결정, 그리고 ⑥ 갈등을 다룬다.

교육행정 및 경영을 다시 정리하면 다음과 같다.

국가 또는 지방자치단체가 교육의 목적을 달성하기 위하여 행하는 행정을 말한다. 교육은 본래 국가 고유의 사업은 아니었으나, 현대국가에 있어서는 가장 중요한 국가사업의 하나가 되어, 교육행정은 행정 중에서도 중요한 내부 행정의 일부를 차지하게 되었다. 「헌법」은 교육의 자주성·전문성 및 정치적 중립성의 보장을 선언하고(헌법 제31조4항), 「교육기본법」은 '국가와 지방자치단체는 교육의 자주성과 전문성을 보장하여야 하며, 지역 실정에 맞는 교육을 실시하기 위한 시책을 수립·실시하여야 한다'고 규정하여(제5조1항) 교육행정의 내용을 정하고 있다. 교육행정의 내용은 교육의 목적을 달성하기 위하여 필요한 조건, 즉 교육행정조직·교육시설·교직원에 관한 제도를 확립하는 것이다. 교육행정의 주체는 국가 또는 지방자치단체이며, 교육행정의 민주화·지방분권화의 경향에 따라 국가사무였던 것이 광범위하게 지방자치단체에 이양되어 있다. 교육행정기관은 국가의 중앙기관으로서 교육부 장관이 있고, 지방자치단체의 기관으로서 특별시·광역시·도와 시·군에 교육위원회 및 교육청이 있다(법률용어사전 – 교육행정, 2015).

교육행정은 법규에 따라 교육에 관한 행정으로 법규해석적 정의, 교육을 위한 행정으로 기능적 입장을 갖는 조적정비론적 정의, 행정의 활동이란 집단적 행동으로 보는 행동행위론적 정의로 설명된다.

교육행정을 어떻게 정의하느냐, 어떤 관점에서 보느냐 따라 교육행적의 성격은 공공적 성격, 조정적 및 봉사적 성격, 수단적 및 기술적 성격, 전문적 성격, 민주적 성격, 중립적 성격이 있다.

교육행정은 민수성의 원리, 효율성의 원리, 합법성의 원리, 기회균등의 원리, 타당성의 원리, 지방분권의 원리, 자주성의 원리, 적응성의 원리, 안정성의 원리, 전문성의 원리에 의해서 운영된다.

교육행정은 학습자의 권리와 복지추구의 원리, 교수 – 학습 중심의 지원 원리를 이념적 준거의 원리로 한다. 운영에 있어서의 원리는 교육이 다양성 추구의 원리, 교육 선택권 존중의 원리, 단위학교 특성 존중의 원리, 학교현장 요구 수렴의 원리, 교직과 교원존중의 원리이다.

교육과 행정, 즉 교육행정적 안목을 갖는 일(교육행정을 배우는 일)은 교육의 구조, 교육이 이루어지는 현장, 교육행위의 조직적 맥락 그리고 교육행정의 실제적 유용성을 알게 한다.

2. 과학적 관리론

교육의 가치를 실현하고, 교육의 목표를 달성하기 위한 노력은 다양한 관점에서 접근될 수 있다. 가장 효율적인 방법은 대상에 따라, 장소에 따라, 내용에 따라, 방법에 따라, 평가에 따라, 조직과 상황 그리고 환경에 따라 다른 접근을 하게 된다. 학교라는 조직과 학교 안에 있는 구성원들의 행동을 이해하고, 보다 바람직한 교육적 변화를 만들어 내는 데 도움이 되는 관점은 어떤 것이 있는가? 이런 접근방식은 일반적으로 과학적 관리론, 관료제론, 인간관계론, 체제론, 사회과정론이 있다.

어떻게 하면 효율성을 높이고 원하는 바대로의 결과를 만들어낼 수 있는가? 가능한 한 최고의 이익은 어떻게 했을 때 나타나는가? 가장 손쉬운 방식은 최소 투자에 최대 효과를 얻을 수 있는 방법을 찾고 그 결과를 얻는 것이다. 무한한 욕심(욕망, 비젼, 목표)을 제한적이거나 한정적이거나 유한한 자원(물적, 인적, 시간적, 공간적 등등)을 가지고 맞추려니 다양한 어려움이 발생하게 된다. 바로 이런 한계 상황과 조건적인 상황에서 최대의 효과를 만들기 위해 고민한 흔적이 과학적 관리론이다.

과학적 관리론은 대량생산체계를 중심으로 자본주의를 발전시키고자 하는 관리이론이다. 시간과 자원의 효율적 관리와 활용이 필요성을 주장한다. 테일러(F. W. Taylor, 1911)는 『과학적 관리의 원칙』에서[7] 일상생활과 산업현장에서 발생하는 비효율성에 의한 손실은 과학적 관리시스템(과학적 직무분석, 과학적 선발 및 교육훈련, 협력을 중시하는 관리방식, 관리자와 노동자의 역

7) 우리의 일상생활에서 비효율(노동자들의 조직적 태업-무관심, 나태와 표준화된 생산법의 부재)에 의해 얼마나 많은 손실이 있는지 다양한 사례를 통해 지적하고자 한다. 그와 같은 비효율에 의한 손실을 특별한 사람에 의존하기보다는 관리시스템을 통해 고칠 수 있다는 점을 사람들에게 확신시키고자 한다. 관리시스템의 개신은 법칙, 규칙, 원리를 바탕으로 한 과학적 방식으로 가능하다는 것을 강조하고자 한다(참고, 신현석 외 공저, 2015).

할 분화)의 개선을 통해 바꿀 수 있다고 보았다.

사람은 효율적인 기계와 같이 프로그램화할 수 있으며, 경제적 요인에 의해서 동기부여가 된다고 가정하였다. 작업과정을 분석하고 과학화하면 능률과 생산성을 극대화할 수 있다고 가정하고, 시간연구와 동작연구 등을 통해 체계적인 공과학적 관리의 원리를 체계화하였다. 작업의 각 동작들을 가장 작고 단순하게 구성하여 작업을 개선함으로 생산성을 높이는 것을 목적으로 한다.

교육의 영역에서도 학교이 비효율적인 요소와 낭비를 찾아 제거하고 효율적인 관리를 하기 위해 과학적 관리도입을 하였다(J. F. Bobbitt). ① 가능한 한 모든 교육시설을 동시에 활용한다. ② 교직원의 작업 능률을 최대로 유지하면서 교직원 수를 최소로 감축한다. ③ 교육에서의 낭비를 최대한 제거한다. ④ 교원은 학생을 가르치는 데 전념하고 별도의 행정가가 학교행정을 맡는다. ⑤ 교육목표를 분명히 설정한다. ⑥ 최선의 교육방법을 탐색하고 숙지하여 교육을 해야 한다. ⑦ 교사의 자질과 자격에 관한 기준이 명확하게 마련되어야 한다. ⑧ 교사를 위한 사전교육과 사후교육 등 각종 연수를 충실히 이수하도록 한다.

3. 관료제론

어떤 조직이든 조직구성원들이 행동할 때 일정한 규칙(질서)이 있다. 이런 질서는 관습, 집단의 내규의 형태로 존재하는 경우가 많은데, 소식의 유형에 따라 서로 다른 규칙이 있다. 이 규칙을 따르는 것을 '권위'(카리스마적 권위, 전통적 권위, 합법적 권위)라고 한다.

관료제는 개인의 자유를 제한할 수 있지만 가장 효율적인 조직화 시스템으로 합법적 권위를 행사한다(M. Weber, 1948). 합리적 권위를 바탕으로 한 관료조직은 조직의 전문성을 높이기 위해 업무의 기능을 분업화하고, 사람을 고용할 때 친분관계보다는 기술적 능력을 먼저 고려함으로써 합리성을 높인다. 모든 업무는 절차 규정에 따라 운영하고 직책의 위계구조가 분명하여 명령과 지시가 신속하게 처리되며, 경력에 따른 승진제도를 마련하여 구성원들에게 동기를 부여한다.

표 12-1 관료제의 순기능과 역기능

순기능	관료제 특징	역기능
전문성	분업과 전문화	권태
합리성	몰인정성	사기의 저하
엄격한 순응과 조절	권위의 체계	의사소통의 저해
계속성과 통일성	규칙과 규정	경직성 및 목표 바뀜
충성의 유도	경력지향성	무사안일주의

4. 인간관계론

사람은 좋은 환경 및 좋은 시스템을 만들어주면 효율적인 행동과 합리적인 결과를 만들어내는가? 필요한 조건을 만들어 주었지만 더 좋은 결과를 만들어내지 못하는 이유는 무엇인가? 그리고 그렇게 좋은 환경이 아님에도 불구하고 좋은 환경에서 일하는 사람들과 별 차이가 나지 않는 결과를 만들어 내는 이유가 무엇인가? 문제는 사람들이 항상 합리적으로 행동하지 않고, 경제적으로 보상이 주어진다 해도 더 열심히 일하지 않는 경우가 있다.

과학적 관리론은 지나치게 경직되어 있고, 사람다운 인간미나 인간을 경시하는 환경에 의하여 오히려 작업의 능률이 떨어지고 사기가 저하된다는 문제점이 발생하게 되었다.

사람이 행동을 하는 것은 외부의 환경적 조건에 의해서만 목표중심이 되는 것이 아니라 심리적이며 사회적인 요소와 구성원들과의 관계가 더 중요하게 작용한다. 그래서 구성원들을 인간적으로 존중하고 하고 있는 일에 대한 자긍심과 개인적인 격려가 필요하며 구성원이 처한 사회적, 정서적, 심리적, 경제적 등의 여건을 고려해주면 보다 효율적인 행동을 한다.

이런 문제를 해결하기 위하여 메이요(E. D. Mayo)와 뢰스리스버거(F. J.

Raethlisberger)는 호손(Hawthorne)공장 실험연구(조명실험, 전화계선기 조립 실험을 위한 팀구성, 상담 등)에서 인간관계의 중요성, 비공식조직의 영향성, 사회적 및 심리적 조건의 중요성이라는 조직 내의 인간적 요인에 의해 생산성이 달라진다는 것을 확인했다.

5. 학교와 체제

교육은 특별한 요소에 의해서 영향을 받는 것 같아 보여도 그것에 의해서만 교육적 결과를 발생하는 것은 아니다. 바라는 바대로의 결과가 나오지 않는 이유는 교육이란 것이 사회적이며, 교수 – 학습의 주체자인 사람 또한 사회적 존재이기 때문일 듯하다.

다양한 요소들의 관계가 연결되어 유기적으로 작용하는 조직의 형태를 '체제'라고 한다. 체제는 '공동의 목표를 달성하기 위해 상호작용하는 여러 부분들 간의 총체'라고 할 수 있다. 체제론적 관점은 정치적 사고, 사회정의, 학교 진보, 민주적인 커뮤니티, 네트워크적인 사고에 기반한다. 내부적인 관점보다는 조직을 둘러싼 외부환경의 영향력과 조직과의 역동적인 상호작용, 정책이 결정되는 절차와 관계의 이해에 관심을 갖는다. 체제적 관점에서 볼 때 교육은 개방체제의 모습을 아래와 같은 모형으로 설명될 수 있다.

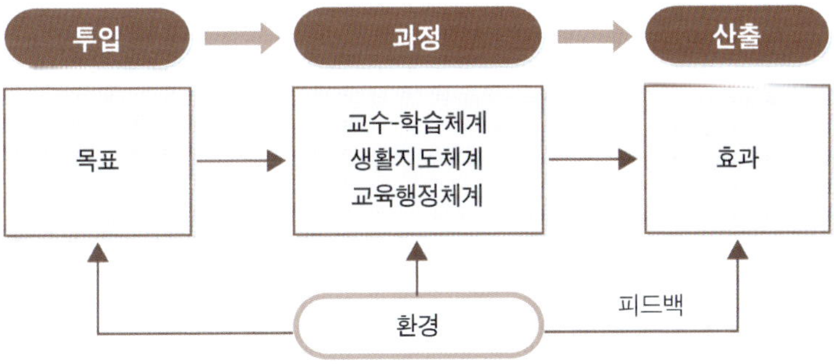

그림 12-1 교육의 개방체제 모형

교육의 개방체제에서 교육목표, 교육과정, 인적 및 물적 자원, 재정 등을 투입한다. 계획, 조직 및 구조, 운영조직, 학습조직, 교수-학습, 평가 등은 과정적 요소이다. 지식, 지능, 태도, 사회, 국가 등은 교육을 통하여 나타나는 산출효과이다.

6. 사회과정과 학교(교육)

학교는 하나의 사회적 과정으로 교육조직을 사회체제로 이해한다. 행동은 인성과 역할의 상호작용으로 형성되는데, 집단의 성격에 따라 상호작용은 달라진다.

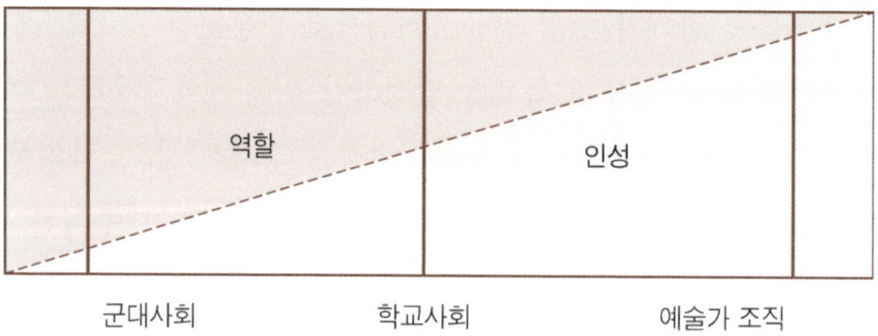

인간의 행동(Behavior)은 인성(Personality)과 환경(Environment)의 함수관계(function)에 의한 결과라는 의미로, B=f(P·E)가 된다.

학교는 제도적으로 규정된 역할의 영향을 아직은 많이 받고 있다. 그러나 최근에는 자율성, 창의성을 강조하여 인성의 비중이 점차 많아지고 있다.

인간의 행동(사회체제 속의 사회적 행동)은 단순한 어떤 요소에 의해서 행동되기도 하지만, 다양한 관계와 체제와의 상호작용에 의해 발생하는 경우가 많다. 게젤스(J. W. Getzels)와 구바(E. G. Guba)는 구조, 개인, 정치, 문화 등의 개념을 사용하여 인간행동을 규범적 차원(제도 – 역할 – 역할 기대)과 개인적 차원(개인 – 인성 – 욕구성향)의 상호작용으로 보았다.

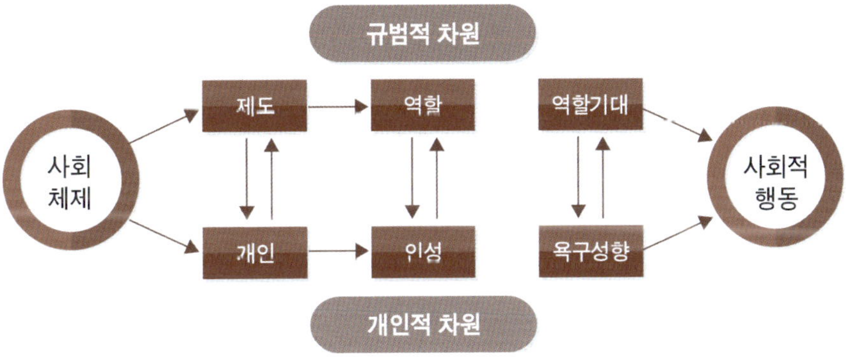

사회적 행동은 규범적 차원, 개인적 차원뿐 아니라 조직풍토 차원, 인류학적 차원, 생물학적 차원의 상호작용의 결과로 더 다양한 요소들과의 관계적 작용으로 만들어진다(Getzels & Thelen).

개방조직으로서 학교체제에서의 행동은 구조적이고 개인적인 요소들에 의해서 영향을 받을 뿐 아니라, 문화적, 정치적, 경제적 요소들의 영향도 받는다(Hoy & Miskel, 2008). 구조적으로 관료제, 문화는 함께 공유하는 것으로, 정치체제는 권력관계로, 개인은 신념과 다양한 동기에 의해서 영향을 받는 상호관계를 통해 나타난다. 이때 상호작용의 본질은 정치적이다. 다양한 쟁점들은 서로 간에 얽힌 이해관계 때문에 상호작용을 필수적으로 요구한다. 이는 다음과 같은 모형에서처럼 설명될 수 있다고 본다(Hoy & Miskel, 2008).

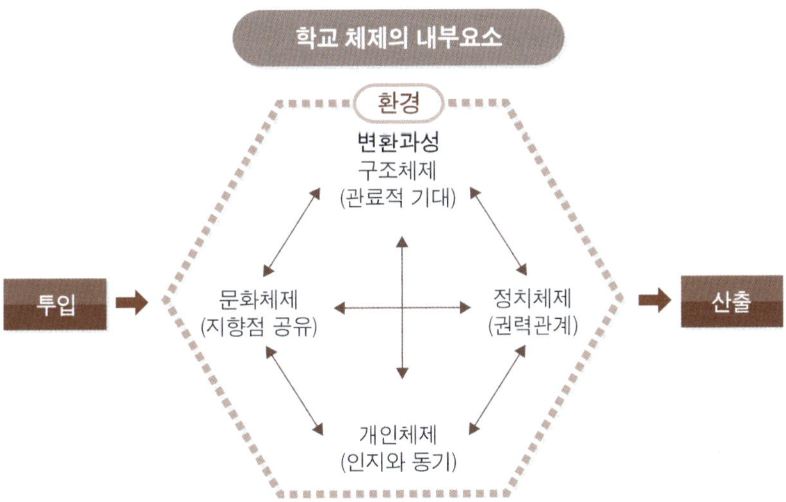

학교는 '배움 공동체'로써 학습조직이며 '전문적인 학습공동체'라고 할 수 있다. 그래서 이를 적극적으로 실현하기 위해 학교개혁은 모든 구성원들과 '함께'하는 교사들에 의해서 수시로 내부로부터 일어나야 하고, 수업을 새롭게(수업창조)를 하기 위한 노력이 요구된다. 그리고 지도성을 개발, 장학을 장려, 학업성취도 관리, 자율학습을 위한 재정보조, 연수, 네트워크 등을 마련하는 방식의 교육정책이 필요하다. 이렇게 할 때 교수활동과 학습활동 개선을 위한 지속적인 노력이 일어나게 된다.

7. 교육과 동기부여

학교에서 이루어지는 교수-학습활동은 결국 학습자인 학생의 학업성취를 통해 그 결과를 말하는 경우가 대부분이다. 하지만 학업성취라는 것이 그렇게 만만한 것이 아니다. 모든 학생이 교육을 받는 다고해서 원하는 결과를 만들어내지 않는다. 잘 따라오는 학생도 있지만, 잘 따라오던 학생도 문제를 발생하기고 하고, 그렇지 못한 학생들의 경우도 다양한 문제들로 인해 학습을 멀리하는 경우가 있다. 다양한 학생들로 하여금 어떤 목표를 추구하게 하고 행동하게 하는 것을 '동기부여'라고 한다. 학교의 리더십을 가진 사람들이 지도성을 발휘하고자 할 때, 구성원들로 하여금 학교가 추구하는 목표를 달성하도록 하는 어떤 자극적 힘을 동기부여라 할 수 있다.

동기부여는 어떤 요인이 동기부여에 작용하는가에 따라 내용이론(욕구단계, ERG, X-Y, 동기·위생, 성숙·미성숙 이론)과 어떤 과정을 통해 동기부여가 발생하는가에 따라 과정이론(기대, 공정성 이론)으로 나눈다.

	타일리와 메이요	허츠버그의 동기 · 위생이론	매슬로우의 욕구단계이론	엘더퍼의 ERG욕구	맥그리거의 X · Y이론	아지리스의 성숙 · 미성숙 이론	
상위욕구	인간 관계론	동기요인	자아실현 욕구	성장욕구 (G)	X이론	성숙이론	내적동기
		위생요인	존경욕구				
↕			사회적 욕구	관계욕구 (R)			↕
	과학적 관리론		안전 욕구	생존욕구 (E)	Y이론	미성숙이론	
하위욕구			생리적 욕구				외적동기

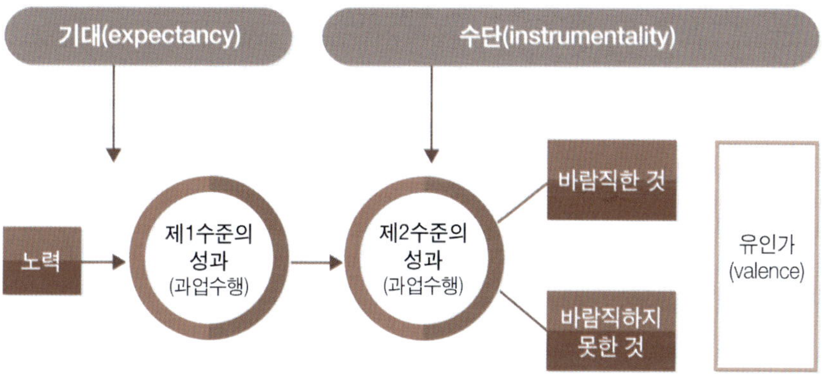

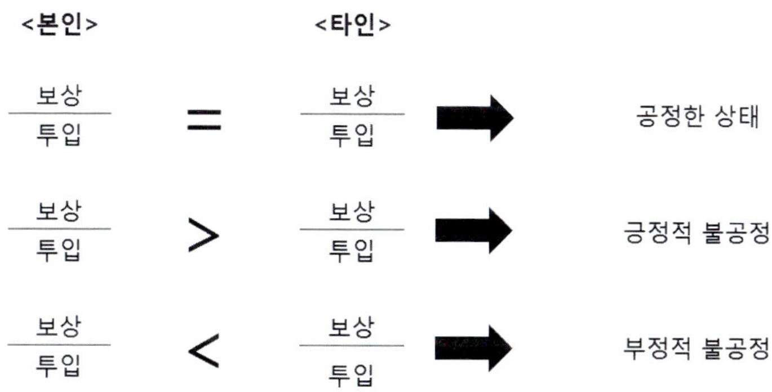

사람은 어떨 때 공정하다는 것을 느끼고 더 열심히 일하거나 자신이 지금 하고 있는 일에 대한 불만족이 적어질까? 자본주의 사회인만큼 자신에게 분배된 부가 적절한지를 비교하게 되는데, 이것이 공정성의 개념이라 할 수 있다. 투입 대비 산출이다. 자신이 노동을 투입한 결과, 받게 되는 보상의 크기가 다른 사람의 투입 대비 산출과 비교하여 크기가 일치한다면 공정성을 느

끼게 된다. 표면적인 '결과의 공정성'보다는 '절차적 공정성'에 훨씬 더 영향을 많이 받는다. 절차적 공정성은 사회적 자본이라 할 수 있는 신뢰이다. 최근에는 '상호작용적 공정성'(의사결정 상황에서의 존중, 공개성)도 중요하게 논의되고 있다. 사람은 불공정함을 알게 되면 자신이 생각한 공정성을 만들기 위해 투입을 조정, 성과를 조정, 투입과 성과에 대한 인지적 왜곡, 비교대상의 투입과 성과의 변경, 비교 대상의 변경, 조직이탈 내지는 이직을 한다. 그러므로 학교조직에서는 조직의 구성원을 공정하게 대우하도록 하고, 구성원이 이 공정성을 어떻게 인식(지각)하고 있는지를 이해하고(인지부조화 상태를 예방), 다양한 차원(조직 안과 밖)에서 공정과 불공정에 관한 결정이 일어난다는 것을 알아야 한다.

내용동기이든 과정동기이든 동기화가 잘된 교사와 학생은 교수-학습활동에서 성취도와 만족감이 높게 나타나기에 조직의 효과성도 높아지게 된다. 이러한 동기부여에 대한 이해는 교수-학습의 개선, 장학의 방향, 학교 경영의 효율성을 높이게 한다.

8. 교육과 리더십

학교조직에서 지도성(리더십)은 상당히 중요한 역할을 한다. 한 사람의 지도에 의해서 모든 것이 바뀌거나 한 사람에게 모든 것이 달린 문제는 아니지만, 지도성의 중요성은 간과하기 어렵다. 구성원들의 노력을 유도하고 방향을 제시하며 목표를 향한 촉진자로서의 역할을 하는 것은 분명하다.

"오늘날 어떤 (교장)선생님, 어떤 지도성을 나타내는 사람이 좋은가?"라고 물었을 때 나타나는 지도자의 모습을 고려해 볼 필요가 있다. 어떤 리더십 유형을 갖는 것이 가장 효과적인 학업성취의 결과나 만족도를 높일 수 있는가?

오랫동안 지도성이라고 하면 특성이론(위인이론, 심리적 입장, 성격이론), 사회적 입장(상황이론), 행동적 입장(상황에서의 특정 행동, 리더의 행동)으로 접근했다.

일반적으로 지도성의 유형은 구조중심(과업중심-목표중심)과 배려중심(인간관계중심–상호신뢰)으로 구분한다(오하이오 주립대학교의 리더 행동 연구, 미시간 대학교의 리더 행동 연구, A. W. Halpin). 효과적인 리더는 구조성, 배려성 행동과 연관되어 있다. 효과성은 리더가 인식하는 행동과 구성원이 인식하는 행동의 일치성과 차이에서 발생한다. 효과적인 리더는 관리감독보다는 신뢰라는 자율성, 구성 중심의 리더, 구성원 스스로의 가치성 자각에서 나온다.

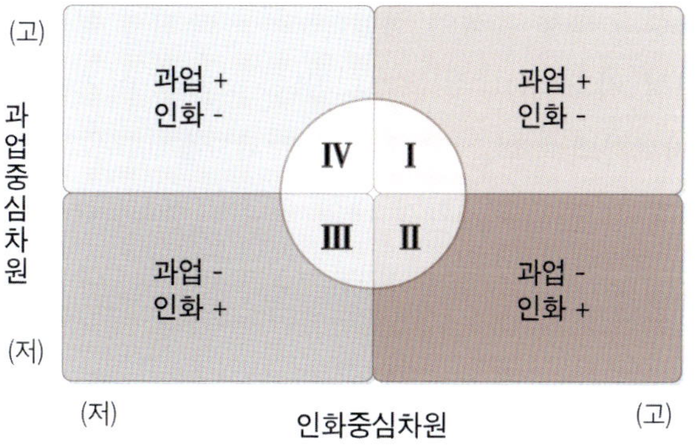

구성원의 성숙도에 따라 지도성(지시형, 설득형, 참여형, 위임형)이 나타나기도 한다(P. Hersey & K. H. Blanchard). 지도성은 상황, 지도자, 추종자의 관계에 따라 결정된다. 리더의 행동이 생산에 대한 관심과 인간에 대한 과심에 따라 태만형(1.1), 사교형(1.9), 권위형(9.1), 중도형(5.5), 팀형(9.9)이 있다(Blake & Mouton).

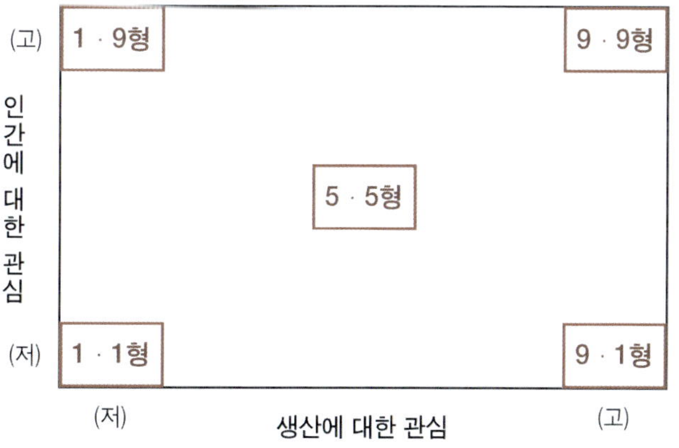

하지만 어느 유형의 리더십이 단순하게 효과적인 리더십이라고 단정하기는 어렵다. 리더행동이 어느 상황인가에 따라 달라지기 때문이다(Fiedler의 상황적 리더십). 그러므로 구성원의 특성, 조직 특성, 리더의 특성, 사건의 특성 등 다양한 상황을 고려하려는 노력이 필요하다. 여기서도 중요한 것은 상황조차도 고정적이지 않음을 잊어서는 안 된다. 동시에 지도자가 상황을 어떻게 인식하고 있는가의 문제도 고려되어야 한다. 최근에는 이러한 지도성에 더하여 구성원의 성장욕구를 자극하여 상호작용하고, 지도성이 행사되는 과정에서 지도자의 특성과 행동 유형에 적합하도록 지도자가 상황을 변혁하고 개선시키려는 '변혁적 지도성'이 주목받고 있다. 하지만 여기에 더하여 지도성의 개인성, 개별 지도자의 능력, 중앙집권성적 사고를 넘어서는 '분산적 지도성'(다중적인 환경적 요인, 상황, 환경 내의 인공적 장치들에 의한 분산, 공동책임성, 공유성)이 새롭게 주목받고 있다.

9. 교육과 조직

교육이라는 아주 용한 일을 행하는 교사(교장)는 학교와 학급이라는 조직을 어떤 관점에서 운영해야 학업성취의 만족도를 높이고 교육적 결과를 바라는 대로 만들어 낼 수 있는가?

조직을 이해하는 관점이 어떠할 지라도 교육적 결과를 만족수준 내지는 더 좋은 방향으로 가기 위해는 조직을 만들고 운영 및 관리한다. 조직을 운영하고 관리하는 관점은 고전적 조직이론(과학적 관리론, 행정적 관리론), 인간관계접근, 행동과학접근이 있다. 일반적으로 조직이란 두 사람 이상의 활동이나 힘이 의식적으로 조정되는 체제이다(Barnard, 1938). 특정의 목적을 이루기 위해 의도적으로 구성되고 재구성되는 사회적 단위이다(Etzioni, 1964). 조직은 활동을 보다 효율적으로 하기 위해서 조직구조를 복잡성, 공식성, 집권(분권)성이란 세 가지 요소로 구성된 체제로 보기도 한다(Robbins, 1983).

학교라는 조직은 분명한 교육적 목표가 있다. 명확한 목표가 있고, 두 사람 이상의 구성원이 있으며, 필요한 물적, 인적 자원이 투입된다는 것은 조직의 특성을 갖고 있다는 것을 말한다. 조직은 공동목적을 달성하기 위한 협동체계라고 할 수 있다. 조직은 사회적 환경, 두 사람 이상의 구성원, 기능과 책임의 분배, 합의된 목적, 이른 위한 다양한 인적, 물적 자원을 가지고 계층의 원리, 분업의 원리, 조정의 원리, 적도집권의 원리, 통솔범위의 원리, 명령통일의 원리로 운영된다.

사회조직 중의 하나인 학교조직은 교직원과 학생을 조직구성원으로 하는 의도적으로 구성된 집합체로서, 공공성을 가진 교육이라는 특정한 목표를 서로 공유하고 있는 사회체제라고 할 수 있다. 하지만 학교는 개별학교(단위학교)의 특성을 가지고 있다. 학교조직은 서로 다른 환경 속에서 단위학교별 특성을 나타내는 고유한 집합적 사회체제이다.

일반적으로 조직을 어떤 관점에 보는가에 따라 조직의 특성과 유형이 달라진다.

조직은 조직의 발생 양상에 따라 공식적 조직과 비공식적 조직, 권한 관계와 업무수행 계통에 따라 계선조직과 참모조직, 조직 권한 위양에 따라 집권화조직과 분권화조직이 있다(김지은, 2013). 조직 유형은 사회적 기능 유형(Parsoss, 생산조직 – 정치적 목표지향조직 – 통합조직 – 유형유지조직), 수익자 유형(Blau & Scott, 호혜조직 – 사업조직 – 봉사조직 – 공공복리조직), 복종관계 유형(Etzioni, 강제조직 – 공리적 조직 – 규범적 조직), 고객선발 유형(Carlson, 고객의 조직참여 결정권과 조직의 고객선택권에 따라 분류한 제 1, 2, 3, 4유형의 조직)에 따라 분류하기도 한다.

학습목표의 유형	내적 조건	외적 조건
언어적 정보	• 광범위하게 의미 있는 맥락 회상하기	• 광범위한 맥락에서 새로운 정보 제시하기
지적 기능	• 새로운 기능의 하위요소가 되는 이전에 학습한 기능 • 이전에 학습한 기능을 회상하거나 새로운 형태로 조직하기	• 하위 기능의 회상을 촉진하기 • 수행목표를 제시하기 • 질문, 힌트 등으로 학습을 안내하기 • 학습한 기능을 새로운 사례에 적용하도록 하기
인지전략	• 관련 원리와 개념을 회상하기	• 해결방안이 모호한 새로운 문제상황을 연속적으로 제시하기 • 학생 스스로 문제해결 과정을 시범해 보이기

운동기능	• 운동의 연쇄를 구성하는 요소들을 회상하기	• 수행의 하위단계를 설정하거나 회상하기 • 운동기능을 연습하기
태도	• 목표로 하는 행동과 관련된 정보 및 기능을 회상하기	• 타인에 대한 존중을 설정하거나 회상하기 • 직접 경험 혹은 존경하는 사람의 관찰을 통한 대리적 경험에 따른 개인적 행동의 보상

출처: 허승희 외(2015).

학습목표의 유형	외적 조건
• 사람들이 인위적으로 만듦 • 외면적, 가식적, 하양적 • 기구표 등으로 문서화 • 능률의 논리에 따라 구성 • 전체적 질서를 나타냄 • Coolry-2차사회 • Tonnis-이익사회	• Mayo, Barnard, Simon 등이 중시 • 자연발생적 • 내면적, 불가시적, 개인의 욕구 충족 • 기구표 등과 관계 없음 • 조직원의 친근감 등 감정에 따라 구성 • 부분적 질서를 나타냄 • 1차사회 • 공동사회
중간-Smith; 중간집단사회	

	계선조직	막료조직
특징	• 소규모조직에 적당	• 현대에서 보다 중시 • 참모: 전문가
단점	• 조직지 대규모화 되는 현대 조직에 있어서 최고관리자의 업무량 증가 • 기관장의 독선적 성격 방지책 없다	• 조직의 비대화 → 경비막대 • 통솔범위의 확대와 의사결정의 합리화에 힘입어 중앙집권화 초래

	계선조직	막료조직
특징	• 소규모조직에 적당	• 현대에서 보다 중시 • 참모: 전문가
단점	• 조직지 대규모화 되는 현대 조직에 있어서 최고관리자의 업무량 증가 • 기관장의 독선적 성격 방지책 없다	• 조직의 비대화 → 경비막대 • 통솔범위의 확대와 의사결정의 합리화에 힘입어 중앙집권화 초래

학교조직은 관료제적 특성, 조직화된 무정부 상태, 느슨하게 결합된 체제적 특성, 이원체제적 특성이 있다. 관료제적 특성은 분업과 전문화, 몰인정성, 권위의 계층, 규정과 규칙, 경력지향성을 볼 때 학교는 관료제적 특성이 있다. 학교는 목적의 불분명성, 기술의 불명확성과 비숙련성, 참여의 유동성과 간헐성, 쓰레기통 의사결정 모형적 특성을 볼 때 조직화된 무정부라는 특성을 보인다. 그리고 각자가 독자성을 유지하면서 어느 정도 분리되어 있는 모습을 보이는 학교조직의 특성은 이완결합체제라 할 수 있다.

학교조직의 특성은 다음과 같다.

① 사회체제로서의 학교　　② 전문관료제로서의 학교
③ 조직화된 무정부로서의 학교　　④ 이완결합체로서의 학교
⑤ 이중조직으로서의 학교　　⑥ 학습조직으로서의 학교

건강한 조직은 과업달성 변인(목표에 대한 관심 – 의사소통의 적절성 – 권력의 분산), 조직유지 변인(자원의 활용 – 응집력 – 사기), 성장발전 변인(혁신성 – 자율성 – 적응력 – 문제해결력)에 의해서 측정된다(Miles).

조직의 성장은 창의성과 헌신성을 가진 창설자에 의해서 시작된다. 그리고 지시 – 위임 – 조정 – 협동을 통하여 성장한다(Greiner). 이러한 조직의 지속가능한 발전은 '발전목표 – 체제의 혁신– 체제적 접근 – 인간중시 – 교육을 통한 변화 – 경험을 통한 변화 – 실제 문제에 대한 관심 – 체계적인 계획 – 변화촉진자 – 최고관리층의 참여'로 이루어진다(Owens & Steinhoff).

건강한 조직의 특성을 정리하면 다음 그림과 같다.

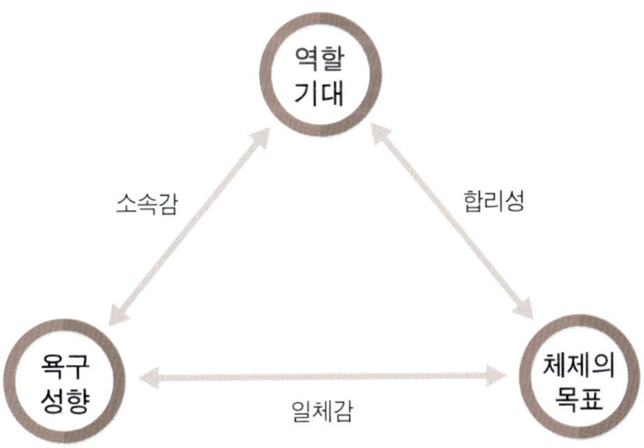

교육행정의 '중앙교육행정의 국가(중앙정부의 교과부) - 지방교육행정의 광역자치단체와 교육지원지청 - 단위학교행정'과 학교운영위원회를 통해 운영된다. 지방교육자치제의 핵심은 교육위원회와 교육감이다. 교육자치원리(지방분권의 원리, 자주성의 원리, 주민통제의 원리, 전문적 관리의 원리)를 통해 지방교육은 운영된다. 학교운영위원회는 학교운영의 자율성을 보장하고, 학부모의 학교 참여를 활성화하자는 취지에서 도입되었다. 국공립학교에서는 심의하는 기구인 반면, 사립학교에서는 학교장의 자문기구이다.

학교운영위원회의 심의사항(국, 공립학교)은 다음과 같다.

① 학교헌장 및 학칙의 제정 또는 개정에 관한 사항
② 학교의 예산안 및 결산에 관한 사항
③ 학교교육과정의 운영방법에 관한 사항
④ 교과용도서 및 교육자료의 선정에 관한 사항, 교복 및 체육복, 졸업앨범 등 학부모가 경비를 부담하는 사항
⑤ 정규학습 시간 종료 후 또는 방학기간중의 교육활동 및 수련활동에 관한 사항
⑥ 「교육공무원법」 제31조 제2항의 규정에 의한 초빙교원의 추천에 관한 사항
⑦ 학교운영지원비의 조성, 운용 및 사용에 관한 사항
⑧ 학교급식에 관한 사항
⑨ 대학입학 특별전형 중 학교장 추천에 관한 사항
⑩ 학교운동부의 구성, 운영에 관한 사항
⑪ 학교운영에 대한 제안 및 건의 사항
⑫ 기타 대통령령, 시도의 조례로 정하는 사항

10. 갈등관리와 교육

갈등상황을 만나게 되었을 때, 갈등을 해결하거나 대안은 마련하는 방식은 사람마다 그리고 조직의 특성과 상황에 따라 다르나. 리더이거나 조직을 운영

하는 사람이 함께 일하는 협업적 상황에서 갈등을 해결하는 데 도움이 될 만한 것들이 있다.

이는 학습의 상황에서도 마찬가지이다. 교사와 학생 간에 발생하거나 학생과 학생들 사이에 발생하는 다양한 갈등을 어떻게 처리하느냐에 따라 학급의 분위기, 학업풍토, 학업성취 및 학생의 자아형성과 학교생활에 영향을 미친다. 모든 사회와 조직은 나와 다른 사람들이 있다. 서로 다른 성격을 가진 사람들과 가치와 일을 처리하는 하는 방식이 다른 문화에서 자란 사람들이 있다. 그러나 보니 함께 일할 때는 수시로 의견이 충돌하고 생각의 차이로 인하여 문제를 일으킨다. 감정적 충돌도 일어난다. 결국 이런 상황이 심화되거나 깊어지거나 지속화되거나 상시화되면 업무의 충실도 떨어지고, 원하는 목표를 달성하는데 심각한 장애를 일으키게 된다.

갈등은 나와 상대방과의 차이에서 발생한다. 서로가 생각하는 차이, 서로가 바라는 이해(이익)의 차이 때문에 일어난다. 내 입장에서 볼 때 상대방이 나의 의견을 받아들이지 않거나, 내가 상대방의 의견을 수용할 수 없어서 문제가 된다. 상대방과 나 사이에서 발생하는 불유쾌한 현상으로 이를 해결하는 데는 역사 상대방과 나의 이해관계가 중요한 변수로 작용한다.

갈등의 원인은 일반적으로 자존심, 분노(욱), 불쾌한 말(순간적인 말), 충동과 반말(뭐), 참견 등에 의해서 발생한다(스티븐 스캇, 2006). 갈등이 발생하는 교실의 상황이나 학교의 상황도 비슷한 듯하다. 교사의 자존심 때문에 학생과 또는 동료교사와 갈등이 발생한다. 뚜렷한 이유가 없이 또는 그 상황을 통제하거나 조절할 능력의 부재로 인한 분노가 교실의 상황을 더 어렵게 만들기도 한다. 어쩌면 별것도 아닌데 과격하거나 품위 없는 말로 인하여, 또는 학생이나 다른 사람들의 말씨 때문에 갈등이 일어난다. 때로는 나도 모르게 그냥 분노가 생기거나 욱하는 결과로 인하여 파국을 경험한다. 그냥 가만히 있었으면 될 일을 간섭하고 끼어들며 충고한다고 한 것이 참견이나 꼰대적인 행동이 되어 문제를 만들기도 한다.

1) 토마스(Thomas)의 5가지 유형

토마스(Thomas, 1976)는 사람들이 갈등을 다루는 5가지 유형을 제시한다. 두 가지 축을 중심 5가지 유형을 나눈다. 두 가지 축은 ① 협조성(Cooperativeness, 타인의 욕구충족을 위한 노력 정도로서 타인의 관심과 주장을 만족시키려는 것, X축), ② 주장성(Assertiveness, 자신의 욕구충족을 위한 노력 정도로써 자신의 관심과 주장을 만족시키려는 것, Y축)이다.

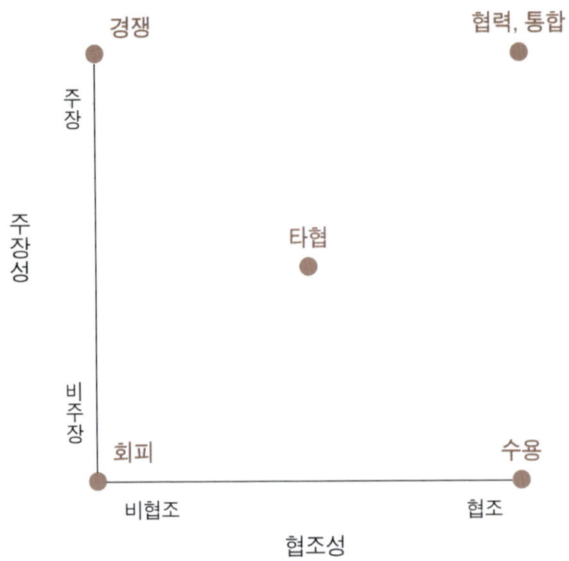

토마스의 5가지 유형은 갈등관리전략으로써 상황적응론적 갈등관리론에 해당한다고 볼 수 이는데, 이에 대하여 하유진(심리과학연구소)은 다음과 같이 설명한다.

(1) 경쟁(Competition)

주장성은 높고 협동성은 낮다(나win - 너lose). 상대방이 이기면 자신은 얻는 것이 없게 된다는 생각으로 갈등에 접근한다. 자신의 관심사와 목표를 달성하는 것이 최우선이다.

(2) 수용(Accommodation)

주장성은 낮고 협동성은 높다(나lose - 너win). 자신의 관심사는 포기하고 다른 사람의 관심사를 충족시켜주는 방식이다. 피상적인 조화와 관계 유지를 위해서, 상대방의 기분을 상하게 하지 않기 위해서 요구조건을 받아준다. 자기를 희생하며 본인의 요구와 바람은 덮어버리고 타인의 주장과 목표를 만족시키려고 하는데, 이런 사람을 '호구'(아담 그랜트)라고 한다. 학교조직에서 구성원 간이나 부서 간에 발생하는 갈등을 해결할 때, 자신이나 자기 부서의 관심사에 대해 양보하고 타인이나 타 부서의 관심사를 충족시켜 준다.

(3) 회피(Avoidance)

주장성은 낮고 협동성도 낮다(나lose – 너lose). 갈등문제로부터 한 발 물러나거나 갈등 해결을 위한 적극적 역할수행을 거부하며 중립적 입장으로 포장하는 유형이다. 자신뿐 아니라 타인의 목표달성마저 무시하고 늦추는 방식을 취하기도 한다. 일하던 도중 갑자기 연락을 끊고 나타나지 않는다거나, 하겠다고 말만 하면서 계속 시간을 끄는 행동이 대표적이다. 나도 안 하고, 상대방도 못하게 만든다. 회피는 자신의 욕구충족과 타인의 욕구충족 둘 다 무시함으로써 갈등을 해소하려 한다.

(4) 타협(Compromise)

주장성과 협동성 모두 중간 수준이다. 갈등상태에 있는 양자가 상호교환과 희생을 통해 부분적 만족을 취하는 방식이다. 경쟁과 수용의 중간지점으로 신속한 합의가 목적이다. 나도 하나 양보하고, 너도 하나 양보한다. 서로 어떤 것은 포기, 어떤 것은 유지한다. 가장 흔하게 쓰이는 방식으로 승자도 없고 패자도 없다.

(5) 협력, 통합(Collaboration)

주장성은 높고 협동성도 높다(win–win). 양 당사자의 관심사를 통합하기 위해 갈등을 겪고 있는 양자의 관심사를 모두 만족시키려는 방식이다. 서로의 입장을 이해하고 고려하여 최선의 해결책을 모색한다. 당사자들이 서로 받아들일 수 있는 해결안에 이르기 위해 차이점을 조사하고 정보를 교환하며 개방적 대화를 이어간다. 갈등해결을 통해 양자는 모두 이득을 볼 수 있으며,

장기적으로는 더 좋은 관계를 맺게 된다.

학교조직에서는 부서 및 구성원 간에 발생하는 갈등을 관리하고 부서에서 의견이나 이해관계를 공동선의 입장에서 모두를 만족시켜 줌으로써 갈등을 해결하도록 해야 한다.

	갈등해결 유형
토마스와 킬맨(Kenneth W. Thomas & Ralph H. Kilmann)	모담답안형 – 미꾸라지형 – 독불장군형 – 타협형 – 예스맨형
이문태	나 잘난형 – 속사포형 – 완전무결형 – 권위주의형 – 나몰라형
황창환	회피형 – 경쟁형 – 수용형 – 타협형 – 협력형

2) 다양한 상황에 따른 갈등관리

갈등관리는 다양한 상황에 따라 달리지게 된다(최병옥, 2009).

(1) 경쟁에 적절한 상황

① 신속한 결정이 요구되는 긴급상황
② 중요한 사항이지만 인기 없는 조치가 요구되는 경우
③ 조직의 성장에 매우 중요한 문제일 때
④ 타인을 부당하게 이용하는 사람에게 대항할 때

(2) 회피에 적절한 상황

① 쟁점이 사소한 것일 때
② 갈등해소에 따른 부작용이 너무 클 때, 그리고 비용이 너무 많이 들 때
③ 갈등사례를 진정시키고자 할 때
④ 더 많은 정보를 얻는 것이 꼭 필요할 때
⑤ 다른 사람의 관심을 이해할 시간적 여유가 없을 때
⑥ 해당 문제가 다른 문제의 해결로부터 자연스럽게 해결될 수 있는 하위 갈등일 때

⑦ 다른 사람들이 문제를 더 효과적으로 해결할 수 있을 때

(3) 수용에 적절한 상황

① 자기가 잘못한 것을 알았을 때
② 다른 사람에게 더 중요한 사항일 때
③ 보다 중요한 문제를 위해 좋은 관계를 유지할 때
④ 패배가 불가피할 때 손실을 극소화하기 위하여
⑤ 조화와 안정이 특히 중요할 때

(4) 협동에 적절한 상황

① 양자의 관심사가 매우 중요하여 통합적인 해결책만이 수용될 때
② 다른 관점을 지닌 사람들로부터 통찰력을 통합하기 위해서
③ 합의와 헌신이 중요할 때
④ 관계증진에 장애가 되는 감정을 다루려고 할 때

(5) 타협에 적절한 상황

① 목표가 중요하지만 잠재적인 문제가 클 때
② 당사자들의 주장이 서로 대치되어 있을 때
③ 복잡한 문제에 대한 잠정적인 해결책을 얻기 위할 때
④ 시간부족으로 신속한 행동이 요구될 때
⑤ 협력이나 경쟁의 방법이 적절하지 않을 때

최근에 관심을 갖는 갈등해결과 관련된 것이 '게임이론'이다. 우리의 삶은 우위를 점하려는 갈등과 경쟁 속에서 벌어지는 온갖 게임들로 구성된다고 본다. 그런 상황 속에서 사람들이 어떻게 실리적이며 냉정하게 행동하고 상호작용해야 하는지에 관한 방법적 이론이다. 먼저 게임이론은 사건이 발생하는 상황과 게임 자체를 인식하도록 한다. 그래서 '비즈니스는 게임이다'라고 한다. 누구나 갈등을 해결할 뿐 아니라, 주어진 상황에서 즉 게임이라는 상황에서

자신의 이익을 극대화할 수 있는 일련의 사고와 행동을 선택한다. 당연히 상대방 역시 손해를 보지 않기 위해, 이익을 얻기 위해, 우위를 점하기 위해 노력한다는 사실을 잊지 말라고 한다. 그런데 정작 중요한 것은 그런 갈등과 상황이 발생했을 때 서로가 전략적인 상호작용을 할 때이다. 즉, 사람들이 어떤 행동을 취하기 전에 상대의 전술을 알고 노력할 때 전략적 상호작용이 요구된다. 게임이론을 이용하여 제임스 밀러(2003)는 문제해결과 게임에서 사용할 수 있는 전략을 다음과 같이 제시한다. 이 게임이론적 적용이 우리 삶의 한 영역이고 일어날 수 있는 것들에 대한 사건들이라고 본다. 다만, 이것이 교육에 적용될 때 과연 인간교육으로서의 인간성과 진정성을 확보할 수 있을지는 의문이 있다.

11. 교육과 법

헌법 제31조

제1항 모든 국민은 능력에 따라 균등하게 교육을 받을 권리를 가진다.

제2항 모든 국민은 그 보호하는 자녀에게 적어도 초등교육과 법률이 정하는 교육을 받게 할 의무를 진다.

제3항 의무교육은 무상으로 한다.

제4항 교육의 자주성, 전문성, 정치적 중립성 및 대학의 자율성은 법률이 정하는 바에 의하여 보장된다.

제5항 국가는 평생교육을 진흥하여야 한다.

제6항 학교교육 및 평생교육을 포함한 교육제도와 그 운영, 교육재정 및 교원의 지위에 관한 기본적인 사항은 법률로 정한다.

교육기본법

2017년 3월 21일에 개정되고 법률 제14601호에 근거하여 시행되고 있는 「교육기본법」은 다음과 같다.

제1장 총칙

제1조(목적)

이 법은 교육에 관한 국민의 권리·의무 및 국가·지방자치단체의 책임을 정하고 교육제도와 그 운영에 관한 기본적 사항을 규정함을 목적으로 한다.

제2조(교육이념)

교육은 홍익인간(弘益人間)의 이념 아래 모든 국민으로 하여금 인격을 도야(陶冶)하고 자주적 생활능력과 민주시민으로서 필요한 자질을 갖추게 함으로써 인간다운 삶을 영위하게 하고 민주국가의 발전과 인류공영(人類共榮)의 이상을 실현하는 데에 이바지하게 함을 목적으로 한다.

제3조(학습권)

모든 국민은 평생에 걸쳐 학습하고, 능력과 적성에 따라 교육 받을 권리를 가진다.

제4조(교육의 기회균등)

① 모든 국민은 성별, 종교, 신념, 인종, 사회적 신분, 경제적 지위 또는 신체적 조건 등을 이유로 교육에서 차별을 받지 아니한다.

② 국가와 지방자치단체는 학습자가 평등하게 교육을 받을 수 있도록 지역 간의 교원 수급 등 교육 여건 격차를 최소화하는 시책을 마련하여 시행하여야 한다.

제5조(교육의 자주성 등)

① 국가와 지방자치단체는 교육의 자주성과 전문성을 보장하여야 하며, 지역 실정에 맞는 교육을 실시하기 위한 시책을 수립·실시하여야 한다.

② 학교운영의 자율성은 존중되며, 교직원·학생·학부모 및 지역주민 등은 법령으로 정하는 바에 따라 학교운영에 참여할 수 있다.

제6조(교육의 중립성)

① 교육은 교육 본래의 목적에 따라 그 기능을 다하도록 운영되어야 하며, 정치적·파당적 또는 개인적 편견을 전파하기 위한 방편으로 이용되어

서는 아니 된다.

② 국가와 지방자치단체가 설립한 학교에서는 특정한 종교를 위한 종교교육을 하여서는 아니 된다.

제7조(교육재정)

① 국가와 지방자치단체는 교육재정을 안정적으로 확보하기 위하여 필요한 시책을 수립·실시하여야 한다.

② 교육재정을 안정적으로 확보하기 위하여 지방교육재정교부금 등에 관하여 필요한 사항은 따로 법률로 정한다.

제8조(의무교육)

① 의무교육은 6년의 초등교육과 3년의 중등교육으로 한다.

② 모든 국민은 제1항에 따른 의무교육을 받을 권리를 가진다.

제9조(학교교육)

① 유아교육·초등교육·중등교육 및 고등교육을 하기 위하여 학교를 둔다.

② 학교는 공공성을 가지며, 학생의 교육 외에 학술 및 문화적 전통의 유지·발전과 주민의 평생교육을 위하여 노력하여야 한다.

③ 학교교육은 학생의 창의력 계발 및 인성(人性) 함양을 포함한 전인적(全人的) 교육을 중시하여 이루어져야 한다.

④ 학교의 종류와 학교의 설립·경영 등 학교교육에 관한 기본적인 사항은 따로 법률로 정한다.

제10조(사회교육)

① 국민의 평생교육을 위한 모든 형태의 사회교육은 장려되어야 한다.

② 사회교육의 이수(履修)는 법령으로 정하는 바에 따라 그에 상응하는 학교교육의 이수로 인정될 수 있다.

③ 사회교육시설의 종류와 설립·경영 등 사회교육에 관한 기본적인 사항은 따로 법률로 정한다.

제11조(학교 등의 설립)

① 국가와 지방자치난체는 학교와 사회교육시설을 설립·경영한다.

② 법인이나 사인(私人)은 법률로 정하는 바에 따라 학교와 사회교육시설을 설립·경영할 수 있다.

제2장 교육당사자

제12조(학습자)

① 학생을 포함한 학습자의 기본적 인권은 학교교육 또는 사회교육의 과정에서 존중되고 보호된다.

② 교육내용·교육방법·교재 및 교육시설은 학습자의 인격을 존중하고 개성을 중시하여 학습자의 능력이 최대한으로 발휘될 수 있도록 마련되어야 한다.

③ 학생은 학습자로서의 윤리의식을 확립하고, 학교의 규칙을 준수하여야 하며, 교원의 교육·연구활동을 방해하거나 학내의 질서를 문란하게 하여서는 아니 된다.

제13조(보호자)

① 부모 등 보호자는 보호하는 자녀 또는 아동이 바른 인성을 가지고 건강하게 성장하도록 교육할 권리와 책임을 가진다.

② 부모 등 보호자는 보호하는 자녀 또는 아동의 교육에 관하여 학교에 의견을 제시할 수 있으며, 학교는 그 의견을 존중하여야 한다.

제14조(교원)

① 학교교육에서 교원(敎員)의 전문성은 존중되며, 교원의 경제적·사회적 지위는 우대되고 그 신분은 보장된다.

② 교원은 교육자로서 갖추어야 할 품성과 자질을 향상시키기 위하여 노력하여야 한다.

③ 교원은 교육자로서의 윤리의식을 확립하고, 이를 바탕으로 학생에게 학습윤리를 지도하고 지식을 습득하게 하며, 학생 개개인의 적성을 계발할 수 있도록 노력하여야 한다.

④ 교원은 특정한 정당이나 정파를 지지하거나 반대하기 위하여 학생을 지도하거나 선동하여서는 아니 된다.

⑤ 교원은 법률로 정하는 바에 따라 다른 공직에 취임할 수 있다.

⑥ 교원의 임용·복무·보수 및 연금 등에 관하여 필요한 사항은 따로 법률로 정한다.

제15조(교원단체)

① 교원은 상호 협동하여 교육의 진흥과 문화의 창달에 노력하며, 교원의 경제적·사회적 지위를 향상시키기 위하여 각 지방자치단체와 중앙에 교원단체를 조직할 수 있다.

② 제1항에 따른 교원단체의 조직에 필요한 사항은 대통령령으로 정한다.

제16조(학교 등의 설립자·경영자)

① 학교와 사회교육시설의 설립자·경영자는 법령으로 정하는 바에 따라 교육을 위한 시설·설비·재정 및 교원 등을 확보하고 운용·관리한다.

② 학교의 장 및 사회교육시설의 설립자·경영자는 법령으로 정하는 바에 따라 학습자를 선정하여 교육하고 학습자의 학습성과 등 교육의 과정을 기록하여 관리한다.

③ 학교와 사회교육시설의 교육내용은 학습자에게 미리 공개되어야 한다.

제17조(국가 및 지방자치단체) 국가와 지방자치단체는 학교와 사회교육시설을 지도·감독한다.

제3장 교육의 진흥

제17조의2(남녀평등교육의 증진)

① 국가와 지방자치단체는 남녀평등정신을 보다 적극적으로 실현할 수 있는 시책을 수립·실시하여야 한다.

② 국가 및 지방자치단체와 제16조에 따른 학교 및 사회교육시설의 설립자·경영자는 교육을 할 때 합리적인 이유 없이 성별에 따라 참여나 혜택을 제한하거나 배제하는 등의 차별을 하여서는 아니 된다.

③ 제1항에 따른 시책에는 체육·과학기술 등 여성의 활동이 취약한 분야를 중점 육성할 수 있는 교육적 방안이 포함되어야 한다.

④ 학교교육에서 남녀평등을 증진하기 위한 학교교육과정의 기준과 내용 등 대통령령으로 정하는 사항에 관한 교육부장관의 자문에 응하기 위하여 남녀평등교육심의회를 둔다.

⑤ 제4항에 따른 남녀평등교육심의회 위원의 자격·구성·운영 등에 필요한 사항은 대통령령으로 정한다.

제17조의3(학습윤리의 확립)

국가와 지방자치단체는 모든 국민이 학업·연구·시험 등 교육의 모든 과정에 요구되는 윤리의식을 확립할 수 있도록 필요한 시책을 수립·실시하여야 한다.

제17조의4(건전한 성의식 함양)

① 국가와 지방자치단체는 학생의 존엄한 성(性)을 보호하고 학생에게 성에 대한 선량한 정서를 함양시킬 수 있도록 필요한 시책을 수립·실시하여야 한다.

② 제1항에 따른 시책에는 학생 개인의 존엄과 인격이 존중될 수 있는 교육적 방안과 남녀의 성 특성을 고려한 교육·편의시설 마련 방안이 포함되어야 한다.

제17조의5(안전사고 예방)

국가와 지방자치단체는 학생 및 교직원의 안전을 보장하고 사고를 예방할 수 있도록 필요한 시책을 수립·실시하여야 한다.

제17조의6(평화적 통일 지향)

국가 및 지방자치단체는 학생 또는 교원이 자유민주적 기본질서를 확립하고 평화적 통일을 지향하는 교육 또는 연수를 받을 수 있도록 필요한 시책을 수립·실시하여야 한다.

제18조(특수교육)

국가와 지방자치단체는 신체적·정신적·지적 장애 등으로 특별한 교육적 배려가 필요한 자를 위한 학교를 설립·경영하여야 하며, 이들의 교육을 지원하기 위하여 필요한 시책을 수립·실시하여야 한다.

제19조(영재교육)

국가와 지방자치단체는 학문·예술 또는 체육 등의 분야에서 재능이 특히 뛰어난 자의 교육에 필요한 시책을 수립·실시하여야 한다.

제20조(유아교육)

국가와 지방자치단체는 유아교육을 진흥하기 위하여 필요한 시책을 수립·실시하여야 한다.

제21조(직업교육)

국가와 지방자치단체는 모든 국민이 학교교육과 사회교육을 통하여 직업에 대한 소양과 능력을 계발하기 위한 교육을 받을 수 있도록 필요한 시책을 수립·실시하여야 한다.

제22조(과학 · 기술교육)

국가와 지방자치단체는 과학·기술교육을 진흥하기 위하여 필요한 시책을 수립·실시하여야 한다.

제22조의2(학교체육)

국가와 지방자치단체는 학생의 체력 증진과 체육활동 장려에 필요한 시책을 수립·실시하여야 한다.

제23조(교육의 정보화)

국가와 지방자치단체는 정보화교육 및 정보통신매체를 이용한 교육을 지원하고 교육정보산업을 육성하는 등 교육의 정보화에 필요한 시책을 수립·실시하여야 한다.

제23조의2(학교 및 교육행정기관 업무의 전자화)

국가와 지방자치단체는 학교 및 교육행정기관의 업무를 전자적으로 처리할 수 있도록 필요한 시책을 마련하여야 한다.

제23조의3(학생정보의 보호원칙)

① 학교생활기록 등의 학생정보는 교육적 목적으로 수집 · 처리 · 이용 및

관리되어야 한다.

② 부모 등 보호자는 자녀 등 피보호자에 대한 제1항의 학생정보를 제공받을 권리를 가진다.

③ 제1항에 따른 학생정보는 법률로 정하는 경우 외에는 해당 학생(학생이 미성년자인 경우에는 학생 및 학생의 부모 등 보호자)의 동의 없이 제3자에게 제공되어서는 아니 된다.

제24조(학술문화의 진흥)

국가와 지방자치단체는 학술문화를 연구·진흥하기 위하여 학술문화시설 설치 및 연구비 지원 등의 시책을 수립·실시하여야 한다.

제25조(사립학교의 육성)

국가와 지방자치단체는 사립학교를 지원·육성하여야 하며, 사립학교의 다양하고 특성있는 설립목적이 존중되도록 하여야 한다.

제26조(평가 및 인증제도)

① 국가는 국민의 학습성과 등이 공정하게 평가되어 사회적으로 통용될 수 있도록 학력평가와 능력인증에 관한 제도를 수립·실시할 수 있다.

② 제1항에 따른 평가 및 인증제도는 학교의 교육과정 등 교육제도와 상호 연계되어야 한다.

제26조의2(교육 관련 정보의 공개)

① 국가와 지방자치단체는 국민의 알 권리와 학습권을 보장하기 위하여 그 보유·관리하는 교육 관련 정보를 공개하여야 한다.

② 제1항에 따른 교육 관련 정보의 공개에 관한 기본적인 사항은 따로 법률로 정한다.

제26조의3(교육 관련 통계조사)

국가와 지방자치단체는 교육제도의 효율적인 수립·시행과 평가를 위하여 교육 관련 통계조사에 필요한 시책을 마련하여야 한다.

제27조(보건 및 복지의 증진)

① 국가와 지방자치단체는 학생과 교직원의 건강 및 복지를 증진하기 위하여 필요한 시책을 수립·실시하여야 한다.

② 국가 및 지방자치단체는 학생의 안전한 주거환경을 위하여 학생복지주택의 건설에 필요한 시책을 수립·실시하여야 한다.

제28조(장학제도 등)

① 국가와 지방자치단체는 경제적 이유로 교육받기 곤란한 자를 위한 장학제도(奬學制度)와 학비보조제도 등을 수립·실시하여야 한다.

② 국가는 다음 각 호의 자에게 학비나 그밖에 필요한 경비의 전부 또는 일부를 보조할 수 있다.

1. 교원양성교육을 받는 자
2. 국가가 특히 필요로 하는 분야를 국내외에서 전공하거나 연구하는 자

③ 제1항 및 제2항에 따른 장학금 및 학비보조금 등의 지급 방법 및 절차, 지급받을 자의 자격 및 의무 등에 관하여 필요한 사항은 대통령령령으로 정한다.

제29조(국제교육)

① 국가는 국민이 국제사회의 일원으로서 갖추어야 할 소양과 능력을 기를 수 있도록 국제화교육에 노력하여야 한다.

② 국가는 외국에 거주하는 동포에게 필요한 학교교육 또는 사회교육을 실시하기 위하여 필요한 시책을 마련하여야 한다.

③ 국가는 학문연구를 진흥하기 위하여 국외유학에 관한 시책을 마련하여야 하며, 국외에서 이루어지는 우리나라에 대한 이해와 우리 문화의 정체성 확립을 위한 교육·연구 활동을 지원하여야 한다.

④ 국가는 외국정부 및 국제기구 등과의 교육협력에 필요한 시책을 마련하여야 한다.

참고문헌

1장

박철홍 외(2013). 현대교육학개론. 서울: 학지사.
신득렬(2003). 현대교육철학. 서울: 학지사.
신현정(2000). 개념과 범주화. 서울: 아카넷.
오인탁(2001). 파이데이아. 서울: 학지사.
이형행(1988). 교육학개론. 경기: 양서원.
정영근(1995). 인간과 교육의 이해. 서울: 문음사.
팽영일 외(1998). 신교육학입문. 서울: 형설출판사.
稻富英次郎 外, 신용준 역(1995). 교육목적론. 경기: 양서원.

藤田英典, 田中孝彦, 寺崎弘昭(2000), 教育學入門, 岩波書店.
平野智美 外(1980), 人間形性の思想, 教育學講座, 東京: 學研社.
横山利弘 編著(1990), 教育の變遷と本質, 東京: 福村出版.

Archambault, R. D.(ed),(1972). *Philosophical Analysis and Education*, London: Routledge & Kagan Paul.
Liddell, H. G. & Scott, R.(1975). *Greek-English lexicon*. London: Oxford Univ. Press.
Llody, D. I.(1978). *Philosophy and the Teacher*. London: Routledge & Kagan Paul.
Peters, R. S.(1966). *Ethics and education*. London: George Allen & Unwin.

2장

김재만(1986). 사랑과 교육관. 교육신서45. 서울: 배영사.
김주건 외(1993). 현대교육학개론. 서울: 형설출판사.
김주건 외(1998). 신교육학입문. 서울: 형설출판사.
김철수(1981). 신헌법학개론. 서울: 박영사.
박용철 외(1986). 교원의 교육권. 경북대학교 교육대학원 논문집, 제18집.
박철홍 외(2013). 현대교육학개론. 서울: 학지사.
이윤식 외(2007). 교직과 교사. 서울: 학지사.

兼子仁(1973), 教育法, **法律學全集 16-1**, 東京: 有斐閣.
深山正光 外, 편집부 옮김(1983). **교사와 권리**. 서울: 백산서당.
勝野尙行 編(1974). **教育實踐と教育行政**, 東京: 法律文化社.
伊騰公一(1981). **教育法の硏究**, 東京: 法律文化社.
伊藤和衛(1983). **現代公教育原論**, 東京: 教育開發硏究所.
에릭 호일, 안상원 역(1986). 교사의 역할, **교육신서95**. 서울: 배영사.
슈프랑거, 김재만 역(1986). 천부적인 교사, **교육신서25**. 서울: 배영사.
엄원장(嚴元章), 師道, 藤田英典, 田中孝彦, 寺崎弘昭(2000), **教育學入門**, 岩波書店.
平野智美, 管野和俊(1979), 人間形成の思想, **教育學講座 第2卷**, 學硏社.

3장

김기태, 이시용(1996). **교육사·철학**. 서울: 형설출판사.
김정환(1974). **교육의 철학과 과제**. 서울: 박영사.
문형만(1991). **교육철학 및 교육사**. 서울: 형설출판사.
손인수(1985). **교육사교육철학연구**. 서울: 문음사.
손인수(1987). **한국교육사 1, 2**. 서울: 문음사.
손인수(1998). **한국교육사연구(상), (하)**. 서울: 문음사.
안상원(1965). **신교육사**. 서울: 재동문화사.
오천석(1980). **교육철학신강**. 서울: 교육연구사.
이원호(1975). **체계교육사**. 서울: 제일문화사.
이원호(1907). **교육사교육철학개설**. 서울: 문음사.
임한영(1957). **교육사상사**. 서울: 수문각.
조병규(1976). **서양교육사**. 서울: 재동문화사.
차석기(1986). **교육사 교육철학**. 서울: 집문당.
팽영일(2004). **교육의 철학과 역사**. 경기: 양서원.
한국교육사연구회(1972). **한국교육사**. 서울: 교육출판사.
한기언(1974). **현대교육사조**. 경기: 법문사.

田中克佳(1990), **教育史**, 川島書店.
横山利弘 編著(1990), **教育の變遷と本質**, 東京: 福村出版.

Cole, Luella(1950). *A History of Education*. Holt, Rinehart & Winston.
Cutis, S. J. & Boultwood M.E.A.(1975). *A Short History of Educational Ideas*. Univ. Tutorial Press.
Gutek, Gerald L.(1972). *A History of the Western Educational Experience*. Random House, Inc.
Kneller, G. F.(1971). *Introduction to Philosophy of Education*. New York: John Wiley.
Meyer, A. E.(1965). *An Educational History of the Western*.
Wilds, E. H.(1942). *The Foundation of Modern Education*. Farrar & Rineheart.

4장

강인숙 외(2017). 교육심리학. 서울: 동문사.
구강현 외(2013). 교육심리학. 서울: 동문사.
김은영 외(2013). 교육학 이해. 서울: 동문사.
김태련·장휘숙(1994). 발달심리학. 서울: 박영사.
서울대학교 교육연구소(1994). 교육학 용어사전. 서울: 도서출판 하우.
성태제 외(2016). 최신 교육학개론. 서울: 학지사.
오윤선(2017). 교육심리학. 서울: 창지사.
윤종건(1996). 창의력: 이론과 실제. 서울: 정민사.
임규혁(1996). 교육심리학. 서울: 학지사.
정인숙 외(2007). 아동발달의 이해. 서울: 태영출판사.

5장

교과용도서에 관한 규정(2015). 대통령령 제26703호 일부 개정.
교육부(2015). 초·중등학교 교육과정. 교육부 고시 제2015-74호.
교육부·한국교육과정평가원(2015). 2015 개정 교육과정에 따른 교과용도서 개발을 위한 편찬상의 유의점 및 검정기준.
김미환·최윤진·박현주·김경미·홍경선·안정희·조문숙·이숙원(2015). 현장교육학: 교육의 이론과 실제, 2차 개정판. 서울: 동문사.
김재춘·한혜정·박상철(2010). 교과서 활용성 제고 방안; 교과서 대여제를 중심으로. 교육부.
이광우·전제철·허경철·홍원표·김문숙(2009). 미래 한국인의 핵심역량 증진을 위한 초·중등학교 교육과정 설계방안 연구. 한국교육과정평가원.
이홍우(1992). 증보 교육과정탐구. 서울: 박영사.
이홍우 역(2007). 브루너의 교육의 과정(The process of educationl). J. S. Bruner저. 서울: 배영사(원저는 1960년에 출판).
한혜정·조덕주(2016). 교육과정. 서울: 학지사.
함수곤(2000). 교육과정과 교과서. 서울: 대한교과서주식회사.

Brady, L.(1992). *Curriculum Development*. N.Y.: Prentice Hall.
Eisner, E. W.(1985). *The educational imagination: On the design and evaluation of school Program.* NY; Macmillan.
Klein, M. F.(1992). A Perspective on the Gap Between Curriculum and Practice. *Theory into Practice, 31*(3), 191-197.
Tyler, R, W.(1949). *Basic principles of curriculum and instruction*. Chicago & London. The University of Chicago Press.

Scriven, M.(1972). Pros and cons about goal-free evaluation. *Evaluation Comment*, 4.

Scriven, M.(1973). Goal-free evaluation, In R. E. House (Ed), *School evaluation; The politics and process*, Berkeley, CA; McCutchan.

Stake, R. E.(1967). The countenance of educational evaluation. *Teachers College Record, 68*, 523-540.

Stake, R. E.(2011). Program, evaluation, particularly responsive evaluation. *Journal of Multidisciplinary Evaluation, 7*(15), 180-201.

Stufflebeam, D. L.(1971). The relevance of the CIPP evaluation model for educational accountability. *Journal of Research and Development in Education, 1*, 19-25.

6장

김대현 외(2016). **교육과 교육학**. 서울: 학지사.

김운삼(2003). **교육학개론**. 서울: 창지사.

박형근 외(2016). **교육심리학**. 경기: 양서원.

유구종·강병재(2005). **교육방법과 교육공학**. 경기: 창지사.

윤길근 외(2017). **교육심리학의 이해**. 서울: 신정.

홍기칠(2012). **교육방법 및 교육공학**. 서울: 공동체.

홍성윤·진위교(1992). **교수학습의 과정**. 서울: 교육출판사.

Corey, S. M.(1971). The nature of instruction. In M. D. Merrill(Ed.), *Instructional design: Reading*. Englewood Cliffs, NJ: Prentice-Hall.

Gagne, R. M.(1985). *The conditions of learning(4th ed.)*. New York: Holt, Rinehart & Winston.

Reigeluth, C. M., & Merrill, M. D.(1979). Classes of instructional variables. *Educational Technology*, March, 5-24.

7장

교육부(1997). 교육과정.

김미환·최윤진·박현주·김경미·홍경선·인정희·조문숙·이숙원(2015). **현장교육학**. 서울: 동문사.

김병만(2014). **유아교육정책 평가준거개발**. 부산대학교 대학원 박사학위논문.

김석우(2015). **교육평가의 이해(2판)**. 서울: 학지사.

김재춘·부재율·소경희·채선희(2002). **예비·현직교사를 위한 교육과정과 교육평가**. 서울: 교육과학사.

박도순 외(2007). **교육평가: 이해와 적용**. 서울: 교육과학사.

박도순·홍후조(2006). **교육과정과 교육평가(3판)**. 서울: 문음사.

변창진·최진승·문수백·김진규·권대훈(1996). **교육평가**. 서울: 학지사.

성태제(1995). **타당도와 신뢰도**. 경기: 양서원.

성태제(1998b). 교육평가 방법의 변화와 결과타당도. 한국교육평가학회 창립 15주년학술세미나 발표 논문집, 125-147.

성태제(2002). 타당도와 신뢰도(개정판). 서울: 학지사.

이용숙(1996). 한국 학교문화의 특성과 잠재적 교육과정. 한국문화인류학, 29(2), 289-340.

Cronbach. L. J.(1963). Course improvement through evaluation. *Teachers College Record*, 64.

Cronbach. L. J.(1970). *Essentials of psychological testing(3rd ed.)*. N.Y.: Harper & Row.

Cronbach, L, J., & Gleser, G.(1964). *Psychological Tests and Personnel Decision* (2nd ed.). Urbana, ILL.: University of Illinois Press.

Eisner, E. W.(1985a). *The Art of Educational Evaluation: A Personal View*. London: Falmer Press.

Eisner, E. W.(1985b). *The Educational Imagination*. N.Y.: Macmillan Publishing Co.

Eisner, E. W.(1991). *The Enlightened Eye: Qualitative Inquiry and the Enhancement of Educational Practice*. N.Y.: Macmillans.

Eisner, E. W.(1998). *The Kind of School We Need: Personal Essays*. Portmouth: Heinemann.

Gronlund, N. E., & Linn, R. L.(1990). *Measurement and Evaluation in Teaching*(7th ed). N.Y.: Macmillan.

Murray, H A.(1938). *Explorations in Personality*. N.Y.: University of Oxford Press.

Scriven. M. S.(1974). Evaluation perspective and procedures. In W. James Popham (Ed.). *Evaluation in Education: Current Applications*, Berkeley. Calif.: McCutcheon.

Stufflebeam, D. L.(1971). *Educational Evaluation and Decision Making*. Ithaca, Illinois: Peacock.

Wittrock, M. C., & Wiley, D. E.(1970). *The Evaluation of Instruction: Issues and Problems*. N. Y., Chicago, San Francisco, CA.: Holt, Rinehart & Winston.

8장

교육부·한국교육학술정보원(2013). 2012년도 교육정보화백서.

교육인적자원부. 한국교육학술정보원(2002). 교육정보화백서.

김영수·김경자·조경원·허희옥·김현진·강의성(2012). 협력 중심의 창의적 지식구성을 위한 융합형 학습환경의 설계 및 효과 분석. 교육정보미디어 연구, 18(1), 95-119.

김철(2013). 로봇활용교육의 체계적 문헌고찰에 관한 연구. 한국정보교육학회 논문지, 17(2), 199-209.

박수홍·홍광표(2009). 트리즈 원리를 이용한 사회과 창의적 문제해결 교수설계모형의 개념적 모형 구안. 교육공학연구, 25(1), 235-263.

박영숙, Glenn, J.(2015). 유엔미래보고서 2045. 서울: 교보문고.

안성혜·윤선화(2007). 초등학생을 대상으로 한 한국 속담에 대한 인터랙티브 학습 설계. 한국콘텐츠학회 학술대회 논문집.

이영준·김경·유현창·임웅·계보경(2007). 로봇의 교육적 활용 방안 및 적정 기능 연구. 연구보고 KR 2007-26. 한국교육학술정보원.

이인숙(2002). e러닝: 사이버공간의 새로운 패러다임. 서울: 문음사.

이화여자대학교 교육공학과(2002). 교육방법 및 교육공학. 서울: 교육과학사.

임병노(2008). 온라인 탐구활동 활성화를 위한 시나리오기반탐구(Scenario-Based Inquiry) 모델 개발. 교육정보미디어연구, 14(1). 5-30.

임철일(1999). 상호작용적 웹기반 수업 설계를 위한 종합적 모형의 탐색. 교육공학연구, 15(1). 3-24.

장경원(2011). 대학교육을 위한 Acton Learning 프로그램 설계모형 개발 연구. 교육공학 연구, 27(3), 475-505.

정재삼(1996). 수행공학: 교수공학의 보완책인가 아니면 대안인가? 최신교육 공학: 이론적 기저와 실천적 접근. 서울: 교육과학사.

전희옥(2014). 사회과 거꾸로 교실 수업 모형 개발. 사회과교육연구, 21(4), 51-70.

전희옥(2015). 사회과 '공감·배려' 생활 중심 다문화교육 수업 모형 - Flipped Class(거꾸로 교실) 모형을 중심으로. 학습자중심교과교육학회 학술대회, 2015(1). 206-226.

한국교육학술정보원(2005). 용어로 이해하는 교육정보화.

홍경성(2004). 교사를 위한 e-Learning 입문. 서울: 문음사.

Barrows, H. S.(1985). *How to design a problem-based curriculum for the preclinical years* (Vol. 8). New York, NY; Springer Pub. Co.

Bergmann, J., Sams. A.(2012). *Flip your classroom*. International Society for Technology in Education.

Betrus, A. K.(2008). Resources. In Januszewski. A., Molenda. M,(Eds.), *Educational technology; A definition with commentary* (pp: 213-240). New York: Lawrence Erlbaum Associates.

Breslow, L., Pritchard, D. E. DeBoer. J., Stump. G. S., Ho. A. D., & Seaton, D. T.(2013). Studying learning in the worldwide classroom: Research into edX's first MOOC. *Research & Practice in Assessment, 8*(1), 13-25.

Dick, W. & Carey, L.(1990). *The systematic design of instruction*(3rd ed.). ILL : Scott, Foresman.

Gagne, R. M.(1985). *The Conceptions of learning and theory of instruction*(4th ed). N.Y.: Holt, Reinehart & Winston.

Gagne, R. M. Briggs, L. J. & Wager, W.(1992). *Principles of instructional design*(4th ed.). TX: Jovanovich.

Hoban, C. Hoban, C. & Zissman, S.(1937). *Visualizing the curriculum*. N.Y.: Dryden.

Jordan, K.(2014). Initial trends in enrollment and completion of massive open online courses. *The International Review of Research in Open and Distance Learning, 15*(1).

Kaplan, A., & Haenlein, M.(2010). Users of the world, unite! The challenges and opportunities of Social Media. *Business Horizons, 53*, 59-68.

Kolowich, S.(2013). Universities try MOOCs in bid to lure successful students to online programs. *The Chronicle of Higher Education*. 23.

Lee, T.(2013). Open, Online & Digital education; Transforming Teaching & Learning. *In Proceeding of Global Engineering Deans Council*. Chicago, Illinois, USA.

Merriam-Webster(2014). Social media. In Merriam-Webster. com. Retrieved December 11, 2014, from http://www.merriam-webster.com/dictionary/social%20media

Reigeluth, C. M.(1983). *Instructional-design theories and models: An overview of their current status*. Hillsdale, NJ; Lawrence Erlbaum Associates.

Rosenberg, M. J.(2001). *E-learning; Srategies for delivering knowledge in the digital age*. N.Y.: McGraw Hill.

Saettler. P.(1990). *The evolution of American educational technology*. CO: Libraries Unlimited.

Seels, B. B. & Richey. R. C.(1994). *Instructional Technology: The definition and domains of the field*. Washington, D.C.: AECT.

Smith. P. & Ragan. T.(1993). *Instructional design*. N.Y.: Merrill.

Stolovitch, H. & Keeps, E.(1992). Handbook of human performance technology. San Francisco; Jossey-Bass.

Young. J.(2013). *Georgia Tech to Offer a MOOC-LLike Online Master's Degree, at Low Cost*. The Chronicle of Higher Education.

9장

강인숙 외(2017). **교육심리학**. 서울: 동문사.

김귀성 외(2001). **교육학개론**. 서울: 형설출판사.

김진숙(1996). **예술심리치료의 이론과 실제**. 서울: 중앙적성출판사.

김청자·정진선(2015). **생활지도와 상담**. 서울: 태영출판사.

박성수(1998). **생활지도**. 서울: 교육과학사.

이장호(2005). **상담심리학 입문**. 서울: 박영사.

이재창(1988). **생활지도: 성장과 적응을 위한 접근**. 서울: 문음사.

임창재(2005). **교육심리학**. 서울: 학지사.

홍경자(2001). **자기이해와 자기지도력을 돕는 상담의 과정**. 서울: 학지사.

10장

공병호(2012). 일본의 교내폭력·이지메 동향과 대책 시스템의 전개, **한국일본교육학연구**. **제17권** 제1호.

교육부(2016). **학교폭력 감소 추세 지속: 2016년 2차 학교폭력 실태조사 결과**.

권이종(1997). 학교폭력의 발생배경과 지도방안, **교육사회학연구 제7권** 제3호.

국회도서관(2012). **학교폭력 관련 주요국 입법례**.

김갑석(2015). **학교폭력개념의 법적정립을 통한 학교폭력 대응방안**, 316-324.

김규태 외(2005). **학교폭력의 예방 및 대책**. 경기: 양서원.

김규태·방경곤·이병환·윤혜영·우원재·김태연·이용진(2013). 학교폭력의 예방 및 대책. 경기: 양서원.
김문호(2014). 학교폭력의 최근 실태와 대응방안에 관한 연구, 한국경찰학회보 제16권 제4호, 한국경찰학회.
김창군·임계령(2010). 학교폭력의 발생원인과 대처방안, 법학연구, 38, 173-198.
김형섭(2013). 학교폭력예방을 위한 법제연구, 경찰의 대응방안과 헌법정책을 중심으로. 영남대학교 대학원 박사학위논문.
김혜원(2013). 청소년 학교폭력-이해·예방·개입을 위한 지침서. 서울: 학지사.
노혜련·김형태·유서구(2006). 학교폭력예방 프로그램 효과성 평가연구. 연구보고서 제2006-1호 삼성생명공익재단 사회정신건강연구소.
단 올베우스(1999); 이동진 역, 바로 보는 왕따 대안은 있다-학교에서 일어나는 폭력문제-. 서울: 삼신각.
류영숙(2012). 학교폭력의 실태와 대처방안에 관한 연구. 한국교원교육연구, 29(4), 615-636.
문용린 외(2006). 학교폭력의 예방과 상담. 서울: 학지사.
박상천(2009). 학교폭력의 실태 및 대처방안에 관한 연구. 조선대학교 대학원 석사학위논문.
박성기(2008). 학교폭력예방과 근절을 위한 대처방안에 관한 연구: 학교폭력예방 및 대책에 관한 법률과 교육인적자원부의 학교폭력예방 및 5개년 기본계획을 중심으로. 성결대학교 대학원 석사학위논문.
박정희(2006). 학교폭력 예방 및 대책에 관한 정책의제 설정과정 탐색. 한국교원대학교 석사학위논문.
박효정(2005). 학교폭력실태의 이해와 진단. 한국교육개발원.
박효정(2012). 노르웨이의 학교폭력실태와 대책 그리고 한국교육에의 시사점. 한국교육개발원.
송재홍 외(2012). 학교폭력의 예방 및 대책. 서울: 학지사.
심정택(1991). 도시 청소년의 지위집단별 비행요인 분석. 경북대학교 대학원 박사학위논문.
양수영(2012). 학교폭력 방지를 위한 경호 보완적 대응방안 모색. 경기대학교 교육대학원 석사학위논문.
양태규(2012). 학교폭력의 실태와 효율적 대응방안에 관한 연구. 언론보도를 중심으로. 경찰학논총, 7(2), 459-492.
오영종(2008). 학교폭력 실태분석 및 예방대책에 관한 연구. 초당대 산업대학원 석사학위논문.
원명희(2002). 학교폭력의 실태와 대책에 관한 연구. 명지대학교 교육대학원 석사학위논문.
윤석진(2007). 학교폭력 대책에 관한 교사의 역할 연구. 경기대학교 교육대학원 석사학위논문.
MBN뉴스(2012/08/17). 카카오톡 왕따 때문에 여고생 자살.
이병환(2010). 학교폭력 대처를 위한 지역 유관기관과의 지원체제 정립과 활성화 방안. 교육문화연구, 16(2), 45-73.
이상윤(2008). 집단따돌림 현상의 헌법적 개념정의와 입법론적 과제, 공법학연구 제9권 제2호, 한국비교공법학회.
이종근(2013). 학교폭력의 원인과 대응방안에 관한 연구, 3-4
이해경·김혜원(2001). 초등학생들의 집단괴롭힘 가해행동과 피해행동에 대한 사회적 심리적 예측변인들 : 학년과 성별을 중심으로, 한국심리학회지: 사회 및 성격, 15(1), 117-138.
임영식(1998). 학교폭력에 영향을 미치는 요인에 관한 연구. 청소년학연구, 제5권, 한국청소년학회.

정재영(2012). 학교폭력 실태와 「학교폭력근절 종합대책」의 효과성 논의. 연구보고 OR-1차 - 03-2012 이화여자대학교 학교폭력예방연구소.

정재준(2012). 미국의 학교폭력 방지대책. 서울대학교 법학, 53(1), 529-570.

정종진(2012). 상태학적 측면에서 본 학교폭력의 유발 요인. 초등상담연구, 11(3), 331-350.

조남두(2014). 학교폭력 예방의 이론과 실제, 170-180, 199-206.

조화정(2002). 학교폭력 실태와 대책에 관한 연구. 경성대학교 교육대학원 석사학위논문.

청소년폭력예방재단(2012). 2011년 전국 학교폭력 실태조사 보고서.

청소년폭력예방재단 학교폭력문제연구소(2014). 학교폭력 예방의 이론과 실제. 서울: 학지사.

최규영(2005). 학교폭력의 실태 및 예방대책에 관한 연구. 동국대학교 대학원 석사학위논문.

최정윤·박경·서혜희(2006). 이상심리학 개정판. 서울: 학지사.

한국교육개발원 교육정책네트워크연구실(2012). 교육정책 포럼.

한국청소년상담원(2009). 한국 청소년 위기상황 실태조사.

한국형사정책연구원(2013). 현장중심 학교폭력 개선을 위한 법·제도 구축방안, 경제·인문사회 연구회 미래사회협동연구총서.

Barcena. R.(2011). *Preventing school violence*. North Central University.

Erk(2010). DSM-IV-TR 진단에 따른 아동·청소년 상담 및 심리치료(2판). 서울: 시그마프레스.

Espelage. D.(2012). Second Step. KEDI-MEST 학교폭력예방 국제세미나(2012. 1.8.). 한국교육개발원.

Olweus. D.(1993). Victimization by peers; Antecedents and Long-term outcomes. In K. H. Rubin & J. B. Asendorpf (Eds.), *Social withdrawal, inhibition and shyness in childhood* (pp.315-341). New Jersey; Lawrence Erlbaum Associates.

교육부. 학교폭력예방종합포털사이트(http://stopbullying.or.kr).

11장

김병욱(2010). 교육사회학. 서울: 학지사.

김창엽(2014). 평생교육실무론. 서울: 동문사.

김한별(2014). 평생교육론. 서울: 학지사.

마이클 애플(1990). 교육과 이데올로기. 경기: 한길사.

마틴 카노이(1990). 교육과 문화적식민주의. 경기: 한길사.

박성희 외 5인(2013). 평생교육방법론. 서울: 학지사.

박영진 외 1인(2015). 최신교육학의 이해. 서울: 동문사.

석태종(2004). 한국의 교육사회. 서울: 동문사.

아더 W. 콤즈·이성호 역(2006). 교육신화. 경기: 양서원.

에버테트 라이머, 김석원 역(1986). 학교는 죽었다. 서울: 한마당.

오욱환(2008). 교육사회학의 이해와 탐구. 서울: 교육과학사.

오혁진(2009). 평생교육경영학. 서울: 학지사.
윤옥한(2017). 평생교육프로그램 개발 이론과 실제. 경기: 양서원.
이규환(1987). 비판적 교육사회학. 서울: 한울.
이종각(2005). 새로운 교육사회학총론. 서울: 동문사.
존 롤스·황경식 역(2003). 정의론. 서울: 이학사.
최병옥(2009). 교육사상가 200인. 경기: 공동체.
파울로 프레이리·성찬성 역(1979). 민중교육론 페다고지. 한국천주교 평신도.

12장

김지은(2013). 교육행정 및 교육경영. 서울: 동문사.
스티븐K. 스캇·오윤성 역(2006). 솔로몬 부자학, 서울: 지식노마드.
신현석 외 공저(2015). 학습사회의 교육행정 및 교육행정. 서울: 학지사.
애비나쉬 K. 딕시트 & 배리 J. 나레버프, 류성렬 역(1993). 전략적 사고. 서울: 다음세대.
이군현(1998). 교육행정 및 경영. 서울: 형설출판사.
임창희 외(2011). 리더십 이론과 실제. 서울: 비앤엠북스.
제임스 밀러·나혜목 역(2004). 비즈니스는 게임이다. 경기: 법문사.
최병옥(2009). 교육사상가 200인. 경기: 공동체.
최종진 외 5인(2016). 현대 교육행정 및 교육경영. 경기: 양서원.
토머스 쉘링·이경남 역(2013). 갈등의 전략. 서울: 한국경제신문.
한공우(2005). 교육행정 및 교육경영. 서울: 동문사.

Thomans, K. W.(1976). Conlict and conflict management. In: Dunnette, M. D. (Ed.) *Handbook of Industrial and Organizational Psychology*, Rand Mcnally, Chicago, 889-935.
Thomas, K. W.(1992). Conflict and conlfict management: Reflections and update. *Journal of Organizational Behavior, 13*, 265-274.

찾아보기

ㄱ

ㄴ

ㄷ

ㄹ

ㅁ

ㅂ

ㅅ

ㅇ

ㅈ

ㅊ

ㅋ

ㅌ

ㅍ

ㅎ

기타

저자소개

■ 팽영일

교육학 박사
현 동서대학교 교수

■ 강인숙

동아대학교 교육학 박사(교육심리 전공)
현 동주대학교 유아교육과 교수

■ 서영준

고신대학교 교육학 박사(기독교교육, 교육사회 및 평생교육)
현 고신대학교 기독교교육과 교수

■ 이경철

부산대학교 교육학 박사(교육과정 및 교육방법 전공)
광주대 사회복지학 박사, 상명대 경영학 박사
현 서정대학교 유아교육과 교수, (사)한국산학기술학회 회장

교육학의 이해

초판 1쇄 발행 / 2019년 2월 25일
초판 2쇄 발행 / 2020년 3월 25일

●

공저자 / 팽영일 · 강인숙 · 서영준 · 이경철
발행인 / 이 중 수
발행처 / **동 문 사**

●

서울특별시 서대문구 홍제원 1길 12
(홍제동 137-8)
Tel : 02)736-3718(대), 736-3710, 3720
Fax : 02)736-3719
등록번호 : 1974.04.27 제9-17호
가격 : 20,000원

●

ISBN : 978-89-8251-993-2(93370)
E-mail : dong736@naver.com
www.dongmunsa.com